首都师范大学「首都新农村社会与文化建设研究中心」主办

首都新农村
社会综合治理研究

首都新农村建设论丛 第八辑

梁景和 主 编

田国秀 副主编

首都师范大学出版社

CAPITAL NORMAL UNIVERSITY PRESS

图书在版编目(CIP)数据

首都新农村社会综合治理研究 / 梁景和主编 . 一北京:首都师范
大学出版社,2017.12

ISBN 978-7-5656-3912-8

Ⅰ.①首… Ⅱ.①梁… Ⅲ.①农村—社会管理—研究—北京
Ⅳ.①C912.82

中国版本图书馆 CIP 数据核字(2017)第 254878 号

SHOUDU XINNONGCUN SHEHUI ZONGHE ZHILI YANJIU
首都新农村社会综合治理研究
梁景和 主编
田国秀 副主编

责任编辑:张成水
首都师范大学出版社出版发行
地 址 北京西三环北路 105 号
邮 编 100048
电 话 68418523(总编室) 68982468(发行部)
网 址 http://cnupn.cun.edu.cn
印 刷 北京九州迅驰传媒文化有限公司
经 销 全国新华书店
版 次 2017 年 12 月第 1 版
印 次 2017 年 12 月第 1 次印刷
开 本 710mm×1000mm 1/16
印 张 22.75
字 数 380 千
定 价 50.00 元

序

　　首都师范大学是一所包括文、理、工、管、法、教育、外语、艺术等学科专业的综合性师范大学。作为北京市属大学，长期以来，学校充分发挥人才培养、科学研究、社会服务和文化传承创新等方面的优势和特色，以服务首都发展为己任，积极围绕北京经济、政治、文化和社会建设方面的理论和现实问题开展应用对策研究，努力为政府科学决策、民主决策做出积极贡献，为北京市基础教育和经济社会文化发展做出积极贡献。学校的核心竞争力和社会贡献率明显提升，取得了良好的社会反响。

　　服务政府决策是高等学校义不容辞的责任，是新形势下提升协同创新能力的关键环节。首都师范大学牢固树立社会服务意识，先后与教育部、北京市有关政府部门成立了文明区划研究中心、中国教育政策评估研究中心、北京市发展与决策研究院、首都教育政策与法律研究院、北京文化研究院、首都新农村社会与文化建设研究中心、北京基础教育研究基地等，依托这些机构平台，整合学科资源，凝练研究方向，组建科研队伍，以现实问题和需求为导向，以具有实践价值的项目为抓手，以推出高质量的应用型研究成果为目标，实现产、学、研、用有效衔接，为首都经济社会文化发展提供决策咨询和理论支持。

　　自 2008 年 6 月首都新农村社会与文化建设研究中心成立以来，在北京市委社会工作委员会、北京市社会建设工作办公室等相关部门的指导和支持下，围绕首都经济社会发展的重大理论和现实问题，发挥首都师范大学学科优势和特色，精心组织，认真策划，坚持深入京郊、深入农村、深入实际，开展年度专题课题研究工作。先后开展了"首都新农村社会建设应用对策研究""首都新农村生态文明建设与对策研究""世界城市与城乡一体化建设研究""首都社会管理与区域协调发展创新研究""北京农村社区建设与管理创新研究""首都新型城镇化与农业人口转移研究"等专题研究工作，推出了一批有思路、有对策的高质量研究成果和报告，分别在"首都新农村建设论丛"中结集出版，部分成果得到了北京市相关领导的批示。经过六年多的研究实践，有效形成了学术研究与成果应用转化的合力，大大增强了研究工作的针对性、实效性和可操作性。

2014年以来，研究中心围绕"首都新型城镇化研究"，从政治学、社会学、管理学、经济学、法学等多学科角度，组织文学院、政法学院、管理学院、资环学院的师生队伍，多次深入京郊区县进行问卷调查、入户访谈、数据采集、跟踪分析，掌握了大量的第一手研究资料，在此基础上提出了可供操作的对策建议，确保了研究成果的质量和水平。本书就是十个子课题研究成果的汇编。

本项目的子课题主持人包晓光、程世勇、冯跃、李敬德、李水金、刘亚娜、聂月岩、孙咏梅、陶犁、张静波和张胜男等老师为完成这项研究任务付出了辛勤的努力。北京市农林科学院院长李成贵研究员、北京市农村经济研究中心焦守田高级经济师、北京师范大学经济与工商管理学院胡海峰教授、北京第二外国语学院旅游管理学院邹统钎教授提出了宝贵的意见和建议，首都师范大学社科处刘｜鑫为本书的出版做了重要的编辑工作，在此一并表示衷心的感谢！

梁景和

2016 年 4 月

目 录

首都休闲文化管理与"美丽乡村"建设研究

课题负责人：包晓光（首都师范大学文学院　教授）

课题组成员：张贵勇、李　贺、李瑞慧、裴菁宇、王米琪

改革开放以来，中国经济不断发展，城市化进程加快，伴随而来的是城乡差距持续扩大，原有的城乡二元结构矛盾日益凸显。与城市经济繁荣形成鲜明对照的是农村生产方式的落后与农业生态环境的恶化。如何实现农村经济的转型升级，有效改善农村的生态环境，成为建设"美丽中国"需要面对的严峻挑战。2005 年 10 月，党的十六届五中全会通过《中共中央关于制定国民经济和社会发展第十一个五年规划的建议》，提出要按照"生产发展、生活宽裕、乡风文明、村容整洁、管理民主"的要求，坚持从各地实际出发，尊重农民意愿，扎实稳步地推进新农村建设，这也标志着我国农村发展进入国家战略主导的新阶段。2013 年中央一号文件也提出了"要对农村生态进行整治，保护农村生态环境，建设美丽乡村"。党的十八大以来，按照"五位一体"建设布局，国家层面不断提出要加快新农村建设步伐，实现城乡共同繁荣，农村发展因此成为城乡统筹发展的关键所在。

随着经济的发展与城市生活水平的提高，人们在工作之余休闲娱乐、放松身心，成为一种必然需求。北京市市长王安顺在北京市十四届人大三次会议所做的《2015 年北京市政府工作报告》中明确指出，2015 年的主要任务之一便是"落实国民旅游休闲纲要，执行职工带薪休假制度，打造以特色小镇、古村落为重点的休闲度假品牌，提升旅游休闲消费"，这表明休闲已经成为首都人民发展的重要需求。

但是，休闲文化景观在带来经济文化效益的同时，也给周边"美丽乡村"建设带来负面影响。这主要是因为，市场经济利益的刺激促使包括北京市在内的休闲文化的开发与管理呈现一种管理盲目、开发过度的形态，这也逐渐成为制约休闲文化景观周边"美丽乡村"建设的重要障碍。包括"三山五园"、长城文化带在内的休闲文化景观，或多或少存在着管理不到位、不科学的问题。休闲文化管理良性机制的建立，不仅是休闲文化本身提升管理科学水平

的内在需求，也是有效解决"美丽乡村"建设与休闲文化景观之间矛盾的必然选择。只有建立科学、有效的休闲文化管理体系，才能真正实现"美丽乡村"建设的健康发展。在建设"美丽乡村"的过程中，首都休闲文化管理的良性协调具有重要意义。而今，京津冀一体化战略开始实施，首都休闲文化的辐射范围越来越广泛，极具首都特色的和谐共生休闲管理模式，成为处理休闲文化与"美丽乡村"关系的代表。本研究从哲学高度剖析首都旅游休闲文化与人的发展问题，即从考察首都休闲文化产业的发展现状与存在的问题入手，以香山公园、周口店遗址公园、长城文化带为案例，深入探讨首都休闲文化管理与"美丽乡村"建设之间的关系，并探究如何形成行之有效的管理方法，提出相应的可行性建议。

一、首都"美丽乡村"与休闲文化景观：资源现状、管理生态

每一处休闲文化景观都是历史和文明的载体。北京市在"美丽乡村"建设过程中，重视对文化景观和农村特色文化符号的留存，通过组织编制传统村落保护和发展规划，加强乡村历史文化传承要素的修复和修治，保护和利用好山水林田自然景观，挖掘整理农村非物质文化遗产等一系列措施来保存并延续文化、创新并传承文明。

这些被保护下来的乡村文化景观，正是北京多元文化在现实中的微缩体现，也是现存的"活的博物馆"。贯彻落实北京城市总体规划，实现城乡统筹发展，在建设社会主义新农村的热潮中，保护好乡村文化资源，强化乡村特色、地方特色和民族特色，对人文北京建设和世界城市建设具有重要的现实意义。

(一)首都"美丽乡村"视野下的休闲文化景观

1. 首都"美丽乡村"概念的提出

2005 年 10 月，党的十六届五中全会中提出建设社会主义新农村的重大历史任务，并提出了"生产发展、生活宽裕、乡风文明、村容整洁、管理民主"的具体要求；2007 年 10 月，党的十七大会议提出，要"统筹城乡发展，推进社会主义新农村建设"，把农村建设纳入国家建设的全局，充分体现了全国一盘棋的科学发展战略；"十一五"期间，全国部分省市按照十六届五中全会要求，为加快社会主义新农村建设，努力实现生产发展、生活富裕、生态良好的目标，纷纷制订"美丽乡村"建设行动计划并付诸行动，取得了一定成效；

2012年，党的十八大报告明确提出，"要努力建设'美丽中国'，实现中华民族永续发展"，首次提出城乡统筹协调发展共建"美丽中国"这一全新概念；随即出台的2013年中央一号文件《中共中央、国务院关于加快发展现代农业　进一步增强农村发展活力的若干意见》，依据"美丽中国"的理念第一次提出了要建设"美丽乡村"的奋斗目标，新农村建设以"美丽乡村"建设的提法，首次在国家层面明确提出来。

不同学者虽然对于"美丽乡村"的研究视角与定义不尽相同，但大致是从两个方面入手。一是着眼于自然与社会层面的解释。黄克亮和罗丽云认为，"美丽乡村"中的"美丽"指产业发展、农民富裕、特色鲜明、社会和谐、生态良好、环境优美、布局合理、设施完备八个方面，追求自然和社会的和谐与进步。唐柯认为，"美丽乡村"应是"生态宜居、生产高效、生活美好、人文和谐"的典范，是让农村人乐在其中，让城市人心驰神往的所在。二是着眼于消除城乡差异层面的解释。张孝德指出，"美丽乡村"意在追求中国最大的"公平正义"，通过发展农业、建设农村、富裕农民，实现"城乡等值化"，并通过让农村更像农村的改造，使城镇的物流、人流、资金流、信息流向农村聚集，从而逐渐消融目前所存在的城乡差别，使农民的幸福指数不低于市民。

笔者认为，首都"美丽乡村"建设是指以基础自然生态环境为依托，城乡居民广泛参与，社会各界携手助力而进行的农村政治、经济、文化、生态建设，以期实现自然和社会的和谐发展，使人们物质和精神生活共同进步，缩小城乡差异的自然历史进程。

"美丽乡村"建设是"美丽中国"建设的重要组成部分，是生产、生活、生态三位一体的系统工程，是重点推进生态农业建设、推广节能减排技术、节约和保护农业资源、改善农村人居环境，是在生态文明建设全新理念指导下的一次农村综合变革，是顺应社会发展趋势的升级版的新农村建设。通过"美丽乡村"的建设实践，可以增进对生态环境资源的保护和有效利用，实现人与自然和谐相处，保护和传承农业文明。

2. 首都休闲文化景观的内涵

未来学家格雷厄姆·莫利托（Graham Molitor）在《全球经济将出现五大浪潮》一文中指出，2015年人类将走过信息时代的高峰期而进入休闲时代，休闲将成为人类生活的重要组成部分。我国虽为发展中国家，但经济增长水平和文化消费水平日益提高，对于休闲文化的需求也大大增加，某种程度上印证了格雷厄姆·莫利托的论断。而且，北京作为我国的政治、文化中心，经济发展实力雄厚，历史文化底蕴深厚，自然条件得天独厚，是世界上拥有世界级文化遗产最多的城市：2014 年共有 A 级旅游景区(点)227 个，其中 5A 级 8 个、4A 级 72 个、3A 级 95 个、2A 级 44 个、1A 级 8 个。

首都休闲文化景观是一个相对完整的空间结构体系，包括聚落空间、经济空间、社会空间、文化空间，它们相互渗透、相互区别，体现出独特的发展价值。"景观"其本意在《辞海》中的解释为："泛指自然景色，景象"，英文即"landscape"。这一单词最早作为绘画术语由荷兰传入英国，是自然属性和人文属性的合体，后又在实际应用中发展成为兼具多种意义的词汇。在地理学中，景观一般指地球表面各种地理现象的综合体，可以分为自然景观和文化景观两大类。自然景观是指完全未受直接的人类活动影响或受这种影响程度很小的自然综合体。文化景观则是指居住在其土地上的人，为了满足某种需要，利用自然界所提供的材料，有意识地在自然景观之上叠加了自己所创造的景观。美国地理学家卡尔·索尔(C. O. Sauer)在他 1925 年发表的著作《景观的形态》中指出，文化景观是人类文化作用于自然景观的结果，是由自然风光、文化古迹、服饰饮食等多种元素所构成的文化综合体。文化景观反映出一个地区的自然、历史、经济和社会的发展状况和区域特色，对塑造地区形象、丰富地区文化内涵以及发展现代旅游业等，都有着重要作用。

首都文化景观的发展，意味着在社会生产力水平的提高和社会文明程度的进步的基础上，人们有能力也有需求开展文化休闲活动。"休闲"意在自由状态中所从事的活动，是人们在自身幸福感和价值观指引下，去追求美好事物的生命过程。文化学家约翰·赫伊津哈(Johan Huizinga)提出，"文化是在游戏中创出"，将文化的进步看作人们对于休闲时间合理运用和再创造的产物。因此，可将首都休闲文化景观视为人们出于放松、娱乐、学习、成长和满足精神需求之目的，在首都地区特有的自然景观基础上创造产生的，具有丰富历史内涵和文化价值的复合体。它不仅包括城市和乡村中的自然景观、文化古迹、建筑群等物质资源，也包括艺术文化传统、公共活动、节日集会所表现出的精神内容。

(二)首都休闲文化的景观现状

1. 首都"美丽乡村"中的休闲文化景观类型

在建设"美丽乡村"的过程中，农业的发展一方面给人们提供基本的物质需求，另一方面则可用于满足人们观光休闲、体验民俗等精神方面的需要。北京的休闲农业文化兼具传统农业文化和现代农业文化的双重特色，是都市文化和乡村文化的有机结合。

文化景观是人与自然共同的作品，根据首都地区历史文化的地域特征，可将其休闲文化景观分为以下五种类型：

（1）设计景观

设计景观是由匠人或设计师按其所处时代的价值观念和审美原则规划设计的景观作品，代表了特定历史时期不同地区的艺术风格及成就。明清时期的皇家园林，依城郊的山川河流而建，各具风格特色，虽在历史进程中被不同程度地损毁，但后来大多被修葺和重建。例如，静宜园除见心斋和昭庙尚有保存外，其余景观全毁，现修复了部分景观对外开放，使其所处的香山公园成为北京西郊休闲文化的一张名片。

（2）遗址景观

遗址景观是指曾见证了重要历史事件或记录了相关历史信息，如今已废弃或失去原有功能的建筑遗址或地段遗址。作为历史的见证，这类景观的社会文化意义远大于其功能价值和艺术成就。圆明园遗址上恢宏的建筑奇观和珍奇异宝虽已不复存在，但遍地残垣断壁仍向我们无声地诉说着那段辉煌过也屈辱过的历史。位于北京市西南房山区周口店镇龙骨山北部的周口店北京人遗址，是世界上材料最丰富、最有价值的旧石器时代早期人类遗址，是著名的世界文化遗产。

（3）场所景观

场所景观是指被使用者塑造的空间景观，显示出时间在空间中的沉淀，人的行为活动赋予这类景观以文化意义，如举行乡村特色文化活动和仪式的广场、具有特殊用途和职能的区域。

（4）聚落景观

聚落景观是指由一组历史建筑、构建物和周边环境共同组成，自发生长形成的建筑群落景观，它们延续着相应的社会职能，展示了历史的变迁和发展。位于北京市密云区的古北口镇，背靠中国最美、最险的司马台长城，坐拥鸳鸯湖水库，是京郊罕见的山水城结合的自然古村落，已有千年历史，现今已建成配套设施完备的国际旅游度假区。

（5）区域景观

区域景观这一较为宏观的概念超越了单个文化景观，强调相关历史遗产之间的文化联系。作为我国古代伟大的防御工程，八达岭长城位于北京市延庆区军都山关沟古道北口，以完善的设施和深厚的文化历史内涵而著称于世，是我国长城文化带的重要组成部分，不仅面向首都地区及国内游客，而且吸引着全世界的目光。

2. 首都休闲文化的风貌与特色

北京作为一座具有 3000 多年历史的文化名城，"左环沧海，右拥太行，北枕居庸，南襟河济"，现已发展成为国际闻名的现代化大都市，丰富而复杂的多元文化塑造了这座城市独特又鲜明的性格，伴随这种城市性格而生的，是别具特色的休闲文化。

首都休闲文化的风貌与特色，首先表现为皇家文化与市井文化相结合。北京自金代至今，一直作为中国的首都而存在，城市文化特征被深深打上了皇家文化的烙印，从故宫、天坛到"三山五园"，从八达岭长城到京杭大运河，无一不是封建王权的产物。

与此同时，产生于街区小巷的市井文化不断蓬勃发展，源远流长。无论是胡同、四合院，还是京剧、相声，在今天仍旧是北京休闲文化的主流和代名词，深受大众欢迎。皇家文化和市井文化在这座城市里和谐共生，人们既能感受到皇家园林、宫殿、陵寝的磅礴气势，也能体味到当地特有的人情味，体现了首都休闲文化强大的包容性。

其次是传统文化与现代文化相结合。北京作为一座古老文化和现代文明交相辉映的城市，悠久的历史赋予了其珍贵的文化遗产，现代化的进程又为其增添了新的魅力。这一方面体现为城市的建筑风貌与格局，另一方面体现为城市的人文情态。高楼大厦林立在古建筑的周围，京剧和先锋艺术并存，传统节日和新兴节庆并重。在休闲文化活动期间，既可以选择感受浓郁的传统文化气息，也可以选择现代化、高科技的项目，或是从中寻求二者相结合而产生的特殊体验。

再次是城市文明与乡村文明相结合。北京市区（包括城区、近郊区）面积占北京市总面积的 8.1%，其区域内主要是历史古迹和以现代化城市设施为主的文化景观，人为加工的痕迹较重。远郊区面积占北京市总面积的 90% 以上，休闲文化景观以自然风光和特色村镇为主，适宜进行以人文无干扰、生态无破坏、以游居和野行为特色的村野旅游活动。城市的发展对乡村发展起着全方位的带动作用，而乡村为城市发展提供了丰富的资源和更为广阔的发展空间。因此，繁荣的城市文化和休闲的乡村建设协同发展，才能全方位满足现代社会人们对于休闲文化的不同需要。

最后表现为自然资源与人文资源相结合。北京辖区内，既有山区又有平原,动植物资源丰富,有五大水系穿流而过。而且,就气候而言,北京四季分明,不同的季节有截然不同的样貌。优越的自然条件为首都休闲文化产业的发展提供了丰富的可开发的景观资源。辖区内的庙宇、楼台、村落、运河、水库等人文景观大都依风景优美的自然景观而修建,节庆活动依托不同节气的景色和景观,如香山红叶节、玉渊潭樱花节、延庆冰雪旅游节等,赋予了休闲文化景观更深层次的意义,使人们在进行休闲娱乐活动时,不仅获得了视觉上的享受,而且实现了精神层次的升华。

(三)首都休闲文化的管理生态

1. 首都休闲文化的管理体制

所谓休闲文化的管理体制,是指政府管理休闲文化的职能和组织体系、管理方式、政府与企业之间的关系等。管理体制的架构直接影响到管理的效率和效能,也反映着现代社会的文化价值取向。我国目前的休闲文化管理体制为政府主导型体制,行政管理占主体地位且相关制度建设较为系统,社会力量起辅助作用。

行政管理体制具有公有性质,即对于资源依托型的休闲文化景观而言,这些景观资源归国家所有,兼具经营功能并负经营职责的政府单位采用"非营利性机构"的形式进行分级属地化管理。这种分级属地化管理分为两个层次,横向多部门管理和纵向多层级管理。

在横向多部门管理体系中,北京市政府制定总体纲领,在实际管理中由市属文化、文物、建设、旅游、民族宗教等职能部门分别负责。具体来说,由北京市文物局负责本市世界文化遗产和文物保护单位管理工作,会同有关部门负责历史文化名城(镇、村)保护和监督管理工作;北京市旅游发展委员会拟定旅游方面的政策法规,进行旅游景区的规划和开发;北京市文化局负责本市文化艺术事业的发展建设,规范文化产品市场,并对非物质文化遗产进行保护管理;北京市体育局进行群众体育发展,负责推行全民健身计划,举办与体育有关的赛事和活动;北京市园林绿化局负责本市公园、风景名胜区的行业管理,组织编制公园、风景名胜区发展规划,监督、指导公园、风景名胜区的建设和管理,负责公园、风景名胜区资源调查和评估工作等。各部门各司其职,相互配合,使首都休闲文化的管理工作按部就班、有条不紊地进行。

在纵向多层级管理体系中,有关职能部门采取由上级部门进行业务指导,下级部门承担实际工作的管理方式。由中央政府下达政策指令,北京市政府以国家政策为基准，结合北京市具体情况制定管理规划，后再由各区具体实施。这样的管理体制便于具体问题的处理，使宏观政策更好地得以落实，更适合区域发展的实际情况。

社会力量的介入管理，主要分为营利性和非营利性两个方面。营利性社会力量借助为资源脱离型的休闲文化景观提供休闲娱乐活动来获取利润，它们多实行管理权和经营权分离的管理制度。行政管理体系负责维持管理体制的执法、监督、日常维护、科研和经济活动等，营利性经营力量主要负责日常的经营和维护。非营利性社会力量则是一方面筹集公益基金捐献给政府管理单位，另一方面自发投入人力和物力，参与有关休闲文化方面的管理活动。

正是这种横向多部门管理和纵向多层级管理的结合、政府和民间管理的结合、营利性管理和非营利性管理的结合，构成了首都休闲文化的综合性管理体制。通过休闲文化管理体制的构建，首都的休闲文化资源得到良好的保护并满足人们的需要。

2. 首都休闲文化的管理生态

休闲文化产业和乡村旅游在我国已有近30年的发展历史，北京作为我国最早开发休闲文化和乡村旅游的城市，对于休闲文化的管理已形成较为完善、和谐的生态模式，对辖区范围内的休闲文化资源进行了较为合理的开发、规划和治理。目前，全市共有文物古迹7309项，其中99处全国重点文物保护单位(含长城和京杭大运河北京段)、326处市级文物保护单位、5处国家地质公园、15处国家森林公园。具体的管理工作主要围绕风景名胜区、自然保护区和文物古迹三种休闲文化资源进行。

(1)法规管理

为加强旅游景区质量等级的评定和管理工作，提升旅游景区服务质量和管理水平，树立旅游景区在行业内的良好形象，促进旅游业可持续发展，国家旅游局依据国家有关法律、法规和中华人民共和国国家标准《旅游景区质量等级的划分与评定》及相关评定细则，于2012年制定《旅游景区质量等级管理办法》。对风景区的行政管理工作做出了明确的职权划分，由北京市政府城乡建设部门主管北京市的景区建设工作，全面负责景区的保护、利用、规划、建设。

(2)规划管理

北京市休闲文化资源管理遵从严格的规划管理程序，各景区均需制定以下几个方面的规划：确定风景区的性质(如山岳风景区、河川峡谷风景区、森林风景区等），从而为管理机构的统一管理和进一步规划提供依据；根据景观的观赏、文化等价值，划定风景区的范围及其周边区域，以明确职责，便于管理活动的顺利进行；确定保护和开发利用景观资源的措施，如文物古迹类景区要进行定期维护，某些面积较大的自然风景区不允许机动车辆进入，需采取景区内环保车辆代步，实现保护与开发并举；管理部门需根据景区范围和规模、游览设备的情况、目的地居民心理承载量和生态环境承载量，确定游览接待容量和游览活动的组织管理措施，以保证休闲文化活动的持续健康发展。

（3）保护管理

休闲文化生态范围内的自然景观必须严格保护，不得破坏和随意改变，优美的生态环境和景物资源是休闲文化发展的基础，景区内的重要景物、野生动植物等均应进行调查、鉴定、制定保护措施，违者将由有关部门或管理机构予以处罚。对于人文景观，除不得损坏外还必须定期维护，在景区内部和外围保护地带所进行的各项建设都应与核心文化资源相协调，不得建设破坏、污染景观和妨碍游览的设施，在珍贵景观周边除必要的保护和附属设施之外，不得增建其他工程。

（4）开发和利用管理

休闲文化资源应根据合理的规划提供满足接待量的游览设施和完善的基础建设，使各地游客能够方便地进出景区，同时应使游客数量不超过计划中景区可承受的容量，有计划、有组织地进行游览活动，以确保游客的人身安全和文化资源的可持续利用。游览项目和举办活动要依据该地区文化资源的特色进行，不盲目开发，要因时因地制宜，在休闲娱乐的同时弘扬社会主义核心价值体系，利用文化资源多进行爱国主义教育活动，普及科学文化知识。而且，各项活动的举办要经过安全部门和相关管理部门的批准方能进行，坚决抵制不利于人们身心健康的活动，如在景区赌博、打着民俗文化的名义搞封建迷信活动等，违者将予以严厉处罚。

3. 首都休闲文化与周边环境治理

目前，我国的休闲文化管理已从单一的文化景观管理延伸成多层次范围的保护和治理。周边环境与该景观自然条件相似、社会活动与景观区密切相关的区域，实际上是景观向城市其他地区的过渡部分，对景观起着一种视觉上的引导和烘托作用。周边环境的治理是在对景观的自然和人文内涵有着深刻了解的基础上而进行的。随着首都各方面建设的不断完善和新型旅游观念的兴起，人们对于休闲文化的重视程度和保护观念大大增强，如何正确处理休闲文化与周边环境治理的关系，成为首都休闲文化管理过程中的重要环节。在处理二者关系时，应遵循以下几个原则：

（1）地方性原则

开发休闲文化景观和治理其周边环境，要从实际情况出发，尊重该地区的本来面貌，使其符合当地特色。独特性是一个区域区别于其他地区而吸引人们注意的首要条件。这种独特性不仅仅体现在景观的外貌、建筑的色彩，也体现在其整体的精神文化感受。使景区及其周边环境保持一定的特色形象，并令其符合首都整体文化氛围，有利于文化品牌的打造，提升消费者的关注度和满意度。

（2）整体性原则

休闲文化景观及其周边环境是协同开发的整体，二者在视觉风格上和内涵特征上应保持一致，使周边环境的建筑风格、配套设施等和景观本身相统一，在区域功能上相区别。人们在进行完休闲文化活动之后，可以进行一系列与之配套的消费和体验，对于景观和外界环境有一个视觉和心理上的衔接，从而建立一个完备的休闲文化产业体系。

（3）扩展性原则

周边环境的治理不仅仅为休闲文化景区服务，也为景区管理提供良好的环境，为景观游览之外的活动提供支持，服务于其他与景区相关的行业部门，使周边环境发挥多重功能。周边环境的治理在为休闲文化景区做出贡献的同时，也为其他产业所用，促进了区域经济的整体发展。

（4）平衡性原则

经济受益对于休闲文化的开发管理各方来说，均十分重要。但经济的发展并不是休闲文化资源和周边环境治理的唯一目标，从长远来看，休闲文化景观经营的核心是文化，是文化使其盈利，因此增强周边环境的文化功能十分重要。因此，寻求经济价值和社会价值的平衡，拒绝资源环境的过载和破坏，才能实现景观及周边环境的可持续性发展。

处理好休闲文化与周边环境治理之间的关系，有重要的现实意义。良好的周边环境对首都的休闲文化资源形成一道保护屏障，通过有效地利用和配置景区资源，休闲文化景观的保护与开发活动得以有序进行，为人们提供高品质的休闲文化活动，从而提升整座城市的文化品质，以积极的方式延续和创新首都的文化内涵。同时，此举促进了首都地区旅游产业的发展，带动了相关产业的经济增长,实现了社会和谐和整体进步。

(四)首都休闲文化资源生态与"美丽乡村"建设的关系

1. 首都休闲文化资源生态对"美丽乡村"建设的正效应

(1)在经济层面

首都休闲文化资源生态对"美丽乡村"建设具有促进乡村生产发展、缩小城乡差距的作用。首先,"美丽乡村"建设中投入的巨大人力和物力资源支持了农业生产的发展。农业生产既是乡村建设的根本又是乡村生态发展的重要组成部分,为发展乡村文化资源,农业生产需要进行改善,现代化的农业生产方式可成为首都休闲文化生态的强大支撑,并促进该地区生产力水平的进步,提高经济产值。其次,休闲文化的发展会带动景区以及周边环境乃至整个区域的建设。乡村为使其基础设施与休闲文化景观配套,加大建设力度,修建现代化设施以提升游客满意度,如进行道路的修建使交通改善,修缮或拆除破旧建筑保证房屋安全并美化村落,促进商业开发满足游客的消费需要等。在基于休闲文化生态的乡村改造过程中,乡村为适应更多外来人流的需要也要做出相应改变,从而缩小与城市之间的差距,甚至拉近与世界的距离。

(2)在文化层面

首都休闲文化资源生态能够给"美丽乡村"建设营造良好的文化氛围,增进乡风文明。在开发休闲文化资源的同时,乡村固有的文化资源得到有效的保护和利用,使珍贵的文化资源不被忽视和破坏,其价值被放大出来,并被赋予新的内涵。通过物质文化资源的建设可以提升乡村地区的精神文明风貌,乡民们投入其中,大大拓宽了自己的生活领域,从单纯的农业生产中解放出来,开始重视身边的历史文化传统,并从事相关活动,进行休闲文化开发的同时获得文化上的享受。随着乡村与外界交流增多以及乡村建设的不断完善,人口流动速度加快,人们的视野更加开阔,素质得到提高,乡村的整体风貌发生改变,有助于"美丽乡村"建设的实现。

(3)在政治层面

休闲文化生态的发展能够带动乡村管理制度的进步,有利于实现管理的民主。政府要做好休闲文化产业发展的政策支持,培育适合休闲文化发展的软环境,通过制定政策法规来指导其朝着正确的方向发展并实现预期目标。休闲文化资源的开发是一个系统性的工程,需要自上而下各层级的合理规划和精心部署,再通过实践探索方能实现。北京市政府下达政策后需要乡政府和村委会的积极配合并根据实地的具体情况切实执行,在执行管理的过程中,必定要改变原来一些陈旧落后的机制和观念，采用现代化的管理方法。并且，这需要全民参与，才能提出切实可行的方案。只有全民参与，提出的方案才能落到实处，从而实现真正的民主。

（4）在环境层面

首都休闲文化资源生态的完善能够改善生态环境，促进人与自然的和谐进步。环境实际上是休闲文化生态中不可或缺的一部分，一些自然景观可能是被开发的休闲文化资源本身，或者是滋生文化资源的土壤，再或者是文化氛围的营造者。因此，在对既有文化资源进行完善或开发新的文化资源项目的同时，需要对其周边的环境进行治理和美化，这不仅是休闲文化发展的必要，也是构建"美丽乡村"的必要。通过改善生态环境，村容村貌得到了美化，乡村、环境和景观成为有机协调的整体，人与自然的关系实现了和谐，社会得到了进步。

2. 首都休闲文化资源对"美丽乡村"建设的负效应

对乡村而言，为发展休闲文化资源而进行的过度开发，改变了乡村原有的生存结构和发展方式。

近年来，随着休闲度假游的兴起，北京附近的各村镇纷纷开展起乡村生态旅游，有的乡村甚至为把休闲文化产业作为发展的核心，放弃了原本的生存结构。此外，部分乡村更是盲目跟风，本来具备良好的历史文化资源或自然环境优势，保持现阶段的休闲文化即可，却仍要大肆开发，这不仅破坏改变了该乡村原有发展结构，还使"休闲文化"的格调降低，产生了许多雷同化的乡村。并且，在既有文化资源上大刀阔斧地进行改造，极有可能造成乡村环境的破坏。对资源而言，可能因为无法承载过多的人流量导致对自然生态的破坏和人文古迹的过度损耗。

一味地对景观资源进行开发，却忽视乡村文化的历史和内涵，甚至是打着"文化"的幌头牟取经济私利，会使产业发展流于表面。更可怕的是，不当的开发会对文化景观产生严重的危害。一方面，对景观的开发程度超过了景观本身可承受的限度，甚至为吸引游客前来消费而任意改造景观资源，大拆大建，破坏了景观原有的风貌，甚至从根本上改变了景观。另一方面，过量的游客威胁着文化资源的"生存"，现有的大多数文化资源，尤其是历史文化景观，都是不可再生的，加之游客素质参差不齐，经常出现人为污染环境和损伤文物古迹的行为，盲目纵容游客数量的增长无异于杀鸡取卵，不利于景观的长远发展。

对社会发展而言，破坏城市风貌的整体协调性。部分乡村的开发缺乏合理的规划或严格的政策执行，致使乡村与城市之间分工不明确，乡村与乡村之间差别不明显，甚至产生区域间相互争夺文化资源的现象。就目前来讲，我国的休闲文化生态还处于初级发展水平，没有完全做到因地制宜地搞建设，导致乡村、城市、周边环境之间的功能定位出现问题，不同的区域之间分工不明确，扰乱了城市规划的本来秩序，对城市整体的发展格局造成了一定破坏。另外，人们对于休闲文化的理解也停留在表面水平，大多只是为了追求享乐，不能深入理解休闲文化的内涵，对乡村的历史文化传承方面也并没有重视起来，致使乡村文化的遗失，并使新农村的建设失去本来的意义。

二、关于周口店遗址公园品牌文化建设与"美丽乡村"相融合的案例研究

(一)周口店遗址公园品牌文化生态

1. 周口店遗址公园品牌文化的内涵

1987年12月，周口店北京人遗址由联合国教科文组织世界遗产委员会批准成为世界文化遗产。该遗址位于北京市房山区周口店镇龙骨山，是世界上迄今为止人类化石材料最丰富、最生动、门类齐全又有研究价值的古人类遗址。教科文组织认为，它能为一种已消逝的文明或文化传统提供一种独特的至少是特殊的见证。

美国营销大师米尔顿·科特勒(Milton Kotler)认为，消费者和产品之间需要建立一种"爱"的忠诚度，需要一个传递情感的平台。这个平台就叫作品牌。而品牌又是一种特殊的文化，品牌的内涵就是文化。因此，品牌文化表现为文化特质在品牌中的沉淀。周朝琦等学者对品牌文化做了更全面的概括，认为品牌文化是利益认知、情感属性、文化传统和个性形象等价值观念的总和，是在文化特质沉淀过程中呈现出来的精神和行为状态。具体分为三个层次：第一，外层品牌文化，品牌文化外化形象的外在表现形式，如商标、名称、外部修饰等；第二，中层品牌文化，即品牌在管理和传播中所渗透和携带的社会文化精华，如管理方式、口号、广告等；第三，深层品牌文化，是品牌文化的核心、灵魂、精神，是长期发展过程中形成的渗透在一切与品牌有关的活动中的隐形要素。

根据上述解释，周口店遗址公园品牌文化的内涵，是凝结在周口店遗址公园中被消费者、参与者、管理者认可与接受的价值观念的总和。这里的价

值观念包括上文提到的利益认知、情感属性、文化传统、个性形象等元素。周口店遗址公园品牌文化规定着周口店遗址公园的存在方式、管理方式、呈现方式、个性形象以及经营行为。

周口店遗址公园品牌文化的塑成不是一朝一夕的动作，而是一项持续性的系统工程，具有物质性、历史继承性、相对稳定性的特点。相比于民俗风情、歌舞演艺、口技等，非物质文化遗产的品牌文化附着在非物质性的文化资源载体上，很难进行量化与管理。周口店遗址公园的品牌文化的附着体是物质性存在的实体，与周口店遗址公园的管理、运营、开发等环节相伴相生，在营销传播中发挥着无形的引导作用。所谓历史继承性，指的是周口店遗址公园是在遗址所在地基础上复原建造的，具有地域性。同时积淀着历史保留下来的文化气息，受地域文化的熏陶，携带着独特的人文气息。周口店遗址品牌文化是在长期发展过程中积累下来的，根据地域环境的变化和市场需求，不断赋予新的元素和附加值，逐渐发展成为遗址的精髓，在之后的遗址公园品牌文化运营管理过程中，一直围绕着这个核心进行，具有相对稳定性的特点。

2. 周口店遗址公园品牌文化与周边环境的良性互动

周口店遗址公园的品牌文化为周边各村建设树立正确的品牌意识，提升品牌建设的文化内涵，提高品牌价值。周口店遗址公园的品牌文化是在与乡村建设良好互动的过程中逐渐建立的，吸收了"美丽乡村"建设中的优良文化传统和文明品质，反过来又为乡村建设注入新鲜的、具有时代性却不失传统味道的文化元素，使周边环境建设永葆活力，现代元素与传统文明共兼。同时，引导消费者观光旅游，培养消费者对品牌文化的忠诚度，促成多次消费，不断满足消费者精神上的愉悦、迎合学习教育的心理需求，并增强周边乡村旅游的品牌优势，形成竞争壁垒，为周边经济发展、基础设施建设做出贡献。

(二)周口店遗址公园品牌文化管理的特色

1. 周口店遗址公园品牌文化的内部管理与外部管理

(1)周口店遗址公园在法律与制度上的管理。

2002 年 8 月 16 日，北京市人民政府和中国科学院签署了共建协议，协议规定，中国科学院继续进行遗址的科研项目；而遗址的管理权、使用权移交给北京市政府，由房山区政府全权负责管理，并成立了周口店北京人遗址管理协调委员会以及周口店北京人遗址管理处和北京人遗址博物馆管理机构。房山区接手周口店遗址公园的管理权后，严格按照国家"十一五"期间出台的拯救文物设施的专项规划，做了大量保护与管理工作，制定了《周口店北京人遗址管理办法》《周口店北京人遗址及周边环境整治方案》《周口店国家考古遗址公园规划》和《周口店遗址动态信息及监测预警系统》等一系列方案。

经过北京市人民政府常务会议审议通过，遗址保护得到了坚实的法律保障。实行"三区一河一带一产业"环境治理计划（三区即遗址核心区、遗址保护区、环境影响区；一河即周口店河北至山口铁路桥，南至周张路采石厂桥2340 的河段；一带即京周路良乡至周口店遗址环线环境带；一产业即周口店地区对环境有污染的水泥、石灰及非煤矿产业）。为了更好地保留遗址的真实性和完整性，保护周边生态环境的现状，减缓遗址受自然力和人为破坏的速度，周口店遗址管理处委托中国文物研究所、北京市建筑工程学院城市研究所编制《周口店遗址保护规划》，从制度上和法律上规范保护与开发行为。

（2）周口店遗址公园在科研教育上的管理。

为了科学地保护遗址，周口店遗址公园与首都三所大学，即中央民族大学、中国地质大学和北京民族大学建立了友好关系，在三所大学内举办教学实践基地。从 2003 年起，《北京人》杂志以季刊的形式出版，进行科普教育方面的宣传。与中国科学院古人类研究所合作，对周口店遗址内化石地点现存状况、位置等进行勘察，详细记录调查信息。开展地质灾害的调查工作，完成了《周口店遗址群地质病害调查报告》，开展当地生态植被资源的研究调查。为更好地保护自然环境恢复远古风貌做出贡献，周口店遗址实施了加固保护工程。根据《保护世界文化和自然遗产公约》要求，管理处开展遗址地点温湿度、岩体位移、风化等监测工作，监测内容包括气候条件、大气环境、地质灾害、游人活动、建设行为等多个方面，以避免自然力对遗址的严重损坏。

（3）周口店遗址公园对周边环境的治理与管理。

2006 年，《周口店遗址保护规划》出台，将周口店北京人遗址的保护范围从 0.24 平方千米扩大到 4.8 平方千米，重点保护区面积增加了七成。保护区内超过 6 米高的建筑逐步勒令拆除，今后再建的建筑不得超过 6 米。《周口店遗址保护规划》规定建筑控制地带内不允许出现污染企业，如水泥厂、化工厂、矿山企业等。遗址周围设立保护界桩，永久保护遗址。对遗址造成严重破坏性影响的居民住宅、工矿企业、建筑物，遗址附近的铁路、仓储等一律迁出保护区，加大对周边环境的整治力度。

（4）从资金上支持周口店遗址周围环境的治理与改善。

周口店遗址公园投资 5 亿元拓宽京周公路，绿化沿线环境；关停遗址周边9家水泥厂、11条立窑生产线、40家非煤矿山、13家煤矿以及一些污染破坏生态环境的工矿企业；投资4000多万元治理周口店河，拆除遗址周围废弃建筑；对遗址核心区进行环境整治，硬化土地，绿化环境；升级改造遗址内的标志牌、说明牌、参观步道、座椅、垃圾桶等服务设施。

(5)周口店遗址公园对员工的教育和培训。

强化人员培训，提高员工的素质，理论与实践相结合，加强职业道德、领导能力、专业知识甚至小语种学习等全方位的培训。选派干部、骨干参加文物保护、博物馆管理等多项知识学习，聘请专家、教授、学者授课讲座。至此管理层人员均获得了国家文物局颁发的世界文化遗产地负责人岗位资格证书，并且多语种复合型讲解员队伍格局基本形成。

2. 周口店遗址公园品牌文化管理的特色

第一，房山区政府、遗址协调委员会等管理部门在遗址保护与开发中处于主导地位，扮演着决策人的角色。根据遗址自身发展要求与市场环境需求，制定一系列制度和保护措施，颁发法律法规予以规范，投入大量资金支持发展规划，成为遗址地建设的强劲后盾。第二，管理规划突出"以人为本，全面、协调可持续"的科学发展观，充分展示与观赏区有机结合的历史、自然、文化、地础等特色元素，标识牌、保障性设施、自动导游机、停车场等服务设施的内容、设置、形式凸显人性化与安全性。第三，遗址公园重视教育功能。

(三)周口店遗址公园品牌文化与周边"美丽乡村"建设的关系

1. 周口店遗址公园品牌文化的延伸

(1)乡村建筑风格：房屋墙体粉刷猿人图像。

进入周口店村，从离猿人遗址公园2000米开始，公路两侧每隔500米会有路标提示：离周口店猿人遗址××米。周边房屋建设有意配合猿人遗址的原始风格，采用三角式的屋顶，灰色的墙体，以灰瓦铺砌屋顶并以类似茅草的材料覆盖。博物馆新馆附近的房屋建设风格尤为明显。遗址公园周围的墙体和附近废弃的煤窑墙壁上由专业画师粉刷猿人图像，原始人类群居、狩猎等生活场景，呼应遗址公园的整体风格。离遗址公园100米处是一座关停且废弃的煤窑，当地富裕的居民将煤窑附近的土地承包经营农家乐，主人利用空白的煤窑墙壁涂鸦，展示猿人进化历程。如图1所示。

图 1　周口店遗址公园附近乡村部分房屋墙体①

(2)完善遗址公园附近的基础设施。

政府关停煤窑、水泥厂、化工厂等污染企业后，着手开展周边环境的绿化工作。整修横贯于遗址公园门前的铁路，清理铁路附近的杂草与生活垃圾。管理部门整修拓宽通往遗址公园的公路，有不少公交车可直达周口店遗址公园，便利了交通，公路两侧植树绿化，开辟了一条通往原始世界的"绿色通道"。修葺遗址公园门前的广场以及基础设施，广场周围部分运动器械则定期翻新，保证村民安全的同时美化市容。由房山区绿化局招标绿化改造工程队，对遗址核心区与周边环境进行专业化绿化。政府搭台牵线开发商开展依托周口店文化品牌的项目，如周口店世界文化传承示范区项目、周口店北京人遗址文化旅游项目等，以加强周口店文化品牌的辐射作用。

(3)遗址公园招募当地村民入园工作。

遗址公园编制内的员工基本上是由上级政府委派或者通过国家公务人员考试进入园区工作的。编制外非正式的员工，如保安、门卫、园艺、清洁人员，则招募当地村民。对入园工作的村民，周口店遗址公园进行基础知识教育，使其了解公园的历史沿承、园区建设规划、管理体系等内容。这些村民工作强度不高、任务轻松且基本工资达到村民平均工资水平，满足了其日常生活需要与开支。这种方式一方面加强了与村民之间的交流，使村民生活渐与园区文化相交融；另一方面增加了村民创收的机会，促进了乡村和谐。

---

① 图片来源：课题组实地调研拍摄。

(4)周口店遗址公园博物新馆的建设。

周口店遗址公园博物新馆面积 8093 平方米，因迫切需要保护遗址原貌，政府在已有旧馆的基础上投资 1.8 亿元建设了博物新馆。新馆为不影响遗址核心区的完整性、真实性和生态环境，选址在离核心区 1000 米开外的位置。新馆的整体建筑以灰黑色调为主，利用土质材料建成类似洞穴般的外观。限高 9 米，建筑由南向北逐渐降低，"高度的变化避免了建筑形体的单板，与周边山脉天际线及自然环境巧妙融为一体"。新馆增加了收藏与展示的面积，利用现代科技升级照明、计算机管理、展台等馆内设施，集陈列展览、科普教育、藏品保护、科学研究、管理办公于一体。另外还增加科普互动区，对青少年群体进行参与式、体验式教育，以寓教于乐的方式引导参展者深入体会原始自然、吸收更多历史文化信息。

2."美丽乡村"建设对周口店遗址公园品牌文化的回应

(1)为留住外来游客村民自发经营农家乐。

农家乐是一种集回归自然、释放压力、愉悦精神、成本较低于一体的旅游休闲形式，由乡村旅游发展而来，将当地特有的乡村景观、民风民俗融为一体，是一种几乎免明了工熵印的休闲方式，是当地村民增加收入来源的途径之一。周口店附近的农家乐或为当地富裕的村民承包废弃工厂的土地改建而成，或由外来开发商承包土地修建而成。因周口店遗址公园的位置离市区较远，没有地铁及客车直达；另外，来遗址公园游玩参观的游客多为散客且人群类型较为固定，大部分游客倾向于感受当地农家乐特殊的文化气氛。基于游客的需求，农家乐的经营很好地延伸了遗址公园的文化品牌，扩大了公园品牌文化的辐射范围，满足了游客的心理期待，刺激游客进行二次甚至多次消费的心理需求，同时也为当地村民带来了可观的收入，促进了当地经济发展，为文化旅游的开展与建设提供了吃住等基础设施方面的支持。

(2)入园工作的村民主动学习周口店遗址知识。

通过与门卫、园艺、清洁人员之间的交流，笔者发现，遗址公园的在职员工大概 30 人左右，其中约 10 人是园区招募进来从事园艺、清洁、保安等工作的当地村民，占总员工人数的 1/3。这些村民没有很高的文化水平，大部分只会简单的读图识字。进入园区工作后，他们主动学习与周口店遗址有关的知识，熟知遗址公园的管理与建设体制、历史沿革以及部分专业知识。笔者在与售票处保安交流的过程中发现，这些村民熟悉国家发布的与周口店遗址公园有关的各种政策规划与法律法规，熟知国家新农村建设方向，并清楚地了解政府对周口店遗址公园目前的整顿方案与未来的规划信息。

3. 周口店遗址公园周边环境治理存在的问题

(1)农家乐经营仍处于初级阶段。

离周口店遗址公园最近的农家乐是当地人向政府承包废弃煤窑的土地经过休整改建而成的。农家乐利用矿坑较低的地势优势和天然的低温条件改建成酒窖、果蔬贮藏室以及娱乐冰室。利用现代化的抽水技术引山泉水到农家乐,提供给游客纯天然无污染的生活材料。民宿建在用餐平房后面的山坡上,周围全部是老板亲手种植的果树,营造了一种世外桃源的意境。但是,房间数量有限,最多同时接待十几人,再加上民宿的装修工作也未完工,接待能力非常有限。2015 年六七月份,经营者从内蒙古运进一车牛羊,在农家乐举办烤羊节。由于对质量要求严格,追求完美,老板并不是很在乎能否及时回本盈利。因此,未来是否能够实现盈利还是未知数。

周口店附近乡村居民并不是所有人都追求逃离闹市的宁静与小资情怀。此家农家乐经营模式特殊,未起到带动作用。当地村民也以一种隔岸观火的态度按兵不动。在农家乐经营未成趋势的现状下,这种心理无法对乡村文化旅游带来巨大的影响作用,对旅游产业链建设的推动作用也微乎其微。

(2)遗址公园发展与乡村建设尚未实现有机融合。

遗址公园本应发挥辐射作用,以文化旅游为契机带动周边"美丽乡村"的建设。也许因为旅游开发不景气的缘故,遗址公园品牌文化的塑造并未给"美丽乡村"建设带来足够强烈的正效应。两者虽然共存于同一地理区域,却像两个独立存在的个体,互不联系,互不干扰。具体表现为:第一,遗址公园虽然招募村民入园工作,但村民的工作性质属于简单重复式的体力劳动,游离于园区管理层之外。村民不能真正参与到园区建设与规划中去,园区也无法有效地将村民意见纳入管理建设,使得村民缺乏主人翁意识,园区建设缺乏群众基础。第二,通过与村民交流发现,对游客来说,周口店遗址公园是周口镇的地标、北京城的文化名片。而在村民眼中,周口店遗址公园只不过是存在于特定的区域的世界遗址,这个由国家圈起来用政策保护的遗址,刚刚好在地理区位上属于周口村的一部分。更有甚者,搞不清楚遗址的确切位置,分不清旧址与博物新馆的区别。根据村民反映,遗址公园不曾举办与遗址有关的活动,也不曾带动村民参观遗址或者组织遗址学习。由此可见,村民对遗址公园的认知程度不高、归属感不够。第三,农家乐的老板告诉笔者,周口村村委会为配合国家新农村建设,带领村民开发周口店遗址公园附近的云居寺，并请来一位大和尚做住持，通过收取香火钱推动当地旅游业发展。以这种方式发展旅游明显是错误发力、先天不足，很难形成可持续发展的产业链条。并且，"香火旅游"与"遗址旅游"分属两个轨道，风格相差甚远，无法有效融合"美丽乡村"建设与遗址公园品牌文化建设两大重要命题。

（3）当地村民与外来经营者之间的关系紧张而微妙。

当地村民与外来开发商时有冲突，周口店也存在这个问题。周口店镇为了保护遗址公园周边的生态环境，根据《周口店遗址保护规划》的指示，关停了核心区内的水泥厂、煤矿、化工厂等污染企业。即使政府补助给被关停企业一笔赔偿费，却也完全阻断了当地居民的收入来源。由于原水泥厂、化工厂的效益很好，村民衣食无忧，使其养成了不思上进的懒惰心态。失业后的村民习惯了工厂式的工作方式，不愿意返乡务农，选择离巢打工，周口店的生活环境、经济条件因此受到很大影响。留在村里的居民要么是老弱妇孺，要么是大队干部，对外来开发商的开发存在误解，坚决抵制他们占用村里一分一毫的土地，排斥任何开发方案。在关系不和谐、开发目标不一致的环境中，很难齐心协力建设"美丽乡村"。

（4）旅游开发不景气，尚未形成可持续创收的产业链。

根据房山区旅游局的数据统计显示，从2009年至2013年，房山区接待游客人数逐年递减，由2009年的898.8万人次降至684万人次。A级及以上旅游区（点）营业收入虽然每年都有小幅度增加，但不排除在经济大发展背景下，消费水平普遍上升这个因素。如表1所示。

表1　房山区接待游客情况统计

项目 游客人数 项目	2009 年	2010 年	2011 年	2012 年	2013 年
接待游客人数（万人次）	898.8	790.3	852.9	645.8	684.0
A 级及以上旅游区（点）营业收入（万元）	8474.9	9568.9	121032.8	10668.1	13872.0

据媒体报道，周口店遗址公园游客稀少，年游客量不及故宫4天多。很多游客抱怨慕名而来，边走边看，却不知道到底在看什么。对于一般游客来

说，周口店遗址除了巨大的洞穴和满山的绿荫以外，其他都是陌生的。周口店遗址提速器作用明显较弱，尚未建成食、行、游、购、娱集一体的完整产业链。另外，园区没有一支专业的维修工程队。保养期间需要请专业队伍前来修缮，耗时耗力且无法实时监测。园区纪念品研发与制作全部承包给某些礼品制作单位，专业水准有限，质量不过关，不能深入挖掘文化内涵，创意不足，缺少卖点。

(5)遗址公园的宣传力度不够、文化品牌辐射力不强。

首先，周口店旅游信息网站的建设过于简单，流于形式，内容不够丰富，仍停留在对周口店基本情况的介绍层次上，没有深入、多维度的介绍与宣传。网站文字图片没有吸引力，缺少宣传口号或标语，遗址公园的宣传工作不到位。具体表现在：路边的宣传、指示路标数量不多，电视广播及报纸杂志等媒体对遗址公园的关注程度不够，介绍内容有限、不全面。其次，园区亟须构建鲜明的文化品牌。周口店遗址公园还未建立自己的文化品牌，对周边乡村的辐射作用有限，两者相互独立，甚至在某些方面构成排斥，尚未形成和谐相处的发展关系。

4.建议

(1)遗址公园实现数字化展示、管理与经营。

周口店遗址公园应顺应数字化趋势，实现数字化展示、经营与管理，充分发挥遗址公园多维性的特点。对此，可以借鉴日本的吉野里历史公园的成功经验。该公园利用各种数字化形式，展示遗址文化与信息，如在公园入口有多媒体展示厅，通过一部长12分钟的纪录片《弥生城市的复苏》来展示吉野里遗址的历史文化、公园建设以及复原建筑。园区内设有模仿先人生活场景以及游客互动制作古代工艺品的区域。通过体验性、互动性的方式，使游客在轻松的环境中了解历史，获得知识。台湾地区还有博物馆为了全面真实地展现少数民族居民的生活方式与生活状态，在还原居民房屋的一角撑起一块大屏幕，设置了一款非常简单的小游戏。游客站在台子中间，拿起馆内准备的弓箭道具，对准从四面八方奔跑而来的麋鹿，拨动弓箭上的弦，大屏幕上的箭就射出去了。游客需要掌握方向，把握力度，才能准确地射到麋鹿。游戏的重点不在于难易，而在于这种强调参与性的展示与感受方式。

(2)完善遗址公园的管理机制，实现资金在环境保护与设施建设之间的合理利用。

资料显示，周口店遗址公园的资金来源于以下几个渠道：一是中国科学院的古脊椎动物和古人类遗址研究所，但专项资金不多且主要用于科学研究工作；二是北京市文物局，资金有限，对周口店的保护与管理也不够积极。北京市人民政府和中国科学院签署共建协议后，北京市政府责成房山区政府具体负责周口店的管理保护工作，房山区政府提供的资金只限于周口店周边环境的改善与基础设施的建设工作等。因此，资金的合理利用非常重要。

首先，投入资金，加强员工培训，特别是提高讲解员和导览员的英语能力，增加员工的专业知识储备。引进人才，加强国际交流与合作，加强管理层与学校专家学者的交流，学习专家对人类遗址的研究成果，并运用到实际保护与建设中去，以此提高管理人员科学管理水平。

其次，学习借鉴优秀的园区导览建设。在台湾，无论景点大小，都会提供免费导览功能。有些景区提供自主语音导览，有些景区有专业导览员。这些导览员要么是自发组织起来的退休学者，他们通常被称为义工；要么是经过景区单位培训的在职员工，导览解说工作专业有序。这是值得我们学习的地方。周口店遗址公园作为世界文化遗址，著名的洞穴只有指示标与解释牌，没有专业导览员，甚至不提供语音导览服务，这是服务体系不成熟、不健全的表现。因此，需要完善导览服务体系，提高讲解员的素质和英文其土小片种水平。

再次，任何旅游区都离不开良好的生态环境，特别是像周口店遗址公园属于露天的遗址，土壤和岩石很容易受到雨水的冲蚀而流失。因此，需要根据遗址区的不同需求划分保护空间，有规划地完善减灾、防灾、控灾机制，评估修缮存在安全隐患的地点，扩大防风固沙等绿化范围，监督惩戒各种开山、取石等破坏山体和污染生态环境的行为。

最后，建立"古人类遗址保护基金"，动员社会人士、各种保护遗址的团体与组织、知名企业捐赠。资金用于管理人员培训、科学研究、学术交流、宣传教育等，将资金最大限度地用到实处。

（3）优化遗址公园周边环境的展示功能。

一是遗址公园周边现存的民居建设。与古迹、历史建筑等强调原貌保存的文化资产不同，真实的民居应该随着生活形态的改变而有形式上的修正，这才是真正的文化思考与累积。遗址公园周边乡村建筑改造的理念应该让保存维护跳脱符码复制，从实质层面根本改善人们的生活，勇于修正传统建筑的不良设计，使旧建筑再进化。否则，如果传统是不合宜的，就会一直误用下去。

有新闻报道称，核心区有很多家民居仍未撤离，严重影响遗址公园的生态环境建设。政府这种划定保护范围的举措，像是把遗址搬进温室一样，脱离社会环境的保护无疑像温水煮青蛙。因此，笔者认为，保存遗址不应该画地为牢，保存也无须拘泥于旧有格局，而应该着重保有传统核心价值。同时，原有建筑无须强拆强建或者修旧如旧，而是纳入现代需求，在保存与宜居之间取得平衡。

有人只将旧建筑当成一种符号，但外壳只是形式，人与空间的关系才更应该被延续下去。因此，守护周口镇历史文化价值不可盲目复旧，应该将更真实、更包容、更开放的保存与再利用观点普及给一般民众。通过亲身体验、教育推广与经验分享，扎根于各个阶层。同时，珍视多元的村民生活元素，不虚假造作。在亟欲摆脱功利、趋同、庸俗与缺乏自觉的社会中，细心感受历史环境中的生活、生态与生命，为后代营造适合居住的环境。

二是完善周口遗址博物馆的展示功能。在此方面，可以借鉴台南的老屋博物馆的成功实践。其老屋空间是让人实际参与的博物馆空间，非常亲近生活，而不是束之高阁，给人一种距离感。展品可以摸触，可以与博物馆工作人员进行互动，亦可以成为博物馆的一员，参与实际作业。例如，有人做木工，有人做手工艺术品，有人做咖啡等，其价值就在于更多人的热忱参与，以及大家的热心透过各种不同的方式来呈现。他们认为，在旧建筑，包括老房子的历史中，有跟它一起相处的人制造的故事。这就好比一个城市的心脏，要有很多的心血注入，但亦需要有老屋作为其躯壳，而这些躯壳又充满了典型的乡村的味道。

（4）促进遗址公园文化品牌的构建。

科学研究证明，人类获取的外部信息中有83％是通过视觉得到的，视觉形象是人们最直观感受到的信息。所以，文化品牌的构建首先是要引起公众的注意，其次是培养公众对该品牌下产品的兴趣和好感，接下来刺激公众消费产品的欲望并促成消费行为。其中最重要的是第一步，即文化品牌必须能够引起公众的注意力，其他步骤才能顺利完成。

因此，周口店遗址公园的文化品牌不仅要能展示其丰富的历史文化内容，还需要通过独特的、新奇的方式加以修饰，在公众心理建立坚固的信赖感，形成良好的品牌效应。在追求商业、投资与观光利益时，认同经济以外的多元价值，并以各种方式支持文化发展与公共福祉。通过诚实、认真的经营，感动消费者与访客，杜绝过度商品化、跟风与掠夺的恶性循环。最后，鼓励创新思维，展现历史城市应有的格局与气度。促成历史环境中合宜的保存、合宜的使用，让历史价值与元素融入日常生活，并激发新的创意与想象。让历史保存成为文化的必要，结合艺术与教育，成为乡村建设的核心与内涵，进而普遍提升环境品质、人文素养与人类文明。

三、关于香山休闲文化资源品牌与"美丽乡村"建设的案例研究

（一）香山的文化管理

1. 香山文化简介

北京香山公园位于北京西郊，历史悠久，风景秀美，始建于金朝大定时期，距今已有 900 多年的历史。元明清时皇家在此修建行宫别院，建成之后一直作为皇家园林，供皇室人员于夏秋时节在此纳凉狩猎之用。在清朝乾隆时期，乾隆皇帝赐名香山公园为静宜园，并修建当时名噪京城的"香山二十八景"，其中清代著名的京西皇家别院"三山五园"，香山就占其中的"一山一园"。

香山著名的景观与历史文化资源曾在近代列强侵略中国时惨遭破坏。新中国成立后，香山公园于 1956 年作为人民公园对外开放。经过多年的修缮与建设，现在的香山公园已成为北京"十大著名公园"之一。香山凭借其独特的地理风貌特色与历史的积淀，形成了众多景色怡人的自然风光以及珍贵的历史文化资源，其中最享誉海内外的要数香山红叶。每年 10 月红叶漫山，吸引了众多中外游客慕名而来。此外，众多独具特色的亭台楼榭、寺庙塔殿点缀于香山的山林之间，其中集聚明清两代风格的碧云寺，在 1957 年被北京市政府列为首批重点文物保护单位，2001 年被列为国家级文物保护单位。香山也于 2001 年被国家旅游局评为 4A 级景区，2002 年被评为首批北京市精品公园，在 2012 年北京香山入选世界名山，成为中国第五大名山。

现在的香山公园不仅因风景秀丽点缀着首都的美景，更作为城乡结合部休闲文化品牌的代表，为首都人民提供丰富的休闲文化资源，同时扮演着促进香山周边"美丽乡村"建设、实现城乡和谐共生的重要角色。

2. 香山文化的内部管理和外部管理

（1）游客服务的提升与员工的教育培训。

香山公园管理处作为一个事业单位组织部门，其内部管理制度的完善与游客关系的和谐、公园运作的顺畅与周边乡村关系的协调至关重要。同时，游客及周边村镇与公园关系的和谐，也是构建自然环境与人文环境融合的有

力体现。香山公园管理处一直秉承"以人为本，文化建园"的管理理念，提出全园为游客服务的号召，致力于建设和谐的游客与员工关系。

为了能够更好地满足四方游客的游园需求，香山公园不断完善游客服务中心系统，设立游客监督岗与咨询服务站等；不断加强对园内设施安全的建设，完善安全标志警告，对园内道路、栏杆等进行安全加固；与附近医院合作，设置急救中心，以防猝发疾病与游客意外事故；针对游客与公园管理的矛盾，香山公园秉承和谐的理念处理矛盾，同时加强内部责任制，保证游客投诉能得到快速有效解决。2006年，香山公园接受投诉处理13件，整改落实率达100%。在员工整体素质提升方面，《香山公园员工文明礼仪规范》等制度对员工的服务进行严格要求；不断加强对员工服务水平的职业技能培训，并积极组织员工到其他单位进行考察学习；加强对员工的安全意识的教育与紧急救助知识的培训，防范安全事故的发生。

（2）对公园环境的修缮与保护。

香山公园的可持续发展不仅是香山本身保持"美丽"的关键，同时也是周边乡村建设"美丽乡村"的重要依托，因此保持香山自身环境的完整与健康至关重要。首先，在香山自身的自然环境方面，香山公园本身历史悠久，在明清时期又是作为皇家园林的身份存在，其本身拥有十分宝贵的古树资源。香山公园管理处为保护这些珍贵的古树资源，常年与相关专家或相关专业林木保护科研机构合作。此外，香山红叶是香山美景的代表，管理处每年均组织科研人员进行香山课题研究，优化红叶的树木品种，保护红叶风光不被虫害破坏等。在空气干燥的防火预警高发期，香山公园管理处组织森林湿润保护系统进行作业，防止火灾发生。在虫病高发期，同样进行了大规模的农药喷洒工作，以维护香山本身的秀美姿态。在香山的建筑文化方面，香山公园管理处2010年启动静宜园昭庙的修缮工程，2011年竣工，真实再现了昭庙的历史原貌。在2012年，香山公园启动了对静宜园"二十八景"修缮工程，并于2014年年底完工，力求恢复"二十八景"的历史原貌。这些文化景观的修缮与重现，使得香山本身的文化底蕴得以彰显。

（3）香山对周边环境的治理。

香山的建设与周边乡村是互相依存的关系，一方面受香山品牌形象的影响，周边的乡村也不断构建着整洁村容、文明乡风；另一方面建设美丽的周边乡村也为香山提供了服务补充，有利于实现香山公园的良性运作。为了打造香山周边有序的市场环境，海淀区旅游委以及香山公园曾多次对香山周边环境进行治理与改造。自 2012 年起，每年香山红叶节期间，香山派出所都会集中整治香山周边票贩横行、黑车肆虐的混乱市场环境，并免费向游人发放公共交通线路指示卡、警惕"黑车""黄牛"等违法活动的提示。2007 年 5 月，海淀区政府对香山脚下的煤厂街、买卖街进行了整治与改造，使得原先破旧、混乱的两条街道变得整齐如新，提升了香山周边的环境质量，同时也为游客游览拓展了空间。

除了市场环境，香山在环境污染与卫生环境的整洁保持上，也建立了严格的环境污染检测制度，不定期对周边商店等进行环境与卫生检查。笔者在走访的过程中发现，香山公园管理处除了处罚社区卫生不达标商店外，还公示信息，以备周边群众监督。另外，根据海淀区政府对"三山五园"的规划，自 2013 年以来加快了对"三山五园"周边环境以及周边村镇的改造与治理工作，其中香山同样是环境改造工程的重点地区，力争三到五年内使"三山五园"周边环境得到有效改善。

(二)香山的文化品牌建设

现代营销学之父菲利浦·科特勒(Philip Kotler)说过，"品牌是一种名称、术语、标记、符号或设计，或是它们的组合运用，其目的是借以辨认某个销售者或某销售者的产品或服务，并使之同竞争对手的产品和服务区分开来，"作为一种休闲文化，香山文化品牌建设便是对其自身文化景观与文化内涵独特性的构建。国内学者黄合水等在品牌建设中，以记忆研究中的激活扩散理论为基础提出品牌建设的实质，便是在消费者记忆中建造关于品牌的一切。具体而言，便是通过各种实践与营销，打造与品牌名字、品牌产品相关联的产品记忆与关联物的联想，增加消费者的记忆和口碑。香山文化自 1956 年以休闲文化的角色进入文化市场后，不断围绕香山文化资源的独特性构建香山所特有的文化品牌。

1. 旅游文化的品牌塑造

香山公园本身作为北京市十大精品公园，同时入选世界名山的行列，其旅游功能是香山本身的主体功能，由此香山公园旅游品牌建设自然成为香山品牌建设的首要任务。香山公园在近些年的文化品牌建设过程中，依托特有的资源条件，同时又根据香山的文化形象，围绕旅游品牌建设，共打造出以下几种品牌代表：

(1)作为香山文化的代表形象——香山红叶。

香山红叶作为香山旅游形象的代表，是首都乃至世界著名的美丽景观。

满山绚丽的红叶不仅吸引着络绎不绝的中外游客，也是古今文人墨客不断传唱的绝响。自1989年以来，香山公园每年均在红叶盛开之际，举办"观红叶"为主题的香山红叶节，在香山红叶节期间，香山管理处还会举办数场关于红叶主题相关的文化展览，向市民传播红叶相关的文化科普知识与文化传统，延续多年的香山红叶节已成为香山每年的传统文化活动。同时，为了保证香山红叶每年的变色率，香山公园管理处与北京市科委长期合作，专门负责保护和研究红叶，保证香山红叶的成活率与变色率，保护香山的独特植被资源。此外，为了更好地利用香山红叶资源，香山公园大力延长红叶文化的衍生品产业链，将香山红叶以及与红叶、与香山相关的物品，做成标本、工艺品等，作为文化商品，供游人购买留念，扩大香山红叶文化的影响力。

（2）香山特有的四季美景变换。

香山作为一个自然景观，其自身四季的风景变换，同样是取之不尽的旅游文化资源。香山公园管理处近年来不断加强香山四季花草等植被的建设，根据花草的盛开季，不断推出不同主题的香山旅游体验。例如，进入2015年以来，香山公园陆续推出了"冬日蜡梅""香之恋""金莲盛开"等不同季节主题的赏花与游览活动，不断丰富香山自身的休闲文化特色，打造新的旅游品牌。截至目前，香山已经逐渐打造出"春赏山花""消夏避暑""秋观红叶""隆冬看雪"四季文化旅游活动。

（3）香山的建筑文化。

香山历史悠久，在明清时期又是作为皇家园林的角色存在，经过历史文化的积淀与不断的兴建，香山公园形成了众多极具建筑特色与历史文化价值的亭台楼榭。为了充分利用香山内部的文化资源，提高香山文化的知名度，香山公园管理处对园中众多历史文化建筑进行了修缮与原貌还原、修复等工作，并向游客开放。在香山的建筑文化中，最具代表性的便是香山独特的寺庙文化，以碧云寺、昭庙为代表的香山寺庙文化不仅是重要的建筑历史资源，同时也是中国宗教文化传播活动的重要见证。

2. 社会文化价值的弘扬

德国哲学家哈贝马斯（Habermas）曾说："公共领域原则上向所有公民开放。公共领域的一部分由各种对话构成。在这些对话中，作为私人的人们来到一起，形成了公众。"香山公园作为公共文化产品，其自身的发展应该承担更多的社会价值，而社会价值的承载不仅有助于香山品牌形象的塑造，也能充分实现香山的公共文化价值。香山公园在文化品牌的建设过程中，十分注重对社会文化价值的承担与弘扬。

首先，作为党中央在解放战争时期"进京赶考的第一站"等革命史实，香山每年开展红色主题相关的纪念活动。例如，在2014年开展的"追寻红色记忆"等相关的红色主题纪念活动，并邀请北京市各大中小学以及机关团体积极参与。同年12月，以毛泽东诞辰纪念活动为契机，举办纪念毛泽东同志图片展览，宣传红色文化，弘扬红色精神。香山还利用毛泽东同志当年住在香山双清别墅的革命渊源，把香山双清别墅作为北京市的爱国主义教育基地，每年组织各种爱国主义教育活动，勇担宣传爱国主义的社会责任。

其次，香山借助本身山青草绿的自然形象，自身做好环保的形象，同时大力号召人们保护环境。2014年，香山公园管理处陆续组织了"春游香山学雷锋，清洁环境见行动""放飞异色瓢虫 保护生态香山""播种山花、美丽香山"的环保活动，并通过各种奖励形式，号召广大市民及周边群众参加环保活动，通过发放宣传单页、LED大屏幕、发放擦汗纸巾和便携香皂等进行绿色出行、文明游园、垃圾分类的主题宣传与实践活动，号召广大群众保护环境，保护森林植被资源，建设低碳型、环保型社会。香山公园环保活动的举办，不仅有利于增强人们的环保意识，保护绿色环境，也弘扬了绿色环保的理念。

3. 香山文化品牌的挖掘

香山公园历史悠久，积淀了丰富的文化资源，香山公园管理处在文化品牌的建设中也注重把香山历史文化资源与中国传统文化相结合，对香山的文化资源进行深度挖掘。

(1)对香山本身进行文化内涵的挖掘。

香山公园风景秀美，再加上漫山层林尽染的红叶，曾经引得无数文人在此留下诗篇与墨宝。香山公园管理处充分利用香山历史流传至今的文化资源，对其进行修复与出版。2015年，香山便收集碑文石刻整理成一千册《香山碑帖集》结集出版，提升香山的文化影响力。香山公园管理处也根据香山以及香山中的建筑在历史中的记载与描述，先后出版了《香山公园志》《香山永安寺复建记》等文稿，彰显香山的文化底蕴。

(2)将中国传统文化与香山文化深度融合。

中国许多传统节日有着深厚的文化意蕴，香山公园在节日期间也经常举行各种活动。香山公园在文化品牌建设过程中，将许多中国传统文化与香山的实际相结合，意在使人们在香山休闲的同时，铭记中国传统文化，并丰富香山的文化形象。例如，香山公园在每年的春节之际，经常举办香山登高祈福会，将香山的景观装饰成"福桥""福门"等，供人们祝福与祈愿。类似的还有每年三月学雷锋日期间，香山公园组织雷锋精神宣传与实践活动；端午节期间在碧云寺开展祈福、送香包等文化活动；七夕节期间，组织七夕情定香山等活动；在党的生日、国庆节期间，推出红色主题图片展览等纪念活动等。香山公园结合中国的文化传统开展各种主题活动，一方面丰富了香山的休闲文化活动，另一方面也弘扬了中国的传统文化，传播了香山的文化品牌。

（3）对香山名人文化的发掘。

在历史上，有许多人物曾与香山结缘，如著名戏剧大师梅兰芳、中国革命先驱孙中山、中国伟大的革命领袖毛泽东，都曾在香山留下许多故事。香山公园管理处利用香山的名人文化，开展纪念与宣传活动，丰富了香山的文化内涵。2014年，在毛泽东诞辰之际举办《纪念毛泽东诞辰一百二十一周年》图片文化展；2015年，香山公园在碧云寺孙中山纪念堂举办了孙中山逝世90周年活动。在缅怀这些名人的同时，香山的文化品牌也得到了推广。

（三）香山文化品牌与周边环境的融合

1. 香山文化品牌建设对周边环境的影响

（1）香山文化品牌建设对周边环境具有积极影响。

第一，改善周边基础设施建设，促进周边乡村经济条件的改善。香山隶属于香山街道，其中受香山文化建设直接影响的有两个社区：第一社区和四王府社区。其中第一社区下辖北辛庄等13个自然村和两个家属区，四王府社区下辖6个自然村、3个驻军单位、2个驻区单位，共居住着1208户居民，共2292人。香山公园的建设促使政府相关部门加大了对香山周边交通条件的改善，增加了公交车数量，方便社区居民出行。由于香山在建设之前属城郊地带，随着交通、公共服务、信息化水平等条件的改善，村民农产品利益转化得到了更好的实现。同时，香山旅游业的发展也吸引了众多资金投入，餐饮、游客引导等服务行业的发展提高了当地居民的就业水平，使周边村民经济条件逐渐好转。

第二，转变与创新周边居民的思想观念。香山公园文化品牌吸引了全国乃至全世界的游客纷纷慕名而来，为原有的乡村生活带来新的文化体验。为了满足更多游客的不同需求，当地居民逐渐接受新的文化知识与文化精神，传统农耕文化理念逐渐向都市文化靠拢。随着信息化水平的提高与外来游客服务需求的增加，当地村民开始学习如互联网、外语等新兴事物，掌握新的科技产品，创新自我工作条件，当地居民的整体素质得到提高。另外，周边乡村为了配合香山环境的搭配，使得原有村容"脏乱差"的不良现象得以改善，村民逐渐养成良好的卫生习惯，环保观念得以转变。

第三，促进农业生产方式的转变。现代农业技术水平的提升，绿色农业、生态农业的发展形式已得到实现。香山公园的不断建设与发展，使得周边的环境质量水平得以被控制，也缩短了原来农村与城市的差距，农产品向城市销售的势头也越来越好。为了更好地适应新的生活环境、政策要求，同时满足周边农民对农产品销售的经济追求，自然周边农村的生产方式逐渐由原来传统农耕方式向现代农业转变。另外，伴随着香山周边服务需求的增加，原有的农民也逐渐放弃农耕生产转向服务行业，从而进入新的社会生产领域。

（2）香山文化品牌建设对周边环境的负面效应。

第一，香山建设对乡村传统文化的破坏。香山原本只是当地原有文化的一分子，并不占据主导地位，但随着香山文化品牌影响力的提升，其本身的经济效应对周边的经济辐射影响力越来越大，便逐渐转换成香山周边开发建设的主角。例如，在海淀区 2013 年《关于三山五园的改造规划》中，香山便成了经济发展的主角，而周边乡村为了适应香山发展，成了搬迁与改造的对象。由此香山文化的建设便打破了周边乡村原有的宁静，使得原有的农村文化传统被破坏。另外，在香山文化建设过程中，山下要修建大量的停车场、高档酒店等服务场所，不可避免地要占用农村原有的土地资源，而有些开发商为了经济利益，过度开发，破坏了原有的农业生态。此外，香山周边社区聚居着汉、回、满、蒙、苗等 8 个民族的居民，香山对周边土地资源的不断需求，使原有的古镇特色、民族文化或多或少遭到破坏。

第二，激化农村原有的社会矛盾，增加社会管理难度。香山建设一方面的确为周边乡村带来了良好的经济发展机会，但也使原有的城乡矛盾日益凸显和加剧。随着香山建设的不断深入，其配套设施的建设必然会牵涉拆迁土地补偿与各种款项分配的矛盾，分配不公导致的人际冲突时有发生。2014 年 4 月《京华时报》报道，香山村拆迁问题引发村民扎伤拆迁人员的事件。另外，香山旅游产业的兴盛，尤其是在旅游旺季，常常交通堵塞，人员流通不畅，给周边村民带来诸多生活上的困扰。根据笔者走访了解，每年香山红叶节期间，由于游客众多，山下村民会出现"出门难"的问题，也使得村民生活秩序被打破，给村民带来很多麻烦。在香山公园管理处与当地村民之间，也时常会有矛盾发生，经常出现一些当地村民看到游客商机便私自揽客，倒卖香山门票，停车乱收费等不良现象。这些不良现象也给香山公园管理处以及政府管理加大了难度。

2."美丽乡村"建设对香山品牌文化的影响

"美丽乡村"建设重在强调村落、产业、景观、文化的相互融合,即"宜居宜业宜游宜文"。具体表现可归纳为:乡村环境优美、经济富美、景色秀美、民风淳美。由此可见,"美丽乡村"建设与香山文化品牌之间是一种相互促进、和谐共生的关系。

(1)"美丽乡村"建设能大幅改善香山的周边环境,提升香山的品牌形象。

中共中央在党的十六届五中全会中对"美丽乡村"提出要求,其中便有"村容整洁,乡风文明"。香山周边"美丽乡村"的建设在改善周边村落村容、乡风的同时,也是对香山周边环境整体和谐规划与治理的过程。美丽乡村的建设能够保护香山赖以发展的自然环境,同时周边乡村的环境质量与农村民风的改善,能够有效解决香山周边以往管理混乱,环境质量问题层出不穷的难题。乡村整体环境的美丽与香山风景秀美的自然环境融为一体,能为游客带来更加舒心的体验,有助于香山旅游良好口碑的传播,从而树立良好的文化旅游品牌形象。

(2)"美丽乡村"建设能丰富香山品牌的文化内涵。

"美丽乡村"建设中除了要求"望得见山、看得见水",同时还要"记得住乡愁"。文化是乡村的血脉,同时也是"美丽乡村"进行文化资源开发的不竭动力与源泉,而"乡愁"中的记忆便是乡村文化最深层的文化内涵。如果说香山文化是作为以往皇家园林的秀美与和谐社会融合的存在,那么周边乡村的农耕与乡土文化便是有别于香山的"另类风情"。随着"美丽乡村"建设中对周边乡村文化底蕴的挖掘与开发,香山本身便与周边乡村在位置上融合在一起,为香山的文化内涵增添了别样的韵味。

(3)"美丽乡村"建设能为香山品牌文化发展提供经济支持与服务保障。

"美丽乡村"建设不仅要求实现农村整体外在环境的改善,而且更加注重农民经济条件的改善与提高,实现农村生产发展,农民生活富裕。"美丽乡村"建设有助于香山周边农村生产力的提高,招商引资能力因而大大增强,而外来资金的进入同时会给香山品牌发展带来新的发展契机。与此同时,政府建设"美丽乡村"同样会发挥乡村旅游的功能。乡村旅游的发展契机同时也为香山品牌的发展带来新的经济效益。当前香山旅游的一个突出问题,便是游客数量与周边环境服务水平之间的矛盾。由于基础设施水平有限,加上香山脚下的农村服务业发展有限,导致游客体验较差。而"美丽乡村"的建设,带动了周边乡村基础设施的完善，引导游客分流，实现香山与周边基础设施共享，极大缓解了香山公园现有的服务困境和服务压力。

（四）香山文化品牌建设与"美丽乡村"建设的关系

1. 香山文化品牌管理存在的问题

（1）香山文化管理的数字化管理水平有待提高。

香山公园作为北京市的精品建设公园与首都"三山五园"休闲文化建设的重要组成部分，其数字化管理条件的好坏不仅关系到香山公园本身管理效率的高低，同时对于其品牌文化的宣传推广也起到重要的影响作用。香山公园在现有的公园管理上仍然采用传统的景区管理方法，在新媒体的运营展示方面，香山公园的官方微博和官方微信公众号虽然都处在运营状态，但大都只是对公园风景的图片类展示与介绍，这虽然对香山的品牌文化宣传能够起到重要的宣传作用，但在电子票务建设以及利用电子化信息渠道有效管理与引导公园游客管理等方面，仍然效果不佳。例如，在香山公园走访中，笔者发现，在排队买票的过程中，很多人均不了解如何在网上购买香山公园的门票，而香山虽在官网设有电子购票渠道，但操作复杂又不便捷，所以导致大量游客在香山排队等候，也使得售票系统的处理效用大大降低。电子信息渠道的落后，使得原本游客流量较大的香山市得更加拥挤。

（2）香山文化管理与周边农村建设融合较差。

香山是周边乡村"美丽乡村"建设的经济与环境辐射中心，但通过走访调查了解，香山文化的管理建设并未真正与周边乡村实现有机融合。

第一，香山旅游的发展本应实现周边乡村村民的经济利益创收与休闲生活便捷化，但通过对香山脚下乡村的简单了解发现，香山脚下的煤厂街与买卖街的店铺大都是外来人员开设的。由于商铺租用费用较高，再加上监管严格，使得本身占有地理优势的村民进行经济创收的行为受限。此外，香山公园并未给当地村民提供优惠的入园条件，原本作为本地休闲的风景却成了给当地带来拥堵与不便的产物。

第二，香山周边的文化建筑与周边村庄文化不协调。通过在香山脚下走访，发现香山脚下的文化建筑与周边村庄的文化建筑的风格并不协调。周边村庄的文化建筑整体呈现出老北京式的传统风格，但香山周边许多新式建筑并没有统一的规划，显得不伦不类。

第三，香山周边的乡村在首都地理环境的位置上属于城乡结合部区域，而当前首都城乡结合部的文化生态现象在香山同样存在。香山周边的高档酒店与文化设施的建设并不是依托当地村民的消费而建立的，但这些高档文化消费场所却严重破坏了当地特有的乡土韵味，这些不以城乡结合部居民为服务对象的高档消费场所的过度修建，是城市对乡村的损害，是文化权利上的漠视与不平等。

2. 周边环境治理存在的问题

（1）周边村庄环境质量有待改善。

香山周边村庄环境质量的高低，是香山旅游区的重要组成部分，但作为香山的"点睛之处"，香山周边的村容环境质量并不高。首先，在村容上，村中居住人口密集，导致街道狭窄，物品堆放混乱。虽然香山脚下的街道在卫生部门的严格监管下，卫生状况良好，但进入村子后便会发现村民的生活垃圾与废弃家具等堆积在原本就狭窄的道路上。本来人口众多、房屋拥挤的居住环境一旦发生火灾等紧急状况，不利于人员疏散。在房屋建设上由于没有统一规划，房屋高低不一，而且存在许多简易房拼接现象。另外，香山脚下的民居与店铺众多，再加上香山景区均需要电力供应，但香山脚下的电缆线等并没有统一规划，密集暴露在一些较低的电线杆上，同样增加了发生电力危险的可能，也不符合电力安全与村容整洁规划的要求。其次，在村庄的"乡风"环境上，同样存在着当地村民为了利益扰乱景区管理，欺骗外地游客的现象。2014年3月，《京华时报》报道了香山村民欺骗游客、乱收钱的现象。类似的报道在近年的新闻报道中确实存在。人文环境的建设与改善不仅是香山周边环境治理，同时也是"美丽乡村"建设的重中之重。外在环境只是"美丽乡村"建设的外在表现，淳朴乡风才是"美丽乡村"文化内涵的精髓。

（2）当地村民与景区建设矛盾突出。

香山文化建设与当地乡村的发展存在矛盾，两方的有效沟通与矛盾的有效协调，是香山景区建设与"美丽乡村"规划顺利实施的保障。但是，在香山风景区休闲文化建设的过程中，双方矛盾至今仍然存在。从香山旅游区的建设来讲，其发展区域的扩大必然会导致对农民土地资源的占用，而在土地资源赔偿问题的解决上一直存在纠纷。另外，政府对香山周边"城中村"进行的改造过程中，目的是改善"三山五园"周边的生态环境，大力整改景区周边的脏乱差现象，但对于村民而言，他们更期盼的是拆迁赔偿。当地村民都知道，在未来几年，北京市政府要对周边城中村进行改造，所以便极力抵制开发商对现有农民土地资产的占用，另外又想极力获得更高的拆迁赔偿。在涉及土地问题时，不仅包括财产的赔偿，而且关系到农民乡土情结的割舍，这种矛盾延缓了景区的建设与政府"美丽乡村"建设的顺利开展。

(3)周边基础设施建设仍然有待改善。

香山周边的基础设施建设水平直接关系到香山旅游地的环境承载力与游客心理体验的满足程度，但就香山现有的基础设施建设情况来看，很难满足已经成为"世界名山"的香山公园的长远发展。从近年来的报道情况来看，自2011年至今，每年的香山红叶节期间均会发生市区至香山路段的拥堵现象，而且拥堵情况特别严重。笔者在香山旅游淡季时走访香山发现，两个公共停车场的车位已经使用大半，旅游旺季的停车状况可想而知。在餐饮服务方面，香山脚下的两条买卖街虽然挤满了商户，但大都以旅游纪念品及副食店为主，虽然有几家大的饭店，但一旦到了旺季根本难以满足游客尤其是外地游客的需求。在住宿方面，香山周边虽然存在几家酒店但均为大中型酒店，价格昂贵，一般消费者只能望而却步。对此，香山周边基础设施必须不断完善才能满足提升香山旅游环境的承载力，促进香山的持续良性发展。

3. 提升香山公园休闲文化建设的建议

(1)提升香山管理的数字化水平。

由于数字化技术的逐渐成熟尤其是以移动互联网为代表的新媒体技术与体验旅游产业的不断融合，数字化管理的条件与技术已趋向成熟。香山本身处在北京，兼具信息化、数字化水平建设的区位优势，香山公园的管理更应适应时代的发展，提高管理效率。同时，数字化管理系统的建设不仅是香山未来管理的需要，同时对周边乡村人文与发展环境的改善也具有重要意义。香山公园现有的数字化宣传平台已经充分利用了微博、微信等新媒体渠道，在未来的数字化建设中只需要完善新媒体平台的功能，使之发挥管理而非仅仅宣传的效用。

例如，完善微信平台的电子购票与停车位的网上预约功能，增设电子票务取票系统，能大大缓解游客在景区排队拥堵的状况。电子停车位的预约能让旅游的车主提前了解停车位的剩余情况，提前选择好出游方式。此外，在电子环境监控系统的建设方面，香山公园管理处积极与互联网地图企业合作，利用现有的道路状况监控与游客量监控体系，在景区旅游旺季积极向游客发布信息，从而提醒游客选择合适的出行时机与出行规划。

2015年9月20日，国家旅游局正式发布关于建设"旅游＋互联网"的行动计划，其中提出要建设旅游物联网与旅游信息互动终端建设等新型数字化、网络化旅游体系建设规划。香山管理部门应该充分利用国家建设旅游数字化的契机，大力建设以互联网为依托的信息数字建设，真正便捷游客，从而提高管理效率，减少人员拥堵对景区环境的破坏。

（2）整合资源，实现香山与周边乡村的协调发展。

首先，整合香山周边的旅游文化资源。香山本身的环境承载力十分有限，尤其是在旅游旺季，景区经常出现人满为患的拥堵状况。因此，整合周边乡村旅游，形成"大社区"旅游，对于疏导香山客流十分重要，真正实现旅游区可持续发展，避免浪费乡村旅游资源。香山周边的旅游文化资源根植于乡土文化，费孝通在《乡土中国》中提到，"从基层看去，中国社会是乡土性的"。如同乡土文化根基积淀了华夏文化五千年的文明长河，香山周边也汇集着明清时代老北京乡村文化的底蕴与少数民族乡村文化的风情，丰富的文化资源基础为"大社区"旅游的开发提供了条件。香山管理方面要主动寻找新的文化开发资源，根据每个乡村特有的文化根基，挖掘乡村文化的优良传统，并努力恢复香山脚下的历史文化建筑，保护文化建筑的完整性及历史风貌。

其次，整合香山周边的社区产业。在当前的发展困境中，香山的环境承载力缺陷主要在于周边农村的社区产业没有得到充分利用，没能使得周边居民真正因香山的开发建设实现经济创收。因此，香山管理处可通过税收优惠等财税杠杆，鼓励周边乡村居民发展旅游服务业，这样既能够增加农民的收入，又能够利用周边乡村的资源满足景区发展的需求。

最后，整合周边乡村的人力资源。香山公园在管理中时常出现与周边乡村居民发生矛盾的现象，究其原因在于在管理过程中把香山周边的居民"拒之门外"。香山管理处一直通过招聘社会人员进行管理，而本地居民最多做一些简单的体力工作，因此，香山管理处在未来人力资源的管理中可以根据周边村民的实际，引导村民参与香山管理与香山建设，为香山的发展出谋划策，这样不仅可以有效避免与周边村民出现管理矛盾，而且能增进香山公园本身与周边乡村的互利互惠，真正实现香山与周边乡村的繁荣协调发展。

（3）充分发挥社区参与功效，合力建设"美丽乡村"。

社区参与建设是指在决策、开发、规划、管理、监督等乡村建设过程中，充分考虑社区的意见和需要，并将其作为主要的开发主体和参与主体，以便保证"美丽乡村"建设在可持续发展方向的前提下，实现社区的全面发展。社区管理在首都"美丽乡村"建设的过程中公平分配与民主决策，是其能够被广大村民接受并顺利实施的保障。政府在进行香山周边"美丽乡村"建设规划的过程中，要深入了解村民的建设意愿，根据每个乡村的实际情况进行有针对性的建设。建设"美丽乡村"不是"涂脂抹粉，一白遮百丑"，而要注重乡村自身的特殊性。

北京市通州区大营村便是充分利用社区参与建设新农村的典范。大营村在进行旧村改造中充分发挥社区功能参与村庄建设，采用"一户一园"的房屋建设模式，不仅改善了村民的居住环境，同时也满足了村民生产、生活的需要。大营村努力实现产业链本地化，结合村民意愿与北京实际，将大营村建设成一个集生态效益、社会效益和经济效益于一体的观光休闲农业发展模式。

(4)坚持可持续发展理念，明确周边乡村的发展定位。

可持续发展理论是指既满足当代人的需要，又不对后代人满足其需要的能力构成危害的发展。一般包括三个方面：经济的可持续发展、生态的可持续发展和社会的可持续发展。其基本原则为公平性原则、持续性原则、公共性原则。香山等休闲文化景区的建设与管理不可避免地要打破原有的农业生产与农民生活的格局，但务必要坚持乡村文化资源与环境资源的可持续开发，正确处理好乡村用地与景区建设的关系，合理统筹经济、生态、环境三者之间的关系，充分考虑生态及人文环境的承载力。

乡村环境是周边农村和景区建设赖以生存的根基，一旦打破环境开发的界限致使环境恶化，"美丽乡村"也就会成为"镜花水月"。著名城乡规划家吴良镛提出人居环境科学，强调在研究人居环境时不能从房子到房子，就城市论城市，要从研究房子和房子的关系延伸到城市、地区，把区域观念引入建筑与规划中来，把城市扩展到区域范围中。因此，在进行周边乡村规划的同时，也要注意首都城市发展与乡村的关系，形成城市对乡村的良性带动，乡村对城市休闲的有效补充，真正找到乡村发展在城市中的定位。"美丽乡村"建设不是把乡村变成城市，而是作为一种与城市等同的发展地位，建造出适合乡村居民居住的良好环境的发展模式。发展方式虽然不同，但目的都是为了有效实现与社会资源的分配。

(5)继续完善香山及周边乡村的基础设施建设。

通过对香山周边乡村的走访发现：香山周边的基础设施建设同样是制约香山周边"美丽乡村"建设与发展的一大障碍。例如，村庄街道狭窄，居民燃料仍然多使用木柴和煤炭。在香山周边乡村基础设施的完善建设中，政府应加大对该区域基础设施的财政投入，全面改善居民生活所需的路、水、电、气等传统基础设施的使用状况，真正让周边乡村的百姓享受到作为首都发展应有的经济发展成果。另外，要加强农村文化设施的建设，如完善乡村体育设施，广泛开展文化下乡等娱乐活动，满足乡村居民的精神文化需求。

其次，加大对周边村民发展现代农业技术与资金等的扶持力度。香山周边的乡村作为城乡结合部的特殊存在，发展传统农耕产业必然不能满足乡村居民生活发展的需求，而发展现代农业、生态农业不仅有利于农业生产方式的转变，巩固首都周边的自然环境的清洁保持，还能够实现农民增收、发展休闲旅游的经济发展目标。

最后，农业发展与休闲文化管理已经不能单纯地依靠传统手段，互联网技术的不断发展，为农业生产和休闲文化管理提供了新的发展工具。因此，在周边乡村的基础设施建设中应着重完善乡村的网络环境建设，完善网络培训与维护等服务体系，打造智慧乡村，实现科技兴农，保障农民充分利用互联网实现农业产业的价值增值。

四、关于长城文化带与"美丽乡村"体验的案例研究

（一）长城文化带的文化资源现状

1. 长城文化带的界定

长城是中国也是世界上修建时间最长、工程量最大的一项古代防御工程。1961年，国务院将明长城八达岭、山海关、嘉峪关公布为第一批全国重点文物保护单位。1987年，中国的万里长城被联合国教科文组织列入《世界文化遗产名录》。

文化带是指具有相似地理单位的文化区域、文化类型及文化模式。文化的区域性是人类文化进步的重要特征之一。笔者认为，长城作为本身带有文化属性的历史遗址，其周围具有相似的地理单位，与长城文化密切相关的文化地区，均可划归到一起，组成长城文化带。

2. 长城文化带的文化价值

（1）长城文化带是中华民族精神的重要象征。

万里长城是中华民族的骄傲与象征，是世界伟大的古代建筑奇迹之一。长城是为了抵抗外族侵略而建造的，到现在已逐渐变成国人抵抗侵略、坚强不屈的象征，体现了中华民族的凝聚力和爱国精神。长城也是中国人民坚强勤奋、开拓进取的表现，象征着中华民族坚不可摧、永存于世的意志和力量，是中华民族精神的重要象征。

（2）万里长城是中国古代民族关系发展的产物。

长城文化带自远古至今居住着众多的民族，各民族及其相互关系的发展

与长城文化带有着密切的渊源。长城学、民族学及中国民族关系史等学科研究的发展，对于促进民族团结具有重大的现实意义和重要的理论研究价值。

(3)长城是首都乃至全国的重要旅游资源。

长城不仅是中华文化的象征，更是人类建筑史上的奇迹。万里长城与埃及金字塔、意大利比萨斜塔等被列为世界七大奇迹。"不到长城非好汉"，长城因其特殊的历史意义、高超的古建筑水平以及独特的艺术价值吸引着全球游客的目光。长城俨然已成为北京乃至全国标志性旅游景点。

(二)长城文化带周边的衍生文化产业

1. 长城衍生文化产业现状

(1)周边景区建设良好。

八达岭长城景区以八达岭长城遗址为主，以古崖居、水关长城、岔道古城等周边其他历史遗迹为辅，致力于实现长城旅游文化产业的集聚。为了更好地传播长城文化、丰富游客体验、实现旅游多样化，八达岭长城景区内还建有长城博物馆、全周影院，供游客在游览长城之余，参观和欣赏长城文化。其中，长城博物馆是以万里长城为主题的专题性博物馆，全面反映长城历史文化及现状；全周影院则是采用360°环幕，在影院穹顶放映大型风光片《万里长城》，充分展现长城"上下二千年，纵横十万里"恢宏伟岸的历史风貌。长城专题博物馆与长城影片放映作为传播长城文化的重要载体，与长城景观相辅相成，加深了游客对于长城历史、军事、建筑、文化艺术的了解，同时也增加了长城旅游文化产业的吸引力。

(2)文化衍生品尚有进步空间。

随着旅游产业发展的不断完善，人民文化消费水平的增强，旅游景区周边文化衍生品的销售成为旅游文化产业中必不可少的环节之一，往往能创造出不小的经济产值。文化衍生品是指将某种文化内涵及特征经过提炼，将其运用到商品设计、加工、生产中，使无形的文化以有形的形式出现，实现文化的保留与传播，为原本普通的商品带来文化价值。作为首都乃至全国的重要景区，八达岭长城景区周边的文化衍生品发展不容小觑。据笔者走访，长城景区外常见的纪念品当属国旗、好汉证、文化衫。中国有句俗语"不到长城非好汉"，受其影响，前来长城旅游的游客很多会购买"好汉证"作为到长城一游的纪念；此外，长城作为中华民族精神的象征，有关爱国情怀的衍生品往往受到游客的欢迎，如国旗，尤其受到外国游客的喜爱。虽然销售情况尚且良好，但从文化创意角度来说，这些衍生品的创新程度一般，质量尚可，同质化、可替代程度较高。长城历史悠久，故事众多，可挖掘的文化元素丰富多样，若能利用长城文化创作出更多更好的文化创意衍生品，势必会带来更好的文化效益、产业效益，从而带动长城景区其他周边文化产业的发展。

（3）特色旅游项目不断发展。

早在 2010 年，延庆县就计划整合区域旅游文化资源，以八达岭长城为龙头，以水关长城、岔道古城、残长城等长城景区为依托，建设面积 55 平方公里的"一轴两带多辐射"的长城旅游文化产业聚集区。所谓"一轴两带多辐射"，是指以八达岭长城为轴，形成东西两带，辐射周边的旅游文化产业集聚区。东部产业带包括水关长城、石佛寺古村、长城脚下公社、探戈坞音乐谷、印象·长城，西部产业带包括岔道古城、长城天地、残长城、清凉盛景长城大酒店，辐射到周边的八达岭野生动物世界、八达岭滑雪场、阳光马术俱乐部等景点。其中建设较为成功的当属岔道村。岔道村位于八达岭长城脚下，至今已有约 450 年的历史。2002 年，岔道村由各级政府出资整修，按照明清风格进行古城复建工作，沿街建起明清风格的店铺，由商户经营古玩、丝绸、客栈等极具特色的复古民俗风情一条街。商户特色的明清复古风格吸引大批游客前来旅游观光，为岔道村带来新的发展机遇，与水关长城、探戈坞音乐谷、印象·长城、长城脚下公社共同形成高端休闲度假区。

（4）开展大型文化体育活动。

为了帮助游客全面深入地了解长城，创造更好的旅游体验。八达岭景区每年组织策划国际级和国家级大型文化体育活动达 20 余次。水关长城脚下的北京长城森林艺术节，是长城旅游文化产业中较负盛名的文化活动。北京长城森林艺术节由探戈坞音乐谷举办，每年一届，是一个以音乐为主，同时融合多种艺术表演形式的综合性户外艺术节。自 2010 年创办以来，累计吸引超过 10 万名热爱生活和音乐的爱好者参加。作为中国目前唯一一个以都市家庭为主要观众群的户外艺术节，它以丰富的周边活动，高品质的音乐、制作和服务，以及独一无二的自然环境被很多观众称为"中国最美的艺术节"。

（5）周边餐饮业水平有待提高。

旅游产业的发展，离不开游客的"食""住""行"三方面。笔者通过八达岭长城脚下餐饮业的走访，发现以农村居民为主体的餐饮经营者，大多存在服务效率低下，经营管理不善等一系列问题。餐饮种类虽然多样，小吃、快餐、家常菜等基本能满足游客们的用餐需要，但存在的问题也比较突出。首先，餐饮店服务管理水平一般。在长城景区客流量较大的时候，存在上菜速度慢，顾客等待时间长，卫生整理不及时等问题，在一定程度影响了游客对景区的整体体验。此外，餐饮店缺乏创新，菜品口味一般，仅能使游客填饱肚子，达不到品尝美食、享受美食的更高层次需求。处于长城景区的餐饮店，若能将餐饮与长城文化、景区特色相结合，将是一个极好的文化创意。利用长城文化元素为传统产业增加附加值，成为发展景区文化产业的新增长点。

2. 长城文化带与衍生文化产业的互动关系

长城文化带的发展为衍生文化产业的发展指明方向。产业发展作为一种经济行为，强调经济利益的最大化。因此，为实现经济效益，文化产业的发展在于以市场为导向。八达岭长城作为世界文化遗产、国家首批 5A 级旅游景区，享有极高的声誉，吸引着世界各地游客前来参观。长城文化带的开发与完善，有利于增强长城景区内的旅游文化体验，提高旅游竞争力，吸引越来越多的游客前来参观。而游客数量的增多，使得长城景区衍生文化产业的市场群体不断扩大，进而有助于为文化产业的发展指明方向，促进其更好地向前发展。

文化是特定的人类社群在一定历史时期里形成的足以体现该社群的精神、气质和追求的行为模式、思维模式和情感模式的综合体。它在观念层面、制度层面、器物层面、符号层面，行为习俗层面均有体现。作为一种无形资产，文化的传播与保存，离不开物质载体。而长城景区衍生文化产业，恰恰为传播和保留长城文化提供了媒介与渠道。文化产业的经济主体借用长城文化元素，实现产品附加值，创造经济利益。而文化产品的广泛流通更是加速了文化的发展与传播。两者的发展相辅相成，共同朝着有利的方向逐步迈进。

(三)长城文化带衍生文化产业与"美丽乡村"建设

1. 长城文化带中的"美丽乡村"：空间分布与特色

"一轴两带多辐射"中的所谓两带，是以八达岭长城为主干，呈东西走向分布，辐射周边的旅游文化产业集聚区。为服务周边的旅游产业、提高村民经济收入、进一步发展和完善乡村建设，"美丽乡村"紧紧依托长城文化带与周边文化产业进行空间分布，形成围绕长城文化产业的集聚模式。

2. 长城文化带在"美丽乡村"建设中的分量

长城作为世界人类文化遗产、全国重点文物保护单位、国家 5A 级旅游景区，在我国乃至世界各地的游客心目中具有重要地位和影响力。长城文化带的发展，对于完善长城景区建设，传播长城历史文化，创造旅游产值具有重要意义。周边乡村的建设与发展，离不开长城景区、长城衍生文化产业的带动。长城景区、长城衍生文化产业的发展，带来众多游客，拓宽了消费市场，为农村居民创造了大量就业机会，从而提高了农村居民经济收入。有了经济基础的保障，乡村环境建设、生态建设才会朝着美丽、现代化的方向建设与发展；而收入提高后的村民，其文化水平、文明素质也将不断进步与提高，无论对"美丽乡村"的环境、生态建设，还是村民的精神文明建设，都将起到重要的支持作用。

3."美丽乡村"建设对长城文化带的影响

近年来，随着人民生活水平的不断提高、城市化进程的不断加快、交通手段的便捷发展，人们对闲暇时间的安排有了越来越多自主的选择。在此条件下，乡村休闲旅游越来越成为人们短期节假日放松休闲的首选去处。长城文化带作为北京郊区重要的乡村旅游资源，每年接待大量游客参观游览。从长城文化带景观建设方面看，作为长城文化带的一部分，"美丽乡村"的建设发展一定程度上影响着长城景区整体的环境建设，代表着长城景区的风貌；从长城景区文化产业发展角度来说，长城文化带周围的乡村居民，作为部分衍生文化产业的经营主体，他们的文明素质、服务能力水平，一定程度上影响着游客对长城景区的印象，从而对长城文化带的发展带来影响。

(四)提升长城文化带的建议

长城文化带的发展与"美丽乡村"的发展相辅相成。因此，长城文化带建设与长城周边乡村建设应两手抓。对此，建议如下：

(1)推出多样化的文化旅游项目。

文化产业须以市场为导向，这就使得长城文化景区及其衍生文化产业须从消费者的需求出发，按照不同消费者的不同需要，提供符合消费者需求的产品。不同年龄、不同性别的文化消费人群具有不同的特点。在设计旅游项目时，应充分了解不同消费者的心理需求，切实满足消费者需求。例如，针对带孩子出游的年轻父母，可利用现有资源条件，开发《爸爸去哪儿》式的自助体验亲子游项目，重点打造父母与孩子共同参与、共同体验的休闲娱乐方式。例如，北京延庆龙湾国际露营公园举办的"金蜗牛亲子音乐生活节"，就是集儿童游乐竞技、音乐演出、餐饮、购物于一体的大型亲子嘉年华活动。它在活动的设置上从大型游戏、亲子互动到音乐欣赏、动物观赏，动静结合，保证所有家长和孩子都能在活动现场找到自己喜爱的项目，进行一场真正的"体验式"亲子互动，反响良好。

(2)文化衍生品创意开发。

作为传播、展现长城文化的重要载体，创造经济价值的重要商品，长城文化衍生品的创意开发尤为重要。目前，八达岭长城周边文化衍生品，无论从种类、质量、创意程度上都具有较大的发展空间。文化消费的特点受消费主体的不同特征所影响，不同文化消费者需通过文化消费满足其不同需要。这就要求我们在文化衍生品的开发上，要考虑不同消费主体的不同特征，推出具有针对性、个性化、多样化的文化衍生品。此外，拓宽文化品牌衍生品开发思路，将其运用到生活的方方面面，如拼图、积木、扑克等便于携带的娱乐用品；服装、背包、首饰等装饰用品；茶杯、抱枕、挂画等日常家居用品。如此，长城文化衍生品不仅可作为到长城一游的纪念品，更是实用性、观赏性为一体的日常文化产品，进一步满足消费者的需要。

关于"美丽乡村"建设，还应注意以下两点：

一是经济效益与生态效益共同发展。"美丽乡村"的建设与开发，首先要以保护原有生态为前提。与城市相比，乡村地区主要优势在于其良好的生态环境，如果一味追求经济效益而导致环境破坏，"美丽乡村"也就谈不上美丽，势必会影响该地区的长久发展。因此，在休闲文化产业化开发中，应始终贯彻可持续发展战略，大力发展循环经济，提高资源利用效率，平衡乡村休闲文化产业生态发展与经济发展之间的内在关系。在打造乡村休闲旅游项目的过程中，还要注重乡村本身生态环境的利用，如田园风光、湿地特色等乡村特有生态条件，以展示"美丽乡村"良好生态为目的，推动"美丽乡村"的建设与保护。

二是提高村民文明素养，展现农村美丽风貌。人是"美丽乡村"的重要主体，"美丽乡村"要想"美丽"，离不开乡村居民的文明素养的提升。而乡村地区居民，往往受到地理因素、经济因素的限制，受教育程度不高，其文明程度仍有较大进步空间。对此，政府应充分调动各界文化资源，前往乡村地区开展长期或短期文化活动，给予乡村居民文化学习的机会。例如，派出大学生支教团，对乡村地区儿童给予学业上的支持；开办下乡知识讲座，向村民普及社会知识；丰富村民精神文化生活，从而在潜移默化中提高村民文化素质。

首都休闲文化产业与"美丽乡村"建设关系密切。一方面，首都休闲文化产业的发展能为"美丽乡村"建设提供经济保障，提高乡村居民的文明程度及其生活水平，提升首都农村环境建设水平；另一方面，首都休闲文化产业发展也将带来生态破坏、游客行为不文明、乡村环境污染等一系列问题。作为首都乡村重要的旅游产业带,八达岭长城文化带的发展与周边乡村的建设息息相关。目前,八达岭长城文化带已形成较好的旅游产业集聚效应,为周边乡村的发展带来积极影响,但其在开发当中也仍存在需要改进和注意的地方,还应增强其影响力,吸引越来越多的游客前来游览参观,从而带动周边乡村的"美丽乡村"建设。

参考文献

[1] 郑向群、陈明:《我国美丽乡村建设的理论框架与模式设计》,《农业资源与环境学报》,2015年第2期。

[2] 包晓光、徐海龙:《中国当代文化产业导论》,北京:北京大学出版社,2010年。

[3] 费孝通:《乡土中国》,北京:北京大学出版社,2012年。

[4] 马惠娣:《休闲:人类美丽的精神家园》,北京:中国经济出版社,2004年。

[5] 余元同:《明代长城文化带的形成与演变》,《烟台大学学报(哲学社会科学版)》,1990年第3期。

[6] 王强、包晓光:《中国传统文化精神导论》,北京:昆仑出版社,2006年。

[7] 韩振华:《休闲城市发展要素研究》,杭州:浙江大学出版社,2014年。

[8] 邹统钎等:《遗产旅游发展与管理》,北京:中国旅游出版社,2010年。

[9] 陈荞:《八达岭长城将建文化产业区》,《京华时报》,2010年2月1日,第8版。

[10] 董红梅、王喜莲:《旅游景区与其周边农村社区的协调发展研究》,《农村经济》,2007年第1期。

[11] 宋婷婷:《桂林旅游产业集聚效应研究》,《广西师范大学》,2014年第1期。

[12] 赵鑫:《论乡村旅游与新农村建设》,河南大学硕士学位论文,2008年。

[13] 方兴:《休闲旅游型美丽乡村开发研究》,福建农林大学硕士学位论文,2013年。

[14] 游洁敏:《"美丽乡村"建设下的浙江省乡村旅游资源开发研究》,浙江农林大学硕士学位论文,2013年。

[15] 刘滨谊、陈威:《关于中国目前乡村景观规划与建设的思考》,《小城镇建

设》，2005 年第 9 期。

[16] 郭玉兰：《试论休闲文化建设的重要意义》，《中共山西省委党校学报》，2003 年第 2 期。

[17] 张继涛、郑玉芳：《新农村休闲文化建设探析》，《湖北大学学报(哲学社会科学版)》，2010 年第 1 期。

[18] 包晓光：《着力改善城乡结合部的文化生态》，《北京日报》，2009 年 1 月 19 日，第 2 版。

[19] 李梅、苗润莲、张敏：《北京乡村文化资源保护与开发现状及建议》，《江西农业学报》，2015 年第 4 期。

[20] 黄克亮、罗丽云：《以生态文明理念推进美丽乡村建设》，《探求》，2013 年第 3 期。

[21] 唐柯：《推进升级版的新农村建设——访农业部"美丽乡村"创建活动负责人》，《农民日报》，2013 年 5 月 15 日，第 5 版。

[22] 张孝德：《中国乡村文明研究报告——生态文明时代中国乡村文明的复兴与使命》，《经济研究参考》，2013 年第 22 期。

[23] 李和平、肖竞：《我国文化景观的类型及其构成要素分析》，《中国园林》，2009 年第 2 期。

[24]《2014 北京长城森林艺术节本月底探戈坞音乐谷举办》，凤凰网，http://ent.ifeng.com/a/20140805/40220755_0.shtml。

[25]《延庆打造八达岭长城旅游文化产业集聚区》，人民网，http://paper.people.com.cn/rmrbhwb/html/2010-02-02/content_441502.htm。

[26]《八达岭长城今日接待 8.8 万人 游人抱怨：走不动》，中国新闻网，http://www.chinanews.com/sh/2014/10-04/6650181.shtml。

首都农村改革与社会综合治理研究

课题负责人：程世勇（首都师范大学管理学院　副教授）
课题组成员：吴文妍、李　娜、靳小虎

　　"十三五"规划建议明确指出我国经济发展的主要目标和基本理念，提出全面建成小康社会的目标要求，提出了创新、协调、绿色、开放、共享的发展理念。其中，贯彻协调发展的理念，就是要坚持城乡协调发展，坚持工业反哺农业、城市支持农村，健全城乡发展一体化体制机制。坚持共享的理念，就是要着力增进人民福祉，使全体人民在共建共享发展中有更多的获得感，朝着共同富裕方向迈进。农村的发展对于促进城乡协调发展、共享改革成果具有重要的意义。2015 年 11 月，中共中央办公厅、国务院办公厅印发《深化农村改革综合性实施方案》的文件，从提高农村改革的系统性、整体性、协同性出发，聚焦五大领域，进一步推进深化农村改革。实践表明，只有农村经济切实发展、农民收入切实提高才能有效地缩小贫富差距，实现协调发展，共享改革成果。

一、经济利益冲突：首都农村社会综合治理的新问题

（一）首都农村建设与社会管理体制创新

　　农村社会管理体制机制创新是全社会加强和创新社会管理的重要基础支撑，是当前农村经济发展、社会和谐以及民主政治建设的必然要求。① 农村社会管理是指政府通过制定系统规范的农村社会政策和法规，管理和规范农村社会组织、社会事务，培育合理的农村社会结构，调整农村社会的利益关系，回应广大农民群众的诉求，化解农村社会矛盾，维护农村的社会公正和社会秩序，促进经济、社会和自然之间的协调发展。② 农村在整个社会中的基础性地位决定了加强社会管理和服务体系的重点要放在基层、放在农村。

---

　　① 马军卫：《农村社会管理体制机制创新研究》，《行政与法》，2011 年第 10 期。
　　② 曹杰：《构建农村和谐社会的基础性工程——深刻认识新形势下创新农村社会管理、做好农村群众工作的重大意义》，《农民日报》，2011 年 3 月 25 日。

加强农村基层社会管理创新，构建与社会主义市场经济相适应的农村基层社会管理体制机制具有重要意义。①

从社会管理机制上看，社会管理的根在基层，在城乡、村、社区。农村社会综合治理出现问题，相当程度上源自基层组织治理不健全，经济利益纠纷不能很好地协调和解决。农村矛盾纠纷的增多，要求基层组织发挥维稳作用，将基础性、源头性的问题处理好，进而促进和实现社会政治稳定、经济发展、人民安居乐业。要从巩固党的执政地位，维护社会和谐稳定的高度，充分认识新形势下稳定工作的重要性和紧迫性，切实增强责任感、使命感和危机感。超前谋划，牢牢把握工作的主动权。

(二)经济利益冲突与首都农村社会综合治理的紧迫性

改革开放 30 多年来，首都农村各项事业发展蒸蒸日上，首都农村的经济得到了显著发展，农民收入逐渐增加。与此同时，也面临着诸多挑战与问题。随着经济的发展，首都农村面临的问题除了传统的农业生产、生活、生态等方面的挑战，还具有新的表现形式与特点，如城市化进程与农民土地利益的矛盾。城市化是我国社会主义初级阶段经济发展的客观过程，随着城市化脚步、城市化进程的加快，土地需求日益膨胀，人地矛盾凸显，利益失衡问题短期难以协调。土地征收伴随着的就是耕地的占用和拆迁。征地与拆迁过程涉及对集体土地地价的补偿、被征地农民原有宅基地的处分、农民居住房屋的安置、农民身份的转变以及随之而来社会保险的缴纳等一系列问题。农民、政府面对征地与拆迁的政策、措施时会做何选择？农民的补偿安置利益能否得到有效保障？征地、拆迁的补偿是否能够保障农民的长远利益？农民与基层政府之间的利益冲突能否得到妥善解决？这些经济利益冲突的存在对首都农村社会综合治理提出了更高、更紧迫的要求。因而，随着城市拆迁逐渐普遍化，拆迁冲突日益增多，城乡利益的激化程度也日益严重。有学者指出，目前，我国主要的上访事件和农村社会治理冲突案件中有 70％是由土地征收和拆迁问题引发的。②

首都农村的经济利益冲突集中表现为农村土地承包权流转过程中的利益分配问题。我国的土地经营权流转是市场经济在农村土地承包制度改革中的深化，是全面解决"三农问题"的关键举措，允许土地经营权合理流转，是农

---

① 马军卫：《农村社会管理体制机制创新研究》，《行政与法》，2011 年第 10 期。

② 王国林、章笑力：《征地中的民主村务实验》，《浙江大学学报》，2005 年第 4 期。

业发展的客观需要，符合党中央的一贯政策。农村土地承包经营权流转的健康发展，必将给农民的生产经营方式带来巨大变化，促进生产力的发展。①《中华人民共和国民法通则》第80条第2款规定："公民、集体依法对集体所有的或国家所有由集体使用的土地的承包经营权，受法律保护"。但由于集体土地产权关系纠纷，在承包流转过程中产生的经济利益冲突、纠纷影响着首都农村的社会稳定。

同时还存在农村集体经济组织的治理及利益分配问题。农村集体经济组织代表农民集体利益，同时作为基层政府的代理机构，又享有一定的行政管理权限。农村集体经济组织对集体财产管理权的集中又会导致农村腐败问题的产生，侵蚀基层民主生活，损害干群关系，不利于农村的稳定、发展。此外，基层组织在追求自身政绩的同时极易造成形象工程、盲目扩建基础设施、盲目招商引资，从而导致资源的浪费，集体利益受损，反过来又增加自身的债务负担。基层干部的腐败问题、乡村债务、乡村经济发展等问题对农村社会管理体制的发展、创新提出了重重考验。新问题的产生如果未得到妥善处理就会影响首都农村的和谐稳定。外部环境的变化也会加剧不稳定现象的产生：农村人口流动性的增加；农村的基础公共服务与设施的不完备，如在教育、医疗、制度建设等方面的滞后与农村日益发展的经济水平不相适应；农民利益表达渠道的不顺畅、维权困难等现状的存在，深刻地影响了首都农村的建设，对农村社会管理体制建设提出了更高的要求。首都农村特殊的经济建设发展情况使经济利益冲突有新的、多样的表现形式，同时这些经济利益冲突具有错综复杂的特性。这些利益冲突如果未得到妥善的解决又严重影响着首都农村的稳定。只有加快首都农村社会综合治理才能保证首都农村社会的和谐稳定，才能保障首都农村的进一步发展。

二、首都农村经济关系冲突的原因分析：理论梳理

（一）农地承包经营权流转纠纷影响农村稳定

农村土地承包由于合同不完善容易引发纠纷，这种纠纷主要表现为三个层面。

一是农村二轮承包时，有些地方采取直接延包的方式，对部分农户在一轮承包期间多开垦的耕地没有进行调整，使二轮承包分配不公，个别农户多占

---

① 马进军：《土地经营权合理流转与农村的和谐稳定》，《经济与管理》，2012年第10期。

地、占好地等现象引发的利益纠纷。

二是土地承包合同随意调整。存在私自对承包地进行调整，对死亡、外出务工、经商、户在人不在的户籍人口收回承包地的现象。在土地承包过程中存在的混乱状况严重影响了农村稳定。魏凤秀（2010）研究中也表明，有些地方无视"土地承包期限延长30年不变"的政策，任意频繁地调整土地，损害了农民的利益。

三是土地流转中的权益侵占。根据北京财政科学研究所（2015）的调查：北京市已流转土地中，转包、出租、出让、互换、入股及其他方式流转的土地分别占43.2%、30.6%、1.8%、0.2%、24.2%。土地转包过程中，发包人将土地转包给承包人为农户与农户之间的承包协议，由于大多数农民缺乏相应的法律意识，导致承包土地中的合同简单、粗略，甚至存在只有口头协议，双方并未签订合同的现象，这种现象极易导致承包后期出现矛盾纠纷。

（二）农村宅基地隐形流转影响农村稳定

近年来，随着城市化进程的加速与城市高房价的拉动，小产权房已经成规模地在全国许多城市出现。据粗略估计，全国小产权房面积已经达到66亿平方米，占全国村镇房屋建筑面积的20%以上。从地域看，深圳、西安、郑州、石家庄、济南等地小产权房的规模相对较大，在个别城市其所占的比重已经超过40%。城乡土地制度引发的要素流动不畅和利益分配失衡问题，使小产权房成为城市住房市场中的一种乱象。近年来，由于北京房价的快速上涨，各种形态的小产权房在周边区域开始扩张、泛滥，由此也引发了一系列问题。

由于小产权房隐蔽性较强，其数量规模难以精确统计。据粗略估计，北京地区的小产权房已售和在建的面积将近1000万平方米，规模约占北京地区房地产市场份额的18%～20%。北京地区的小产权房主要集中在昌平、房山、顺义、大兴、通州、怀柔、密云等区。北京市内有80多个成规模的小产权集中区域，如图1所示。

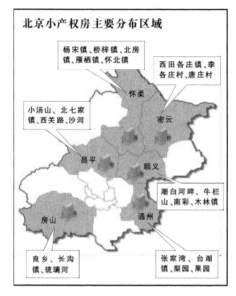

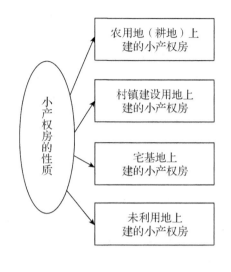

图 1　北京地区小产权房分布图①　　图 2　北京地区不同性质的小产权房

普通住宅形式的小产权房的购买者主要是外地来京人员和普通工薪阶层。通州张家湾镇的太玉园小区，是目前北京小产权房最集中的区域之一。目前小区一共有 200 余栋、8000 余套房屋，其中居住的本村人口有 2000 余人，外来人口约占 3/4。小区交通便捷，距离城铁八通线土桥站仅 800 米，公交专线的终点站就在小区院内②。还有在昌平区郑各庄村的宏福苑小区，这一早些年人们眼中位置偏远的小产权房与一般商品房已经连成片，各种生活基础设施也随着城市化的进程得到显著改善。当时，小区内小产权二手房均价是7462 元，最贵的已经超过了 10000 元。但相隔不远的北苑小区等大产权房已经高达 18000 元左右③。宏福苑小区所处的昌平区郑各庄村，被称为北方最美的乡村，北京著名的温都水城就是其开发的项目之一。虽然小产权房和目前

────────────────

①　资料来源：《新京报》。

②　潘秀林、熊锋、吴菲菲：《北京最大小产权房静待"赎身转正"》，《网易财经》，http://money. 163. com/10/0316/00/61RT8AIM0025480H. html，2010 年 4 月 10 日访问。

③　潘秀林、熊锋、吴菲菲：《北京最贵小产权房超 8000 元 房源"很紧张"》，《网易财经》，http://money. 163. com/10/0315/00/61PAULQ9002534NU. html，2010 年 4 月 2 日访问。

的房地产管理制度相抵触，但还是有不少城市居民慕名而来。外地务工人员和本地的城市低收入阶层都是这些小产权房的拥护者。这部分人群数量庞大，若采取强制性的治理手段一定程度上会使矛盾加剧。

（三）乡镇政府招商引资与农民利益分配纠纷影响农村稳定

财政部财政科学研究所在《首都新型城镇化进程中保障农民权益的基本原则、总体思路及政策建议》(2015)提出，在集体建设用地的流转过程中，存在基层政府为达到自身政绩，盲目招商引资，导致土地承包流转后利用率低下的问题，造成了资源的严重浪费。集体建设用地流转的法规不健全、建设审批时间久、用地指标不配套、融资贷款不到位等问题均会影响项目工程的开工建设，增加了工程断档、形成"烂尾"工程的风险。工程建设无法按期、顺利开工，导致相应的利益补偿不到位，极易引发矛盾冲突，影响农村稳定。

我国学者袁明宝(2011)在《土地流转事关农村稳定大局》中表明，地方政府应用上级政府对大规模土地流转的补贴费用实施各种优惠政策吸引投资商，投资商在承包土地过程中与农民的博弈，一再压低承包费用来降低自身的成本，增加承包商的资本受益。承包费用的压低严重损害了农民的经济利益。同时，在土地流转过程中存在大量的土地闲置、抛荒的问题。土地流转之后，承包商大多选择种植经济作物或者就地建池进行养殖。在此过程中，由于实际利用面积小于整体承包面积，造成土地闲置。但这部分土地因为承包给了承包商，农民因此失去了管理权，即使有愿意耕种的农民也没有权利进行耕种，造成土地资源的严重浪费。

在土地流转过程中，由于农村集体土地不能直接进入一级市场，只能由政府征用土地后出让给土地开发商或工业企业。农地变为市地后，随着财政投入的增加，土地的增值部分完全与农民无关，使农民很难获得土地的增值收益，获益的只是有关企业和政府。

袁明宝认为，常年在外务工的农民对于土地的依赖程度较低，对集体土地他们更倾向于土地流转，自己在不耽误外出工作的同时，还可以获得土地的额外收益。但对于普通的种田者或者半工半农的农民而言，土地依然是他们赖以生存的重要基石。因此在土地流转获得承包费用与自身种植的选择中，他们更倾向于自己亲自耕种。这两类农民的不同利益诉求对于集体土地流转与不流转的决策都会产生影响。可见农民内部的不同利益需求也会影响土地流转的具体实施过程，进而影响农村稳定。

（四）征地与拆迁问题影响农村社会和谐

王晓敏等(2014)指出，现行《土地管理法》规定，城市的土地属于国家所有，在政府垄断经营土地一级市场的现状下，压低土地征收成本，抬高土地出让价格是地方政府的必然选择。而压低土地征收成本，必然会侵犯农民的合法利益，引发土地征收纠纷。魏凤秀（2010）提到，目前部分地方政府经营性用地和公益性用地界定不清，操作时有时按公益性用地标准征用，导致征地数量偏大，同时征地补偿标准偏低，同一块地，征地价与出让价相差悬殊，用地方成了事实上剥夺集体土地资产的利益主体。她根据统计指出，近三年全国土地出让金收入累计9100多亿元，一些市、县、区的土地出让金收入已经占到当地财政收入的60％以上，征用土地的收益分配格局是：地方政府占60％～70％，村级组织占25％～30％，农民仅占5％～10％，① 且扣留款项去向不明。这些数据直观地反映了农民作为信息不充分的弱势群体，其直接利益受到了损害。

张宗亮（2009）指出，通过征地再出让的方式获取资金，已成为不少地方政府追求政绩、增加财政收入、改善部门福利的捷径。而被征地农民由于处于天然的弱势地位，不仅无法与政府进行有效的谈判，而且被排除在征地政策制定、落实之外；不仅无法分享土地征收所带来的增值收益，而且无法抵御对自己权益的侵害。普遍存在的现象是村集体（农民）的土地被征收后，农民的补偿、安置费被压低、挤占或者挪用，其权益未得到有效的保障。企业与农民之间，企业往往可以凭借经济优势在地方政府的干预下处于优势地位，而农民则处于劣势地位。村集体与农民之间，村集体作为某种程度上的"经济人"，有时也会损害农民的利益，这主要表现为村干部在征地过程中的以权谋私。据有关部门统计，当前村干部"涉土"职务犯罪呈高发态势，有的地方村干部犯罪的主要形式就是"发土地财"。征地、拆迁过程中产生的这些问题，不利于农村的社会安定，不利于农村的和谐治理。

征地过程中缺乏对农民职业发展规划也会影响农村社会稳定。吕亮（2015）在《谈解决当前农村征地拆迁问题的对策》中认为目前补偿的方式相对单一，即一次性发放安置补助费，让农民自行谋职。从政府的角度，按照法定的标准计算费用进行发放就可以，但无法保障农民以后的生活。没有了土地，部分农民缺乏其他的谋生手段，而农民自身的理财、投资能力又都不够，容易导致"坐吃山空"。宋云湘（2014）指出，征地补偿侧重于经济性的补偿，

---

① 肖琼、曹建华：《我国农村土地流转纠纷的成因及对策研究》，《安徽农业科学》，2007 年第 13 期。

被征地的农民失去了长期劳作的土地，存在大量未就业的现象。农民习惯于长期的耕种，没有合适、匹配的就业岗位，加之相应的再就业、创业培训的缺乏，以及失地转居过程中享受过度的保障，对农民长远发展产生消极影响。单一的经济补偿，不利于失地农民的长期发展，不利于其获得长期、稳定的收入来源。

（五）乡村集体资产与乡村债务及其他因素影响农村稳定

基层政府存在的腐败现象严重影响了农村的稳定，主要有三种表现形式。

一是集体土地资源的滥用。《土地管理法》第二条第四款规定："国家为了公共利益的需要，可以依法对土地实行征收"，这里指出为了公共利益的需要可以依法进行征收，但对于"公共事业用地"的范围没有明确的规定，就造成了农村土地征用范围的扩大。地方政府、乡村组织通过征地，最大化地分享了土地的增值收益。

二是基层组织工作人员素质不高，滥用权力进行寻租。杨守涛（2014）指出，农村的胁迫性腐败现象非常严重。胁迫性腐败是指向原本可以享有特定合法权益的村民群众设置种种办事障碍，以便自己从中获取某种好处，它往往是较为隐秘、难以取证的。如调研中发现：某村村民为孩子小埋入学交困证明，州津到村首开故措证，最后在所谓好心人、知情者的提醒下，给村首送去一瓶好酒与一条香烟后才得以如愿。

三是农村基层治理缺乏透明度。根据韩逊等（2007）的调研，有些农村将机动用地承包来抵押乡村债务，农民的利益受到了极大的损害。乡村盲目地招商引资、日常运转花销的浪费现象导致乡村债务的增长。杜开华（2006）指出，部分村委会将上级政府下拨的扶贫款、捐赠款等集体资金挪为己用。财务管理弄虚作假，收费不开据正式的收据，用白条代替发票，导致收入不入账，干部从中截留侵吞。这些现象的存在严重影响了农村干部与群众的关系，造成群众上访、干部堵截的不稳定状况，不利于农村的稳定与发展。

（六）环境污染与生态补偿制度的缺失导致农民权益受损

工业化浪潮以来，世界经济总量快速增长，同时也伴随着能源的大量消耗和二氧化碳排放量的剧增，引发了温室效应与全球性的气候变化。如何降低碳排放，发展低碳经济，已经成为当前任何一个国家在转型期必然要面对的选择。作为世界最大的发展中国家，2013 年我国 GDP 已达到 56.8 万亿元，列居世界第二。2013 年，人均 GDP 已经超过 6700 美元，按 2010 年世界银行的标准折算，我国已经达到中等收入国家的经济发展水平。与此同时更要清醒地意识到，我国工业企业在全球产业分工体系中仍处于低端位置，出口商品总量中相当一部分为高能耗、高污染的资源密集型产品。我国还承接了相当一部分发达国家在国际化产业转移中转移过来的重化工业，在成为"世界工厂"的同时，也面临着巨大的碳排放污染问题。低碳发展，就要求任何一个国家和地区在发展中不仅要关注效率，更要关注环境与生态和谐。

产业的优化程度是决定二氧化碳排量与能源消耗的关键性因素。二氧化碳的排放主要来源于长期低端化的第二产业。在我国三次产业结构中，第二产业二氧化碳排放量所占比重最高，在 2005 年至 2010 年一直保持在 80％以上。当前中国优化产业结构的重点便是减少第二产业占生产总量的比重，提高第三产业特别是金融服务业在经济活动中的比值，以改变我国高能耗、高污染、高消费的"三高型"经济增长模式，由粗放式经济转向集约式经济发展，走低碳经济之路。

三、首都农村经济利益冲突与社会综合治理的实证分析

（一）首都农村社会综合治理调研案例及相关变量

首都农村地位与条件特殊，凭借自身独特的区位优势，享有首都城市带来的辐射效应，首都农村的经济获得了快速的发展。经济发展的同时，首都农村依旧存在一些影响发展的不稳定因素，并且随着对首都农村的开发、建设，这些不稳定因素的产生原因、表现形式多样化都加剧了首都农村社会综合治理的难度。

课题组选取通州区的小堡村、怀柔区的大中富乐村、丰台区长辛店镇新庄村三个村为调研样本，主要围绕首都城市化进程中的经济利益变迁与农村和谐程度两个核心变量的相关关系展开。数据主要采用对上述三个村居民的随机抽样取得。调查问卷共发放 450 份，回收问卷 421 份，剔除无效问卷 21 份，有效回收问卷 400 份，有效回收率为 88.9％。问卷的主要变量见表1。

表1　问卷的主要变量

序列号	问卷题目及相关变量
1	在您村里，承包地的流转是否经常引发一些矛盾冲突
2	城市人来村里买宅基地盖房，您的态度
3	如果出现宅基地权属纠纷，您会支持

续表

序列号	问卷题目及相关变量
4	村里的企业经营和厂房出租,您对以下最关心的是
5	如果由于经营状况,土地租金的支付合同无法履行,您认为
6	你们村的征地拆迁补偿标准
7	补偿标准不同或者差异很大是否产生心理落差
8	你们村是否有就业培训与技能培训
9	您认为技能培训和农村稳定的关系
10	你们村征地拆迁后所提供的社会保障评价
11	征地拆迁后的社会保障是否很重要
12	社会保障如果不能达到自己的预期,会通过哪些方式争取
13	您所感知到的基层政府的腐败问题是否严重
14	您对基层政府的腐败的看法
15	您村里的集体资产状况
16	您觉得村里的集体资产应该如何管理
17	村里的集体资产如果浪费严重或者出现贪污违法情况,您会
18	您认为乡村债务是否影响农村稳定
19	您认为乡村的社会治理主要是由下列哪些因素引发的
20	您对您所处的乡村及周边乡村的社会治理和谐程度的满意度评价是

(二)首都农村经济利益关系调整与社会治理状况

在乡村社会治理因素里面,大部分受调查者选择的是农村相关经济问题,这说明乡村社会治理主要由经济问题引发(见图3)。

当前我国正处在经济转轨、社会转型的特殊历史时期,各种社会利益重新调整,新旧观念相互碰撞,社会结构发生变化,社会不稳定因素增加,利益格局深刻调整,思想观念深刻变化,给我国发展进步带来巨大活力,也必

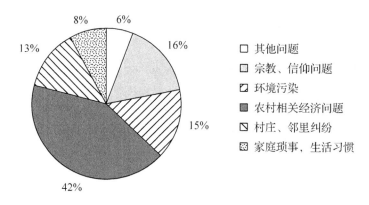

图3 乡村社会治理引发因素

然带来社会治理方面的严峻挑战。尤其是农村地区，经济的发展要靠耗用资源、征用土地等与农民利益自身相关的物质资料。在此过程中，产生的利益分配不均、环境污染加剧等一系列的社会问题给农村带来了社会矛盾，从而引发社会治理问题。

大部分被调查者对所处的乡村及周边的乡村社会治理和谐程度并不是很满意，有31%的人选择的是"有诸多矛盾，不和谐"，有25%的人选择的是"矛盾尖锐，非常的不和谐"，只有35%的人认为是"非常和谐"与"相对和谐"的。虽然随着对农村问题的重视，大部分地区的社会治理出现了好转，但是仍有部分地区存在影响社会稳定与和谐的因素，如果不加以解决，势必会影响社会主义新农村建设的进行（见图4）。

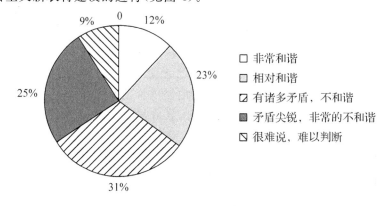

图4 乡村及周边乡村的社会治理和谐程度的满意度评价

农村的发展必须有稳定的社会治理为其保驾护航，应当构建农村社会治理防控体系，建立农村社会治理防控体系是发展社会主义新农村经济的需要，是维护农村社会治理的需要。

(1)基于前面的理论研究假设，我们认为，农村承包土地作为村民的核心生产资料，农村的社会治理状况可能在很大程度上由此引发。因而，我们设定，承包土地的流转经常引发一些矛盾冲突。但调查结果出人意料：承包土地的流转经常引发矛盾冲突的认同度仅为15%，回答"很少"与"几乎没有"的比例达到了85%。这说明农村承包土地流转已经不是首都农村社会治理问题的一个显著的触发因素(见图5)。

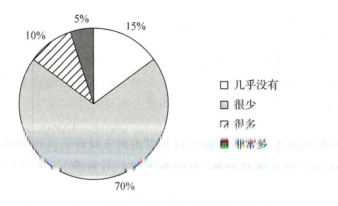

图5 农村承包地的流转是否经常引发矛盾冲突

(2)关于城市人来村里买宅基地盖房，持支持态度的人占71%的比重，反对或非常反对的不足被调查对象的30%，说明被调查者里面，大部分人是支持城里人到村里买地的，只有较少部分人持坚决反对的态度(见图6)。这说明，首都农民对于城乡一体化这一思路是认同的。关于农民住房财产权的问题，《十八届三中全会关于全面深化改革若干重大问题的决定》提到："保障农户宅基地用益物权，改革完善农村宅基地制度，选择若干试点，慎重稳妥推进农民住房财产权抵押、担保、转让，探索农民增加财产性收入渠道。建立农村产权流转交易市场，推动农村产权流转交易公开、公正、规范运行。"

(3)关于出现宅基地权属纠纷时，支持本村人还是城里人，41%的人选择的是"根据情况而定"，所以可以看出，大部分村民对矛盾的处理还是比较客观、理性的。但是也有33%的人选择了"城里人"，说明大家对矛盾处理的方式还是存在一定误区。在生活中，因宅基地使用权而发生的纠纷在民事纠纷

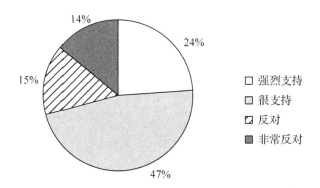

图6 村民对城市人来村里买宅基地盖房的态度选择

中比较常见。对宅基地使用权纠纷应按下列原则妥善处理：依法保护国家、集体的宅基地所有权；依法保护公民、法人合法取得的宅基地使用权；宅基地使用权随房屋转移的原则；尊重历史、面对现实，有利于生产、生活的原则；促进经济发展，维护社会稳定的原则。

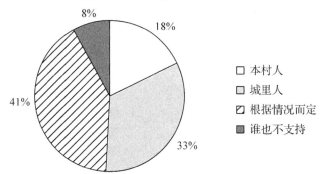

图7 出现宅基地权属纠纷时，农民的态度选择

(4)关于对村里的企业经营和厂房出租的态度，大部分村民关心的是企业分红的问题，说明大部分人对经济效益的关注还是远远大于对企业的了解和其是否会带来环境污染(见图8)。所以针对这一需要，在创办企业的时候，更应该加强对村办企业财务、分配、人事方面的管理。在管理工作中，一定要财务公开。目前，相当一部分村干部随意支配村办企业收入，财务手续不全，账目不清，把村办企业收入当作自己的"小钱柜"。因此，要实行民主理财，公开账目，即向群众公开一切经济来源、收入项目、经费去向等，并随时接受上级和群众的监督、检查。从而增强财务的透明度，消除群众的一切猜疑

和误会，使群众对村办企业收入、支出放心。

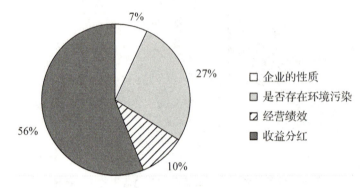

图8 村民对于村里的企业经营和厂房出租的态度

(5)在土地租金的支付合同无法履行时，大部分人选择的是"必须捍卫自己的经济利益"，说明农民对自己的权益维护已经有了一个明确的认知，还有27%的人选择"需要做合理的解释说明工作"，也有10%的人选择会理解村镇政府，只有少部分人选择上访这种方式，这些都表明农民普遍比较理性，可以通过一种合理的方式处理问题(见图9)。

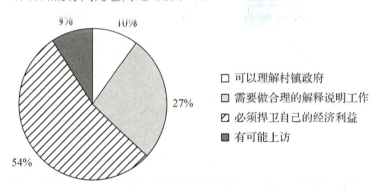

图9 村民对土地租金的支付合同无法履行的态度

(6)关于村里的征地拆迁补偿标准，更多的人(65%)认同补偿标准前后不一致，有相当一部分被调查者(42%)认为前后差别很大。还有一些人认为补偿标准前后不一致，但差别不大(见图10)。说明人在被征地拆迁时，由于政府征地的"时序"前后相差，补偿标准有差距。我国形成于计划经济时期的征地补偿标准虽然几经变革，目前仍然存在补偿标准偏低、测算方法不科学、不符合市场经济规律等问题，从而易引发农民与政府之间的冲突，成为影响

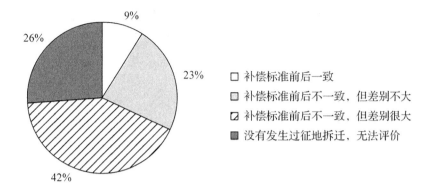

图 10　对于村里的征地拆迁补偿标准的态度

社会稳定的重要因素之一。在这种背景下，对于合理的征地补偿标准的政策研究，应该成为各级政府和学术界关注的问题。

（7）当补偿标准不同或者差别很大时，大部分村民选择的是心理落差很大，有 15％的人选择的是无法容忍，只有 6％的人选择"很能理解政府的工作，完全能接受"（见图 11）。这说明，近几年来，绝大部分失地农民对补偿的期望较实际偏高，同时尽管征地补偿使农民的收入增加，但其生活水平并未提高。因征地补偿而引起的纠纷已成为威胁农村稳定与发展的重要因素，纠纷的关键在于补偿标准过低、补偿方式不科学，根源在于农民因土地而失去原本生存的基础并因此产生极大的心理落差，政府应该关注农民的心理落差，更好地为他们解决问题。

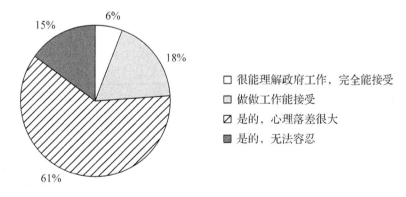

图 11　补偿标准不同或者差别很大时村民的态度选择

征地制度连接着利益分配的两端，一端是以极低的价格从农民手中把集体的土地征为国有，一端是通过土地招拍挂的市场报价方式把土地的使用权转让给市场主体而获取巨大的利益增值。2013年，地方政府土地出让金收入已达到4.1万亿元，同比增长约45%。2013年，中国国内生产总值同比增长7.7%，达到56.8万亿元人民币，全国的土地出让金约占2013年GDP的7.2%。而有些区位条件比较好的地方政府，土地出让金在财政收入中所占的比重则更大。根据北京市的数据，2014年全市地方公共财政预算收入完成4027.2亿元，比上年增长10%，而1622亿元土地出让金收益占财政收入比重达到了40.3%。而在有些地方，土地出让金甚至占到了政府财政收入的60%。可以说土地收入已经成为一些地方政府的主要财政来源。[①]

地方政府高额的土地出让金客观上推高了房价。例如2015年10月，北京市海淀区的房屋均价已经达到5.5万/平方米，朝阳区的房价也已经超过4.5万/平方米。地方政府的土地财政源于城市房地产投资性土地使用权交易的垄断高价。土地垄断高价是指地方政府通过土地征用，以大大高于均衡价格的水平将国有土地的使用权让渡给房地产开发商等资产运营方的地权交易模式。我国每年城市新增土地供给中仅有30%左右用于住宅建设，造成了住房用地的稀缺和高价。

（8）农村是否有就业培训与技能培训。从理论上讲，良好的就业率是农村稳定的一个重要前提。从被调查者的反馈来看，被调查者所在村庄有过培训就业技能的比重比较大，有41%的人接受过村里的培训，有26%的人参加过政府进行的系统培训。但是也有超过30%的人没有参加或者听说过培训，这意味着随着我国失地农民数量的继续增长，大批农民游离于城市与乡村之间，成为我国社会阶层中的一个弱势及边缘群体，农民务农无地、社保低保无份，但是政府没有配合的培训介入，使原本就业难度较大的失地农民，处于失业与半失业状态（见图12）。

就业是民生之本，失地农民能否实现就业，不仅关系到农民自身的生存状况，而且关系到农村的可持续发展及整个社会的稳定。因此，如何解决失地农民的就业及长远发展问题是当前我国面临的一项重要而紧迫的任务。

---

① 资料来源：《2013年度北京土地市场成交火热总出让金破1800亿 创历史新高》，搜狐焦点，http://house.focus.cn/zhuanti13/2013nianzhongpandiantudi/，2015年1月9日访问。

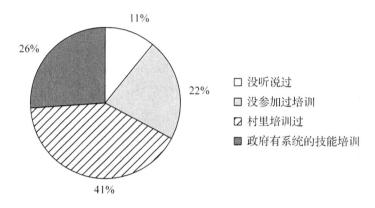

11%

26%

22%

41%

☐ 没听说过
☐ 没参加过培训
☒ 村里培训过
■ 政府有系统的技能培训

图 12　农村就业培训与技能培训情况

(9)技能培训和农村稳定是否存在稳定的内在关系。59%的人认为技能培训是"非常有利于农村稳定"的，32%的人认为"有利于农村稳定"(见图13)。这说明，有超过80%的人认为这两者之间有必然的联系。事实证明，大批被征地农民失去赖以生存的土地后，就业的需求程度增加。要让更多的农村劳动力实现再就业，就要提高他们的就业能力，而提高就业能力，关键要靠培训。与直接给予补贴、岗位相比，培训是一种更为积极的根本性举措。实施城乡劳动力职业技能培训，促进城乡居民充分就业，加快农村劳动力的有效转移，是全面落实城乡一体化战略，增进农村稳定、促和谐、惠民生的重要举措之一。

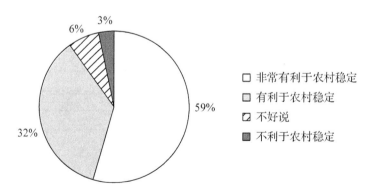

6%　3%

32%

59%

☐ 非常有利于农村稳定
☐ 有利于农村稳定
☒ 不好说
■ 不利于农村稳定

图 13　技能培训和农村稳定的关系

(10)村民征地拆迁后的社会保障状况决定着村民后期的生活福利。根据被调查者的反馈，大部分被调查者对被征地后的社会保障是比较满意的，但是也有 21％的人认为，被征地后的社会保障不如城市居民（见图 14）。而当农民失去土地后，社会保障对于他们而言应该是关系民生的重要问题。这就需要切实做好失地农民的社会保障工作，将其纳入城市养老保险和失业保险范围。对低收入家庭，要给予城市最低生活保障。既要保障失地农民的眼前利益，又要使失地农民生活质量不降低，有生计，有保障，为他们解除后顾之忧。

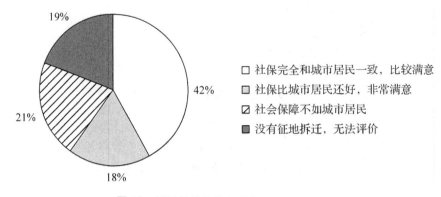

19%
42%
21%
18%

□ 社保完全和城市居民一致，比较满意
▨ 社保比城市居民还好，非常满意
▨ 社会保障不如城市居民
■ 没有征地拆迁，无法评价

图 14　村民征地拆迁后供的社会保障评价

（11）关于征地拆迁后社会保障是否重要问题上，近 90％的人认为重要，这说明被调查者绝大多数都认为，社会保障对他们日后的生活会起到重要的作用（见图 15）。

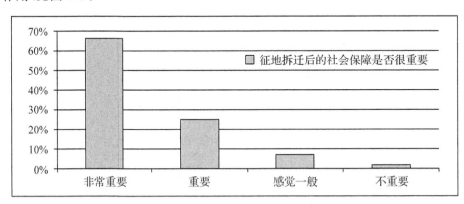

70%
60%
50%
40%
30%
20%
10%
0%

■ 征地拆迁后的社会保障是否很重要

非常重要　　重要　　感觉一般　　不重要

图 15　征地拆迁后的社会保障是否重要

失地农民是一个特殊群体，一方面赖以生存的土地的丧失，使其脱离了传统意义上的农民身份；另一方面旧有的生活习惯和风俗却在失地农民身上打上了深深的烙印，使其尚未完全融入城市并享有城市居民应有的一切权利。因此，建立与城市现有的社会保障制度兼容、专门针对失地农民的社会保障制度实属必要。

当社会保障不能达到自己的预期，被调查者的选择是比较多样的，有33%的人选择"会与村委会协商向上诉求"，26%的人"会争取更多的补偿款"，还有23%的人会和村民上访。只有比较少的人选择"理解政府的难处，等待制度进一步完善"（见图16）。

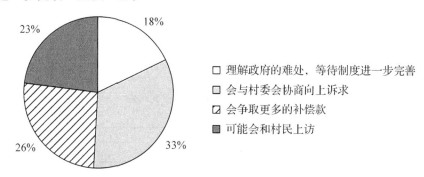

图16　当社会保障不能达到自己的预期时村民的选择

在城镇化进程中，土地征用是不可避免的，被征地农民利益保障问题不仅事关农民生存生活大计，同时也关系到社会主义新农村建设和整个社会的和谐稳定。我国各级政府与行政管理部门为解决被征地农民失地后的生计问题，采取了一系列安置补偿手段及保障措施，但由于受到重视程度、地域、财力等多方面因素的制约，这些政策措施还存在短期性、单一性等问题，有效解决失地农民的利益保障问题依然是我国城镇化进程中的难点问题。

（12）基层政府的腐败问题现已严重影响农村的稳定与和谐。在基层政府的腐败问题上，有超过80%的人感知到基层政府的腐败问题是严重的或非常严重，只有较少的人觉得基层政府腐败一般或者不严重（见图17）。基层村委会处于国家政权的最基层，同时受政府委托，行使部分管理权。这种管理机构和权力的分布特点以及中国特有的人情社会使农村基层腐败存在几种形式：农村基层干部滥用职权；财务管理混乱；农村基层干部假公济私，拉帮结派。

被调查者中超过80%的人认为对基层政府的腐败是不能容忍的，只有极少数人能容忍这种腐败（见图18）。发生在农民身边的基层的腐败案件，大多涉及征地拆迁补偿、新农村建设、涉农惠农资金、贪污挪用救灾救济款等领域，直接侵害农民利益，破坏党群干群关系，影响党和政府形象，恶化社会

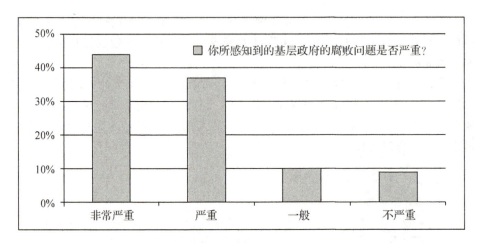

图 17　基层政府腐败严重程度调查

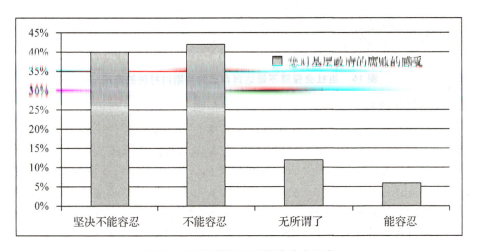

图 18　村民对基层政府腐败的容忍度

风气，已经成为新农村建设中一个极不和谐的音符，成为破坏农村社会稳定和经济发展的一大因素，也因此成为农民群众最为痛恨的腐败现象。

(13)集体资产分配不均也是引发农村不稳定的一个因素。有 87％的被调查者认为，村里的集体资产是比较多的，有的甚至具有一定的规模；只有 3％的人认为村里几乎没有什么集体资产(见图 19)。这说明，随着我国对"三农"问题的不断重视，越来越多的村集体开始发展自己的产业，积累财富。这其中，农村集体财产是我国广大农民靠辛勤劳动多年积累下来的成果，是发展农村经济和实现共同富裕的重要物质基础。加强农村集体财产管理，对于促进中央"三农"政策的贯彻落实具有重要的现实意义，可以全面带动农村经济的发展。

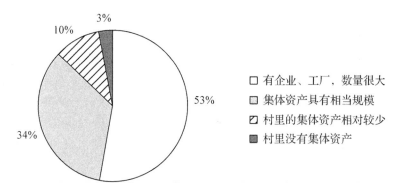

图 19　农村集体资产状况调查

- □ 有企业、工厂，数量很大
- □ 集体资产具有相当规模
- ▨ 村里的集体资产相对较少
- ▪ 村里没有集体资产

此外，59%的被调查者认为村里的集体财产应该在有村民代表参与的民主化、透明化管理中进行，20%的人认为收支应在村委会公告栏里公示，9%的人相信村委会的领导，只有少部分的人认为怎么管理都行(见图20)。这说明，被调查者认为村里的集体财产应该有一个比较明确的公示。加强农村集体财产管理，不仅有利于维护农民的基本权益，促进农村集体经济的可持续发展，而且可以有效推动基层农村廉政之风形成，进而构建起党员干部与群众的和谐关系。

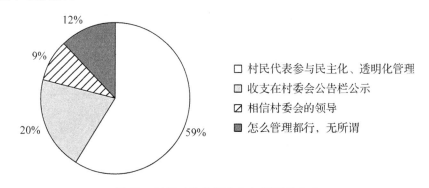

图 20　村民对集体资产如何管理的态度

- □ 村民代表参与民主化、透明化管理
- □ 收支在村委会公告栏公示
- ▨ 相信村委会的领导
- ▪ 怎么管理都行，无所谓

随着我国农村集体财产管理制度的不断深入，集体财产产权进一步明确，集体财产管理团队更加专业化、规范化，完善财务管理制度与监督审计体制，从根本上增强农村集体财产管理效率，对促进我国建设社会主义新农村具有重要的实践意义。

当村里的集体资产出现浪费或者村干部贪污违法的情况时，53％的人选择的是"非常的愤怒，但不会向上级反映"，有29％的人选择"向上反映或上访"，但是也有18％的人觉得和自己的关系不大，反不反馈都一样（见图21）。这说明，虽然大家对这种行为感到愤怒，但还是有人会选择"无视"，这种"无视"会让集体财产的管理出现漏洞，损害农民的自身利益。应明确农村集体经济组织的管理权责，规范组织结构设置，明确人员的权利与义务，建立内部控制体系，加强监督与治理力度，确保农村集体财产管理科学化、规范化，真正实现为农民创造收益。同时，维护群众的参与权、知情权和监督权。

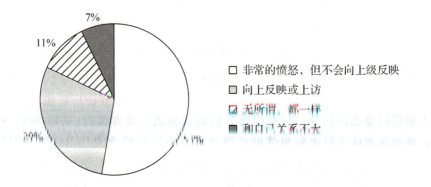

图21 村民对村集体资产浪费严重或村干部贪污违法现象的态度

（14）在村民对乡村债务是否影响农村稳定的问题态度上，85％的人认为是影响农村稳定的，只有15％的人认为"不影响"或者"不好说"（见图22）。一

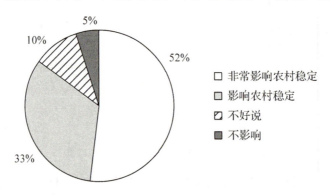

图22 村民对乡村债务是否影响农村稳定问题的态度

些地方的乡镇政府、村委会和乡村集体经济组织不顾农村经济实际状况，私自向单位、个人举债，使乡村两级政府不良债务大量增加，债务包袱沉重。这不仅加重了乡镇财政及农民负担，而且扰乱了农村经济秩序，影响农村基层政权巩固，成为制约农村经济发展、影响农村社会稳定的一个突出问题。

四、经济利益冲突与首都农村社会综合治理的建议

（一）土地流转涉及农村稳定，要兼顾不同的利益，完善补偿机制

面对土地流转过程中不同利益诉求的农民，要多角度、全方位地倾听农民的诉求，尽力协调、满足农民的利益。对于想要自己保留一部分土地用于自己耕种的农民，鼓励他们耕种的积极性，帮助这部分农民实现规模化的经营。平衡协调好愿意土地流转与愿意耕种的农民之间的利益，要保证不损害农民耕种的积极性，对土地流转的面积、土地被流转农民的利益补偿要妥善安排。在对土地拆迁等过程中出现的特殊困难群众加以重视，了解他们所遇到的切实问题，在一次性经济补偿之外，关注农民的社会保障、长期发展等问题，不断完善利益补偿机制。针对不同利益诉求的农民，可以在具体执行过程中加强与农民之间的沟通、协商，争取个人利益与集体利益的兼顾。

（二）农村集体经济治理要效率与公平兼顾，防止出现腐败与侵占农民利益的事情

实现城乡一体化与农村现代化的关键是依托农业的产业化经营与企业化管理。产业可以吸纳剩余劳动力，而企业化的组织模式能有效进行资本的积累与规模扩张。20世纪90年代的农村集体经济发展，主要靠走农村工业化之路，大力兴办乡镇企业，但单纯依靠乡镇工业的现代化，不符合要素集约使用、规模化经营与环境友好型的发展模式。随着近年来我国农村集体经济向专业合作社、农村科技服务、乡村旅游、资源开发、资产经营等领域的扩张，集体经济将迎来一个崭新的发展阶段与经济规模。集体经济如何引导农村走上共同富裕之路，关键在于兼顾好效率与公平，探索出一条中国特色的企业治理模式。

效率与公平兼顾，是农村集体经济治理模式变迁始终要遵循的一条原则。公平不是强调所谓的利益分配结果的绝对平等，而恰恰相反，贯彻公平原则需要突出的是不同性质的"所有权"在市场经济中参与竞争的平等性。因此，效率与公平二者本身并不矛盾。集体经济的发展始终是靠农村集体组织的社会资本、联合劳动与土地资本等要素投入的资本化累积的共有资产。集体经

济改制要以是否能增进农民福利与收入水平的提高为准则，是在农民民主集体决策基础上的体制变革，而不是个别经营者谋取私利的工具。集体产权与私有产权从资本运营的角度，应该具有均等的机会，不得随意地将集体资本从资本流通的增值循环中剥离出来。如果实行股份制，集体股份可以控股，也可以参股。如果实行股份合作制，集体资产的结构设计要有利于调动企业的积极性，最大限度地减少企业决策的成本。集体资本实现方式的股权化，要重视对股权结构的动态化管理，保证资产的永续收益性。集体资产的转让及份额调整要基于集体组织的民主决策而定。在保证集体资产"总量"清晰的前提下，可择机对"集体"股权在集体成员内部进行分配和流通。集体经济与国有经济作为我国公有制的主要表现形式，在企业改制的路径上需要相互借鉴。国有企业改制从 1985 年开始历经了 15 年的历程，通过大规模的管理层买断即 MBO(Management Buy-Outs)，试图彻底解决企业治理问题。但最终发现，私营企业同样面临着所有权与经营权分离的监管难题①。除此以外，当前城市收入差距过大、富人阶层的出现、失业率攀升与社会矛盾的激化，都与国有企业改制的成功与否密切相关。而中国今后集体经济的改制，更需要理论创新的勇气，不能因循守旧，但也不能照搬照抄，要结合地方实际探索新的企业治理与利益分配模式。

（三）关注农民征地拆迁城市化过程中社会养老保险的转移接续

社会养老保险的转移接续是城市化进程中被征地拆迁等灵活就业人员养老保险最终能否得到保障的最关键政策，同时也解决了目前我国人口流动较大的现实与参与社会保险户籍城乡区域限制之间的矛盾。社会养老保险的接续应该实现城市间、城乡间与不同城市的城乡间社会养老保险的相互转接。应当实现的最终目标是随着人员实际工作地、生活地的变化社会养老保险实时地进行转换。当然这种转换要有一定的依据，如依据劳动者在该地的居住时间，是否在该地取得了居住证明等情况进行实时的社会养老保险的参与。有了转移接续的政策最重要的是要体现在领取环节，灵活就业人员个人账户的钱是比较好进行这种转移领取的。目前我国的个人账户还需要有技术上的进步，应当做到实名制，一人一账，实现实名制账户卡的形式；针对统筹账户转移接续的处理方法各方观点各不一样，但是笔者觉得各地方应该出台统

---

① 2010 年国内影响较大的企业治理纠纷就是国美电器大股东黄光裕与其代理人陈晓的公司权利之争。

一的转移统筹账户养老金的相关计算方法，全国统一利用一套计算方法，以避免各个地方的相互推诿和财政纠纷。

（四）城市化进程中农村社区也要实现低碳化，实现发展与环境建设协调发展

低碳社区实质是一个完整的环保节能系统，与传统居民社区相比，低碳社区具有规划设计低碳化、能源结构低碳化、建筑材料低碳化、社区消费低碳化四个特征。借鉴英国"贝丁顿——零能耗社区"的建设经验，公民参与应是低碳社区构建的核心。低碳社区的实施不仅要求自上而下的政府发动，也要求自下而上的社会公众参与。唯有在公民参与的模式下，居民通过参与低碳社区建设规划、社区低碳实践、社区低碳文化，才能使居民意志转化为公民意识，进而演化为公众自觉参与低碳社区建设的动力。

（五）完善农民宅基地市场化的交易性地权和资产性地权

对于计划经济时期以身份特征为标志的社会结构而言，农村宅基地使用权固化有利于社会管理。而在我国市场经济深化和快速城市化的进程中，由大量农村人口的城市化所导致的农村宅基地闲置问题已经十分严重。因此，解决好当前农村宅基地使用权流转问题对于更有效地配置土地资源有着重要的意义。在城市化背景下，推进农村宅基地使用权市场体制改革需解决三个问题：一是通过国家对农村宅基地使用权的管理体制改革，减少宅基地的私下交易行为，最大限度地减少因自发交易所造成的效率损失；二是通过国家对农村宅基地使用权的管理体制改革，激活农村大量的闲置宅基地资源，通过正式的市场交易制度使宅基地使用权主体获得充分的资本收益和资产的货币价值，并提高城乡土地集约使用的效率，使城市土地的增加和农村建设用地的缩小两者相挂钩；三是通过国家对农村宅基地使用权进行管理体制改革，形成宅基地使用权人合理的预期，发现合适的市场价格，保护土地资源。

同时，治理小产权房问题，必须完善以"交易性地权"为基础的宅基地用益物权制度。随着人均收入水平的提高和城市化步伐的加快，作为农村建设用地的重要组成部分，农村宅基地的保障功能已经弱化，而其各项资产功能的完善有助于提高宅基地使用权这项资产的使用效率。同城市国有土地使用权市场转让制度相同，农村宅基地使用权也可以进行转让。因此，要实现国有土地和集体建设用地相同的用益物权功能。在实际交易中为了保障宅基地使用权现有保障功能的实现，在转让过程中可以设定相关的条件。同时，完善宅基地的交易性地权制度，能更好地实现土地、资本与劳动力在城乡之间的动态优化组合。

（六）首都农村集体经济组织的多中心治理模式

农村出现了村委会选举、决策过程中不民主，腐败与乡村债务严重，村委会承担的社会服务职能不完善等问题，多中心治理模式是构建农村基层社会治理的新型治理模式中非常合理的选择。政府、集体、村民以及非营利的民间组织参与进入农村的发展建设中。集体组织协调不好的事务，可以交由干部或者村民牵头。组织村民成立事务委员会。事务委员会的平台为村民建立了有效的利益诉求渠道，利益诉求渠道的畅通可以有效地防止危害农村社会稳定事件的发生。传统的、单一的治理模式中，村委会与村民的关系往往是管理与被管理，村民的真实诉求得不到重视；多中心的治理模式中，村民作为治理的主体参与集体事务的管理、服务过程，有利于真正的村务公开、透明的实现。村务的公开、透明反过来有效地制约了腐败、不民主现象发生的概率。

集体组织中具体事务的决议过程中也要发挥多中心治理的优势。在征地、拆迁的补偿协调过程中，要充分听取村民自身的利益诉求，实现真正的民主。同时，利用多中心治理，有效地对资源进行整合。村民自身拥有的信息不足，可以将资源、信息整合的工作让非营利组织协助，加为村民提供相应的服务咨询、指导，不断地提高村民的能力。村委会自身也要不断地释放权力，权力不集中就会减少腐败的机会。权要为民所用。村民自身能够妥善解决的问题就减少干预，非营利组织能够很好地提供的服务就妥善放权。同时村委会要接受来自各方面的监督，完善权力监督机制，不断提升自身的服务意识。

（七）加快首都村民自治的民主化与科学化进程

充分发挥民主集中制的优势，加强村民自治的民主化。集体事务的决议采取开会、商量、协商的方式，积极采纳、听取村民的建议、意见。积极调动农民的智慧，妥善处理当前遇到的事务。同时，要逐步完善法制的建设，加强村民的自我管理体制建设。依法治国放在农村，就是要依法治村。村民自治的民主根本要义就是政治的民主，就要从管理、监督的过程中切实加强村民自治的民主化。选举的民主要避免家族势力等"挟持"民主，要真正任用村民认可的干部，这样的干部也有利于建立良好的干群关系，保证基层民主的实现。管理过程中民主协商、开会讨论要真正地得到落实。村民代表大会等各项会议要尽可能地涉及不同利益范围的村民，做到多角度听取不同的声音。民主监督的过程中，从财务公开、政务公开做起，建设透明、廉洁的首都农村。

加强村民自治的科学化进程中,要不断完善村民自治的功能。从农村事务、环境、治安等方面切实加强村民自治。利用网络化建设,加强农村的信息服务工作,做好农村的资源整合。加强社区网站建设,利用社区网站提供在线信息发布、事务办理等多项便民工作,加快村民自治的科学化进程。提升村民的自我教育、自我管理、自我服务的能力,同时加强村民的学习能力。引进资源对村民进行培训、教育,建设高素质的首都农民队伍。积极引导农民将实践与理论相结合,利用其丰富的实践经验,在理论学习的过程中找到理论与实践相冲突的地方加以修正。此外,村民的精神文明建设也不可忽视。经济基础决定上层建筑,随着经济的发展,要不断地开展丰富的业余文化活动。充分利用村民自治,结合本村的特色与村民的需求,开展适合村民的活动。此过程有利于农村的团结、繁荣。

(八)基层组织要建立良好的干群关系

村干部在土地流转、征地、拆迁过程中要保证公平、公正地对待村民,防止弄虚作假,不能因为个人私利损害集体的利益。建立和谐的干群关系,提高村民对干部的信任度。选择有经济头脑、愿意带领大家共同致富的村干部进入基层组织。找到一条最适合本村的发展道路,积极利用土地流转、征地、拆迁的项目,拓展一条可以增值、长线收益的发展道路。充分利用好集体收益,兴办利民实惠的公共服务设施;建立农村土地流转服务中心,为农民在信息收集、政策建议、合同签订过程中提供便利,帮助农民全面掌握土地流转、征地、拆迁中的信息、政策。在纠纷调解、合同鉴定真伪、档案保管等方面也可以为农民提供便利,帮助其维护自身的合法权益。积极推动农业的产业化、规模化发展。利用集体收益,为农民提供技术支持和服务。

在征地、拆迁的过程中,村干部要将征地、拆迁的来龙去脉向村民交代清楚,并且向村民普及过程中可能涉及的相关法律、政策等。此过程要求村干部对将要开展的征地、拆迁项目进行详细研究、分析,再对村民进行讲解,或者采取邀请专家的形式,对村民进行相关的教育培训,建立尽可能完备的思想指导。

村干部要肩负起保护集体财产的重要使命,不断完善自身发展、提高自身素质,保证自身廉洁奉公的同时,不断提高业务能力。对村干部出现的腐败问题要严肃认真地处理,依据法律法规对其进行惩处。也要对村干部腐败问题加强事前预防,对腐败的防控工作不断完善。村干部自身要意识到腐败的危害性，损害集体利益不但会造成村民对其的"信任危机"，自身也要受到严重的处罚。从外部来看，加强监督机制，形成村民监督、上级监督、内部纪委监督等多重监督机制，将腐败扼杀在摇篮中。在财务方面，可以实施收支两条线的财务管理制度，由乡镇一级的财务人员定期核查村委会的财务状况，创新财务管理方式，减少腐败的发生。

参考文献

[1] 宋云湘：《农村征地拆迁矛盾引发的不稳定问题及对策意见》，《绿色经济》，2014 年第 5 期。

[2] 吕亮：《谈解决当前农村征地拆迁问题的对策》，《山东工业技术》，2015 年第 9 期。

[3] 李锡英：《稳定和完善农村土地承包关系健全土地承包经营权流转市场》，《河北科技大学学报（社会科学版）》，2008 年第 1 期。

[4] 袁明宝：《土地流转事关农村稳定大局》，《国情观察》，2011 年第 8 期。

[5] 韩玢、白宪臣、刘育宏：《关于农村土地承包问题的调查与思考》，《内蒙古农业科技》，2007 年第 2 期。

[6] 张峰：《利益联动机制下新农村社区发展研究》，《内蒙古社会科学（汉文版）》，2009 年第 4 期。

[7] 王晓敏、邓春景、王雪钢：《论我国农地土地征收纠纷的化解与城镇化建设》，《农业经济》，2014 年第 10 期。

[8] 曲福玲、于战平、陈宏毅：《农村市场主体的利益冲突、利益诉求及利益实现途径分析》，《农业经济》，2013 年第 7 期。

[9] 张宗亮：《农村土地征收中的利益冲突及补偿机制和政策调适》，《齐鲁学刊》，2009 年第 3 期。

[10] 魏凤秀：《农民土地权益保护探析》，《安徽农业科学》，2010 年第 34 期。

[11] 于咏华、刘桂兰：《乡村社区管理与农村稳定》，《河南师范大学学报（哲学社会科学版）》，2002 年第 1 期。

[12] 杨守涛：《胁迫性村官腐败及其治理初探》，《领导科学》，2014 年第 8 期。

[13] 梁丹：《新型农村社区建设中的农民利益补偿问题及对策建议——以河南省新型农村社区建设为例》，《学习论坛》，2013 年第 2 期。

[14] 刘小红：《产权结构、产权关系与制度创新：对农村集体内农地产权关系

的考察》，南京农业大学博士学位论文，2011年。

[15] 马军卫：《农村社会管理体制机制创新研究》，《行政与法》，2011年第10期。

[16] 张国祥：《农村社会管理体制的探索与思考——以社区建设创新农村管理》，《社会主义研究》，2008年第6期。

[17] 马进军、王改侠：《土地经营权合理流转与农村的和谐稳定》，《经济与管理》，2012年第10期。

[18] 苗润莲、蔚晓川、张红：《北京都市型现代农业发展现状分析及对策建议》，《都市农业》，2011年第9期。

[19] 陆杰华、史晶：《首都新农村建设面临的矛盾及政策思路》，《北京观察》，2006年第5期。

[20] 黄延信：《发展农村集体经济的几个问题》，《农业经济问题》，2015年第7期。

[21] 方志权：《农村集体经济组织产权制度改革若干问题思考》，《中国农村经济》，2014年第7期。

[22] 高富平：《农村土地承包经营权流转与农村集体经济的转型——新一轮农村土地制度改革的法律思考》，《上海大学学报（社会科学版）》，2012年第4期。

[23] 杜开华：《加强对农村基层腐败的防控是建设新农村的根本保障》，《安徽农学通报》，2006年第5期。

[24] 财政部财政科学研究所、北京财政学会联合课题组：《北京市农民土地权益保障现状分析》，《经济研究参考》，2015年第21期。

[25] 财政部财政科学研究所、北京财政学会联合课题组：《首都新型城镇化进程中保障农民权益的基本原则、总体思路及政策建议》，《经济研究参考》，2015年第21期。

[26] 赵美玲、杨秀萍、王素斋：《农村土地承包经营权流转：现状、问题与对策》，《长白学刊》，2010年第6期。

[27] 牛梅武、刘光远、于言青：《农村土地承包经营权流转问题探析——以新疆北疆地区为例》，《三农问题》，2009年第12期。

[28] 韦笑威、刘茵琪：《社会主义新农村建设中的土地承包纠纷法律问题研究》，《商场现代化》，2012年第7期。

[29] 王浦劬：《国家治理、政府治理和社会治理的基本含义及其相互关系辨

析》,《社会学评论》,2014 年第 3 期。

[30] 郭伟和:《制度主义分析的缺陷及其超越——关于中国村民自治建设和研究的反思》,《经济社会》,2009 年第 10 期。

首都农村养老服务社会化研究

课题负责人：李　春（首都师范大学管理学院　副教授）
课题组成员：郭紫薇、杨　阳、王睍昀、郑晶莹、牛　雯

　　养老服务社会化是首都农村地区社会综合治理的重要途径和实现形式，是建设社会主义新农村的重要内容。养老服务社会化是指在家庭结构日益小型化、空巢化，家庭养老的照料能力逐步减弱的背景下，改变过去政府主导养老服务的模式，逐步鼓励社会力量进入养老服务领域，通过公建民营、民办公助、合作经营、连锁经营等多种方式，形成多元主体共同参与，满足老年人多层次、多样化的服务需求的养老形式。在具体模式构成上，涵盖了社区居家养老、机构养老等多种类型。早在 2005 年 3 月，民政部社会福利和社会事务司就发布了《关于开展养老服务社会化示范活动的通知》①，鼓励企事业单位、社会团体、个人等社会力量积极兴办老年福利服务事业。就北京市而言，2015 年 1 月 29 日北京市第十四届人民代表大会第三次会议通过《北京市居家养老服务条例》，提出要培育发展专业化的居家养老品牌机构，探索通过社会领域公共治理的方式，满足广大老人居家养老服务基本需求。②

一、首都农村养老服务发展的现状分析

　　据《北京市 2014 年老年人口信息和老龄事业发展状况报告》显示，截至 2014 年北京市城市化率达 86.2％③，排名高居全国第二位，但是北京各区县中依然存在广大农村地区和农村人口。为使北京地区整体社会治理获得良好的成效，思考如何提高这部分地区和人群的经济发展和生活水平显得尤为重要。在社会治理的众多方面中，随着城市人口老龄化进程的加快，养老服务

---

　　①　民政部社会福利和社会事务司：《关于开展养老服务社会化示范活动的通知》，民政部网站，http://sw.mca.gov.cn/article/zcwj/200711/20071100003616.shtml，2005 年 3 月 5 日。
　　②　《市人大常委会召开主任会议》，《北京日报》，2015 年 12 月 12 日。
　　③　涂露芳：《北京城镇化率 86％ 全国第二》，《北京日报》，2014 年 2 月 9 日。

的提供是北京市农村地区目前所面临的重要问题。在研究对象确定方面，要同时兼顾研究的便利性与可行性。本文依据北京市功能区域划分，大致将农村养老服务区域界定在城市发展新区和生态涵养区，包括城市功能拓展区的部分区域。

以"国家首都、国际城市、文化名城、宜居城市"为目标，2006 年出台的《北京市"十一五"时期功能区域发展规划》将北京市 18 个（现为 16 个）区县划分成了四大功能区，即首都功能核心区、城市功能拓展区、城市发展新区和生态涵养发展区。城市发展新区包括房山区、通州区、顺义区、昌平区、大兴区，生态涵养发展区则包括门头沟区、怀柔区、平谷区、密云县（现为密云区）、延庆县（现为延庆区）。本文研究老年人口主要集中在城市发展新区和生态涵养区。

（一）北京农村地区老年人口结构及变化

近些年来，北京市人口老龄化程度非常高，而且发展速度非常快，北京农村地区老年人口所占比重也并不小，如表 1 所示。

表 1 2014 年北京市分区县户籍老年人口的户口性质

区县	60 岁及以上老年人口（万）	非农业户口		农业户口	
		人数（万）	比例（%）	人数（万）	比例（%）
北京市	296.7	238.5	80.4	58.2	19.6
首都功能核心区	60.6	57.3	100.0	0	0
东城区	24.9	24.9	100.0	0	0
西城区	35.7	35.7	100.0	0	0
城市功能拓展区	135.7	129.6	95.5	6.1	4.5
朝阳区	51.3	48.9	95.4	2.4	4.6
丰台区	29.6	27.7	93.5	1.9	6.5
石景山区	9.7	9.7	100.0	0	0
海淀区	45.1	43.3	96.1	1.8	3.9
城市发展新区	66.9	33.5	50.0	33.4	50.0
房山区	15.9	8.5	53.4	7.4	46.6
通州区	15.3	6.8	44.7	8.5	55.3
顺义区	12.3	5.3	43.1	7.0	56.9
昌平区	11.1	6.8	61.5	4.3	38.5

区县	60 岁及以上老年人口(万)	非农业户口		农业户口	
		人数(万)	比例(%)	人数(万)	比例(%)
大兴区	12.3	6.1	49.9	6.2	50.1
生态涵养发展区	33.6	14.2	42.3	19.4	57.7
门头沟区	5.9	4.6	78.5	1.3	21.5
怀柔区	5.4	1.8	34.2	3.6	65.8
平谷区	8.3	3.3	40.1	5.0	59.9
密云县	8.3	2.7	32.0	5.6	68.0
延庆县	5.7	1.8	31.1	3.9	68.9

资料来源:《北京市 2014 年老年人口信息和老龄事业发展状况报告》,首都之窗网站

由表 1 可以看出,在全市 60 岁及以上的户籍老年人口中,非农业人口238.5 万人,占 80.4%;农业人口 58.2 万人,占 19.6%。而在城市发展新区和生态涵养发展区,老年人口中农业户口的人数共计 52.8 万人,已占全市老年人农业人口的 90.7%,比重巨大。城市发展新区老年人口中的非农业户口与农业户口各占一半;生态涵养发展区老年人口中农业户口比重为 57.7%,其中密云县和延庆县的比重更是高达 65% 以上,足以说明农业人口在老龄化人口中占有不可忽视的比重。

表 2 2013—2014 年北京市分区县户籍老年人口情况

区县	2013 年				2014 年			
	60 岁及以上老年人口数(万)	60 岁及以上老年人口占总人口比例(%)	80 岁及以上老年人口数(万)	80 岁及以上老年人口占总人口比例(%)	60 岁及以上老年人口数(万)	60 岁及以上老年人口占总人口比例(%)	80 岁及以上老年人口数(万)	80 岁及以上老年人口占总人口比例(%)
北京市	279.3	21.2	47.4	3.6	296.7	22.3	51.6	3.9
首都功能核心区	57.3	24.1	12.8	5.4	60.6	25.1	13.6	5.6
东城区	23.6	24.2	5.2	5.3	24.9	25.4	5.5	5.6
西城区	33.7	23.9	7.6	5.4	35.7	25.0	8.1	5.6
城市功能拓展区	127.7	21.8	22.7	3.9	135.7	22.9	25.3	4.3

续表

区县	2013 年				2014 年			
	60 岁及以上老年人口数（万）	60 岁及以上老年人口占总人口比例（%）	80 岁及以上老年人口数（万）	80 岁及以上老年人口占总人口比例（%）	60 岁及以上老年人口数（万）	60 岁及以上老年人口占总人口比例（%）	80 岁及以上老年人口数（万）	80 岁及以上老年人口占总人口比例（%）
朝阳区	48.3	24.0	8.3	4.1	51.3	25.1	9.2	4.5
丰台区	27.8	25.0	4.9	4.4	29.6	26.2	5.4	4.8
石景山区	9.1	24.2	1.6	4.3	9.7	25.6	1.8	4.6
海淀区	42.5	18.1	7.9	3.4	45.1	18.9	8.9	3.7
城市发展新区	62.7	19.1	7.5	2.3	66.9	20.0	8.1	2.4
房山区	14.9	19	1.5	1.9	15.9	20.0	1.7	2.1
通州区	14.3	20.6	1.7	2.5	15.3	21.7	1.8	2.6
顺义区	11.6	19.7	1.4	2.2	12.2	20.2	1.5	2.5
昌平区	10.4	18.2	1.4	2.4	11.1	19.0	1.5	2.5
大兴区	11.5	18.1	1.5	2.4	12.4	18.9	1.6	2.4
生态涵养发展区	31.6	19.3	4.4	2.7	33.6	20.3	4.8	2.9
门头沟区	5.6	22.3	0.8	3.2	5.9	23.5	0.9	3.6
怀柔区	5.1	18.3	0.7	2.5	5.4	19.3	0.8	2.8
平谷区	7.8	19.5	1.1	2.8	8.3	20.6	1.2	3.0
密云县	7.9	18.3	1.1	2.6	8.3	19.3	1.2	2.7
延庆县	5.2	18.5	0.7	2.5	5.7	19.7	0.8	2.7

资料来源：《北京市 2014 年老年人口信息和老龄事业发展状况报告》，首都之窗网站

注：本表 60 岁及以上老年人口数包含 80 岁及以上老年人口数

　　由表 2 可以看出，北京农村地区老年人口数量保持增长的态势，部分地区增长速度还很快。

　　除此之外，由于大量年轻人由农村流入城市，寻找更好的工作机会，导致农村地区纯老年人口家庭占比不小，这一群体是尤其需要关注的群体。城市发展新区和生态涵养发展区户籍人口中纯老年人家庭人口分别为 11.6 万人和 8.7 万人，占该功能区老年人口总数的比例分别为 10.1%、16.3%、

17.3％和 26.0％。① 16 个区县中，纯老年人家庭人口排在前三位的是朝阳区、海淀区和丰台区，分别为 8.4 万人、6.8 万人和 4.7 万人。纯老年人家庭人口数占该区（县）老年人口总数的比例排在前三位的是怀柔区、门头沟区和密云县，分别为 31.5％、28.8％和 26.5％。从这些数据可以看出，北京农村地区纯老年人家庭绝对数量和占比都非常高，这些老年人的生活风险系数相对较高，是养老服务体系完善过程中需要重点考虑的。

（二）北京市农村养老服务体系基本情况

北京市农村地区养老服务目前主要还是由政府主导，提供基本养老服务，同时也在逐步探索以政府购买服务等形式，尝试吸引社会组织参与农村居家养老、社区养老，并试图进一步完善相关政策配套体系。

1. 政府提供基本养老服务

在社会养老保障方面，城镇职工基本养老保险、城乡居民养老保险、城乡居民福利养老保障、征地超转人员保障在农村地区全面覆盖和落实，使农村地区老年人的晚年生活在政府的支持下有最基本的保障。在老年人社会救助方面，政府针对不同的老年人群、贫困状况和生活需求给予不同层次的社会救助。以城乡特困人员供养为例，截至 2014 年年底，共有农村五保供养对象 4151 名，其中 60 岁及以上五保老年人 3158 名，占五保供养总数的 76.1％。平均供养标准每人每年 13553 元，标准最高的为朝阳区，年人均 19307 元；最低为延庆县，年人均 10091 元。全市 4151 名农村五保供养对象中，集中供养的 1936 人，分散供养的 2215 人。②

北京市在为老年人提供医疗保健服务方面颇有成效，北京市老龄委的报告显示：城镇居民医疗保险参保人数 173 万，其中无医疗保障城镇老年人参保人数 19.67 万。享受城镇居民医疗保障待遇的城镇老年人，门诊费用 650 元以上报销 50％，一个年度报销额封顶线 2000 元；住院费用 1300 元以上报销 70％，一个年度报销额封顶线 17 万元。在基本医疗保险的基础上又建立了城镇居民大病保险制度，对大病患者发生的高额医疗费用给予进一步保障，即参保人员在基本医疗保险报销后，个人自付医疗费用超过上一年度全市城镇居民年人均可支配收入的高额医疗费用实行"二次报销"。城镇居民自付医

---

① 资料来源：《北京市 2014 年老年人口信息和老龄事业发展状况报告》，第 18 页。

② 参见北京市老龄工作委员会办公室：《北京市 2014 年老年人口信息和老龄事业发展状况报告》，首都之窗网站，http：//zhengwu. beijing. gov. cn/tjxx/tigb/t1412150.html，2015 年 11 月 26 日。

疗费用超过大病保险起付金额后，5 万元（含）以内的费用，由大病保险资金再报销 50%；5 万元以上的费用，由大病保险资金再报销 60%，不设封顶线，有效减轻了患重大疾病人员的医疗费负担。[1] 城镇职工基本医疗保险和城镇居民医疗保险使老年人得到更好的医疗服务，而新型农村合作医疗则使北京农村地区的老年人拥有更便捷、更具针对性的医疗保健服务。截至 2014 年，北京参加新型农村合作医疗人数达 615533 人，参合率 99.23%。开展新农合大病保险工作，参合患者 2014 年发生的医疗费用在享受当年新农合报销后，个人自付医疗费用超过大病起付线的部分，由新农合大病保险资金再次给予补偿报销，报销比例不低于 50%。[2]

2. 首都农村地区政府购买养老服务情况

在政策方面，2009 年年初，北京市在下发的《关于加快养老服务机构发展的意见》中，提出了"9064"养老服务格局，即到 2020 年，90%的老年人在社会化服务协助下居家养老，6%的老年人通过政府购买社区照顾服务养老，4%的老年人入住养老服务机构养老。2010 年，又主导实施了"九养政策"，即推动养老服务发展的九条相关政策，这九条政策内容主要涵盖了弘扬社会爱老、敬老、养老的社会风气，解决老年人就医、就餐以及日间照料等问题，发展养老服务事业和扩大为老服务队伍，提升老年人精神关爱服务品质以及为老年人服务提供电子服务器技术支持等方面。2013 年年末，北京市政府加入养老服务设施建设的土地供应；同时，对社会资本建设非营利性养老机构采用划拨方式供地，提高对社会办养老机构的补贴标准；对养老服务重点领域的发展，政策上都有明显突破，为促进首都养老服务业社会化、产业化发展奠定了坚实的基础。作为鼓励社会力量参与北京提供养老服务的前置性政策文件《关于做好政府购买养老服务工作的通知》（财社〔2014〕105 号）于 2014 年 9 月正式发布。该《通知》对财政部、民政部联合下发的《关于做好政府购买养老服务工作的通知》（国办发〔2013〕96 号）等文件进行了进一步的细化、落地，购买服务种类也在通知中确定，即重点选取生活照料、康复护理和养老服务

---

[1] 参见北京市老龄工作委员会办公室：《北京市 2014 年老年人口信息和老龄事业发展状况报告》，首都之窗网站，http：//zhengwu. beijing. gov. cn/tjxx/tigb/t1412150.html，2015 年 11 月 26 日。

[2] 参见北京市老龄工作委员会办公室：《北京市 2014 年老年人口信息和老龄事业发展状况报告》，首都之窗网站，http：//zhengwu. beijing. gov. cn/tjxx/tigb/t1412150.html，2015 年 11 月 26 日。

人员培养等方面开展政府购买服务工作。2017年3月，北京市政府印发《关于全面放开养老服务市场进一步促进养老服务业发展的实施意见》，明确提出要"向农村倾斜"，鼓励养老服务运营商向农村偏远地区老年人送商品、送服务。

在实践方面，全市已有养老(助残)餐桌3429个，托老所(日间照料)床位1.86万张，培训养老(助残)员4400名；对社会办全托型托老所给予运营补贴，收住生活不能完全自理老年人每床每月500元予以资助，收住生活自理老年人每床每月300元予以资助；发展1.4万家养老(助残)服务单位，开展生活照料、家政服务、康复护理、精神慰藉、老年教育、其他服务六大类110项服务；积极发挥各社会组织的作用，深入家庭、社区、机构为老年人提供精神关怀服务。① 门头沟区在2014年度争取市级资金245万元，对117家养老助残先进单位进行奖励，支持养老服务购买对象单位为老年人提供更加优质的服务。

2014年，顺义区政府开展"为全区90岁以上高龄老人购买家政、助医、精神慰藉三项服务"工程，项目工程共投资486.6万元，总计为1120人提供上门服务2.5万次，家政服务12.6万小时，理发5000人次，上门体检服务1100人次，两轮25个街、乡镇完成了精神慰藉，为老工作人员的培训共计50场，培训初级心理咨询员1200人。房山区签约大型家政服务公司(今日东方家政服务公司)，为居家和社区老人提供各类个性化的服务，实现服务、配送、培训的综合统一，覆盖城乡社区。同时还签约大型(绿都果苑)餐饮服务公司，企业配备流动餐车、建立社区老年配餐中心，解决老龄餐桌进社区服务老人的"最后一公里"问题，承担为社区老人的餐饮配送服务。按照"政府＋公司＋老年人"的公办民营方式，以"绿色、健康、安全、便捷"的服务宗旨，政府搭台，企业市场化运作，社会组织参与，广大老人受惠，老龄餐车的饭菜纯绿色、无污染，从田间地头直接到厨房，减少了中间环节，为老年人提供质优价廉的餐饮服务。

3. 农村养老服务政策配套体系逐步完善

北京市政府不仅在实践操作层面开展了许多工作，而且在政策方面也给予支持，从提出构建居家养老服务体系开始，就一直不断完善政策制度。

---

① 参见北京市老龄工作委员会办公室：《北京市2014年老年人口信息和老龄事业发展状况报告》，首都之窗网站，http：//zhengwu. beijing. gov. cn/tjxx/tjgb/t1412150. html，2015年11月26日。

首先，逐步细化中央层面的养老服务政策体系。在国务院印发《关于加快发展养老服务业的若干意见》（国发〔2013〕35 号）不久，北京市高度重视，就在第一时间研究制定了具体贯彻落实措施。2013 年 10 月 12 日，在全国率先出台了《北京市人民政府关于加快推进养老服务业发展的意见》（京政发〔2013〕32 号），以实际行动贯彻落实国务院的政策部署。该意见提出，扶持居家和社区养老服务发展，鼓励个人利用家庭资源就近就便开展为老服务。同时，将制定社区托老所管理办法，确立社区托老所的设置标准、职责功能等制度规范，社区托老所按照民办非企业或工商登记的相关规定进行登记；社会资本可以利用居民住宅举办社区托老所。

其次，探索推进北京市养老服务政策体系。北京市于 2013 年 11 月启动北京老年人意外伤害保险，依托中国人寿保险股份有限公司北京市分公司，在全市范围内推出专门针对在北京市生活或工作的 50 至 60 周岁退休人员和 60 周岁及以上老年人的意外伤害保险项目，为老年人在各类活动场所发生意外伤害时提供保障，年度保险费为 17 元/份，保险期限为一年。该项目使近 7 万符合条件的老年人受益。凡属于自主参保的老年人，中国人寿保险股份有限公司北京市分公司给予每份 7 元的保费优惠，参保人实际缴纳保险费为 15 元/份，最高购买份数 4 份。保险保障范围涵盖老年人可享受优惠和其他公共服务的各类场所，涉及市域内公交车、出租车、地铁（城铁）三种公共交通工具，公园、博物馆（院）、公共体育场馆、医疗机构等十二种公共服务场所，以及养老管理服务中心（站）、养老（助残）餐桌以及托老（残）所等六类为老服务单位。①

最后，北京市政府鼓励各个区县结合自身经济发展水平和其他客观条件，倡导多探索多实践，不拘一格地寻求多样化的养老模式。② 例如，2015 年 1 月，海淀区发布了《海淀区政府购买养老服务实施办法（试行）》，提出对依托居家、社区养老的低保、低收入家庭 60 岁以上失能老人、城市"三无"和农村"五保"老人、60 岁以上失独失能老人及 80 岁以上失独老人，根据失能程度，按照轻度依赖每人每月 1000 元、中度依赖每人每月 1200 元、重度依赖每人

---

① 参见北京老龄工作委员会办公室：《北京市 2013 年老年人口信息和老龄事业发展状况报告》，首都之窗网站，http://zhengwu.beijing.gov.cn/tjxx/tjgb/t1369122.html，2014 年 9 月 30 日。

② 李铁静：《我国政府购买养老服务模式研究——以北京市为例》，北京交通大学硕士学位论文，2015 年。

每月 1500 元的标准购买养老服务。

（三）北京市农村地区养老服务社会化发展情况

北京市农村地区养老服务社会化发展已经取得一定成效，主要体现在城乡养老服务资金体系一体化程度不断提高，为农村养老服务社会化提供资金基础；农村养老服务社会化模式逐步多样化。

1. 养老服务城乡一体化程度不断提高

北京市人力资源和社会保障局于 2014 年 8 月发布的《关于贯彻落实国务院统一城乡居民基本养老保险制度暨实施城乡养老保险制度衔接有关问题的通知》，对城乡居民养老保险制度进行了进一步完善，规范了缴费标准，提高了政府补贴，统一了享受待遇的年限，明确了与职工养老保险的衔接办法，包括城乡居民养老保险可随户籍跨省转移等内容。有力地延伸了本市城乡居民养老保险"七个统一"：一是统一制度模式，实现个人账户与基础养老金相结合；二是统一缴费标准，城镇居民和农村居民缴费标准统一；三是统一养老保险待遇，基础养老金标准全市统一，个人账户计发标准全市统一；四是统一衔接办法，在城乡居民养老保险和城镇职工养老保险均有缴费的人员，可实现相互间的转移和接续；五是统一实施养老金的正常调整机制，将城乡居民基础养老金和福利养老金待遇的调整统一纳入全市各项社会保障待遇联动调整机制；六是统一基金管理，城乡居民养老保险纳入区县财政专户，实行全市统一制度，区县单独核算和管理；七是实行统一收缴和发放，城乡居民养老保险的缴费和发放，全部由银行代扣代缴和代发。

北京市于 2007 年 12 月底，印发了《北京市新型农村社会养老保险试行办法》，规定从 2008 年 1 月 1 日起实施。北京市的"新农保"制度比全国开展新农保试点提前一年多，虽然解决了劳动年龄内农民参加养老保险的问题，但是在城乡衔接上还不够完善，而且仍然有一部分人群没有被制度覆盖，主要是劳动年龄内无固定收入的大龄城镇居民。他们没有参加企业职工基本养老保险，也不能参加新农保。为统筹城乡养老保险制度，实现全覆盖和无缝衔接，北京市出台了两项政策。一是建立了城乡居民一体化的"居民养老保险制度"，即在新农保的基础上，把覆盖范围由农村居民扩大到城镇居民，从而形成了"职工"和"居民"两大养老保险体系；二是打通了农村居民和城镇职工养老保险的通道。参加城镇职工基本养老保险的农民工到领取年龄时不符合按月领取条件的，可按城镇职工基本养老保险一次性待遇的政策，将资金转入农村社会养老保险经办机构，建立农村社会养老保险个人账户，按农村社会养老保险规定享受待遇。农民转居后参加城镇职工基本养老保险时,农村社会养老保险缴费可按相应年度城镇职工基本养老保险缴费折算缴费年限。城乡衔接和转换的通道打通,推动了城市化进程,也为其他省市树立了榜样。

另外,北京市新农保实行弹性缴费,最低缴费标准为本区(县)上年农民人均纯收入的10%,最高为上年城镇居民可支配收入的30%。最低缴费标准以上部分可由农民根据承受能力自愿选择,多缴多得。弹性缴费标准,考虑了近郊、远郊农民的承受能力和不同需求。与旧制度相比,大龄农民按照最低缴费标准可以缴得起费,有条件的人员可选择高标准缴费,既可调动农民参保的积极性,也为与城镇养老保险的衔接奠定了基础。

早在2009年国务院新农保指导意见出台后,北京市就对城乡居民养老保险制度的筹资机制进行了完善,增加了对参保人员每人每年30元的缴费补贴,已于2010年3月底全部落实到位。2009年年底,参加城乡养老保险的居民162万人,其中参保农民153万人,农民参保率已达到90%;城镇居民9万人。全市有64万人(其中农民47万人)享受了福利养老金。市区两级财政拨入20.86亿元,比2008年增加了5.17亿元,增长了33%。[1] 2011年北京市又上调了城乡居民基础养老金,由原来的每人每月280元调整到每人每月310元,共增加财政投入7600万元。[2]

2. 农村养老服务社会化模式逐步多样化

在农村养老服务供给方面,基本形成以"家庭养老为基础,社区养老为依托,机构养老为补充"的社会化养老服务模式,总体实现政府、社会组织、市场多元化供给格局,多区进行了社会化养老服务的各种尝试。其中,门头沟区作为北京市农村地区人口老龄化最为严重的地区,不断进行着社会化养老服务供给的完善。2014年,门头沟区老龄办在区委、区政府的领导下,投资2亿元,分别完成区老年社会福利中心以及石门营新区、龙门新区两个综合照料中心建设任务。截至2014年年底,全区养老床位已达3817张,平均每百名老人拥有床位7.6张。[3] 区老年社会福利中心通过面向全国公招,实现公建民营,石门营、龙门新区2个综合照料中心已完成公开招标,公办养老机构

---

[1] 丁向阳:《北京市统筹城乡养老保障体系建设》,《行政管理改革》,2010年第7期。

[2] 刘伟奇:《完善我国新型农村社会养老保险制度研究——基于统筹城乡发展的视角》,首都经济贸易大学硕士学位论文,2011年。

[3] 来源于门头沟区官方网站。

管理体制改革取得初步成效。①

首都社会组织参与农村地区社会化养老服务的方式大致有三种，具有各自的优势和困境，并通过自身独特的方式为农村老年群体提供养老服务。

(1)由专业养老公益机构与社区合作。

这种方式最典型的便是"乐龄"模式。乐龄合作社是一家专门致力于推广居家养老服务的非营利组织，最初在北京石景山区天翔社区开始试点实践，后来在不断尝试中，开始建立起社区共同参与的居家养老服务平台。乐龄合作社主要开展的项目包括三个：居家养老支持平台项目、专业护老员上门服务项目及老年妇女援助项目。在居家养老支持平台项目中，社区居民通过自主申报获得小额公益活动资金，活动内容以助老服务为主，通过自主和互助的形式，提高老年群体自主参与治理社区和社会的能力。在运作模式上由社区居委会、民间公益机构和本社区居民共同组成评审委员会对社区居民各公益小组进行评审和监督。项目旨在通过民间公益机构与社区的合作模式，搭建社区居家养老支持网络，提高社区老年人晚年生活质量。专业护老员上门服务项目主要针对社区空巢高龄的老年人，让老人在自己熟悉的家中养老，通过对老人的前期评估，制定个性化服务菜单，培训具有专业技能的专职护老员；同时也培训一支有热情、有奉献精神的志愿者专业队伍，他们具有社会工作、心理咨询、法律专业背景，为老人提供健康管理、生活照顾、精神陪伴方面的上门服务。此外，乐龄合作社还定期为老年人测量血压，检测身体情况，对高龄老人提供康复治疗以及心理慰藉，还有保健服务如陪同就医、散步、聊天等，护理服务如理发、洗澡、擦身、修脚等，生活服务如打扫房间、上门做饭、代缴费用、代理购物、法律咨询等。社区老人需要服务的话，只需要在家中拨打乐龄合作社的服务电话，工作人员就会上门为老人服务，并且可以采用北京市民居家养老(助残)券支付费用。老年妇女援助项目是2007年3月开始便一直保留的社区项目之一，共有6位老年妇女参加。该项目在为每位老年妇女每月提供100元生活补贴的同时，通过发动社区互助组，对这些经济和身体有困难的老年妇女进行技能培训，支持她们开发手工艺品，通过义卖等方式让她们获得收入，从而达到改善老人生活质量的目的。同时

---

① 罗瑞明：《社区为依托的"居家养老"最适宜》，人民网—中国共产党新闻网，http://cpc.people.com.cn/pinglun/n/2014/0115/c241220－24128469.html，2014年1月15日。

组织有针对性的团体训练，为老年妇女提供精神和物质方面的援助和支持，最终让老人们感受到自身的价值所在，实现有尊严的晚年生活。2008年5月开始，乐龄合作社开始对手工艺品计件发放劳务费。2009年年初，此项目在没有任何资助的情况下，依靠产品销售实现了收支平衡。①

"乐龄"模式扎根社区，广泛合作，充分调动社区成员参与热情，为同类模式运行提供了经验，但在推广过程中也遇到不少困难。究其原因，一是类似于乐龄合作社这样的专业养老服务公益机构即社区行动类NGO(Non-Governmental Organizations，非政府组织)并不多，其他社会组织在服务多样化、专业程度等方面无法与其相媲美，如何与社区、街道、文体机构保持良好关系并从政府、基金会、企业处争取到资源为组织赢得发展空间是一个需要不断摸索和坚持的过程。在获得政府扶持和运营资金之前，仅依靠个人资金或社会资助是无法持续运作的，不少社会组织在此阶段最终走向夭折。二是如何取得合法组织身份的问题，许多草根NGO虽然具备相应的资质和发展潜力，但由于达不到政府主管部门的民间组织登记管理所提出的硬件要求，只能在工商管理部门注册，以公司的身份参与竞争。三是在"乐龄"模式中，虽然社会组织处于推进居家养老服务的发起者、组织者的主导地位，但是如何将社会组织的居家养老服务理念与辖区实际情况相吻合，有效激发社区成员、服务对象参与热情以保证项目开展，依然是一个极具考验的大问题。

(2)社会团体与社区社会组织入驻社区。

此种方式是日常生活中最为常见的。随着社区承担的社会管理事务越来越多，社区居委会与社区服务站职能分离，社区成员对社区事务参与率低，社会化养老服务难以形成高效的联动式网络。在这种情况下，就需要基层街道、社区居委会或社区服务中心发起并组织引入社区社会组织进行社区共同治理和服务创新。通过建立社区社会组织登记备案、年度审核等制度，根据社区老年群体需求不断接纳社会事务类、文体活动类、公益慈善类、志愿服务类、居民自治类和生活服务类社区社会组织。诸如老年人协会、助老志愿者协会或其他老年人文体社会组织能够借由社区养老服务平台提升组织自身实力和知名度，扭转组织化程度不高、对居民缺乏吸引力、发展后继无力的局面。社区社会组织在充分融入社区后，将会获得长足发展和各项资源，但

---

① 《"乐龄"模式：一个成长期的NGO组织对社区养老服务的探索》，http://leling001. blog. sohu. com/162839426. html，2010年11月18日。

长期运行后，容易习惯于自上而下的组织和动员方式，表现在两方面：一方面，社区社会组织可能会为达到街道下放任务而偏离组织自身目标，失去独立性；另一方面，在街道和社区居委会无法顾及和协调不良的情况下，社区社会组织缺乏就养老服务多元参与的社会化合作进行尝试的自觉性和主动性，长此以往不利于组织发展和有效提供养老服务。[①]

（3）以民办非企业单位身份参与。

此类型中比较常见的是民办养老机构。公办养老机构的种种优势不断挤压民办养老机构的生存空间，而后者在租房、购置设备、推广费用上的开销使其无法降低养老机构的高额收费来与公办养老机构进行公平竞争，机构公信力更是无法与公办相比。

对民办养老机构来说，租房费和员工成本费占了总运营成本的七八成，民办养老机构以市场价格拿地，这一块基本分摊到床位费中收取，而公办养老机构的床位费等于是净赚。除此之外，没有政府作为担保，民办养老机构每年还要花费一笔数额不小的宣传推广费用来提高机构知名度。入不敷出，负债运营几乎成为所有民办养老机构的发展瓶颈。[②]

民办非企业单位因相关制度不够完善，在进行融资时银行会面临一些法律风险。民办非企业单位的法律依据位阶较低，仅有登记暂行条例和办法，缺乏对于民办非企业单位管理的法律法规，并且由于其本身的公益性质和非营利性单位性质，民办非企业单位缺乏有效的抵质押资产，也不具备保证主体资格，导致信贷资质审核难度很大[③]。这意味着民办养老机构为避免资金断裂而向银行借贷的出路也变得困难重重。

除此之外，政府虽然针对民办养老机构出台诸多优惠政策，可实际情况是政策隐性门槛只能让少数特殊的民办养老机构受惠。2011 年年底出台的《北京市给予社会力量兴办养老服务机构建设资金支持试点单位征集公告》中申明，对符合条件的社会力量兴办的养老机构，按照类型、建设方式给予不同标准的一次性建设资金支持，而申请人要具备这样一个资格条件：经市或区

① 陈志卫、戴志伟：《现代社会组织与社区社工实践研究》，杭州：浙江大学出版社，2015 年。

② 《民办养老院很难享受资金扶持政策》，《中国经济周刊》，2012 年 8 月 29 日。

③ 马慧琴：《民办非企业融资完善制度是关键——对银行开展民办非企业单位融资的法律问题探讨》，《中国城乡金融报》（电子版），http://www.zgcxjrb.com/zgcxjrb/lldy/webi-nfo/2015/05/1432353076158451.html，2015 年 5 月 5 日。

（县）民政部门批准设置的，由法人（非政府机构）、自然人及其他组织采用自有土地或房屋、土地使用权人和投资人合作建设、租用现有设施等方式新建、改建、扩建或装修改造的非营利性养老服务机构项目。① 其中，"土地必须自有"的隐形门槛使得这一政策的好处基本被公办养老机构和少数地产公司承办的养老机构瓜分。

以民办非企业身份参与社会化养老服务，除了政府需要继续加大资金扶持、完善民办非企业融资机制和法律法规，尝试推广"公建民办"养老服务机构模式，为民办非企业单位进入社会化养老体系扫清障碍外，民办非企业单位自身也需在筹资、运营方面为自身谋划发展出路。②

目前，解决资金问题最有效的办法就是市场化经营，主要分为四种思路：一是出售相关产品、服务。这是最为直接、便捷的市场化经营方式，在获得经济效益的同时也对组织进行了宣传，但民办养老服务机构多以服务作为销售产品，销售收入受多方面因素影响，需要一定的时间来进行宣传推广，在形成稳定的客源和销售渠道前，收入十分有限。二是与企业联盟。这是未来"公建民办"养老服务机构在筹资运营上最有可能尝试的方法，虽然存在一定潜在风险和负面影响，可能会改变民办非企业单位性质，但如果能在具体操作中把握好分寸，就有可能实现公益性和市场化的有机结合与良性互动。三是资金投资。虽然将闲置资金用于投资并将收益用于公益事业应是无可厚非的，但民办非企业单位是否可以进行风险投资仍然饱受争议，即便可以，也应尽量选择低风险的短期投资，尽可能减少投资失败对公益项目的影响③，短时间内，此种方法可操作性并不强，仅能作为筹资出路的一种考量。

（4）政府与企业合作供给养老服务。

与前面政府与社会组织合作的情况不同，北京市农村地区部分地方也在逐步探索政府与企业合作，盘活地方各种经济资源，吸引和激励相关企业或合作社等参与养老服务。在这方面，怀柔区从资金筹措和运营模式两方面进行了探索。

首先，是通过盘活农村闲置房屋发展乡村休闲养老社区。它主要面向身体健康、能够自理的老人，为其提供优质、高端的养老服务，同时以此为依

① 方文进：《关于民办非企业单位财产问题的几点思考》，《社团管理研究》，2010年第6期。

② 任波、周良才：《社会福利机构经营与管理》，北京：北京大学出版社，2014年。

③ 景朝阳：《民办非企业单位导论》，北京：中国社会出版社，2011年。

托将服务对象集中起来，建设社区服务中心及各种居家服务设施，既把农民组织起来对接市场，又把闲置资产经营起来创造财富，还把土地流转起来增加收入，真正实现了农民增收致富，农村集体经济不断发展壮大。以怀柔区渤海镇田仙峪村为例，其乡村休闲养老社区于2015年5月正式启用。根据农村闲置房屋所有权、使用权、经营权"三权分离"的原则，"农户＋合作社＋企业"的经营模式，建立起了"农民所有、合作社使用、企业经营、政府管理服务"四位一体的运行机制。第一种模式是，农民将所有的闲置房屋流转到农民专业合作社，成为社员后取得房屋租金收入并参与收益分配。村委会把拥有闲置农宅的农户组织起来，成立北京田仙峪休闲养老农宅专业合作社，作为组织管理农民并与社会资本开展合作。合作社在区、镇政府的指导下与企业开展合作，确定好合作形式、管理形式、收益分配方案等内容，在每年取得收益时给社员分红，并对社员进行管理。国奥集团作为投资和经营企业，投入资金改造房屋，建设公共配套设施，完善生活服务体系，组织农事活动，丰富老年人文化休闲生活，建立客户准入和退出机制，吸纳本村村民就业；区、镇政府做好招商引资工作，集成目前各项扶持政策，对田仙峪村在基础设施建设、公共服务配套、简化审批手续等方面给予一定支持，同时监督合作社给社员分红，维护农民权益。

其次，完善农村老年人服务的运营模式。针对"三访三问"活动中群众反映的"养老助残服务保障不方便"问题，渤海镇建立了流动养老助残服务队，配备了流动服务车，为全镇80周岁以上老人、残疾人发放了便民服务卡，在经各村相关协管员统计养老助残服务需求、镇社保所汇总后，由流动养老助残服务车每月定期"送服务"上门，方便老人、残疾人在家门口用养老助残券购买服务。在借助流动服务车开展家政、理发、送气服务的同时，还以镇养老照料中心为依托，为老人、残疾人开展生活照料、日托、康复、心理咨询、精神慰藉等服务。

二、首都农村养老服务社会化进程中的主要问题及成因

（一）首都农村养老服务供需矛盾突出

北京市农村养老服务存在需求和供给不均衡的问题。这种供需矛盾主要体现在两个方面：一是日益发展的养老服务机构与老年人低入住率之间的矛盾；二是养老服务体系发展方向与老年群体实际需求之间的矛盾。

总体上来说，需求方面，与全国基本情况一样，北京市在经济、社会、

城市化快速发展的同时，老龄化也在不断加剧，近年随之而来的还有高龄化现象。一方面，客观上养老需求不断增长，截至 2014 年年底，北京市 10 个郊区县中，60 岁以上老年人口 100.5 万人，占总人口的 40.3％，80 岁及以上老年人口 12.9 万人，占总人口的 5.3％。[1] 2014 年农村养老服务设施床位共52919 张，每千人床位数为 52 张，并且随着人口预期寿命的延长和文化程度的提高，对更高层次养老服务的需求也越来越大。[2] 马斯洛（Maslow）的需要层次理论指出："人是需求型动物，生理、安全、情感归属、尊重、自我实现五种需求由下而上构成金字塔形人类需求结构，低层次需求得到满足后会自然而然地追求更高层次的需求。"根据《北京养老产业发展报告（2015）》蓝皮书调查显示，近八成养老机构位于北京市五环外，半数以上养老机构在六环以外。尽管老年群体养老需求很大，远郊区县养老机构也已趋于饱和，但从2012 年首都各区县养老机构的入住率来看，远郊区县比核心城区入住率要低得多，怀柔、延庆、门头沟和顺义入住率均低于 30％。[3]

而另一方面，近年来首都农村地区社会化养老的供给和发展与老年群体实际需求出现了一定偏差。老年群体在医疗、精神照料上的需求最为突出，理论上来说，他们迫切需要的是医养结合的养老服务设施和入户便民的居家养老服务，然而远郊区县养老机构普遍远离医保定点医院，难以满足老年人的医疗需求，养老机构医养结合供给严重不足。除此之外，虽然政府多次重申居家养老在社会化养老体系中的基础性地位，但在推进养老服务进入社区和千家万户方面并没有太大的实质性进展。

导致以上问题的主要原因包括如下三个方面：

一是农村地区养老观念与养老机构自身低质量之间的相互制约。一方面，结合地理环境、历史背景来看，数千年的"养儿防老""土地是根"的传统思想使得农村居民对于养老概念的认识较为单一，农村地区养老观念仍然倾向于家庭养老、夫妻相互扶持或是邻里互助，对于社会化养老模式在理解和接受

---

① 北京市老龄工作委员会办公室：《北京市 2014 年老年人口信息和老龄事业发展状况报告》，首都之窗网站，http：//zhengwu. beijing. gov. cn/tjxx/tjgb/t1412150. html，2015 年11 月。

② 《北京统计年鉴—2015》，北京市统计局网站，http：//www. bjstats. gov. cn/nj/main/2015—tjnj/indexch. html。

③ 童曙泉等：《北京养老产业发展报告（2015）》蓝皮书发布，新华网，http：//www. bj. xinhuanet. com/bjyw/2015—05/27/c_1115423749. html。

程度上均不如城市高，"儿子才是顶梁柱""子女不孝才让老人入住养老院"等观念仍然根深蒂固，这使得社会化养老在农村地区的推广受到排斥和阻碍，也令子女养老责任和压力的性别差异越来越大。除此之外，计划生育政策和高度城市化的影响导致农村劳动人口减少，劳动力向城市流动，留守和空巢老人数量众多，传统的家庭养老功能不断弱化，土地的流失、城中村的形成也意味着传统的土地养老功能几近瓦解。①而相对由其他社会主体所提供的养老模式而言，居家养老模式是农村居民最重视也最依赖的一种模式。据调查，北京市90%的老年人选择在家养老，6%的老年人选择在社区养老，选择入住养老服务机构集中养老的只有4%，居家养老的意愿高达96%。②居家养老可以使老人足不出户，容易让老人在心理上产生一种安全、踏实的感觉，相比机构养老更符合绝大多数老人的心愿。③另一方面，农村地区养老机构的良莠不齐与养老观念相互制约，互为因果，很大程度上使得社区养老和机构养老模式在农村地区的推广较为艰难。

二是政府优惠与扶持政策的漏洞。这主要影响了养老机构的分布、发展和多元化养老服务的开展。上文已提到，许多民办养老机构的成本和自身质量由于政府优惠政策中隐性壁垒的存在仍然无法得到改善，养老机构因为高额成本和日益压缩的生存环境而选择远离核心城区，而到地租低廉的远郊区县，同时为避免收不抵支而尽可能减少服务项目。另外，政府虽然鼓励企业和其他社会力量参与提供社会化养老服务，但在合作、审批等方面仍存在着政策和制度的缺陷。以养老送餐服务为例，目前北京包括湘鄂情、嘉和一品、吉野家、金百万等在内的多家知名餐企都有打算或者已有养老送餐、供餐服务市场的动作，但由于他们大多处于"单打独斗"的状态，既没有和其他企业联合，又没有与政府展开有效合作，因此，项目开展大多十分困难，而部分企业即使针对养老送餐服务研发了移动餐车、电子送餐平台等新模式，也很难得到有效推广。一方面老年人自身消费能力仍普遍有限，对于目前餐企的送餐价格仍较难接受；另一方面在没有政府部门的协调下，餐企进驻社区的

---

① 司琼：《城中村养老问题探析——以巢湖市居巢区 X 村为例》，安徽大学硕士学位论文，2010 年。

② 林丽鹂：《新型养老服务不断涌现　同是养老居家在家不一样》，《人民日报》，2015 年 7 月 24 日。

③ 《居家养老服务体系建设研究——以北京市发展居家养老服务实践为例》，北京市民政局，2011 年。

老年供餐服务点也很难批下来，工商、环保等部门的各种审批手续是餐企很难完成的。①

三是社会化养老服务模式自身特点与社会化养老运营模式。虽然居家、社区和机构养老在运营方面均有回报率较低、周期较长的特点，但在政府放开养老产业领域、投资运营热火朝天的今天，能够与地产、金融、医疗等领域融合而产生巨大经济效益的社区养老和机构养老更能吸引政府、投资者、开发商的参与；相比之下，更迎合农村地区老年人需求的居家养老模式反而不太受青睐。而且，居家养老模式更偏向于广义人群的高性价比服务，传统行业和运营模式对于实体布局的现金流和利润要求更高，尽管有"乐龄"模式珠玉在前，参与居家养老服务提供体系的高额人力成本、服务价格的议定以及安全问题和责任的划分，都要求企业和社会力量自行探索和创新发展方式。

（二）首都社会化养老服务多元主体合作机制尚未有效建构

虽然当前农村社会化养老服务体系以多层次、多元供给为建设方针，但在广阔的农村地区，政府供给仍然是主要方式，多元体系处于初级阶段。

首都农村现在逐步地融入伟大的"城市圈"之中后，传统意义上的农村地区与城镇界限逐渐模糊，逐步向城市发展方式看齐，农村社会化养老也渐渐向以社区为中心，街道办、社区居委会、物业管理企业、社会组织等多元主体共同参与的体系发展。社区是集中于某一地方而又比较持久的相互作用的体系，相当于一个小型社会体系，社区中的个人、群体、机构、组织相互依存、相互作用，社区中成员的各种需要都通过社区网络由不同制度与群体来实现和满足。② 认识到社区内各主体在农村社会化养老体系建设中所扮演角色、自身局限性和相互关系，才能发挥多元主体功能。

一是街道办和社区居委会对老年人需求回应迟缓。街道办属于政府基层派出机构，理论上应对社区居委会工作进行指导和监督，传达政府具体政策、发展战略和思想。在社区这个小型社会里，既是农村社会化养老体系中政府最低一级行政机关，又是最直接接触社会化养老体系的单位，一定程度上担当了组织者和信息沟通渠道的角色。社区居委会本质上是居民自发成立的基层群众自治组织，但由于社区居委会一般是由上级政府设立，导致人们常常

---

① 蒋梦惟：《北京将出台购买养老服务意见　企业入市困境待打破》，《北京商报》，2015 年 3 月 24 日。

② 范会芳：《社区理论研究：桑德斯的三种模式》，《社会》，2001 年第 10 期。

产生一种错觉：社区居委会是由政府派出的，归街道办管。而事实上，在社区发展和居民自治日臻完善的现在，政府往往将街道办和社区居委会捆绑在一起，定位成上下级关系，许多管理事务都下放到社区居委会，使得本就人手不足、发展不够成熟的社区居委会无力有效利用资源来满足社区老年群体养老需求，更无法形成成熟、高效的多元主体合作平台和沟通网络，这也是农村社会化养老服务无法系统化完成以社区为依托的养老服务体系建设任务的重要原因之一。在社区组织中，社区居委会是社区治理的主体、核心组织和社区自治的推进者，在社区成员养老方面，主要功能为协调沟通体系内各参与主体、吸引和搭建社会力量发挥作用的平台、发现和反馈社区成员需求，因此，在去行政化、居民自治相对成熟的条件下，社区居委会应大有可为，成为社会化养老体系建设的基点。

二是物业服务企业的逐利本质难以有效参与养老服务。随着农村地区城镇化改造进程的推进，社区和建筑群的形成使物业服务企业在社区治理参与者中占据一席之地。物业管理属于社区管理的一部分，物业服务企业在维护社会治安、公共卫生、绿化美化、环境保护、邻里关系等方面与社区居委会的目标和任务是一致的，二者协调配合将为社区管理增添更多助力。物业服务企业在掌握业主信息和整合会所、场地及设施资源方面具有较大优势。值得注意的是，物业服务企业积极参与社区养老服务并获得双赢需要一些前提，必须要有实力、有远见、有社会责任感的物业服务企业存在，并且以社区养老服务网络和合作平台作为物业管理居家养老模式良好运行的基础。另外，物业服务企业的营利性特征决定了它们参与社区养老服务的根本原因是能够获得利润，无论是以花钱买服务的方式还是通过投资硬件设施取得回报的方式。有偿服务并不是面向所有老年人，无法满足老年群体的需求，再加上物业服务企业参与社区养老的相关政策措施并未得到完善，缺乏政府支持条件下的这种优质有偿服务往往伴随的是高昂的费用，因此，物业服务企业参与社区养老的方式具有极大潜力，运行机制和服务模式值得借鉴和研究，但其只能作为为社区养老服务提供补充的角色，并不能作为主导力量进行推广。早在2011年全国政协十一届四次会议上就出现了关于鼓励物业服务企业参与社区养老服务的提案，许多物业服务企业也在社区养老服务方面进行了不少实践和探索。例如，河北卓达物业公司在社区养老服务方面所做的探索就是一个成功案例，该企业率先在行业中推行"全龄化社区养老"模式，通过开发商在养老设施、设备及场地等硬件的先期投入和后期完备，由物业服务企业组建专业社区养老服务队伍和全员性助老服务，利用社区养老服务网络调动一切力量和资源为老年人服务。而卓达集团也因此获得政府、社会各界和业主的高度评价，其名下房地产开发项目旺销，树立了良好的企业形象，在获得经济效益的同时也取得了较好的社会效益。①

三是社会组织参与养老服务自身困境。作为多元社会治理主体之一，社会组织数量众多，具有民间性、自发性、志愿性，参与形式运行模式多种多样，对服务对象的真实需求具有极高的敏感性和回应性，能够有效分担政府提供社会化养老服务的负担。首都社会组织发展尤其具有自身特色，无论是在社会组织登记、政府购买社会组织服务还是在社会组织双重管理体制上，首都制度建设和政策完善都是走在国内前列的。首都社会组织发展迅速，近年来在公共服务等社会服务领域的能力和作用显著加强，与政府合作愈加密切，已经成为政府职能转移的主要承接者、社会政策的重要执行者和社会服务的重要提供者，并且社会组织造血功能不断增强，收入来源多样化，政府补助比例呈下降趋势，运转情况总体良好。北京市社会组织采取市区（县）分级管理，社区社会组织采取街道备案管理。2013 年北京市区（县）所属社会组织占总数的七成以上，但各区（县）社会组织分布情况差异较大，其中朝阳区位居第一，拥有 760 个，延庆位居居末，仅有 162 个。② 尽管存在以上一些优势，但是，北京市参与养老服务的社会组织依然存在较多的困境。首先，资金瓶颈很突出，社会组织的资金严重不足，往往只能参与低成本、低门槛的养老服务；其次，社会组织自身治理结构尚不健全，社会组织的激励机制、约束机制等尚不完善，难免存在养老服务供给过程中的问题；最后，社会组织参与空间还受到相关法律条款的制约，目前，我国对社会组织的管制条款依然较多，导致社会组织在融资、贷款、使用人员、土地等方面存在较大困境。

除了上述各主体自身存在的问题之外，从多元主体合作的角度来看，农村地区社会化养老服务多元体系建设中出现了这样一个问题：多元主体参与农村养老服务存在障碍。

随着农村养老服务需求的不断增加，单纯由政府提供农村养老服务而造成的服务效率低下已经成为目前亟待解决的社会问题，因而鼓励多元主体参

---

① 田在玮：《关于鼓励物业服务企业开展社区养老服务的提案》，全国政协十一届四次会议提案第 0729 号，2011 年。

② 黄江松主编：《北京社会组织管理蓝皮书：北京社会组织发展与管理（2015）》，北京：社会科学文献出版社，2015 年。

与提供社会服务以及构建农村养老服务多元主体参与机制就成为打破以往传统的由政府作为单一主体的格局的有力手段。然而，多元参与农村养老服务的体制在运行中暴露的一些问题也使得农村养老服务的有效提供面临一定的障碍，究其原因，我们可以发现以下问题：

（1）一元传统体制还未转变。

在传统的由政府单一提供农村养老服务的体制中，政府职能包罗万象，是唯一的管理中心，控制所有养老服务的资源，社会和市场的地位相对薄弱。随着多元参与主体制度的逐步建立，政府职能以及所提供的服务内容发生转变，"小政府，大社会"的总体目标在农村养老服务方面也有所体现，政府、市场、社会三者之间的关系随之改变。但是，改革仍然是在传统的一元框架结构里进行的，社会受到的制度性压抑还有待缓解。农村养老服务的资源长久以来由政府控制，虽然改革中政府对资源的控制能力有所弱化，但使养老资源从一个主体流向其他多元主体需要一个过程，因而其他参与主体对资源进行重新合理、有效分配的目标不能在短时间内有效达成，所以，目前我国非政府多元主体的力量非常薄弱，并不能与政府并肩齐驱。传统体制对现有体制的影响是不能小觑的，人们对非政府多元主体提供养老服务能力的质疑以及对新体制所带来的改变的不适应都在一定程度上降低了农村养老服务提供的效率和质量。

（2）多元主体的利益目标不一致。

建立多元主体参与提供养老服务制度本质上是为了提高农村养老服务的效率和质量，更好地满足农村地区的养老需求。在实践中，多元主体只有目标统一、行动协调才能完成整个良性互动的过程。然而，多元主体在提供公共服务时往往会受到自身价值观的影响，尤其是利益上的判断，是采取积极的还是消极的行动都与自身所能获得利益息息相关，尤其是市场主体、利益导向几乎发挥了全部决策作用。政府作为多元主体中利益的相对整合者，在分配资源时首先要考虑到政策对象——农民的利益，使政策目标有效实现，但同时也要兼顾多方利益，与其他参与主体进行利益协调。各个参与主体为了实现利益的最大化，必然要表达自身的诉求同时通过各种博弈保护和争取自己的利益，冲突和矛盾很难完全避免，养老服务也就必然受到一定程度上的影响。

（3）多元主体的职责划分不清。

多元主体参与农村养老服务需要多方主体在合理承担各自职责的条件下

通力合作，最大限度地发挥自身作用。在农村养老服务中，主要涉及的主体有政府、社会企业、非营利组织和家庭。各主体之间因自身特性的不同在提供养老服务能力上存在着差异，因而在承担职责方面也有所不同。政府作为传统的社会养老服务提供者，在经历转型后开始通过购买社会服务、公办私营等手段在公共服务领域使更多社会主体对其职能进行承接，但是政府仍应坚守自己的主导地位，不论是在农村养老服务资源的权威性分配方面，还是对多个主体行动的监督方面，政府都有着无法推诿和替代的责任。社会企业和非营利组织作为农村养老服务提供的重要主体则应注重养老服务的具体执行。虽然政府在农村养老服务中占据主导地位，但是政府无法承担农村养老服务的全部职责。政府在宏观层面上制定规划，企业和非营利组织应予以配合和具体实施，这就要求二者具有较强的行动力，同时积极主动地承担起自身职责。相对前三个主体而言，家庭在农村养老服务方面更多的是提供较浅层的养老服务同时满足老年人的情感、心理需求。家庭主体自身一般不具有较高水平的服务能力，在提供服务资源方面也十分有限，因而在整个多元参与农村养老服务中来担简单的补充作用。以上四大主体只有在职责划分清晰的条件下，才能有效实现合作和联动。然而在目前的农村养老服务中，缺少相关法律法规对四大主体的职责做出清晰划分，从而导致资源不能得到合理分配和利用，整个服务系统虽然主体明确却不能有效运行，这在很大程度上影响了农村养老服务体系的完善和进步。

（三）首都农村地区养老服务体系不健全

农村老年群体在日常生活照料、精神慰藉、心理支持、康复护理、紧急救助、临终关怀等方面的养老服务需求日益增长，低龄老年人在自我实现方面表现出极大的热情，高龄老年人则对于日常照料、健康护理的需求更大，老年群体需求的多元化与养老服务体系不健全的现实使农村养老问题更加复杂。

农村社会化养老服务体系的缺陷表现为五个方面，对其各自成因，我们也做了一个简要的分析。

1. **缺乏统一平台和多元化服务**

受地区经济发展水平、老年人经济承受能力和养老服务机构水平所限，农村社会化养老服务种类较为单一，供给主体仍以政府为主。养老服务的供给归根结底应上升到社会福利范畴而不是社会救济范畴，因而除了基础性养老保障和补贴外，如何实现"六个老有"目标，提高农村老年群体幸福指数和老年生活质量才是养老服务的最终落脚点。政府致力于完善基本养老保障体系，为老年人特殊群体提供补贴，大力兴建养老机构和社区养老服务中心，重建设、轻运营，重硬件、轻软件，并且由于缺乏其他主体的参与或其他主体无力改变现有格局，机构、社区和家庭养老之间往往缺乏合作和联系，并没有带动区域内养老服务的联动发展。例如，民政局、老龄办、养老服务中心可以依托信息平台，联合开发建设智慧养老院，将全区老年人基本情况、养老餐桌、托老所、养老机构以及养老服务企业、社会组织、社区志愿者队伍等全部整合到一个网络平台、一个服务热线，从而建立起网络化养老服务体系。

例如，2015年，门头沟区民政局与首信公司签订合作协议，投资40万元，依托门头沟区为民服务中心开办"虚拟养老院"。依托区为民服务信息平台，整合门头沟区实体养老院及服务项目，利用现有资源创建专属网络页面，根据平台日常工作流程来展开"虚拟养老院"的工作。"虚拟养老院"被称为一个没有"围墙"的养老院，可以使老年人足不出户便享受生活照料、家政服务、精神慰藉、医疗护理、老年教育等多种类、全方位的服务项目。门头沟区60岁以上的老年人可根据需求拨打61696156服务热线或登录区为民服务信息平台的官方网站，来寻求医疗护理、洗衣缝补、上门送餐、法律咨询等多个服务项目的帮助。同时，为确保始终保持服务质量，门头沟区为民服务中心将针对每一位用户进行回访，而回访结果将列入企业考核范围。

2. 农村地区养老护理队伍建设亟待加强

养老护理人才缺口大，护理人员专业化、规范化、制度化水平低，护理岗位待遇差。截至2012年年底，北京市60岁以上老年人口已达到262.9万人，养老机构共有400余家，机构中的养老护理人员有5500余人，而按照养老护理人员与老年人口的平均配比计算，目前北京市仅养老机构的护理员缺口就达到1.5万至1.6万人。养老服务队伍建设与服务管理水平提升不相适应。受公共财力投入不足和市场影响等因素影响，养老服务从业人员尤其是护理服务队伍呈现"三低三高"特征：社会地位低，流动性高；收入待遇低，劳动强度大，职业风险高；学历水平低，年龄偏高。劳动付出与收入待遇、职业发展之间的严重失衡，导致从业队伍不稳定，护理人员和专业技术人员短缺，制约了养老服务业护理人员队伍的有序发展。一方面，北京市养老护理人员来源单一，超八成来自外省务工人员，随着城市化的发展，人口将逐步实现有序流动和就近就业，养老护理员来源将面临更多的矛盾和挑战，并且人员增速缓慢，两三年间仅增加了 1300 人。另一方面，护理人员的职位尊严感和归属感无法得到满足，工资待遇低，普遍只有千余元；劳动强度大，每人每天至少工作 8 小时，约三成每天工作 12 小时以上，平均流失率在 50％左右；人员整体技能水平不足，持证上岗率仅六成，多数上岗之前并没有照顾老人的经验或者仅仅是进行过短暂的岗前培训。养老护理人员照顾对象多是生活不能自理老人或半自理老人，需要良好的体力、心理素质、专业知识等多方面技能。北京市有专门针对护理人员的培训体系，政府给予相应的资金支持，从全国来说，在这方面北京是走在前列的，但未来如何吸引和留住养老护理人才，建立一支专业化、职业化、规范化的养老护理队伍仍需当地政府细细规划。①

3. 社会化养老服务辐射范围有限

北京 10 个郊区县面积广阔，农村地区居民居住较为分散，偏远山区甚至会出现一个山头只看得到一座村落的情况，无论是将老年人群集中养老或是上门提供服务都有较大难度，地域上的限制因素使得城区根据居住聚集地建设社区服务中心以覆盖范围内养老服务供给的方法失去了可行性，否则为了尽可能覆盖所有农村老年人，必须建设更多的服务中心。为了打破这一僵局，各区县根据自身情况都进行了探索和尝试。

4. 养老服务体制机制存在缺陷

首都农村地区养老服务体制机制尚不完善，其主要问题及原因主要表现在以下一些方面：

(1)养老服务资金区县统筹层次低。

统筹层次是养老保险社会化水平的标志，养老保险的统筹层次低，会使社会养老保险的发展进程不平衡。北京市城乡居民统筹养老保险现在实行的养老保险区县统筹，统筹层次比较低，过低的统筹层次使得养老保险基金的调剂范围小，地区间调剂不畅，抗风险能力差，限制了其共济功能。北京市的老年社会救助很大程度上出现了这个问题。截至 2013 年年底，北京市最低生活保障标准为家庭月人均 580 元。农村低保标准由各区县自行制定，最高标准是家庭年人均 6960 元，最低标准是家庭年人均 5520 元。北京市的 16 个区中仅有朝阳、海淀、丰台、顺义、大兴、通州六个区实施了城乡低保标准

---

① 陈荞、李秋萌：《北京养老护理员缺口上万人》，《京华时报》，2014 年 1 月 20 日，http://epaper.jinghua.cn/html/2014-01/20/content_58439.html。

并轨，统一了老年人的最低生活保障。此外，北京市的农村"五保"平均供养标准为每人每年11879元，标准最高的为朝阳区，年人均18381元；最低为延庆区，年人均9017元。[①] 1000余元的低保金额差距已足以说明北京市各区之间社会保险发展水平的不平衡，而多达6500余元的农村"五保"供养差额更足以体现各区之间参差不齐的保障水平和能力，这必然导致不同地区的养老公共服务存在显著差异。同时也不难看出，各区在养老保险方面承担着不同程度的潜在风险。风险消除的一个基本原则是包含的个体越多，越能在个体之间分散风险。将养老保险统筹范围扩大到全国，养老保险制度分散风险的能力会加强。但抗风险能力较弱的市县为了在本统筹区域内平衡养老保险基金收支，往往在基本养老金"出口"方面控制得比较严，有的甚至侵犯了退休人员的合法权益，通过违反规定来降低基本养老金水平。由于统筹层次经历着由市县向省级、全国统筹转移的过程，统筹区域的划分为养老保险基金圈定了地域色彩的"势力范围"，各地之间在养老保险的转移、接续方面存在着政策性壁垒。另外，养老保险统筹层次低会使养老保险基金的规模较小，使用效率低下，存在收支平衡的风险，从而加重财政负担。过低的养老保险统筹层次使各区县的社会保险机构之间"化疆而治"。养老保险统筹层次过低，不利于基金的征集和管理，容易造成经济损失和社会风险，严重损害了城乡居民养老保险的健康发展，而且养老保险的统筹层次过低，也容易造成转换成本的浪费，导致一系列道德风险的产生。市县一级的养老保险统筹对劳动力的自由流动产生了消极影响，不利于全国劳动力市场的统一。

(2) 资金管理分散。

目前，全国的养老保险资金管理分散，而且没有相应的管理人才和技术人才对资金的投资、运用进行明确的管理。北京市的养老保险资金也存在着管理手段缺乏、规模不经济、投资风险大等弊端，而且资金的运营效率偏低。截至2014年年末，北京市共有173.5万农民参保。城乡居民基本养老保险最低年缴费1000元，最高年缴费7420元。由于生活节奏日益加快、工作紧张、家庭负担重，都市人的压力越来越重，基础性养老保险已经无法满足人们的退休需求，因此，商业养老保险的发展具有重要性和紧迫性。从发展趋势来看，市县级养老保险的资金很难获得资本市场的投资主体资格，难以形成适

---

① 北京市老龄工作委员会办公室：《北京市2013年老年人口信息和老龄事业发展状况报告》，首都之窗网站，http://zhengwu.beijing.gov.cn/tjxx/tjgb/t1369122.html。

应市场经济要求的资金投资管理的治理结构和风险控制机制。因此,应该对养老保险资金进行集中管理,进行多元化的投资,减少投资的风险,探索养老保险资金的省、市、县分级管理办法,提高资金的管理层次、利用效率和抗风险能力。[1]

(3)养老服务体系缺乏法律制度保障。

在养老补贴方面,部分农村集体经济水平比较高的地区,以社会福利的方式,对乡村社区范围内的农村居民实行社区养老、养老补贴、开办敬老院、建设老年公寓等。享受乡村社区养老补贴的有 11 万人左右,占现有老年人数的 26%,主要集中在朝阳、海淀、丰台、大兴、通州、顺义、昌平等近郊区。由于集体经济的不确定性,这种补贴的来源没有保障。特别是农村经济体制改革,实行家庭联产承包制以来,集体经济几乎没有来源,这种养老形式缺乏制度保障。

在建设管理体制方面,养老服务体系建设虽然大多数时候是由民政局或老龄委牵头,但其建设管理牵涉到民政、人社、国土、环境等多个部门,在缺乏相关条文规定,明确管理主体的权利义务和职权职责的情况下,必然会出现执行体制松散、政策落实不到位、资源规划和整合出现重合浪费等现象。理清社会化养老服务机制中各责任主体的职能,建立健全社会组织参与的法律机制,逐渐将养老服务社会化、专业化,是逐步完善社会化养老服务体系的关键。

在运行机制方面,关于养老服务的立法尚不完备,对养老服务行业的监管,养老服务准入、运营、退出管理机制缺乏具体健全的实施细则,比如作为确定养老机构和入住老人相互权利义务关系的入住协议(合同),应通过法律法规明确双方的责任;民办养老机构发展需要对应的法律法规,为降低民办养老机构等民办非企业单位运营风险,应建立相关退出机制,允许民办非企业单位在资不抵债、经营不善的情况下进行破产程序并将其作为退出途径。[2]

在老年人权益保护方面,《老年人权益保障法》中许多法律条款较为笼统,缺乏可操作性。例如,在老年人赡养问题上,2013 年新修订的《老年人权益保

---

[1] 孙涛:《北京市城乡居民统筹养老保险模式研究》,安徽财经大学硕士学位论文,2011 年。

[2] 陈雪英:《农村多元化居家养老服务体系的建设》,上海交通大学硕士学位论文,2007 年。

障法》规定："家庭成员应当关心老年人的精神需求，不得忽视、冷落老年人。与老年人分开居住的家庭成员，应当经常看望或者问候老年人。用人单位应当按照国家有关规定保障赡养人探亲休假的权利。"①虽然将老年人的精神赡养和道德范畴的要求纳入了法律条文中，但作为一部社会法，在这方面仅能起到趋向性指示作用，用人单位保障方面，亦没有如带薪探亲假、买房时提供家庭养老支持等具体措施来支持落实。②

在政策落实方面，养老服务相关条款主要适用对象在城市地区，法规条例实施背景与农村地区实际情况不符，不够"接地气儿"。以 2015 年出台的《北京市居家养老服务条例》为例，农村地区特别是山区农村经济发展相对落后，人口少而居住分散，对于条例中提到的提供用餐、文化娱乐、医疗等服务，缺乏集中提供服务且条件便利的场所或设施，而在提供医疗、家政、日间照料等服务方面，农村地区难以吸引专业服务队伍和企业参与其中，单靠志愿者和公益团体难以维持长期服务供给。③

（4）民间资本进入养老服务领域困难重重。

随着政府逐渐放开养老产业投资领域，不少吸引民间资本进入该领域的政策也相继问世。一方面，政策扶持力度后劲不足，银行信贷环境紧缩、金融投资领域尚不成熟，使得民间资本筹融资的高门槛依然存在，依靠基金、信托等民间渠道的开发企业年融资成本甚至飙升到50%，而目前许多前景无限、稍有眉目的养老地产项目也仅仅只是转亏为盈，显然无力承担这样高额的融资成本。社会化养老服务体系资金来源仍以政府财政拨款为主，福彩公益金次之，辅以少数民间资本、海外资本和社会捐赠。其中，筹融资困难且渠道单一在民办养老机构上体现得尤为突出，直接决定了民间力量参与社会化养老服务建设能否长期、持续地运作下去，上文已详细阐述。如何降低资本进入门槛，简化相关程序，建立多元社会筹资渠道是关键。未来应面向开放性金融机构、保险资金、民间资本、海外投资、养老产业基金投资等领域广泛筹资。④

---

① 《中华人民共和国老年人权益保障法》第十八条，http：//www.gov.cn/flfg/2012-12/28/content_2305570.htm。

② 冯娴：《构建我国养老服务法律体制的设想》，《管理学家》，2011 年第 8 期。

③ 赵语涵：《居家养老条例需接农村地气儿》，《京郊日报》，2015 年 1 月 26 日。

④ 赵斌：《养老产业：机构设施缺口巨大 整体服务亟待升级》，《新产经杂志》，2014 年 8 月 30 日。

另一方面，除了养老产业投资领域监管的复杂性和风险性，政府的过度介入也给养老领域市场化运营带来了巨大困难。虽然政府已放开与养老项目较匹配的保险资金投资房地产，但放开程度与市场化和业界期待还相距甚远，以所谓的"反按揭"为例，业界呼吁多年，政府却依旧没有推出的迹象。

5. 北京市农村地区政府购买养老服务模式尚不完善

政府购买养老服务模式是全球各国普遍在探索的公共服务供给新型方式。我国中央政府层面也在大力推进，2013年9月26日，国务院办公厅以国办发〔2013〕96号印发《国务院办公厅关于政府向社会力量购买服务的指导意见》。2015年1月，《北京市居家养老服务条例》第八条中也提出，市和区人民政府应当引导、支持、鼓励企业和社会组织参与居家养老服务。区民政部门或者负责老龄工作的机构可以根据开展居家养老服务项目的需要，通过签约、购买服务等方式确定服务商和服务单位。但是，由于农村地区社会组织发展基础薄弱，政府购买服务的相关手段缺乏，因此，农村地区购买养老服务的模式尚不完善，主要体现在以下方面：

(1) 政府购买养老服务监管考核不足。

奥斯本在《改革政府》中提到"政府是掌舵而不是划桨"，政府购买养老服务是政府在养老服务领域由划桨者向掌舵者转变的体现。购买养老服务模式，把本来由政府承担的公共服务通过合同外包的形式让民营企业来运行，使政府成为公共服务的购买者，民营企业成为公共服务的供应者。这种承包合同能够有效实施的条件包括：双方的工作任务能够清楚的界定；市场上存在若干个潜在的竞争者；政府能够随时监测承包商的工作状况和工作绩效；承包的条件和具体要求等内容在合同文本中有明确规定并能够保证落实。这就说明在实际的购买过程中，政府在与承包商达成协议后，监管考核是相当重要的一环，要对其履行的整个过程进行有效的监督。然而，从北京市农村地区购买养老服务的现状来看，政府"掌舵人"的角色并不到位。首先，探究监督考核机制的合理性不难发现很多公共部门在购买养老服务的体系中既是购买者又是监督者，虽然公共部门的行为不能缺少部门内部的自我监督，但是对于农村地区来说，在缺乏科学合理的组织架构以及人员配备专业化程度较低的背景下，由组织内部的自我监督担任中坚力量，从而支撑起整个监督考核机制显然是不合理的。其次，由于没有科学完备的绩效考核指标，公共部门的购买行为和所购买服务的效果都很难量化，也不能获得准确公允的评价，这在一定程度上给未来的购买行为造成不良影响，甚至使整个政府购买服务行为形成恶性循环。最后，由于北京市的政府购买养老服务意见细则出台时间不长，特别是在农村地区更缺乏实践的验证，因而与其适应的监督考核机制也需要时间得到发展和完善。

（2）政府购买养老服务缺乏明确标准。

农村地区政府购买服务一般缺乏明确标准和程序。北京城区在购买养老服务方面发展比较成熟，具有严格的购买流程，也具有较清晰的标准。例如，东城区举办的养老政府购买服务项目签约仪式，先由中标组织介绍自身组织、项目情况和项目效果，再由项目第三方介绍项目实施过程中需要注意的事项以及项目监测、评估、资金使用等问题，最后东城区民政局相关部门与中标组织签订项目合同，并对中标组织提出相关要求。但是，在一些北京的远郊区县农村地区，政府购买养老公共服务并没有严格按照有关规定和程序，通过公开招标的方式来选择公共服务的承接者，而是通过私下协商，或根据惯例将公共服务的提供交由某一组织负责，这使得农村养老服务的提供不由社会组织的"实力"决定反而由"关系"决定。这种缺乏公开性和竞争性的做法，不仅在很大程度上降低了养老服务的提供效率，也损害了社会公平和正义，更容易为寻租、腐败提供罪恶的温床。另一方面，资金预算的不公开和较低的透明度促使政府在购买养老服务项目时没有清晰全面的考量，对于必须迫切需要购买的服务和与政府本身所能提供的基本服务相重叠因而无须购买的服务，农村地区缺乏一套明确的标准和规范，因此购买资金浪费的情况往往很难有所改观。

（3）政府购买养老服务缺乏充分互动。

政府购买养老服务体系中有三个重要主体，分别是政府、养老服务供给者以及享受服务的老年人。在三方互动的理想模型中，政府既要收集反馈意见，又要监督和指导企业生产，职能范围过大。在政策执行过程中，由于资金和人员的限制，政府不可能完全实现理想模型。同时，由于老年人的需求具有多样性、变化性、局限性等特点，指挥棒式的资源配置方式必然不能满足老年人的养老需求。如果政府作为购买服务的"指挥员"，市场化资源配置的目标就很难实现。[①]

在现实实践中，政府的角色偏差主要表现在三个方面：第一，重管理，

---

① 张汝立、隗苗苗、许龙华：《凭单制购买养老服务中的问题与成因——以北京市养老服务券政策为例》，《北京社会科学》，2012 年第 3 期。

轻服务。在政策推行过程中，政府投入了大量的精力在指定定点服务单位、制定指导价格上，但是在反馈农村居民的意见和建议、设立社区服务平台等方面投入有限。政府的服务质量不高，农村居民的需求在制度内得不到满足，只能被迫和服务生产者"共谋"，这在很大程度上忽略了农村居民这一重要主体的感受，造成了本末倒置的后果。第二，重发布，轻宣传。农村居民群体对于政府购买公共服务来说既是参与者又是受益者，因而想要高效地运行下去必然需要农村居民群体的支持，那么使其了解整个政策的计划、功能和意义就尤为必要，让他们的思想观念方面产生转变，就能使这一群体拥有参与到整个体系之中的动力。第三，重准入，轻监督。政府更多地关注确定哪些企业作为定点服务商，但是对定点服务商的服务效果缺乏有效监督，这种虎头蛇尾的做法使政府购买养老服务的优势变为了劣势。

三、首都农村养老服务社会化进程推进的路径探讨

结合前面分述的内容，按照顶层设计和分步战略的思路，对北京市未来10年建设农村社会化养老服务提出对策建议。

（一）拓展农村社会化养老服务的资金来源

在养老服务领域，政府作为主要责任主体，社会组织凭借灵活性、贴近基层、高效率、低成本的组织优势，日益成为重要的供给主体，是对政府供给养老服务的有益且必要的补充。同样，资金是社会组织赖以生存的血液，社会组织的非营利性并不排斥营利精神和市场化的行为。科学合理的社会组织筹资管理为组织的存在与发展提供可持续的资源，包括两个具体目标：一是为保证组织的基本运作提供资源；二是为可持续且有效地开展业务活动提供资源。从筹资渠道即筹集资金的方向和通道来看，社会组织传统的筹资渠道主要有财政补助、业务活动收入、慈善捐赠、盘活农村现有资源等。此外，受到市场化模式的影响，公益创投和电子慈善等新的筹资渠道不断出现。

1. 财政补助

社会组织所接受的政府资助及补贴主要包括：政府在向社会组织购买或委托各种服务过程中支付的费用，政府用于支持社会组织发展的各项补贴、资助等。政府补贴主要包括两种方式：一是直接的方式，即政府拨款；二是间接的方式，即向社会组织捐款的个人和企业提供减免税的待遇，并给社会组织的收入给予免税待遇，实质上是将本应由政府收取的税款用于资助社会组织。

社会组织为获得发展所需的资源,还主动寻求与政府合作,积极申请政府外包的公共服务项目。政府和社会组织之间通过签订合同、招投标、直接提供经费补贴等方式建立合作关系。政府通过合同的方式购买公共服务,使社会组织得以进入公共服务领域拓展其功能。

2. 业务活动收入

业务活动收入是指社会组织在向服务对象提供养老服务或产品时取得的资金。在市场经济条件下,社会组织的活动离不开市场化运营。在慈善资源紧张和竞争加剧的情况下,社会组织更多地依赖政府和市场机制获得资源。①社会组织实行对其服务的收费,既可以减少公众在享受公益服务过程中轻易发生的"搭便车"行为,降低公共资源的过度浪费,又可以扩大经费来源。但是,社会组织由于存在"不分配约束"(non-distribution constraint,是指社会组织因不存在明确的投资人或所有人,其投资收益不得分红。不分配约束是社会组织具有刚性约束的制度性条件,许多国家在相关法律中对此做出明确的规定),这部分可成为"利润"的收入只能用于组织所从事的公益事业再发展,主要用于弥补资金的不足,不能像企业那样通过分红成为投资者。

3. 慈善捐赠

社会组织具有动员社会资源的功能,能够通过开展各种慈善性、公益性的募款活动募集善款并吸纳各种社会捐款。慈善捐款是人们基于慈善动机,自愿地将其拥有的财产的一部分以捐款的形式赠予社会并用于公益的社会行为。这里所说的"捐赠"可以是货币资金,也可以是各种物品、设备等实物资产。慈善捐赠的比重在相当大程度上决定着社会组织的公益性质以及其致力于社会公益事业的活动和功能。从宏观意义上而言,一个国家的慈善捐赠的规模及其能力,在很大程度上影响和制约着这个国家社会组织的发育程度。②

在对丰台区颐养康复养老照护中心的实践调研中,该组织负责人提道:"我们机构的主要资金来源是政府财政拨款和服务收费,没有任何慈善捐款。原因一是北京没有像深圳、香港那样具有慈善捐赠的社会环境和氛围,二是我们机构并没有像北京第一福利院那么大的名望。"这表明社会公信力的缺失已严重影响到社会组织的筹资。与营利机构相比,社会组织的公益形象和影

---

① 高炳中:《规制与发展:第三部门的法律环境研究》,杭州:浙江人民出版社,1999年,123页。

② 王名:《社会组织论纲》,北京:社会科学文献出版社,2013年,112页。

响力更为重要。一般地说，社会公信度的高低关系到公众及社会各界对社会组织进行公益活动支持力度的大小，关系到募捐收入的多少，进而影响到社会组织筹资计划的完成。

4. 盘活农村现有资源

农村地区现有的土地资源、闲置房屋资源等都可以用来吸引社会资本等进入。例如，密云县政府在村一级探索的居家养老服务新模式，该模式以居住在家老年人的服务需求为导向，坚持自愿选择、就近便利、安全优质、价格合理的原则，因地制宜，积极探索居家养老服务新模式，来满足老年人的多样化需求。此模式主要利用农村闲置公共服务设施，通过改造升级、拓展功能，打造成具有为老服务功能的小型养老设施，为老年人提供短期照料、社区和居家服务、精神关怀及信息管理等服务。此模式的特点为规模小、功能多、专业化。将社区和居家养老服务有效结合，可在驿站内提供养老服务，也可提供居家上门服务。① 农村地区可以利用出租土地、房屋等形式，吸引社会力量加入养老服务设施的建设。例如，可以支持社会企业建设京城郊区养老度假基地，吸引城区老年人定期到农村休闲旅游，发展养老产业。再如，丰台区南苑乡部分乡镇利用土地出租建设相关产业，赢利用于养老服务等。这些做法都在一定程度上有效弥补了农村地区养老资金不足的短板。上海市奉贤区已有类似的探索。以"农村宅基睦邻四堂间"的建设为例，该项目利用农村闲置的住宅，通过一定的设施改造，成为老年人"吃饭的饭堂、聊天的客堂、学习的学堂、议事的厅堂"。区民政局相关科室负责人介绍，在运行模式上，以老年人自负为主，政府采取"以奖代补"形式予以适当资助，共同承担"睦邻点"的运行费用，并引导、鼓励社会组织捐赠参与服务。同时由老年基金会进行项目化运作，签约募集运作保障资金，并协调相关安全管理部门加强检查指导，保障"睦邻点"老年人活动和谐有序。②

事实上，这一方面的做法也开始逐步具有政策依托。2014 年 4 月，国土资源部办公厅印发《养老服务设施用地指导意见》，鼓励盘活存量用地用于养老服务设施建设。对营利性养老服务机构利用存量建设用地从事养老设施建设，涉及划拨建设用地使用权出让（租赁）或转让的，在原土地用途符合规划

---

① 《多家媒体齐聚密云，探访农村居家养老服务新模式》，北京民政信息网，http://www.bjmzj.gov.cn/news/root/qxmz/2015-10/115270.shtml? NODE_ID=root，2015 年 10 月 22 日。

② 《区民政局试点推进"农村宅基睦邻四堂间"》，《奉贤报》，2015 年 6 月 12 日。

的前提下，可不改变土地用途，允许补缴土地出让金（租金），办理协议出让或租赁手续。在符合规划的前提下，在已建成的住宅小区内增加非营利性养老服务设施建筑面积的，可不增收土地价款。若后续调整为营利性养老服务设施的，应补缴相应土地价款。

（二）拓展农村养老服务的人力资源

养老服务人才是农村养老服务社会化的关键环节，但同时也是薄弱环节。农村养老服务人员普遍存在素质偏低、技能不足等问题。北京市下一步养老服务人才队伍建设需要着力拓展养老服务人员的多种服务角色与能力。

1. 服务者角色

服务最能体现农村社会化养老服务人才的工作属性，服务是农村社会化养老服务人才合理存在的根本。老年人随着年龄的增长，其身体机能和心理状态都发生了巨大的转变，使老年人逐渐成为需要照顾的弱势群体。特别是对于高龄老人和失能、半失能老人来说身体机能逐渐退化，生活能力、行为能力下降，无法按照以前健康状态下的生活方式独立生活，对他人给予其照料的需求日益强烈，而且由身体变化而引起的心理冲击也持续影响着老年人的身心健康。农村社会化养老服务人才因其具备专业的知识和操作技能，可以利用其知识技能和其他相关资源为老人提供专业的、标准化的生活照料服务、医疗康复服务、精神文化服务等方面的支持和帮助。一线服务人员因为经常为老年人提供面对面的服务，能够及时掌握老年人的健康状况，在第一时间发现和解决困扰老年人的各种问题。

2. 情感补充角色

在经济飞速发展、城镇化进程不断加快、个体化价值观倾向日益明显的社会环境下，家庭规模呈现小型化、核心化的特征，老人与子女分开居住的现象已经非常普遍，子女因为工作、生活的原因经常无法陪伴在老人身边，对老年人身心状况的变化不能及时发现并给予关怀照顾，代际间的隔阂越来越明显，特别是独居老人更容易感到精神空虚，他们很难找到合适的对象表达内心情感，所有情感只能积压在心里。精神上缺乏依托导致很多老年人对生活持消极态度，久而久之老年人患抑郁症的风险就大大增加，与积极的老龄观相背离。一线服务人员的出现为老年人情感表达、情绪传递提供了有效出口，他们可以利用专业知识和技巧疏导老人，像家人一样与老人聊天交流，扩展老年人的交际范围，引导老年人积极参与社区活动，弥补老年人精神方面的空缺，改善老年人的心理状态，并且可以将老年人的情感状态传达给老年人的家人，成为老年人与子女的情感枢纽，督促子女抽出更多的时间关注和陪伴老年人。

3. 社会功能支撑角色

农村社会化养老服务人才为老年人提供服务的过程不仅仅是单纯的给予，更多的是帮助老年人恢复和促进其社会功能的行为。一线服务人员更像是一个进行双向沟通的枢纽，当老年人的需求、诉求和某些行为无法通过自身力量向外界传递和实施的时候，就要借助服务人员的力量和资源得以实现；当社会中出现某种有利于老年人获得更好养老条件的政策或服务，因为老年人对外界信息获取相对闭塞无法接收到时，服务人员就要充分发挥自己在服务中所扮演的角色，为老年人提供外界讯息。比如，一线服务人员在服务过程中可以及时全面地了解老年人的需求和偏好，收集本地区老年人的情况，这些信息要通过服务人员传递给管理人员和政策制定者，实现需求导向的服务供给和政策供给。另一方面，某项服务和政策也要通过服务人员传递给老年人，赋予老年人对社会状况和服务状况的知情权，同时将老年人对这些服务和政策的反应反映给相应机构和部门，进一步提升养老服务政策和服务内容、方式等方面的质量。

4. 权益维护角色

随着老年人年龄的增长，身体功能退化所产生的负面效应逐渐显著，老年人思维能力、表达能力、行动能力都处在下降的趋势中，因此被列为社会中的弱势群体，单凭老年人的个人力量是无法全面维护自身权益的。一线服务人员的工作视角通常是从老年人个体出发，代表老年人的利益，为老年人解决各类问题。当老年人身处不利条件时，服务人员可以充分利用其专业的知识和一切可及的社会资源帮助老人摆脱困境，与老年人站在同一立场维护本应该属于他们的权利。在这一角色中，一线服务人员必须把握好尺度，坚持有理、有利、有节的原则，选择适当的手段和方式支持和帮助老年人。

在拓展北京市农村地区养老服务人力资源方面应该重点采取以下两方面的政策措施：

一是拓展外来的农村养老服务人力资源。农村养老服务人才短缺是当前的突出问题，尤其是随着广大农村地区青壮年外出打工的情况日益增多，农村青壮年"空心化"的问题日益严重。在此背景下，必须从外部补充有能力、有素养的外部养老服务人才资源。可以考虑通过三个途径吸引外来养老服务人才：第一，通过"大学生村官计划"等工程项目，逐步引导专业化的社会工作者进入农村养老服务领域，将其作为农村养老服务人才的"关键少数"，通过他们带动和培养农村其他养老人才队伍。第二，利用高校的专业社工就地对农村基层工作人员进行准社工孵化工作，通过建立大学生实习基地、进行社会实践等方式，最大限度地发挥高校学生的专业才智，让专业的社会工作实习生担当农村基层工作人员的准社工孵化培训工作，尝试实行专业与非专业的互动，挖掘本地特色，推动人才本土化建设。[1] 第三，吸引非营利性组织加入农村养老服务事业，拓展社会组织、非营利性组织等人力资源队伍加入到农村养老服务中间来。

二是挖掘农村现有人力资源，运用"时间银行"机制建立健全低龄老人帮助高龄老人、健全老人帮助失能老人的模式，从而让低龄老年人仍然能发挥晚年余热，同时为自己将来进入高龄阶段养老服务储存"时间"，运用自己储存的时间换取更好更多的养老服务。这在密云地区已经有一定探索，即密云区探索试点的两种居家养老服务新模式：老年扶助和邻里互助模式。"老年扶助"主要是将农村闲置房屋打造成具备基本养老功能的农村宅院，将有意愿共同居住的高龄独居、分散"五保"及其他需要托老的老年人集中供养，互相扶助，共同生活。并在村内增设农村公益性岗位，开展生活互助、文体娱乐等服务。此模式的特点是家庭化、管家式、结伴式。老年人自愿集中共同生活，有病互相照顾，有困难互相帮助，形成一种没有血缘关系但胜似亲人的大家庭。试点在冯家峪镇保峪岭村进行，针对保峪岭村村民居住地相对集中，闲置房屋较多且利用率低的现状，通过翻建维修，打造具备基本养老功能的农村宅院。目前，已有三位老人共同合住，平均年龄80岁，身体健康，能够自理，村内增设1名人员对他们进行日常餐饮起居照顾。"邻里互助"主要是针对部分山区村庄自然村多、村民居住分散、空巢老人多的实际，以邻里互助为突破口，由村委会引领、带动本地区有劳动能力和为老服务热情的村民，通过日间巡视为老人提供基本服务。此模式的特点是网格化、零距离、邻里情。以自家为中心，分片包户，跟老年人结成对儿，采取"一对多"的形式，提供日间巡护等基础服务。该模式在冯家峪镇三岔口村进行试点，三岔口村属于冯家峪镇的一个行政村，该村下辖13个自然村，老年人居住分散、空巢高龄老人多，为解决山区自然村空巢高龄老人养老问题，由村委会选举产生8名有爱心、有劳动能力、有为老年人服务热情的村民，以自家居住地为中心，

---

[1]　李全彩：《论农村养老事业的社会工作介入》，《人民论坛》，2011年第24期。

充分发挥邻里感情，开展互助服务。通过对老年人基础信息的采集和老年人需求分析，已经初步确定助浴、助洁、日间巡护等 8 项服务项目，让居家老年人享受到邻里的帮助。① 密云区的模式实现了农村自有养老人力资源的深度挖掘，当然，在如何嵌入"时间银行"机制等方面，还可以进一步完善，以确保这种养老服务人力资源供给机制的可持续运行。

(三)构建农村社会化养老服务绩效评价机制

农村养老服务社会化发展状况与水平如何，需要通过科学合理的绩效评价机制予以测评，并根据养老服务绩效状况确定社会化养老服务主体选择以及下一步改革行动方案等。具体而言，在绩效评价机制方面需要注意以下问题：

第一，建立与农村养老服务组织长期合同关系，增大其行为的机会成本。在委托—代理理论的基本模型中，如果委托人与代理人之间的关系是一次性的，那么在这种静态模型中，如果委托人不能够有效观测到代理人的行动，为了诱使代理人能选择委托人希望的行动，那么委托人必须根据观测的行动结果来奖惩代理人，这种激励机制称为"显性激励机制"。但是，正如信息经济学理论所揭示的，如果委托—代理关系不是一次性的而是多次性的，即使没有显性激励合同，"时间"本身可能会解决代理问题。当然这一点并不意味着激励问题在静态博弈中就不存在(张维迎，1996)。② 因为社区居委会与农村养老服务中心经理之间亦是典型的委托代理关系，因此，这一种激励机制在农村养老服务体系中有其发挥作用的空间。建立长期合同关系，有助于降低农村养老服务中心工作人员的道德风险，使其从长远利益考虑以尽可能提高工作效率，并努力克制因自利性等可能出现的对农村养老服务利益的偏离或短期逐利行为。必须指出的是，长期合同关系并不是一种固定式的交易关系，长期合同关系是建立在对前期或已有履约情况进行综合评价的基础之上，以决定是否优先考虑该公共服务经理人员或工作人员。这样既能保证不同农村养老服务经理之间的充分竞争，又能调动农村养老服务经理的工作积极性，

---

① 《多家媒体齐聚密云，探访农村居家养老服务新模式》，北京民政信息网，http：//www.bjmzj.gov.cn/news/root/qxmz/2015-10/115270.shtml? NODE_ID = root，2015年10月22日。

② 段文斌、董林辉：《代理问题与作为治理机制的激励合同：一个理论检讨》，载陈国富主编：《委托—代理与机制设计——激励理论前沿专题》，天津：南开大学出版社，2003 年，第 15 页。

更好地提升服务技能和服务绩效。

第二，建立科学有效的农村养老服务中心绩效评价指标体系，提高激励的针对性和有效性。社区居委会对于农村养老服务中心工作人员以及工作内容的评价指标体系是影响和指导农村养老服务中心的风向标，起到直接的导引作用，尤其在合同期限内，能起到一定的激励约束作用，以防止农村养老服务中心工作人员在合同期限内的懈怠行为。从信息经济学的角度来说，建立科学有效的农村养老服务中心绩效评价体系，也是促使农村养老服务中心信息不断外显的重要举措，以努力消除委托方(社区居委会)与代理方(农村养老服务中心工作人员)之间信息不对称的重要手段之一。当然，在农村养老服务中心绩效评价机制中，有必要尝试借鉴360度绩效评估体系，对农村养老服务进行全面评估，尤其是引入农村养老服务需求主体(社区居民和驻社区单位)对农村养老服务的绩效评价，以确保绩效评价信息的全面性。

第三，借鉴锦标制度，开展对农村养老服务中心的相对评价。绩效评价指标体系对农村养老服务中心的评价主要是一种绝对量的评价，而建立锦标制度则尝试在不同农村养老服务中心之间建立竞争比较制度，是一种相对评价。在锦标制度下，每个代理人的所得只依赖于他在所有代理人中的排名，而与他的绝对表现无关。经济学家莱瑟尔和罗森已经证明，如果代理人的业绩是相关的，锦标制度是有价值的，因为它可以提出更多的不确定因素，从而使委托人对代理人努力水平的判断更为准确，既降低风险成本，又强化激励机制。① 当然，在农村养老服务领域建构锦标制度的前提条件是形成农村养老服务工作人员市场，尤其是形成农村养老服务经理人市场，彼此之间能形成竞争。

在农村养老服务跨边界组织体系中，除了社区居委会与农村养老服务中心之间最为关键的委托—代理关系之外，还存在其他一些委托—代理关系，包括街道办以及上级各级政府部门向社区"下放"的公共服务项目。本文认为，建构农村养老服务中心，很重要的目的在于将街道办以及上面各级政府在社区"落地"的公共服务集成统合起来，避免多头服务的情况。在可能的情况下，尽量建构农村养老服务的项目申报制，即通过由社区居委会或农村养老服务中心向上级政府部门申报项目，抑或当政府部门以项目的方式发布公共服务

---

① 张维迎：《博弈论与信息经济学》，上海：上海三联书店、上海人民出版社，1997年，第463页。

项目时，由社区予以申报。在项目实施过程中，由项目发包方对农村养老服务项目予以监理和审查，确保公共服务项目落实到社区居民或驻区单位身上。在项目制中，项目发包方（发放公共服务的政府部门或街道办）也可以从具体的服务工作中抽身出来，转而对农村养老服务进行规划、监督和调控。而农村养老服务中心工作人员因其专业性的服务技能，亦能更好地根据本社区不同公共服务需求情况，使上级服务项目经过"包装"、调整之后，能够更符合本社区的真实需求。从某种意义上来说，项目制可以成为政府主导型农村养老服务模式向政府引导型以及多元竞合型农村养老服务模式转变的转轨机制或实现路径。

除此之外，农村养老服务中心与市场组织和社会组织之间也可能形成委托代理关系。农村养老服务中心可以向市场组织或社会组织再次发包，同时，对于一些社会组织或市场组织向社区投入的公共服务项目，如驻区单位捐赠、慈善捐款、志愿者活动组织提供的照顾弱势群体服务等，均可以通过农村养老服务中心予以整合和调配，确保这些由社会或市场发送过来的公共服务项目经过调整、设计，能更好地符合本社区的需求，实现服务的针对性和有效性，从而提升农村养老服务绩效和满意度。

第四，构建农村养老服务第三方评估制度。第三方评估主要是对养老服务领域较为了解、长期从事养老服务研究的学术组织、专业机构等对政府购买养老服务过程和结果的评估，评估对象主要是接受政府部门委托、参与养老服务供给的企业组织、社会组织等主体，同时涉及政府组织和养老服务需求方。要完善第三方评估信息公开制度，已有研究表明，沟通互动与信息的及时性、透明度是提升信任度的重要途径。如果未能进行有效的沟通，即使是世界上最出色的创意都可能无法实现。就养老服务领域而言，除了极个别情况，大部分数据信息等并不属于国家机密范畴，应该以及时、主动、公开为主要原则。一是要建立健全政府购买服务的信息公开机制，按《政府信息公开条例》的要求，各省市要细化政府购买养老服务过程中的信息公开办法或细则；二是要建立健全养老服务主体的信息披露机制，仿效慈善组织或上市企业的信息披露机制，规范养老服务供给主体的信息披露制度，尤其是要规范养老服务机构信息披露的操作规范和格式规范；三是要建立健全第三方评估结果动态发布机制，尤其是在信息发布规范格式、发布流程、发布渠道等方面予以科学设置和规制，并建立信息公开与答复、纠偏制度，针对人民群众关心或疑惑的问题给予及时的解答，对信息的错误解读或扩展等进行及时纠正和引导，从而实现养老服务多元主体之间的良性沟通，达成多方的互相理解与支持。完善政府购买养老服务中第三方参与评估的法律保障制度，党的十八届四中全会提出要依法行政，加快建设职能科学、权责法定、执法严明、公开公正、廉洁高效、守法诚信的法治政府。政府购买公共服务是政府职能转变的重要方式，有必要加快这一领域的法治建设。从政府购买养老服务领域来说，导入第三方评估是推进依法行政的重要尝试，同时也有必要从纵向和横向两个维度加快法治建设，为第三方评估构建完善的法律保障体系。纵向上，要从全国人大立法，到国务院制定条例，再到部委制定规章，以及地方政府结合本地实际制定相关办法、细则等，形成自上而下、彼此衔接的法律体系；横向上要调动发改委、民政、财政、人力资源和社会保障等部门的行政立法力量，编织各个专门领域的法律政策网。当前需要重点推进的工作包括：在全国人大修改《预算法》的基础上，通过人大释法等方式明晰财政预算中第三方评估的法律地位；在落实《国务院办公厅关于政府向社会力量购买服务的指导意见（国办发〔2013〕96号）》的基础上积极推进政府购买公共服务条例的制定，并明确提升第三方评估导入的必要性、必然性和规范性；在《老年人权益保障法》及相关政策细则中确立政府购买养老服务与第三方评估的法律地位；按照《中共中央关于全面推进依法治国若干重大问题的决定》中"加强社会组织立法，规范和引导各类社会组织健康发展"的精神，推进第三方评估主体管理法律制度改革，确保第三方的合法性和独立性。在这方面，顺义区已经开始有所探索，成立了顺义区养老行业协会。该协会是经区民政局核准登记的非营利性社会团体，涵盖机构养老、社区养老、居家养老及老年教育、医疗、金融和老年用品研发、生产、销售等相关老年产业；搭建政府与养老服务行业之间沟通交流的平台，承接民政部门委托的部分养老服务管理职能和任务，统筹整合全区养老服务资源，推进该区养老服务业规范化、标准化。该协会还将在全区养老服务业内开展行业交流、信息沟通、业务培训、依法维权、理论研究，协助政府部门制定行业标准、开展星级评定、实行等级管理等。[①] 当然，在去行政化，增强评估的独立性、公信力等方面，还需要进一步完善。

---

① 赵雪莲：《顺义建立协会服务养老事业》，京郊日报网，http：//www.jjrb.bjd.com.cn/html/2015-10/29/content-322213.html。

参考文献

[1] 刘伟奇：《完善我国新型农村社会养老保险制度研究——基于统筹城乡发展的视角》，首都经济贸易大学硕士学位论文，2011 年。

[2] 北京市老龄工作委员会办公室：《北京市 2013 年老年人口信息和老龄事业发展状况报告》，http：// zhengwu. beijing. gov. cn/tjxx/tjgb/t1369122. html。

[3] 李铁静：《我国政府购买养老服务模式研究——以北京市为例》，北京交通大学硕士学位论文，2015 年。

[4]《居家养老服务体系建设研究——以北京市发展居家养老服务实践为例》，北京市民政局，2011 年。

[5] 林丽鹂：《新型养老服务不断涌现 同是养老居家在家不一样》，《人民日报》，2015 年 7 月 24 日。

[6] 蒋梦惟：《北京将出台购买养老服务意见 企业入市困境待打破》，《北京商报》，2015 年 3 月 24 日。

[7] 娄夏烨：《家庭养老服务网 VS 机构养老——一种选择机制上的融合》，《西北人口》，2006 年第 4 期。

[8] 孙涛：《北京市城乡居民统筹养老保险模式研究》，安徽财经大学硕士学位论文，2011 年。

[9] 张汝立、隗苗苗、许龙华：《凭单制购买养老服务中的问题与成因——以北京市养老服务券政策为例》，《北京社会科学》，2012 年第 3 期。

[10]〔美〕莱斯特·M. 萨拉蒙著，田凯译：《公共服务中的伙伴——现代福利国家中政府与非营利组织的关系》，北京：商务印书馆，2008 年。

[11]〔美〕理查德·C. 博克斯著，孙柏瑛等译：《公民治理：引领 21 世纪的美国社区》，北京：中国人民大学出版社，2005 年。

[12]〔美〕桑德斯著，徐震译：《社区论》，台北：黎明文化事业公司，1982 年。

[13] 陈国富：《委托—代理与机制设计——激励理论前沿专题》，天津：南开大学出版社，2003 年。

[14] 陈雅丽：《国外社区服务相关研究综述》，《云南行政学院学报》，2007 年第 4 期。

[15] 丁茂战：《我国城市社区管理体制改革研究》，北京：中国经济出版社，2009 年。

［16］丁元竹：《社区的基本理论与方法》，北京：北京师范大学出版社，2009 年。

［17］侯岩：《中国城市社区服务体系建设研究报告》，北京：中国经济出版社，2009 年。

［18］于燕燕：《社区公共服务模式的思考——百步亭社区公共服务的启示》，《学习与实践》，2007 年第 7 期。

［19］于燕燕：《政府在社区服务中的作用》，《北京社会科学》，2006 年（增刊）。

［20］詹成付：《加强和改进社区服务工作读本〈国务院关于加强和改进社区服务工作的意见〉解读》，北京：中国社会出版社，2007 年。

［21］［美］迈克尔·E. 哈特斯利、琳达·麦克詹妮特著，葛志宏等译：《管理沟通——原理与实践》，北京：机械工业出版社，2012 年。

［22］李延喜、吴笛、肖峰雷等：《声誉理论研究述评》，《管理评论》，2010 年第 10 期。

［23］彭国甫：《地方政府绩效评估程序的制度安排》，《求索》，2004 年第 10 期。

［24］李春、刘期达：《论政府绩效评估中申诉机制的构建》，《湘潭大学学报（哲学社会科学版）》，2005 年第 S1 期。

首都新农村法治建设现状与思考

课题负责人：聂月岩（首都师范大学政法学院　教授）

课题组成员：侯辰龙、张　峰、任　丽、杜晶晶、高　勇

自党的十一届三中全会召开以来，首都农村地区的法治建设已经取得了重大的成就，在开展农村法治宣传教育、增强农村干部法治观念、加强农村法律服务资源供给、引导群众通过法律手段维护自身权益、促进城乡法律资源合理配置等方面都有了很大的进步。但是在实现首都新农村社会综合治理的重要背景下，首都地区的农村法治建设仍然面临着前所未有的机遇和挑战，加强新农村法治建设依然任重而道远。因此，进一步加强对首都新农村法治建设的研究便显得尤为必要。

一、首都新农村法治建设是农村社会全面综合治理的重要保障

实现农村社会全面综合治理是深化农村改革的重要途径，2015 年 11 月出台的《深化农村改革综合性实施方案》意见明确提出在未来的农村改革中要加强和创新农村社会治理，必须"形成规范有序、充满活力的乡村治理机制"。要实现农村社会全面综合治理就必须进一步加强农村法治建设工作。

农村社会全面综合治理首先应当是依法治理，党的《十八届四中全会公报》明确提出，要"提高社会治理的法治化水平"，尤其是要"推进基层治理法治化。全面推进依法治国，基础在基层，工作重点在基层"。通过加强农村社会法治建设来提升农村治理法治化水平，既是全面推进依法治国的客观要求和工作重点，又是实现农村社会综合治理的必由之路。同时，实现农村全面综合治理必须系统解决"三农"问题，而加强农村法治建设有助于解决"三农"问题。2015 年的中央一号文件指出，农村是法治建设相对薄弱的地区，必须加快完善农业农村法律体系，同步推进城乡法治建设，善于运用法治思维和法治方式做好"三农"工作。在城镇一体化背景下的农村全面综合治理也需要通过加强农村法制建设来实现，在城镇一体化背景下，引导城市现代生产要

素向农村流动，是实现城乡协同发展的重要路径，这必须以加强农村法治建设作为前提，促进农村土地流转、资金合理配置。破除城乡二元的另一个关键因素是促进公共服务一体化，通过加强农村法治建设，能够促进城乡法律公共服务的一体化，并以此来带动其他公共服务一体化，促进农村社会公共服务水平的提升。因此，农村法治建设是实现农村社会全面综合治理的重要保障。

具体到首都农村，农村法治建设为首都农村的农业现代化、农村基层民主发展、农村社会和谐稳定以及农村生态文明建设提供了重要保障。农业现代化是实现农村社会全面综合治理的重要物质基础，通过促进农业生产发展、完善农业市场来增加农民的人均收入，提高农民的生活水平，这是解决"三农"问题的核心内容。完善农业市场必然要求进一步加强法治建设。农村基层民主是实现农村社会全面综合治理的重要政治基础，通过法治建设来促进农村基层民主发展，是协调农村利益矛盾的重要途径。农村社会和谐稳定是实现农村社会全面综合治理的重要社会基础，这就必须要通过加强法治建设来保障农民的合法权利，提高农村基层治理水平。农村社会生态文明建设是实现农村社会全面综合治理的生态文明基础，必须通过加强法治建设来促进农村生态文明建设，实现农村可持续发展。

（一）首都新农村法治建设为农业现代化提供重要保障

都市型现代农业是首都农村农业现代化的发展模式。2003年，北京市政府正式提出了发展都市型现代农业的战略任务，并出台《关于加快发展都市型现代农业的指导意见》，其中明确指出："都市型现代农业是指在北京市依托都市的辐射，按照都市的要求，运用现代化手段，建设融生产性、生态性于一体的现代化大农业系统。"随后北京市国民经济和社会发展第十一个五年规划的重点专项规划——《北京市"十一五时期"新农村建设发展规划》确定，按照"生态、安全、优质、集约、高效"的都市型现代农业发展方向，以服务城市、改善生态和增加农民收入为宗旨，提高农业综合生产能力、社会服务能力和生态保障能力，实现功能多样化、布局区域化、设施现代化、生产标准化、经营产业化、产品安全化、景观田园化、环境友好化。北京市都市型现代农业战略不但使北京的农业生产总值得到提高，也使农业作为第一产业的地位得到加强。据有关资料统计，2012年北京市第一产业地区生产总值为150.2亿元，占全市地区生产总值的0.84%，产业贡献率为0.85%，农业产业从业人员57.3万人，占全市从业人员的5.2%。生产总值与从业人员无论是绝对值还是相对值，都是少数，但在工业化、城市化高速发展的进程中，农业不可替代的地位不仅没有降低，反而愈发重要和明显。尤其是随着北京市人口的进一步增长，城市对农产品的数量、质量、品类的要求都不断增加，农业承担的食品供给、健康营养和安全保障等任务越来越重。值得指出的是，近年来北京的休闲农业发展水平也得到显著提升。根据有关资料，截至2011年，通过创建国家休闲农业与乡村旅游示范县和最有魅力休闲乡村，乡村旅游业加快转型升级，单位效益快速提升。北京市农业观光园和民俗旅游接待户总收入分别实现21.7亿元和8.7亿元，同比分别增长22％和18.2％；观光园园均收入和游客人均消费分别增长22.3％和17.5％；民俗旅游接待户户均收入和游客人均消费分别增长12.3％和10％。① 城市休闲产业正在向农业转移，农业观光、农村度假已经成为全市旅游业的重要组成部分，所占比重正在逐步提高。

由此可见，北京农业依托首都的科技、经济和社会优势，利用有限的土地、自然生态与环境，以及民俗和历史文化等资源形成高度规模化、产业化、科技化、市场化的现代化农业体系，这一现代化农业体系的形成与社会主义市场经济的完善和发展具有十分密切的关系。正是由于社会主义市场经济基础地位的确立，首都农村才能够始终围绕首都市场的需求，优化农业结构，还依托丰富的自然资源和人文资源，积极发展特色种植业、休闲农业和乡村旅游业以及特色服务业，既增加了农民的收入又满足了市民的休闲需求，可以说市场已经在首都农业发展中起到了决定性作用，正是依托于市场经济的不断发展和完善，首都的农业发展才能不断取得重大突破，最终形成了多层次、多种类的复合型农业发展模式。市场经济的发展离不开法治建设，长期以来的历史经验表明，市场经济不是完美无缺的，本身就充满了弱点和缺陷。《宪法》第十五条就规定，"国家实行社会主义市场经济"，市场在国家宏观调控下对资源配置起基础性作用，同时也要看到市场的弱点和消极方面，必须完善国家对经济活动的宏观调控，"社会主义市场经济本质上是法治经济，要完善社会主义市场经济法律制度。"②

当前随着城镇化的深入发展，首都的农业发展已经完全融入市场经济当中，农业市场已经成为市场经济不可分割的重要组成部分，由于市场经济具

---

① 《北京市农村经济发展报告(2011)》，北京：中国农业出版社，2012年，第262页。

② 徐孟洲：《耦合经济法论》，北京：中国人民大学出版社，2010年，第7页。

有自发性、盲目性和滞后性等诸多缺陷，法治建设滞后会导致市场主体之间缺少法律约束，造成市场紊乱，引发周期性危机。因此，2015年的中央一号文件第五部分才着重强调要加强农村法治建设，提出"健全农业市场规范运行法律制度"的任务。农业市场汇聚了土地、技术、资金、劳动力等多种因素，其发展完善离不开法律的约束，只有建立完善合理的法律系统，才能真正保护市场主体的合法权益，促进农业稳步发展。当前首都农业现代化存在一定的不足，如在远郊区县缺乏主导产业，农民组织化程度较低，家庭经营性收入较低，农村集体经济薄弱等现象，造成这些现象的原因有很多，除了首都城市功能定位、城镇化使农业人口转移等因素之外，还与农业市场在市场经济中的弱势有关。农业市场包括多种生产要素，但其中农产品市场是核心，然而农产品又处于市场链条的最底端，市场竞争能力较弱。在市场经济中，即便农产品价格提高，受益的也不是作为生产者的农民，而是靠获取利润为生的商人。农产品价格提高，在市场经济中经过循环，将成本又转化给农民，各种生产工具和生活用具价格随之提升，农民的收入不增反减，使农民在市场竞争中处于劣势。要改善农民在市场竞争中的劣势，只有通过加强法治建设来确保农产品市场的规范运行，通过法律体系的完善和法治观念的提高，建立公平的市场交易规则，规范市场竞争秩序，确保农业市场的统一和开放，减少恶性竞争和盲目竞争，创造并维护公平有序的市场环境，积极保障农民的权益。

（二）首都新农村法治建设为农村基层民主提供重要保障

农村基层民主对于中国特色社会主义民主政治发展具有十分重要的意义，邓小平曾指出："把权力下放给基层和人民，在农村就是下放给农民，这就是最大的民主。"①农村基层民主的发展不但能给国家政治文明建设带来积极影响，还能为村庄发展带来新变化。农村基层民主的制度载体是村民自治制度，党的十一届三中全会以来，随着家庭联产承包责任制在农村得到普遍推行，农村地区的经济利益首先发生了重大变化，这种变化又上升为政治层面的要求，村民自治制度便直观地反映了这种需求。村民自治制度是指村民以依法选举产生的村民委员会为组织载体，借助民主选举、民主决策、民主管理和民主监督来达到村民自我教育、自我管理、自我服务、自我监督的基层民主制度。这是人民民主原则在农村基层的直接体现，这一制度具体表现为村民

---

① 邓小平：《邓小平文选》，北京：人民出版社，1993年，第252页。

直接选举村民委员会成员，直接监督村庄公共权力组织及其干部的管理活动，直接表达自己在村庄事务管理中的意见，直接参与村庄各类重大问题的讨论。村民自治制度为发展广大农村居民的民主意识、提升政治认知程度提供了重要平台，广大农村居民通过村民自治的实践能够熟悉政治生活的基本程序，了解村民自治规程，提高维护自身权利的能力，使广大农村居民能够通过合理的渠道进行利益表达来维护自身权益。

加强新农村法治建设对于完善和发展村民自治制度，促进农村基层民主发展具有重要保障作用。当前我国农村基层民主实施的重要法律保障主要是《中华人民共和国宪法》和《中华人民共和国村民委员会组织法》。《中华人民共和国宪法》规定："城市和农村按居民居住地区设立的居民委员会或村民委员会是基层群众性自治组织。"从根本上规定了农村基层民主发展的主要组织形式。《中华人民共和国村民委员会组织法》则规定了村民委员会的组织形式、组织结构、产生条件、工作范畴以及与上级机关的关系，严格保障农村地区村民的基本民主权利。而北京市在总结本地村民自治经验的基础上，结合地区农村的发展状况，由于2000年颁布了《北京市实施〈中华人民共和国村民委员会组织法〉的若干规定》（以下简称《规定》）和《北京市村民委员会选举办法》（以下简称《办法》），并于2012年对这两个文件又进一步做了修订，使其更加符合北京市本地的实际。在最新一次的修订当中，《规定》增加了村务公开的具体内容，包括村民委员会应当及时公布包括村社会保障、合作医疗等落实情况和政府拨付和社会捐赠的救灾救助、补贴补助、支援新农村建设等资金、物资的管理使用情况等事项；在《办法》中对贿选行为做原则性规定，对于在村民委员会选举工作中出现的贿选行为，要进行严肃处理，明确了乡镇或区县政府调查确认和宣布当选无效的处理程序，北京市的这两个文件严格遵循法律和政策规定，是结合本地实际情况，从立法层面保障农村基层民主有序进行的重要措施。

首都农村在通过法治建设来促进农村基层民主发展时形成了具有本地特色的一些举措，一个比较显著的特点便是依据法律法规，吸取传统乡土文化中的合理成分，订立村级规约。北京市农村的村级规约大都冠以村民自治章程的名称，根据相关统计资料，目前在全市4000个行政村中，制定村级规约的村有3989个，占总数的99.7%。北京市农村的村级规约充满了地方特色，由于北京是全国的政治、文化、国际交往与科技创新中心，农村地区的情况比较复杂、多样，特别是近郊农村，村级集体经济比较发达，村级社会福利水平较高。在这种情况下，北京市农村村民自治活动需要解决其他地方农村所没有的一些具体问题，如有关合作医疗、大病互助基金管理办法、社会养老保险规定、待岗人员安置再就业的管理规定、村民工作安置办法、外地来京人员租房管理细则等方面的内容。而村级规约就是针对这些具体问题而提出，对经济行为、社会秩序、公共道德、村民福利等相关内容做出明确规定，为北京市农村的基层民主建设提供具有可操作性的制度规范。推进村民自治制度化，对于保障村民的基本权利、维护村庄的社会秩序、体现民主的价值、维护社会公德、提高村民的道德水平具有积极意义。

（三）首都新农村法治建设为农村社会稳定提供重要保障

农村社会稳定是解决三农问题，实现农村发展的重要条件。随着改革开放的深入发展，农村社会经济结构不断变化，社会利益矛盾不断激化，严重影响农村社会的和谐稳定，因此必须通过农村法治建设来保障农村社会稳定。具体到首都农村，法治建设对农村社会稳定的保障作用主要体现为：

首先，通过保障农民的财产权使农民合法权益得到保障。根据有关资料，近年来首都农村发生的社会纠纷中，关于财产权的纠纷已经占到了总数的65％，其中大多数跟征地有关。由于农村集体资产和农民个人财产普遍存在主体虚置、权属不清、权益不完整等问题，在各种利益主体促振经济资源分配的过程中，因为行政干预和强势利益主体的挤占，农村集体经济组织和农民处于弱势地位，导致财产权利遭到侵害，从根本上影响了农村社会的和谐稳定。加强法治建设可以建立完善的农村财产权制度，使农民财产权得到更有效的法律保护，使农村财产在产权清晰的基础上，实现充分合理的流动，在法律的保护下杜绝行政主体强势干预和利益主体的强势挤占，充分保障农民的合法权益。

其次，加强农村法治建设可以抑制行政权力的过度干预，构建乡村治理新模式。尽管目前我国已经确立了社会主义市场经济的基础地位，并积极推进实施全面的依法治国战略，但行政权力依然主导着社会组织的各个方面。在行政权力的触角不断植入乡村的过程中，村委会作为群众性自治组织却拥有了较大的行政权力，成为延伸政府行政职能的组织，而与法律所界定的群众性自治组织完全不一致。过度强化自上而下的行政权力，不但使依法行政难以得到保障，而且没有建立一个完善的社会利益表达机制，使农民在涉及自身利益的矛盾冲突中既没有话语权，又没有表达意愿诉求的平台和机制，导致了"集体上访""暴力上访"的事件频发。只有通过加强法治建设，提高农村治理的法治化水平，建立完善的民主参与平台和利益表达机制，才能有效抑制行政权力的过度干预，赋予农村更大的发展空间和更强的发展活力。

最后，加强农村法治建设能够促进建立精干高效的基层政权组织。当前首都农村普遍出现了基层干部滥用职权和不尊重法律等现象，这是基层政权组织机构庞大和组织职能运行缺乏监督的必然结果，最终造成行政权力的不断膨胀和管理效能的日趋低下。加强农村法治建设，能够提高基层领导干部的政治素质和依法行政能力，加大推进农村政治体制改革力度，建立精干高效的基层政权组织，明确基层政权职能，规范权力运行制度，建立重心下移的工作机制，保障农民合法权益。

(四)首都新农村法治建设为农村生态文明建设提供重要保障

当前我国的环境资源破坏已经严重制约了经济的长效发展，生态破坏也日益阻碍人民生活质量的提高，尤其近两年来频发的雾霾现象更是将公众的视线从经济增长转移到环境安全，人们越来越多地认识到短视发展破坏社会长治久安。环境保护与经济发展的价值排序在悄然发生变化，生态文明建设已经成为所有人的共识。首都农村生态文明建设则具有更加重要的意义，它不但是农村经济可持续发展和农村居民生活水平持续提高的重要前提，也是实现农村社会全面综合治理的重要举措、实现城乡协同发展、统筹城乡发展和谐城市的重要途径。加强新农村法治建设对农村生态文明建设具有重要的保障作用。首先，法治具有规范性，加强法治建设能够从根本上规范生态文明建设的统一标准。当前关于首都农村生态文明建设的讲话、文件、会议纪要、批示等数量众多，不但内容繁杂而且标准不尽相同。重视法治的规范性作用，将实践证明的成功经验上升为规则和制度，成为具有普遍效力的规范性法律文件，能够从根本上解决首都农村生态文明建设标准不一致的问题。其次，法律规范具有长期性和稳定性的特征，加强法治建设能够确保农村生态文明建设的长期性与稳定性。建设生态文明关键在于能否长期坚持，通过加强法治建设来促进生态文明建设，能够保障生态文明建设始终按照正确的方向长期坚持。最后，法治具有权威性的特点，加强法治建设能够克服在生态文明建设中有令不行、有禁不止的问题，促进农村生态文明建设。

二、首都新农村法治建设的现状分析

改革开放以来，首都农村的法治建设取得了重要进展。随着时代发展和国情变化，以及执政党对社会发展规律和党的认识规律的不断深化，首都新农村法治建设的内容也在不断增加，形式也在不断创新，对首都农村的治理和发展发挥了重要的保障作用。当前首都新农村法治建设的内容与成效主要体现在四个方面，分别是农业农村地方性法律法规不断完善、农村公民法治建设得到充分提升、农村依法行政不断增强和农村司法水平得到加强。

（一）农业农村地方性法律法规不断完善

"法律目标的实现是一个对法律体系进行结构安排的过程。"①首都新农村法治建设近年来取得的突出成效首先表现为在宪法和相关法律的框架下，在中央出台的涉农政策的指导下，不断完善关于农业农村的地方性法律法规。这些地方性农业农村法律法规主要包含以下几个方面：分别是关于农村产权保护的地方性法律法规、关于农业市场规范运作的地方性法律法规，以及生态文明建设的地方性法律法规。

1. 保护农村产权的地方性法律法规不断完善

首先，对农村集体资产所有权的保护。农村产权主要包括农村集体资产所有权、土地承包经营权、农业知识产权等方面，其中农村集体资产所有权应当是农村产权保护的重点，这是农村集体经济组织成员的共同财富。但由于农村集体经济组织的法律地位和资产经营管理多元化的问题，导致农村集体资产所有权的界定难以明确，农村集体资产所有权的保障面临较多困难，使农村居民合法权益易受到伤害。1993年，北京市农村集体经济组织产权制度改革开始试点工作，着手制定能够保护农村集体资产所有权的地方性法律法规，并相继颁布了《北京市农村集体资产管理条例》《北京市乡村集体企业承包经营条例》《北京市农村股份合作企业暂行条例》《北京市农村集体经济审计条例》等相关法规。1993年颁布的《北京市农村集体资产管理条例》明确规定："农村集体资产受法律保护，禁止任何组织或者个人侵占、哄抢、私分、破坏、平调或者非法查封、扣押、冻结、没收。"该《条例》对农村集体资产的类型做了规定，包括集体所有的自然资源、集体投资的基础设施、集体出资的股份制企业、集体所有的知识产权和其他资产等十种类型，并对农村集体资产的经营权和日常管理做了明确的规定，对农村集体资产的保护做了全面的规定。《北京市乡村集体企业承包经营条例》对北京市农村集体经济内部实行承包责任制的集体企业的所有者和经营者的权利义务关系进行规范，对承包经营的形式、条件、权利和义务以及法律责任做出了规定，增强了农村集体

---

① 李昌麟：《中国农村法治发展研究》，北京：人民出版社，2006年，第31页。

经济的活力，对壮大集体经济，创新集体经济经营形式都有十分重要的作用。《北京市农村股份合作企业暂行条例》则规定："农村股份合作企业是以合作制为基础，实行农民群众劳动合作和资金联合相结合的企业组织形式。"对农村股份合作企业的组织和行为进行了规范，充分保护企业、合作股东和债权人的合法权益，从而保障农村集体资产所有权。《北京市农村集体经济审计条例》则对农村集体经济的审计监督做了细节上的规定，对于农村集体经济的审计机构设置、审计机构的职权和任务、审计程序以及相关法律责任都做了明确规定，能够充分保护并发展农村集体经济，保障农民合法权益。

其次，对农民土地承包经营权的保护。北京市依照中央有关文件以及《土地管理法》和《农业法》等规定，先后颁布了《北京市基本农田保护条例》《北京市农业承包合同条例》等一系列法规来充分保障农民享有的土地承包经营权，这些法律法规主要从三方面做了规定，包括申明任何组织和个人不得非法剥夺农民的承包权，充分保证土地承包关系的稳定，稳定农民对土地承包经营的预期，调动农民的生产积极性；界定农村土地集体所有权、农户承包权、土地经营权之间的相互关系，尤其是规定，"属于农民集体所有的土地和其他生产资料，再化后所有权不变"，明确农村土地集体所有权在"三权"格局中的主导地位，是产生土地承包权和经营权的基础，规定农村土地发包与承包的相关权利义务和法律责任，对无效承包合同以及变更或者解除承包合同的具体情形做了说明，充分保障农民的土地承包权，保障农村的农业生产。

最后，是完善了农业知识产权和农业技术推广的地方性法律法规。近年来，随着农业科技的创新，农业领域涌现了新的生产技术和科技成果，只有建立完善的农业知识产权保护体系，才能激励农业技术创新，促进农业科技成果资本化、产业化，提高农产品的竞争力。目前北京市已经出台了《北京市专利保护和促进条例》《北京市专利纠纷调处办法》等法律法规保护知识产权，对农业科技成果、农业专利技术的相关保护措施都做出了明确的规定，充分激发了农业科技创新的动力，保护了企业和农民的合法权益。北京市还出台了《北京市实施〈中华人民共和国农业技术推广法〉办法》等相关法规，将行政部门在农业技术推广工作中的相关职责都予以明确，要求设立农业技术推广体系，制订农业技术推广项目计划，对农业推广计划的相关经费、审核、示范和保障性措施等细节性问题都做出了规定，对加快农业新技术推广，促进农业生产发展提供了法律保障。

2. 规范农业市场的地方性法律法规不断完善

农业市场具有自发性、盲目性、滞后性等弱点，必须通过立法来对市场秩序进行规范，弥补市场调节的弊端，这也是通过加强农村法治建设提高农业现代化的客观要求。当前规范农业市场的地方性法律法规主要集中在四个方面，即农产品流通市场的规范、农业生产机械的管理、农产品质量和食品安全的保障，以及农村各类经营主体的行为规范。在规范农产品流通市场方面，目前我国已经颁布了《中华人民共和国价格法》《中华人民共和国反垄断法》和《中华人民共和国反不正当竞争法》等法律法规来规范市场秩序，促进公平交易，此外《中华人民共和国农业法》第四章也对规范农产品的流通做出了详细的规定。在此基础上，北京市制定了《加强北京市水产品市场准入管理的意见》《关于进一步完善北京蔬菜市场准入制度的意见》和《北京市农作物种子条例》等相关法律法规来规范农产品市场。尤其值得指出的是《北京市农作物种子条例》，当前北京市依托首都科技资源优势，将籽种农业作为都市型现代农业的重点发展产业，编制了《北京种业发展规划（2010—2015 年）》，成功申办并举办了 2014 年世界种子大会。《北京市农作物种子条例》对首都农村农作物的种业规划，扶持种子生产基地和种子市场体系建设都做出了明确规定，对种子贮备制度、品种选育和品种权保护，以及主要农作物种子的推广应用都做了详细说明，充分保证了北京籽种产业的发展，为北京都市型现代农业发展提供了法律保障。

农业生产机械化是农业现代化的重要组成部分，大力推广农业生产机械化，能够加快农业的生产技术升级和提升农业生产的经济效益、生态效益，提高农业劳动生产率，增强克服自然灾害的能力。北京市已出台了《北京市农业机械管理条例》《北京市农业机械化促进条例》等法规来促进农业机械化。其中《北京市农业机械管理条例》对农业机械的研制、生产、销售、售后、管理等问题以及相关责任方的法律责任做出了明确规定；《北京市农业机械化促进条例》则进一步细化了农业机械化促进和农业机械安全监督管理工作，对农业机械化的节能环保技术推广、社会服务和售后管理责任都做了规定，充分保障农业机械所有者、经营者、使用者的合法权益，对提高农业机械化水平，促进农村经济发展具有重要作用。

确保农产品质量和食品安全是维护公众健康，促进农业和农村经济发展的重要保障。党的十八届五中全会提出，要健全从农田到餐桌农产品质量的全过程监管体系，将农产品质量问题提升到了新的高度。当前我国主要有《中华人民共和国产品质量法》《中华人民共和国食品安全法》《中华人民共和国农产品质量安全法》《中华人民共和国农产品质量安全监测管理办法》等法律法规来规范农产品管理和生产经营行为，确保农产品质量。北京市也颁布了《北京市食品安全条例》《北京市安全食用农产品标志管理办法（试行）》《北京市食品安全违法案件线索举报奖励办法》等条例，这些地方性条例对食品安全标准、食品生产经营活动管理、食品安全风险预防和控制，以及监督管理和法律责任等问题做了明确的规定，同时还鼓励社会公众参与食品安全监督管理，严肃查处食品安全违法案件，及时控制和消除食品安全隐患，确保农产品质量和食品安全。

改革开放以来，农村的经济结构发生巨大变化，农民专业合作社、家庭农场和现代农庄成为农村的主要经营主体，其中农业合作社又成为农村主要的集体经营实现形式。目前相关法律法规有《中华人民共和国农民专业合作社法》《农民专业合作社示范章程》《农民专业合作社登记管理条例》等，对农民专业合作社的法人资格、农民专业合作社登记行为做出了规定，保护合作社成员的合法权益，增加成员收入。北京市则出台了《北京市实施〈中华人民共和国农民专业合作社法〉办法》，根据北京市的具体情况对本地农民专业合作社的设立、重点经营，以及相关的规范管理、指导、扶持和服务做出规定，包括农民专业合作社的经营范围、等级管理程序、成员结构以及监督和法律责任等内容，对规范农民专业合作社的设立以及经营活动提供了法律依据，促进农村经济发展和社会稳定。

3. 建设生态文明的地方性法律法规不断完善

生态文明建设是党的十八大以来一直强调的社会主义现代化建设的重点，十八届三中全会指出："建设生态文明，必须建立系统完整的生态文明制度体系，用制度保护生态环境"。十八届五中全会更是将绿色发展作为未来重要的发展理念。目前，首都农村的生态文明建设面临较大的压力，大气污染、水污染和土壤污染都较为严重，农村焚烧秸秆、散烧原煤，超低空直接排放造成的大气污染，成为北京雾霾的主要诱因之一。而农村生活污水和乡镇企业的生产污水不加处理直接排放使水资源受到严重威胁。据检测，"房山、丰台、大兴、通州及平谷五个区县取样检测的37条河流水质全部超标"。① 在农业生产中化肥、农药、农用地膜的不当使用，使土壤污染也十分严重，"设施

---

① 陈强、姬海霞：《北京近郊乡镇环境保护的困境及对策》，《城乡建设》，2014年第12期。

农业用地土壤中重金属及多环芳烃等污染明显，其中重金属超标率为7.5％"。[①] 正是在这样的背景下，北京市出台了一系列的保护生态环境、促进农村可持续发展的地方性法律法规，主要包括《北京市水利工程保护管理条例》《北京市郊区植树造林条例》《北京市实施〈水产资源繁殖保护条例〉若干规定》《北京市实施〈中华人民共和国水土保持法〉办法》《北京市实施〈中华人民共和国河道管理条例〉和〈北京市水利工程保护管理条例〉的若干规定》《北京市实施〈中华人民共和国气象法〉办法》《北京市实施〈中华人民共和国水法〉办法》《北京市大气污染防治条例》《北京市水污染防治条例》《北京市森林资源保护管理条例》《北京市水土保持条例》等一系列法律法规，这一系列法律法规在促进北京市农村生态建设上发挥了重要作用，能够保护和改善首都农村的生活环境与生态环境，防治污染和其他公害，保障人体健康，促进经济社会全面协调可持续发展。

（二）农村公民法治建设得到充分提升

随着首都农村法治建设的深入进行，经过长期的普法教育，农村居民的法律意识得到普遍提高，善于运用法律来维护自己的合法权益，解决日常生活中的矛盾与纠纷。农村公民法治建设得到提升要得益于在农村大力进行法律法规的学习与宣传教育，同时在基层农村大力提供公益性的法律服务，提高农民运用法治方式解决社会纠纷的能力，促进城市与农村公共法律服务一体化。

近年来，北京市不断深入开展与社会主义新农村建设相关法律法规的学习和宣传教育，并结合首都农村经济发展特点，加强对农业、农村和农民相关的法律法规的学习宣传活动，并针对农村市场的特点开展了规范市场秩序、促进商户依法经营的法律法规的宣传教育活动，极大地提升了首都农村居民依法经营和依法维权的意识，确保了农村经济的有序发展。北京市还结合本地农村基层组织建设的基本情况，积极开展有关民主选举、民主决策、民主管理和民主监督等方面的法律法规宣传，积极提高广大村民参与村政事务的能力，保障村务公开、村民自治工作的有效落实。针对目前农村普遍出现的征地矛盾、拆迁矛盾以及干群矛盾等，北京市结合当地农民生活实际，加强房屋宅基地、土地承包、农村土地征用、婚姻家庭等法律法规的宣传，依法化解农村各类矛盾纠纷，维护农村社会稳定。在进行农民法律知识宣传普及

---

① 张强斌：《加强北京设施农业用地土壤污染防治》，《北京观察》，2013 年第 4 期。

工作中，相关部门把提高农民法律素质，培育社会主义新型农民作为主要着力点，并围绕这一目标，结合社会主义新农村建设，充分提高广大农村干部群众的法律素质，增强村民自治和参与社会管理的能力。目前北京市的相关职能行政部门已经实现定期开展农村干部法治教育培训活动，大力开展与农民生产生活密切相关的法律法规宣传，积极引导广大农民群众守法遵法，运用法律维护自身的合法权益，进一步推进农村基层民主法治建设，同时创新农村法治宣传教育的途径和形式，加强法治宣传教育与法律服务的结合，满足农民的法律需求。

北京市结合"全国民主法治示范村"的评选活动，积极开展北京市民主法治示范村的建设与评选活动，截至2015年年底，这一活动先后评选出两批市级民主法治示范村203个，8个行政村被命名为"全国民主法治示范村"，102个社区被评为"北京市民主法治示范社区"。积极建设北京市法治宣传教育基地，目前全市共建有各级法治宣传教育基地401个，法治宣传橱窗11694个，基本实现农村社区全覆盖。在创新农村法治宣传教育的途径和形式等方面，北京市创新开展了多个群众性普法活动，据统计，仅2015年上半年，全市各级法治宣传机构共开展群众性法治文化活动4419场，实现了法治宣传与群众教育的紧密结合。在京津冀一体化的重要背景下，北京市司法局还在2015年组织讨论并签署了《京津冀法治宣传教育工作区域合作协议》，围绕京津冀一体化的发展规划，在机制建设、主题宣传、媒体合作和依法治理等领域加大协同力度，加强有关交通、环保等方面的法规宣传，以自身行动带动京津冀区域的农村法治宣传教育工作的开展。

在城乡一体化的背景下，北京市还积极倡导通过在农村提供公益法律服务来促进农村的法治宣传教育，促进城市与农村法律公共服务一体化。以延庆区为例，经过长期探索，逐步建立了区、乡镇、村三级公益法律服务体系，确保每一个行政村都能拥有免费的法律顾问，解决农民的法律问题。三级公益法律服务体系最底层的是村级的法律服务站，由两名村委担任固定工作人员，非固定工作人员由律师、公证员、司法工作人员等法律志愿者组成，承担初步的法律咨询、矛盾调解等功能。乡镇级的公益法律服务中心则是三级公益法律服务体系的核心内容，由乡镇的司法所所长兼中心主任，再配备两到三名具有法律专业高等学历的法律工作者，满足农村日常法律服务的需要。区级公益法律服务组织主要是由政府组织的律师顾问团，由知名注册律师组成，负责为全区的重大案件和重要民主纠纷提供法律服务。① 这种三级公益法律服务体系能够充分满足农民日常法律需求，在提供法律服务的同时能够促使农民法律意识得到提升，对普法宣传具有十分重要的作用。

（三）农村依法行政不断增强

北京市农村法治建设取得的又一突出成效便是农村依法行政不断增强。依法行政是指法律在行政运行中具有决定性地位，法律对于行政行为具有权威性和约束性。传统农村行政机制的基本特征是政治直接支配和控制行政，行政权力的作用范围和运行方式直接以上级行政机关的文件和指示为依据。农村行政执法是指"农村行政执法机关及农村行政执法人员为了实现国家行政管理农业和农村社会事务的目的，依照法定职权和法定程序，执行农村法律、法规和规章，直接对特定的行政相对人和特定的农村行政事务采取措施并影响权利义务的行为。"②

首都农村的依法行政近年来也取得了比较突出的成果。首先，随着新农村法治建设的深入，游离于法外的强制性行政权力越来越少，诸如行政处罚、行政许可、行政征收等强制性行政方式受到越来越严格的法律规范。国家先后颁布的《行政处罚法》和《行政许可法》分别对行政处罚和行政许可的设定和实施做了全面系统的规定，为包括乡镇政府在内的行政主体运用行政处罚和行政许可手段实施行政管理提供了基本的规范依据。而北京市颁布的单行法律法规如《北京市实施行政处罚程序若干规定》《北京市行政处罚听证程序实施办法》等，则对强制性行政手段在农村行政中的运用规定了更加具体的标准和规则，为农村依法行政提供了重要的法律标准。

其次，农村依法行政表现为农村行政执法单位不断加强依法行政的意识。随着农村法治建设的深入进行，基层干部的依法行政意识得到了极大的提高，并时刻注意提升依法行政水平。例如，朝阳区农村工作委员会针对近年来朝阳区乡级政府在行政执法过程中存在的问题，为提升属地管理部门的依法行政意识，在2015年春季邀请北京市规划委、朝阳区规划分局、朝阳区国土分局、朝阳区法院行政庭及朝阳区城管执法局等部门，为全区19个乡政府领导及相关人员进行了为期两天的培训。培训内容主要包括《中华人民共和国土地

---

① 《农村普法离不开公益法律服务》，《北京日报》，2015年5月8日。
② 丁关良、王雅民：《加强农村行政执法　实现农村依法行政》，《山东农业大学学报（社会科学版）》，2003年第3期。

保护法》《北京市城乡规划条例》《北京市禁止违法建设若干规定》等法律法规的讲解，以及规划相关审批手续办理、国有土地违法建设拆除程序等环节的介绍，通过这次培训，使广大农村基层领导干部深刻意识到了依法行政的重要性，依法行政意识得到了进一步提高。

再次，农村依法行政表现为农村基层行政人员严格按照法律规范执法，探索依法行政新的实现形式。例如，大兴区农委对下属的各个服务中心和监督站所展开依法行政专题教育活动，对依法行政的实现形式做出重要探索，确立了依法行政客观的考核标准，并依照该标准对服务中心和监督站所的依法行政行为进行评价，加强了以行政执法责任制为核心内容的制度建设，先后建立并完善了执法人员培训考核、档案管理、行政执法公示、行政执法错案责任追究和评议考核等多项制度，逐步形成了以行政执法责任制为核心，以行政执法评议考核制和行政执法错案责任追究制为保障的行政执法监督机制，同时建立重大案件集体研究制度、行政处罚裁量权实施办法等制度，从而使具体的行政执法工作有章可循。

最后，农村依法行政增强表现为建立对依法行政的监督考核机制，并定期组织监督执法活动。门头沟区专门成立推进依法行政工作领导小组，并由各成员单位成立联合检查组，定期展开依法行政专项年审检查，加强对全区各单位推进依法行政工作的监督和指导力度。检查内容主要是围绕各单位在具体时间段内推进依法行政工作取得的成效、存在的问题和今后工作计划等方面。检查的事项包括查阅被检查单位推进依法行政工作有关文件和会议记录、制定的规章制度、组织学习宣传培训资料以及行政执法、政务公开、行政决策、规范性文件管理、防范和化解社会矛盾、加强对行政行为监督等有关文件资料。同时，检查组就各单位工作情况与受检查单位进行沟通和交流，详细了解各单位推进依法行政工作中存在的问题和遇到的困难，对在推进依法行政工作中需要重点把握的问题提出了要求。检查的依据主要包括《区政府部门依法行政考核标准》和《镇（乡）人民政府街道办事处依法行政考核标准》，从"加强组织领导，提高行政机关工作人员依法行政意识和能力""依法履行职责，提高行政效率和服务水平""依法决策和规范性文件监督管理""防范和化解社会矛盾，促进社会安全稳定""认真履行法定职责，规范行政执法行为""强化对行政行为的监督""依法行政工作取得突出成绩""行政问责"等方面对被检查单位进行考评打分。经过长期发展和不断优化考核方式、调整考核内容和指标，已经逐步形成了门头沟区依法行政考核工作机制，为确保推进依法行政各项工作得到有效落实，执法工作更加规范发挥了重要作用。

（四）农村司法水平得到加强

随着首都新农村法治建设的深入发展，首都农村司法水平也在不断提升，农村基层司法行政组织建设得到不断加强，农村的人民调解工作得到加强。法律服务工作者积极深入农村基层一线为广大农村居民提供法律咨询及法律援助服务，农村社会运用法治解决社会纠纷成为常态。

第一，农村基层司法行政组织建设得到不断加强。近年来北京市基层司法工作已经取得了很大的进展，基层司法行政组织机构建设长足发展。北京率先实现了在全市所有的街道乡镇建立司法所，在全市所有区县均建立法律援助中心与"阳光中途之家"，在全国率先将律师与公证管理分开，在区县分别设立律师管理科和公证管理科，设立区县律师协会；建立专职调解员队伍、社会公益法律服务者队伍、社区矫正协管员队伍，在全市建立了一支由司法助理员和社会工作者组成的司法所工作队伍；公益法律服务体系全面建立，全市所有区县积极贯彻《北京市法律援助条例》，积极推进"律师村居行"的活动，法律援助的社会受援面进一步扩大。2013年北京市印发《北京市司法行政基层建设三年行动计划》，要求在基层农村大力推进司法所建设，加强法治宣传，为基层农村提供法律服务工作。截至2015年年底，这一行动计划已经提前完成，并取得了丰硕的成果。在2013年至2015年间，按照《北京市司法行政基层建设三年行动计划》的要求，全市开展"北京司法大讲堂"活动近6000场，服务市民超过200万人；在全市推进社区、村法治宣传橱窗等"六个一"建设，积极拓展法治宣传教育阵地。创新监管模式，为每位社区服刑人员建立"七包一"矫正小组，在每个村居设立3～5名社区矫正评议员，试点开展社区服刑人员指纹报到。在3743个村居试点建立法律顾问制度，实现村居法律顾问在远郊区县全覆盖，同时推进在城区的覆盖工作。全市近8万名人民调解员，年均调解矛盾纠纷超过20万件，调解成功率达到96%以上。农村基层司法行政组织建设已经取得重要进展。

第二，农村法律援助工作得到不断加强。2012年2月，北京市司法局开展"法律服务村居行"活动，组织全市律师和法律服务人员深入基层，为每个村和社区提供免费服务，建立了"一村一居一律师"的定点服务模式。律师担任法律顾问的服务内容主要为免费担任村委会法律顾问，协助村委会订立、修改、完善村规民约、合同、协议；为村民提供法律咨询、举办法律知识讲座、协助调解民间纠纷、培训基层法律服务人员及参加其他公益法律服务项目。据统计，截至 2014 年，北京已有 4977 名律师定点村居，为群众提供法律咨询 22 万余人次，发放法律宣传资料 11 万余份，代写法律文书 1.2 万余份，参与调解各类纠纷约 1.5 万次，提供法律援助 8581 件。① 截至 2014 年，北京市共有 3743 个村居建立了法律顾问制度试点，占全市村（居）委会的 57%，其中比较突出的是怀柔区的村居法律顾问试点工作以及大兴区的村居法律服务推广工作。2014 年，怀柔区被确立为市政府购买律师公益法律服务项目的试点区县之一，由政府聘请律师担任乡镇村庄的法律顾问并给予工作补偿。截至 2014 年年末，38 名律师与怀柔区 284 个行政村、32 个社区签约，担任法律顾问，全区正式形成乡村社区全覆盖的法律顾问体系。怀柔区村居律师试点工作取得了重要成效，充分满足了基层群众的法律需求，顾问律师通过举办法制讲座、面对面咨询、参与调解纠纷等多种方式，解答群众法律疑惑，宣传普及法律知识，引导群众以正当途径解决问题，有效防止大量矛盾纠纷激化升级，广大群众法治观念明显增强。38 名服务律师共在全区 284 个行政村、32 个社区开展活动 324 场次，解答群众法律咨询 1472 人次，发放宣传材料 2000 余份，举办讲座 22 场次。同时，顾问律师在推进基层组织民主法治建设，强化基层干部依法行政意识，提升依法办事水平等方面发挥了重要作用，法律顾问共为村委会提供法律建议 36 条，培训人民调解员 71 人次，代写法律文书 8 件，修订村规民约 1 件，有效防范了因决策不当、办事违法引发社会矛盾的情形发生。大兴区村居法律服务推广工作也取得了重要进展，依托大兴区律师协会，大兴区司法局共选派了 180 余名优秀律师，与辖区内 600 余个村庄、社区签订法律服务协议，开展一对一的法律服务模式，定期深入村居开展法律宣传、提供义务法律咨询，主动进村入户把法律服务送到特殊困难群体手中，及时便捷地为村居委会和村居民提供法律服务，有效提高了村居干部和村居民的法律素质和法律意识。大兴区还在北京市首次组建了"司法大讲堂"讲师团，深入村庄、社区、企业、机关、学校、监狱、劳教所等开展义务普法讲座、提供义务法律咨询与服务。据统计，2013 年至 2014 年期间，大兴区村居法律服务工作的参与律师共计 200 余人次，提供义务法律咨询与服务 1200 余次，举办义务普法讲座 60 余场，发放宣传材料 24000 余册，受教育人员达到 7500 余人次。这些都表明，近年来北京市开展

---

① 马丽红：《北京：让每个村居都有法律顾问》，《民主与法制时报》，2014 年 3 月 4 日。

的"村居法律顾问"试点工作和"法律服务村居行"的活动，已经建立了长效化的公益法律服务机制，为基层组织和广大群众提供优质、高效的法律服务，有效促进基层民主法治建设，充分体现了首都新农村法治建设的重要成就。

第三，通过人民调解工作解决社会纠纷成为常态。我国自春秋战国时期就形成了道德治理国家的形态，这种文明形态是以个人道德素养提高为标志，而且古代的行政管辖只到县一级，乡村秩序主要是依靠自然秩序和社会精英来进行维护，这种社会解决纠纷的方式至今仍然有重要影响，并且随着改革开放以来的农村经济发展和社会变迁，农村的社会纠纷越来越多地依靠血缘亲情或死灰复燃的宗法关系来解决。尤其是近年来随着经济水平不断提高，城市化进程的加快，外来人口迅速增长，经济和社会生活中的各种矛盾纠纷不断发生，民间纠纷对社会的影响也越来越大。特别是农村的家族观念比较强，个人的矛盾很容易引发家族与家族的对立，若不能正确、及时地化解和调处，势必会造成矛盾叠加、冲突升级，甚至导致暴力、恶性事件的发生，甚至引发群体性事件。通过司法途径介入农村社会纠纷的重要途径就是积极加强人民调解工作，促进建立预防和化解矛盾纠纷综合机制。近年来，随着首都农村法治建设的深入进行，通过人民调解工作来解决各种矛盾已经成为解决社会纠纷的常态，这也是运用法治手段解决社会纠纷的重要体现。各个区县在结合自身发展情况的基础上，对人民调解工作不断进行创新。如平谷区就结合自身特色，组织全区的热心公益事业并且德高望重的普通居民在各行政村和社区组建疑难纠纷评理团，开展矛盾纠纷化解工作。评理团的建立对化解农村社会矛盾起到了重要作用，在村居人民调解委员会建立评理团，把威望较高，并热心调解工作的人员聘请到调解委员会中来，既改变了目前调解员由村干部兼任的单一现状，又壮大了基层人民调解员队伍，体现了人民调解的广泛性特点，创新了基层人民调解组织形式和社会管理方式，同时还丰富了人民调解组织化解矛盾纠纷的手段，使普通的村民参与到调解的过程中，强化了人民调解的宣传教育功能，使人民调解工作与法治宣传教育工作有机地结合起来。

三、首都农村法治建设的问题分析

经过长期发展，首都新农村法治建设取得了诸多成就，但由于受到各种因素的影响，首都农村法治建设同建设社会主义新农村，实现首都农村社会全面综合治理的要求仍然有一定的差距，首都新农村法治仍然存在一些问题。

只有对这些问题进行归纳总结，并进行深层次的研究，才能促进首都新农村法治建设进一步加强。

（一）涉农地方性法律法规仍需健全

尽管近年来北京市在健全涉农法律法规上取得了重大进步，但由于农村发展速度较快，涉农法律法规的制定已经跟不上新农村建设的步伐，现有的地方性法律法规未能对新农村的发展进行全面的规范，远不能满足新农村法治建设的实践需求，导致广大农村群众的法律问题难以解决。主要表现为：

首先，现有法律法规主要是原则性的规定，缺乏针对性和可操作性。如目前北京农村经常遇到的村集体组织占用农民承包土地修便道的问题，这类纠纷在目前京郊农村比较普遍，经常出现占用农民承包的土地修建道路却不与农民协商，更不提补偿事项，侵犯农民的合法权益的现象。尽管《土地管理法》和《农村土地承包法》都对此类行为做出了原则性的规定，要求保护耕地，严格控制耕地转为非耕地，实行占用耕地补偿制度，修建道路所占用的土地，应当由建设单位来进行补偿。《北京市基本农田保护条例》也从原则上规定"除国务院和市人民政府批准的国家重点工程外，其他建设项目禁止征用、占用基本农田"，确实需要占用应申报农业主管部门进行审批。但这一规定却缺乏具体的审批标准和补偿操作标准，使农民的合法权益难以得到保障。

其次，现有地方性法律法规的透明度不够，导致法律执行效果大打折扣。如随着经济发展、人口流动，北京农村也聚集了相当多的外来务工人员，有的外来务工人员与本地农民结婚生子便需要将户口迁入，但是目前关于外地户口转入北京农村户口的法律法规和政策文件并没有具体的标准，除了户籍管理部门的规章之外，各区县也出台了一些具体的政策标准，但外地户口迁入北京农村的标准缺乏统一规定，法律法规实施效果不能令人满意。

再次，法律法规规定的补偿标准与目前的经济发展水平不相适应。比较突出的是土地纠纷的补偿标准问题，在远郊农村主要表现为山林土地承包流转补偿的标准纠纷，如2012年延庆县延庆镇李四官村村民承包地退耕还林的合同到期，这一合同是按照2003年国务院颁布的《中华人民共和国退耕还林条例》所制定的补偿标准签订，每亩林地每年补偿70斤面粉和20元补贴。但随着经济的发展，这一补偿标准已经不符合当前的经济发展状况，于是村民要求按照每年每亩3000元的标准进行补偿，后经协调，参照平原造林标准以每亩林地每年补偿800元，3年每亩递增80元补贴的方法才化解了纠纷。

最后，则是地方性的法律法规在一些有关农村群众生活的重要领域仍然有缺失。农村集体资产所有权、农户土地承包经营权及农民财产权的保护，对农业市场规范运行、农产品市场流通等方面的地方性法律法规已经与当前社会经济发展状况有一定的差距，关于农村的社会保障体系、农村养老、农村医疗以及农业保险等相关地方性法律法规都有缺失，需要进一步加强。

（二）农村公民法治建设仍需加强

北京市农村公民法治建设出现的问题主要表现为普通村民法治意识薄弱、基层干部法治观念不强以及法律援助机制不完善。

首先，尽管随着法治建设的深入进行，农村居民自身文化素质提高，首都农村居民依法办事、依法维权的意识不断高涨，但从整体来看，村民的法治意识依然较为薄弱，通过法律来解决纠纷的意愿仍然不强。在自身权利受到侵犯时，部分村民总是选择法律外的方式而不愿通过法律途径来解决问题，缺少用法律武器来解决问题的理念，对法治宣传存在抵触、抗拒或被动接受的心理，对于问题解决不满意时经常会有越级上访情况出现，把上访作为解决问题的主要渠道，导致矛盾升级，对首都农村的社会稳定和经济发展造成负面影响。根据一份统计报告显示，对首都农村居民法律意识进行的抽样调查表明，53％的农民不知道国家最高的权力机构是全国人大；43％的农民认为村委会是基层权力机关；在被问及"土地承包、宅基地使用等发生纠纷时，您选择什么样的方式解决纠纷?"仅有不到10％的农民选择了"通过诉讼解决"，而85％以上的农民选择"通过村委会、村干部调节"；关于放弃诉讼的原因有75.1％的人选择"诉讼程序比较麻烦"，12.2％的人选择"不愿意承担诉讼费用"。[1] 上述统计数据表明，村民的法律知识特别有限，并不足以应对法律进入诉讼程序后的证据收集和法庭辩论等环节的专业要求。而法律普及宣传工作不到位，法治宣传多采用横幅、标语、黑板报、宣传橱窗、宣传资料等形式进行，生硬枯燥的法律条文和单调无趣的宣传方式无法吸引村民的关注。农村普法工作还缺少针对性，对农村居民文化素质较低这一特点关注较少，村民即使有想了解法律的意愿却因为看不懂的原因而放弃学习。

其次，农村基层干部的法治观念不强。通过上述调查可以发现，由于首都农村的部分居民自身法律意识淡薄，将村干部视为代表国家法律法规和政策的执行者，使基层农村干部拥有较高的社会地位，加之部分农村基层干部自身的法治观念较低，对法律的理解不足，导致其行为偏离或不合法律法规

---

[1]　苏丹：《北京农村地区法律意识现状调查分析》，《时代经贸》，2010年第29期。

的要求。部分村干部利用自身的权力，以领导自居，不按法律法规办事，针对法律意识淡薄，不懂得运用法律维护自身合法权益的部分村民，随意执法，视法律于无物，对农村法治建设造成严重负面影响。

最后，当前的法律援助保障机制不完善。随着普法宣传的深入，广大农民的法律意识不断增强，农民寻求法律帮助的积极性越来越高，对法律知识的运用越来越广，对法律援助的需求量也就会越来越大。然而由于全市各区县经济发展水平以及重视程度等因素的制约，法律援助受到人力、财力等条件的限制，加上法律服务和运作成本在不断增加，律师资源集中在城区而远郊区县资源稀缺的不平衡问题日益凸现，使当前法律援助难以发挥应有的作用。

（三）基层农村依法行政有待加强

基层农村依法行政是法治的重要体现，直接影响了基层群众对法律的信赖程度。前文提到目前首都农村的依法行政已经取得了重要进展，但也出现依法行政执法困难、执法过程受到各种因素干扰、执法力度不足等问题，使依法行政的效果受到影响。主要表现为：第一，当前的农业执法机构主要集中在县区，尤其是在北京的远郊区县，农业执法机构在乡镇的派出机构数量有限，甚至没有设立相应的机构，农民在遇到纠纷需要解决时不得不上诉到县区一级的农业执法机构，部分区县的农村还没有自上而下形成完整的执法机构。第二，农村执法人员受教育程度不高，素质偏低。尤其是远郊区县的农业执法机构的多数执法人员学历偏低，缺乏相关的法律知识，受传统宗法思想、人治观念的影响，大多数执法人员在执法过程中凌驾于法律之上，行为不规范，执法水平不高，不能严格地依法办事，执法随意性较大，在执法过程中只讲结果，不注重程序、形式的合法，村民急需解决的问题不能及时解决，严重影响了村民对执法行为的信任度。第三，基层执法投入有限，经费得不到保障。尽管近年来北京市一直加大对基层农村的财政拨款扶持力度，但如延庆区、怀柔区、平谷区等部分远郊区县由于受到自身经济发展状况的限制，对农村基层执法的经费保障力度与近郊相比有较大差距，缺乏资金的投入使执法人员的待遇偏低，直接影响其工作热情和工作积极性，使执法效率低下，或者将执法活动与经济收益结合，把执法作为创收，违背了行政执法的初衷。第四，非制度因素的影响。北京市农村普遍存在的村规民约，属于法治建设的非制度因素，在细节方面与地方性法律法规有不一致的地方，导致行政执法的标准存在争议。还有就是按照法律规定，村级组织作为群众性自治组织不属于一级政权，具有相对独立性，但从实践上来看，乡镇政府依然对村委会实行习惯上的行政领导，使村委会成为乡镇政府的附庸，而在村组织内部，村委会的重大事项均要报经支部决定，村委会成了村支部的实质性执行机构，不能真正履行村民自治的职能。第五，基层农村依法行政缺乏有效的监督机制。在乡镇机构中缺少完备的监督系统，从中央到地方市县一级都有政府的监察机关，负责对行政机构进行监督，乡镇基层政府却没有设置监察机构，对行政执法行为缺乏来自同级机关的有效监督，而上级机关的监督也往往流于形式，达不到应当起到的效果。

（四）基层司法水平有待加强

当前首都农村基层司法所暴露出来的问题主要是司法行政组织建设不足。司法所作为区县司法局的派出机构是加强农村法治建设的主要行政力量，依据《司法部关于创建规范化司法所工作的意见》的规定，司法所承担着指导管理人民调解工作，参与调解疑难、复杂民间纠纷；指导管理基层法律服务工作；组织开展法制宣传教育工作；组织开展基层依法治理工作；协助基层政府处理社会矛盾纠纷；参与社会治安综合治理工作等九项司法行政职能。当前首都农村法治建设实践中存在的一些问题制约了司法所的职能作用的发挥，主要包括法律服务领域没有充分拓展，群众的法律需求强烈，法律服务质量达不到群众满意的程度；司法所的工作内容和主要职能不是通过法律而是通过地方性法规和政策性的文件出现，对司法所履行职能的法律保障不足；司法所虽然是区县司法局的派出机构，但同时要承担乡镇政府的一些行政管理职责，间接影响了司法所主要职能的发挥。司法所的建设状况也影响了其主要职能的发挥，目前司法所的人员力量不能满足形势发展的工作需求，目前北京市各区县的司法所都配备了两到三名司法助理员，但首都农村经济社会的发展，基层司法行政部门履行的任务越来越重，基层司法行政部门承担的任务与现有人员力量不对称发展；司法所获得的经费也极为有限，据统计目前全市绝大多数区县社区矫正协管员、专职调解员工资待遇为每月1260元，是北京市最低工资保障线，另一小部分协管员在1400元左右，专职调解员和公益法律服务工作者在1500～2500元不等的工资水平，这对于人才招录和队伍壮大都有不利影响，而且由于经费的限制，目前首都基层司法所的行政办公和业务用房建设也与相关规定的要求有一定的差距，装备不能按照更新的年限进行更新换代，大量本应淘汰的装备设施还在使用中。

四、首都新农村法治建设的对策思考

首都新农村法治建设是首都社会主义新农村建设的重要内容，也是北京市全面贯彻十八届四中全会精神和全面依法治国重要战略的关键环节。当前首都农村法治建设出现的问题在一定程度上影响了北京整体治理法治化水平的提高，因此就必须对首都新农村法治建设出现的问题进行具体分析，提出具有针对性和操作性的对策，从而提高首都农村治理的法治化水平，实现首都农村社会全面综合治理。

（一）健全涉农地方性法律法规

完善的法律法规体系是加强新农村法治建设的核心和关键，只有健全地方性涉农法律法规体系，使运用法治方式和法治思维解决三农问题做到有法可依，才能从根本上保障农民的个人权益，提升农村治理法治化水平。就北京市而言，首先，北京市政府应当紧跟全国人大出台或修订的法律的相关精神，适时制定及更新有关的政策措施。如根据全国人大出台的《农村土地承包法》、农业部出台的《农村土地承包经营权流转管理办法》等法律法规和相关政策，北京市政府及相关部门可有针对地使用与借鉴的地方规范性文件《关于进一步规范本市农村土地承包经营权流转工作的若干意见》，对进一步加强农村土地流转的规范管理，全面做好农村土地流转的服务工作，加强农村土地承包经营纠纷调解仲裁工作等都做出了明确规定，让农村土地承包经营权流转的规范管理紧跟时代步伐。同时，要促使涉农政策措施上升为地方性法规，促进政策法律化。目前北京市在解决三农问题方面出台了很多政策，将这些政策上升为地方性的法律法规，可以减少因为政策多变而导致的不稳定和随意性。对于目前已经出台的地方性法律法规则要制定配套的监督机制和评价保障，严格执行，确保农业生产和农民生活发展都有法可依。

其次，要根据农村社会发展的现实状况，对地方性法律法规进行适当修正。当前首都地方性法律法规还有一个突出问题就是与当前基层农村的社会经济发展状况相脱节，因此就必须要根据首都农村的经济社会发展实际状况对地方性法律法规进行适当的修订，已经不合时宜或者与最新修订的法律法规相抵触的地方性法律法规必须予以废止，如北京市司法局就在 2015 年 12 月 29 日发布公告称，决定废止《关于进一步加强基层法律服务管理的通知》《关于进一步加强基层法律服务管理的补充通知》《关于贯彻实施〈基层法律服务所管理办法〉和〈基层法律服务工作者管理办法〉若干问题的通知》《关于下发

〈北京市合伙法律服务所管理办法（试行）〉的通知》《关于下发〈北京市基层法律服务所登记和年检管理办法（试行）〉和〈北京市基层法律服务工作者管理办法（试行）〉的通知》等基层法律服务类规范性文件，对健全地方性涉农法律法规体系具有重要的促进作用。

最后，在健全法律法规的过程中要充分重视法治建设过程中的非制度因素。当前法治建设中的非制度因素主要是指依据法律法规，吸取传统乡土文化中的合理成分，订立村级规约。北京市农村的村级规约大都冠以村民自治章程的名称，根据相关统计资料，目前在全市 4000 个行政村中，制定村级规约的村有 3989 个，占总数的 99.7%。村级规约在有关合作医疗、大病互助基金管理办法、社会养老保险规定、待岗人员安置再就业、村民工作安置办法、外地来京人员管理等细节问题方面都做出了具体的规定，有效地弥补了地方性法律法规的不足。因此，在法治建设过程中要重视村规民约，使之与健全地方性法律法规紧密结合起来，吸收和整合其中的合理成分，充分发挥村规民约的调节作用，使其能够更好地规范农业生产，调解农民生活纠纷，建立村规民约与地方性法律法规的良性互动机制。

（二）加强基层农村的法治宣传教育

目前农村公民法治建设已经取得重要成果，农村居民运用法律思维和法律方式解决社会纠纷已成为常态，进一步加强农村公民法治建设就应当加强农村的普法教育宣传工作。当前首都农村法治宣传教育的主要缺点包括缺乏针对性，法治宣传教育大包大揽，没有针对农民的实际需求进行针对性的宣传教育；宣传方式单一，效果不尽如人意；农村法治教育缺乏有效的保障机制。因此，在今后加强首都农村法治宣传教育时，首先，应当建设法治文化，塑造法律信仰，形成法律思维。法治是现代社会的主要标志，应当针对目前农村社会广泛存在的传统思想如宗法关系、血缘亲情的制约来进行法治文化建设，塑造农村法律信仰。美国法学家伯尔曼（Berman）说过："法律必须被信仰，否则它将形同虚设。"[①]农村居民对法律的忠诚和信仰是法治得以实现的关键，而法治思维则是在对法律信仰和忠诚的基础上，运用法律来指引行动，通过合法途径维权，理性表达合理诉求，"只有当人们能够自觉地而不是被动地、经常地而不是偶尔地按照法治的理念来思考问题时，才会有与法治理念

---

① ［美］伯尔曼著，梁治平译：《法律与宗教》，北京：生活·读书·新知三联书店，1991 年，第 28 页。

相一致的普遍行为方式。"①

其次，应当结合农村现实情况和农民的现实需要进行有针对性的法治宣传教育。当前首都农村的社会纠纷主要集中在以下几个方面：宅基地纠纷、土地纠纷、群体性劳动争议和劳务纠纷以及损害赔偿纠纷，涉及的问题包括：土地承包、土地流转、征地补偿、农民工维权、计划生育等。因此在进行法治宣传教育时必须针对首都农村居民的实际需求，大力宣传《宪法》《农村土地承包法》《村民委员会组织法》《合同法》《农村土地承包经营纠纷调解仲裁法》，以及征地拆迁、环境保护、婚姻家庭、计划生育和农村产权制度改革等与农民生产、生活密切相关的政策、法律法规。

再次，要创新农村法治宣传教育工作的具体形式，根据农村居民的文化进行法治宣传教育。"因材施教"是教育的重要原则，因此，法治宣传教育也要坚持分类指导，注重实效，针对不同的群体开展不同形式的宣传教育。对于各级领导、涉农部门和农村基层干部的法治宣传教育可以根据其文化素质相对较高的特点，进行集中培训，着重理论学习。对于农民而言，单纯地学习纯理论性的法律条文显得枯燥无味，不能调动他们学习法律的积极性，必须选择通俗易懂、群众喜闻乐见的方式，在潜移默化中增强农民的法律意识。同时要善于利用新技术，与全国其他地区相比当前首都农村的网络普及率已经达到一个较高的水准，可以通过网络技术的发展来进行法治宣传教育。目前北京市各区县的司法局都建立了专门的普法教育宣传网站，促进农村法治宣传教育工作，网络已经成为首都农民获取法律知识的重要途径之一。

最后，要建立首都农村法治宣传教育的保障机制，使法治宣传教育工作长期稳定有序开展。各区县应当把法治宣传教育纳入乡镇政府公共服务的内容体系，加大普法经费的投入，将其纳入财政预算，保证农村普法教育的顺利进行；加强农村法治宣传教育的人力保障，将大学生村官和普法志愿者都纳入法治宣传教育的队伍中去；继续加强和改善村居法律顾问制度建设，实现村居法律顾问全覆盖的目标，加强对村居法律服务工作的宣传和考核评价工作。

（三）加强基层农村的依法行政工作

加大农村法治建设必须以良好的法治环境作为前提，这就要求必须进一步加强首都农村的依法行政工作，主要应当通过明确执法主体，规范执法行为，加强对基层执法人员的培训和建立、加强对行政执法的监督。

---

① 郑成良：《论法治理念与法律思维》，《吉林大学社会科学学报》，2000 年第 4 期。

首先，要明确农村执法主体，推进农业综合执法。目前北京市农村农业执法部门机构林立，林业、水利、水产等行政职能部门和各区县农委下属的监督站所都具有行政执法权，这样就不可避免地出现重复执法和交叉执法等现象。因此，必须厘清权责，明确基层农村的执法主体，形成以农业行政主管部门为主导，多部门综合执法的行政执法体系，提高执法效能，保障农民的合法权益。

其次，执法机关应明确自己的权责，依据合法、合理、高效、正当的原则，按照法律法规严格执法。做到有权必有责、用权受监督、侵权要赔偿、违法要追究。同时还要设立公共财政管理体制，为公共执法划拨专项资金，避免农村执法过程中为增加收入出现的乱罚款、乱收费现象。

再次，基层执法人员应当增强法律意识，提升业务能力，规范执法行为。农村执法人员面对的执法群体是广大农民，这就要求执法人员不仅仅要具备相关的专业知识，还要充分尊重农村居民的风俗习惯，尤其是在首都农村有大量外来务工人员的情况下，更要充分加强沟通，避免因为粗暴执法、简单执法导致社会矛盾。执法机关要提高农村执法人员的准入标准，通过公开选拔考试吸引高学历、高素质人才，同时要加强对现有执法人员的业务培训、廉政教育和职业道德教育，增强其法律意识和业务能力，确立考核激励机制加强对执法人员的管理。

最后，则是要加强对行政执法的监督，明确执法监督主体权责，加强执法队伍建设。基层人大及其常设机构作为执法监督的核心要侧重对农业、农民、农村等全局性的监管，乡镇人民政府作为执法和监督的双重主体要对农业生产、农民生活实行全面监管；只有明确各监督主体的权责，才能形成合力，保证执法的公正、高效。此外，还要加强对农村执法队伍的建设，防止滥用执法权现象的发生，确保执法人员和机构的依法行政。

（四）提升基层农村的司法建设水平

加强首都农村的司法建设必须要加强农村司法行政基层建设，完善基层法律公共服务以及加强人民调解工作。

首先，要加强农村司法行政基层建设，必须调整充实基层司法行政工作人员数量，协调社工委、人保局、财政等相关部门，优化区县司法局机关力量，在司法所增设行政执法编制，还要建立信息化专职队伍，提高业务科室人员所占比重；必须保障司法所的业务用房，坚持与地区经济社会发展相适应，与各区县乡镇的党委政府用房建设相协调的原则，推动基层司法所用房建设；必须加强基层司法行政工作保障，协调相关部门落实经费保障和装备保障，加强信息化建设和应用，完善基层司法行政系统，提高基层司法行政系统使用效率和效能；必须推进基层司法行政管理创新，继续开展规范化司法所创建活动，通过采取政府购买服务的方式组织开展基层司法行政各项业务，促进司法行政基层建设。

其次，要加强对农村基层法律服务的管理工作。必须建立基层法律服务的管理制度，基层法律服务管理涉及的范围较广，既有机构的又有人员的；既有内部的又有对外的；既有业务管理又有行政管理。要建立一套法律效力高、操作性强、完备、规范的制度，以实现对基层法律服务有效的管理。必须加强对基层法律服务从业人员的管理，除利用行政的还应运用市场的、经济的方式或手段引导城区法律服务从业人员向郊区农村过渡，满足现阶段基层农村的法律服务市场需求。必须探索基层法律服务新的管理体制，按照依法行政的要求，在《行政许可法》的规定下，探索和尝试新的管理模式和管理方法，如探索和尝试行业管理，组织成立行业协会，把一部分管理职能交由协会实施，形成政策引导、政府监督下的行业自律性管理机制。

最后，则要加强人民调解工作。当前基层农村发生的社会纠纷中，有很大一部分可以通过人民调解工作进行解决。据延庆区统计2011年至2013年的基层农村纠纷种类，共发生民间纠纷4550件，其中邻里纠纷961件，占总数的21.1%；婚姻家庭纠纷868件，占总数的19.1%；损害赔偿纠纷677件，占总数的14.9%；劳动争议592件，占总数的13.0%；宅基地纠纷411件，占总数的9.0%；物业管理纠纷178件，占总数的3.9%；合同纠纷157件，占总数的3.5%；林地纠纷114件，占总数的2.5%；其他纠纷592件，占总数的13.0%。其中邻里纠纷和婚姻家庭纠纷所占比重超过40%，这类纠纷完全可以通过人民调解加以解决。因此就必须加强人民调解工作，要建立专业性的调解机构，各区县可以采取政府出资的方式来引导律师、法律服务工作者及其他法律专业人士组建专业性较强、化解矛盾纠纷权威的调解机构。必须要完善基层农村的人民调解组织，在乡镇成立以司法所为中心的调解指导机构，组建调解工作室招聘法律专业人士为专职调解工作人员，建立调解工作室与公安、信访、法院（法庭）的联动机制，实现人民调解、行政调解、司法调解的有效衔接，实现人民调解组织职业化、规范化和社会化运行模式。必须加强基层农村人民调解组织的经费保障，按照北京市规定的标准，制定村居人民调解组织经费保障办法和村居人民调解组织考核细则，把村居人民调解保障经费费用制度和规定的方式固定下来，使之长期化和规范化。

参考文献

[1] 邓小平：《邓小平文选》，北京：人民出版社，1993 年。

[2]《中国共产党第十八届中央委员会第四次全体会议文件汇编》，北京：人民出版社，2014 年。

[3]《北京农村年鉴》编委会：《北京农村年鉴 2012》，北京：中国农业出版社，2012 年。

[4] 刘新成：《首都新农村社会建设应用对策研究》，北京：首都师范大学出版社，2010 年。

[5] 李昌麟：《中国农村法治发展研究》，北京：人民出版社，2006 年。

[6] [美]伯尔曼著，梁治平译：《法律与宗教》，北京：生活·读书·新知三联书店，1991 年。

[7] 孙中华：《关于农村土地"三权分置"有关政策法律性问题的思考》，《农业部管理干部学院学报》，2015 年第 1 期。

[8] 陈强、姬海霞：《北京近郊乡镇环境保护的困境及对策》，《城乡建设》，2014 年第 12 期。

[9] 张强斌：《加强北京设施农业用地土壤污染防治》，《北京观察》，2013 年第 4 期。

[10] 周良凤：《浅析我国农村经济发展中的金融支持问题》，《农业经济》，2015 年第 7 期。

[11] 孟勤国、黄莹：《"加强农村法治建设"笔谈之三　扶贫开发基本问题的立法建议》，《重庆社会科学》，2015 年第 3 期。

[12] 马洪雨：《我国扶贫开发国家立法具体化研究》，《甘肃社会科学》，2012 年第 4 期。

[13] 郑成良：《论法治理念与法律思维》，《吉林大学社会科学学报》，2000 年第 4 期。

[14] 李先波、杨志仁：《农村法治建设的困境和出路》，《湖南警察学院学报》，2011 年第 1 期。

[15] 北京市司法局课题组：《健全完善北京市村居法律顾问制度研究》，《中国司法》，2015 年第 6 期。

[16] 贺卫方：《培养高素质的法律家》，《南京大学法律评论》，1995 年第 2 期。

首都城乡一体化与新农村社会综合治理的路径选择
——以朝阳区为例

课题负责人：孙咏梅（中国人民大学　副教授）

课题组成员：田超伟、秦　蒙

一、首都城乡一体化的程度分析

在"十二五"时期北京围绕率先形成城乡经济社会一体化新格局这一目标，无论在农民增收、农村基础设施建设、公共服务等民生领域，还是在集体经济优化升级、新型城市化推进、城乡接合部改造、城市病治理等体制领域，均取得了优异的成绩。初步建立了"以工促农、以城带乡"的长效机制，基本形成强农惠农政策体系，农业发生了功能性变化，农民发生了观念性变化，农村发生了由表及里的变化，体制发生了融合性变化。城乡协调发展、共享发展的理念日益深入人心。

北京在推进城乡一体化进程中取得了实实在在的成效。这些成效体现在经济、社会、政治、文化、生态文明等方方面面，体现在城乡统筹发展机制基本建立、农民收入不断增长、城乡收入差距有所缩小、农民生活质量不断提高、农村基础设施显著改观、农村社会事业取得突破、农村产业融合不断发展、农村改革深入推进等方面。2013 年年初，北京市统计局发布了北京城乡经济社会发展一体化监测评价指标体系，从经济发展、社会发展、生活质量、公共服务、环境与设施、社会管理 6 个方面建立了 30 项二级指标。根据北京市统计局、国家统计局北京调查总队发布的北京城乡一体化进程最新监测结果，2013 年北京市城乡一体化进程综合实现程度达 88.3％，比 2012 年提高了 2.25 个百分点，整体处于较高水平。（见表 1）

表1　2009—2013年北京市城乡一体化进程总体评价　　　单位:%

序号	一级指标	2009年	2010年	2011年	2012年	2013年
1	经济发展指标	76.97	75.79	79.25	82.95	—
2	社会发展指标	75.89	76.77	81.21	82.05	87.9
3	生活质量指标	86.44	90.99	86.33	89.54	94.5
4	公共服务指标	85.26	82.47	74.88	83.43	89.0
5	环境与设施指标	80.79	83.35	93.31	94.09	95.9
6	社会管理指标	82.89	81.09	79.59	84.38	85.5
	综合评价值	81.14	81.88	82.72	86.05	88.3

　　北京市城乡一体化综合实现程度逐年不断提高,从2009年的81.14%提高到2013年的88.3%,且有加速推进的趋势。总体而言,环境与设施和生活质量两个指标的实现程度相对较高,经济发展、社会发展和社会管理三个指标的实现程度相对滞后。2009—2013年各项指标实现程度均有提高,其中环境与设施指标实现程度的提高幅度最大,社会管理指标实现程度提高速度较慢。下面以2012年为例对北京市城乡一体化进程进行总体测评。(见表2)

表2　2012年北京市城乡一体化进程监测评价①

实现程度	二级指标
100%	都市型现代农业生态服务价值年值增速;社会保障指数;万人农业科技人员数;农村与全社会人均固定资产投资比;城乡人均固定资产投资比;远郊区县垃圾无害化处理率;农村居民家庭清洁能源普及率;居民对社会安全的满意度
95%~100%	农民增收指数;有图书室、文化站的村占比;农村居民人均教育、文化、娱乐支出占比;农村居民家用电脑普及率;安全饮用水达标率;远郊区县道路密度;全市林木绿化率

---

　　① 数据来源:北京统计局:《北京统计年鉴(2013)》,北京:北京统计出版社,2013年。

续表

实现程度	二级指标
90%～95%	农村居民工资性收入占比；农村从业人员人均受教育年限；恩格尔系数；农村卫生厕所普及率
85%～90%	居民对社会管理的满意度
80%～85%	郊区城镇人口占比；有幼儿园、托儿所的村占比
70%～80%	农业劳动生产率（平均指标）；农村居民人均药品、医疗费支出占比；远郊区县污水处理率
60%～70%	第一产业比较劳动生产率；村务公开满意度
50%～60%	城乡居民人均养老金、退休金水平比
小于50%	每千人拥有医生数；城乡低保标准化

经济发展是城乡一体化的基础，城乡经济协调发展，尤其是农村经济的繁荣、农业的进步以及农民的增收对城乡一体化具有决定性的意义。2012年北京城乡一体化经济发展指标实现程度为82.95%，比上年提高了3.7个百分点。农民增收指数实现程度高达97.62%，其中，农村居民人均纯收入名义增速和实际增速分别为11.8%、8.2%，20%低收入农民人均纯收入增速为14.26%，三者实现程度均为100%。城乡居民人均收入比为2.21，实现程度为90.50%，仅比上年增加0.81个百分点。第一产业比较劳动生产率为0.157，农业劳动生产率（平均指标）为70585.03元/人，实现程度分别为62.80%和70.59%，总体相对滞后。都市型现代农业生态服务年值增速为3.39%，实现程度高达100%，这已成为现代农业发展的一个亮点。（见表3）

表3 2012年北京市城乡一体化进程分类评价①

一级指标	二级指标	代码	单位	权重	当年城镇值或2015年目标值	2012年实际值	实现程度（%）
经济发展	农民增收指数	1		4			97.62
	城乡居民人均收入比			1	2	2.21	90.50
	农村居民人均纯收入实际增速		%	1	8	8.2	100.00
	农村居民人均纯收入名义增速		%	1	7.3	11.8	100.00
	20%低收入农民人均纯收入增速		%	1	11.8	14.26	100.00
	第一产业比较劳动生产率	2		3	0.25	0.157	62.80
	农业劳动生产率（平均指标）	3	元/人	4	100000	70585.03	70.59
	都市型现代农业生态服务年值增速	4	%	3	3	3.39	100.00
社会发展	郊区城镇人口占比	5	%	3	80	64.66	80.83
	社会保障指数	6		2			100.00
	城乡居民养老保险农民参保率		%	1	95	100	100.00
	新型农村合作医疗参保率		%	1	97	98.1	100.00
	每千人拥有医生数	7	人	2	5	1.9	38.00
	城乡居民人均养老金、退休金水平比	8		3	3	5.81	51.64
	农村居民工资性收入比	9	%	3	70	65.81	94.01
	农村从业人员人均受教育年限	10	年	3	12	10.8	90.00
	有图书室、文化站的村占比	11	%	3	100	96.6	96.60
	万人农业科技人员数	12	人	2	4	12.1	100.00
	有幼儿园、托儿所的村占比	13	%	3	30	25.4	84.67
生活质量	农村居民人均教育、文化、娱乐支出比	14	%	4	10	9.71	97.10
	恩格尔系数	15	%	4	30	33.2	90.36
	农村居民家用电脑普及率	16	%	4	70	67	95.71
	农村卫生厕所普及率	17	%	4	85	77	90.59
	农村居民人均药品、医疗费支出比	18	%	4	7	9.47	73.92

---

① 数据来源：北京统计局：《北京统计年鉴（2013）》，北京：北京统计出版社，2013年。

续表

一级指标	二级指标	代码	单位	权重	当年城镇值或2015年目标值	2012年实际值	实现程度（％）
公共服务	农村与全社会人均固定资产投资比	19		4	65	68.36	100.00
	城乡人均固定资产投资比	20		4	65	65.07	100.00
	城乡低保标准比	21		4	3	8.77	34.21
	安全饮用水达标率	22	％	4	100	99.50	99.50
环境与设施	远郊区县垃圾无害化处理率	23	％	3	92	97.25	100.00
	远郊区县污水处理率	24	％	3	75	55.5	74.00
	农村居民家庭清洁能源普及率	25	％	3	90	91.7	100.00
	远郊区县道路密度	26	km/km²	3	1.5	1.47	98.00
	全市林木绿化率	27	％	4	57	55.5	97.37
社会管理	居民对社会管理的满意度	28	％	4	80	68.8	86.00
	村务公开满意度	29	％	3	85	56.6	66.59
	居民对社会安全的满意度	30	％	3	85	97.8	100.00
合计				100			86.05

从表 3 可看出，2012 年北京市城乡一体化进程综合实现程度为 86.05％，比上年提高了 3.33 个百分点。从六个一级指标看，全部指标的实现程度均超过 80％，其中，环境与设施指标实现程度最高，为 94.09％；社会发展指标实现程度最低，为 82.05％；经济发展、生活质量、公共服务、社会管理实现程度分别为 82.95％、89.54％、83.43％、84.38％。从 30 个二级指标看，13 个指标的实现程度达到 100％，12 个指标的实现程度为 90％～100％，3 个指标的实现程度为 80％～90％，5 个指标的实现程度为 60％～80％，3 个指标的实现程度在 60％以下。实现程度达到 100％的二级指标有都市型现代农业生态服务年值增速、社会保障指数、万人农业科技人员数、农村与全社会人均固定资产投资比、城乡人均固定资产投资比、远郊区县垃圾无害化处理率、农村居民家庭清洁能源普及率以及居民对社会安全的满意度等。实现程度在 60％以下的指标有每千人拥有医生数（38％）、城乡居民人均养老金、退休金水平比（51.64％），以及城乡低保标准化（34.21％）。

以人为本是城乡一体化的根本原则，促进社会公平正义、和谐发展，积极推进城乡社会事业发展的一体化是城乡一体化的题中应有之义。2012年北京城乡一体化社会发展指标实现程度为82.05%，仅比上年提高了0.84个百分点，亟须加快提高。郊区城镇人口占比为64.66%，实现程度为80.83%，与上年比有所下降。每千人拥有医生数为1.9人，城乡居民人均养老金、退休金水平比为5.81，二者的实现程度仍然较低，分别为38.0%和51.64%。农村居民工资性收入比为65.81%，实现程度为94.01%；农村从业人员人均受教育年限为10.8年，实现程度为90.0%；有图书室、文化站的村占比为96.6%，实现程度为96.6%；有幼儿园、托儿所的村占比为25.4%，实现程度为84.67%。以上各项指标实现程度与上年相比都有所增加。尤其值得一提的是，社会保障指数实现程度为100%，比上年提高了1.05个百分点。其中，城乡居民养老保险农民参保率为100%，新型农村合作医疗参保率为98.1%，二者实现程度均为100%。万人农业科技人员数为12.1人，比上年提高了1.68%，实现程度也为100%。

发展的目的在于增进人民福利，增加人民的尊严、幸福和获得感。关注民生，提高人民的生活质量，是推进城乡一体化的出发点和落脚点。2012年北京城乡一体化生活质量指标实现程度为89.54%，比上年提高了3.21个百分点，取得了较大的进步。在生活质量5个二级指标中只有农村居民人均药品、医疗费支出比实现程度为73.92%，小于90%，其余4项指标实现程度均超90%。农村居民人均教育、文化、娱乐支出比为9.71%，恩格尔系数为33.2%，农村居民家用电脑普及率为67%，农村卫生厕所普及率为77%，它们的实现程度分别为97.1%、90.36%、95.71%和90.59%。

公共服务质与量关系着千家万户的切身利益，城乡一体化的一项重要内容就是城乡公共服务一体化。2012年北京城乡一体化公共服务指标实现程度为83.43%，比上年提高了8.55个百分点。其中，农村与全社会人均固定资产投资比为68.36，实现程度为100%，比上年提高了15.54个百分点；城乡人均固定资产投资比为65.07，实现程度为100%，比上年提高了21.22个百分点；安全饮用水达标率为99.5%，实现程度为99.5%。值得注意的是，城乡低保标准比为8.77，实现程度仅为34.21%，呈下降趋势。

基础设施和生态文明建设影响深远、意义重大，是推进城乡一体化的重要内容。2012年北京城乡一体化环境与设施指标实现程度为94.09%，比上年提高了0.78个百分点。其中，远郊区县垃圾无害化处理率为97.25%，农村居民家庭清洁能源普及率为91.7%，二者实现程度均为100%。远郊区县道路密度为 1.47km/km²，实现程度为 98％；全市林木绿化率为 55.5％，比上年提高了 1.5 个百分点，实现程度为 97.37％。远郊区县污水处理率为 55.5％，实现程度较低，为 74％。

提高社会管理水平是推进国家治理能力现代化、提高人民群众满意度的基础性工作。推进城乡一体化离不开农村社会管理水平的提高。2012 年北京城乡一体化社会管理指标实现程度为 84.38％，比上年提高了 4.79 个百分点。其中，居民对社会管理的满意度为 68.8％，实现程度为 86％，比上年提高了 2.62 个百分点；村务公开满意度为 56.6％，比上年提高了 10.6 个百分点，实现程度为 66.59％；居民对社会安全的满意度为 97.8％，比上年提高了 5.5 个百分点，实现程度为 100％。

二、首都城乡一体化进程中新农村综合治理的成效

治理实际上是各治理主体协同解决公共事务、公共服务问题，实现跨部门多主体共治的一种制度安排与结构设计。1995 年，全球治理委员会在《我们的全球伙伴关系》的研究报告中对"治理"一词做出了代表性甚至权威性的界定，指出："治理是各种公共的或私人的个人和机构管理其共同事务的诸多方式的总和……它既包括有权迫使人们服从的正式制度和规则，也包括各种人们同意或以为符合其利益的非正式的制度安排。"现代治理理论强调治理主体的多元性，主体之间协商互动、合作共赢，以达到公共利益最大化的"善治"目标。新型城镇化的核心是人的城镇化，推进城镇化关键是提高城镇化的质量以造福百姓。首都北京在推进新型城镇化进程中的新农村综合治理方面也取得了重大成效，这体现在经济、社会、政治、文化、生态等诸多领域。

（一）农民收入增长较快，城乡居民收入差距不断缩小

农民收入的增长是衡量城乡一体化发展和新农村综合治理水平的重要指标。就业的稳定和工资水平的提高为居民收入增长奠定了坚实的基础。北京城镇居民人均可支配收入由 2010 年的 29073 元提高至 2014 年的 43910 元，年均增长 10.2％（见图 1）；农村居民人均纯收入由 2010 年的 13262 元提高至 2014 年的 20226 元，年均增长 10.5％（见图 2）。近五年北京农村居民人均纯收入增速始终高于城镇居民人均可支配收入增速，收入差距相对不断缩小。城镇居民高低收入比由 2010 年的 3.92∶1 缩小至 2014 年的 3.67∶1；农村居民高低收入比由 2010 年的 4.92∶1 缩小至 2014 年的 3.84∶1。在城乡一体化进程中农民收入结构也发生了很大变化。以 2013 年北京农民收入结构为例，

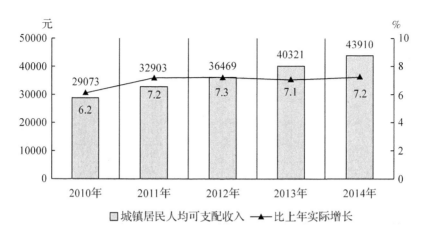

图 1　2010－2014 年北京城镇居民人均可支配收入及实际增速

图 2　2010－2014 年北京农村居民人均纯收入及实际增速

工资性收入占总收入的比例高达 65.5％，而家庭经营性收入只占 4.5％。这说明农民从事非农产业已成为收入的主要来源，从事农业生产获得的收入已经微乎其微。此外，2013 年北京农民获得的转移性收入和财产性收入占比分别为 18.8％、11％。

以朝阳区为例，2014 年城镇居民人均可支配收入达到 44646 元，比上年增长 8.8％；农村居民人均纯收入达到 26808 元，比上年增长 9.8％，增长速度快于同期城镇居民收入增长速度。（见图 3）

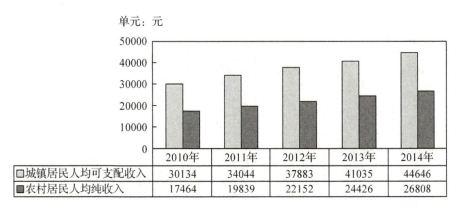

单元：元

	2010年	2011年	2012年	2013年	2014年
城镇居民人均可支配收入	30134	34044	37883	41035	44646
农村居民人均纯收入	17464	19839	22152	24426	26808

图3 2010—2014年朝阳区城乡居民人均纯（可支配）收入

从朝阳区城乡居民人均可支配收入情况来看，农村人均可支配收入相较于城市，还存在着较大的差距。

（二）农村产业融合不断发展，产业结构优化升级加快

都市型现代农业实现了跨越式发展，农业的生产功能、生态功能、生活功能不断强化。"十二五"时期，占力市中原造林工程基本完成，成为拉动全市农业增长的主要动因。2014年全市林业产值占农林牧渔业总产值的比重达到21.6%，较2010年提高16.5个百分点。平原造林等绿化工程产生的生态效益显著。据测算，2014年农业森林生态与环境服务价值比2010年增长12.3%。依托生态环境优势，农业观光园、民俗旅游发展势头良好。2014年农业观光园和民俗旅游收入分别达到24.9亿元和11.3亿元，比2010年年均分别增长8.8%和11.2%；接待人次分别达到1911.2万人和1914.2万人，年均分别增长1.9%和5.4%。

在北京市提出大力发展都市型现代农业和建设京承路都市型现代农业走廊以来，朝阳区坚持生态、安全、优质、集约、高效的发展方向，加快发展都市型现代农业，着力打造精品、提升效益，培育出一批功能多样、富有特色、享有一定知名度的都市型现代农业项目，对服务城市、改善生态和农民增收作用显著。曾是首都"菜篮子""米袋子"的朝阳区，近年来迅速向现代农业转型，尤其是都市型现代农业得到跨越式发展，实现了由量的增长向质的提升转变。在经济效益明显提升的同时，带动了餐饮娱乐、休闲健身、旅游观光等一批相关产业的发展，形成三次产业相互融合的都市型现代农业产业链。

朝阳区一直致力于集中打造一批精品观光农业园区，通过创建名优品牌发挥聚集效应吸引游客，促进都市农业的蓬勃发展。据朝阳区统计局相关数据显示，2014年朝阳区全区共有农业观光园11个，接待旅游人数143.9万人次，观光农业收入37069.7万元，全市排名前三甲。观光企业逐步调整经营方向，开发新的经营项目，吸引市民参与，农业观光园区接待人次有所回升，2014年为143.9万人次，同比增加26.6万人次。例如，以有机农业为依托，以休闲度假为手段，作为朝阳区的另一个观光农业的知名品牌——北京蟹岛集团开创了"农游合一"的现代都市特色农业，构建了集种植、养殖、旅游、度假和休闲为一体的循环发展模式，实现了资源高效利用、生态保护与经济发展的共赢。为了满足市民对绿色无公害农产品的需求，朝阳区通过超市专供、社区合作、会员定制、网络销售、园区采摘等多样式的营销方式，建设有机农产品生产基地，创建了一号庄园、蟹岛、永顺华等一批高端特色的有机蔬菜精品品牌。

(三)农村基础设施显著改观，生态环境建设取得重大成效

以新农村"5+3"基础设施建设工程为标志，即以街坊路硬化、安全饮水、户厕改造、垃圾处理、污水处理为主要内容的农村"五项基础设施"建设工程，和"让农村亮起来，让农民暖起来，让农业资源循环起来"为主要内容的"三起来"工程，京郊农村的基础设施和公共服务设施得到显著改善。截至2010年年底，北京郊区新农村"五项基础设施"建设已全部超额完成，"三起来"工程已加速推进。改造老化供水管网14253千米，全面解决了农村安全饮水问题；建设农村雨洪调蓄利用工程800处，建设污水处理设施800余处，改造户厕70余万座；农村普遍安装太阳能路灯、节能灯，铺设卫生节能吊炕，实施大中型沼气和秸秆气化工程250余处。改善农村生产条件，基本实现"村村通油路""村村通光纤网络"，以轨道交通为重点的"大交通"、山区环线网络加快建设。目前北京农村基础设施已日益完善，有效地推进了城乡经济社会发展的一体化。

近十年来，北京全面加强生态建设，实施京津风沙源治理等重大工程，加强造林营林和小流域综合治理，提高了全市林木绿化率和森林覆盖率。农村环境整治与生态创建取得重大成效，环境优美乡镇和生态村数量均有增加。"十二五"时期，北京市委、市政府采取坚决有力的措施，加快推进污染减排和治理，加强生态环境建设，城市环境质量进一步改善。一方面，加大高耗能企业淘汰力度，工业污染排放明显减少。2014年工业废水、烟(粉)尘排放量分别比 2010 年减少 5％和 46.8％，一般工业固体废弃物产生量比 2010 年减少 18.8％。另一方面，生活垃圾、生活污水处理能力不断增强。2014 年全市污水处理率和生活垃圾无害化处理率分别达到 86.1％和 99.6％，分别比 2010 年提高 5.1 个和 2.7 个百分点。全市园林绿化成果持续巩固，2014 年全市森林覆盖率达到 41％，城市绿化覆盖率达到 47.4％，分别比 2010 年提高 4 个和 2.4 个百分点。"十二五"以来，大气污染物浓度逐步降低，空气质量日渐好转。2014 年可吸入颗粒物年均浓度较 2010 年下降 4.1％，PM2.5 年均浓度较 2013 年下降 4％。

以朝阳区为例，2014 年坚决落实大气污染治理各项措施，改造燃煤锅炉 292.5 蒸吨，PM2.5 年均浓度同比下降 3.3％。2014 年全区空气中悬浮颗粒物平均浓度（PM10）为 124.0 微克/立方米，空气中细颗粒物平均浓度（PM2.5）88.5 微克/立方米，平均每月降尘量 6.9 吨/平方千米。区政府着力推进垃圾污水治理，完成曹各庄沟等 6 条河道治理，高安屯等 3 座再生水厂开工，生活垃圾综合处理厂焚烧中心项目正在加紧建设。出台区属道路移交接管实施办法，加强对代征代建道路的规范管理，道路建设、养护、维修等系统改造力度进一步加大。构建"大城管"模式，实施环境建设分区域管理，推进难点问题解决，重点区域和道路沿线环境明显改善。近年来，朝阳区每年都计划实施 10～15 条断堵头路的改造工程，畅通微循环。双井地区经过几年的建设目前已基本实现了区域道路规划，打通了九龙山、大郊亭、百子湾等区域的突出拥堵点。2015 年朝阳区共实施 12 处微循环系统建设工程，重点打通了九龙山、大郊亭、百子湾等区域拥堵点位，这 12 处微循环工程分为断堵头路改造工程和疏堵工程，将于 2015 年 11 月底全部完工。此外，今年还对 166 条道路实施了大、中、小修，涉及 35.02 万平方米道路，人行步道 11.74 万平方米。朝阳区政府持续推进农村地区"减煤换煤、清洁空气"行动，通过优质燃煤替代、煤改电、煤改气等方式，进一步优化农村地区环境。除了煤改电、煤改气，农村地区还通过农民上楼、拆违及拆除出租大院、优质燃煤替代等方式，统筹推进减煤换煤工作。

（四）农村社会事业加快发展，不断取得进展

1. 农村劳动就业条件持续改善

2008 年北京市提出推进城乡就业一体化，市政府办公厅印发了《北京市人民政府办公厅转发市劳动保障局关于促进农村劳动力转移就业工作的指导意见的通知》，提出了促进农村劳动力转移就业的政策扶持、区域合作、就业服务等八项意见。2013 年北京市《关于印发〈用人单位岗位补贴和社会保险补贴管理办法〉的通知》正式实施，推进了城乡统一的促进就业格局。北京市在推进城乡劳动就业一体化取得了重大成效。第一，建立健全了城乡就业管理制度，实现了就业促进管理制度的城乡全覆盖。建立了城乡统一的就业失业管理制度，将城市化建设地区的农民纳入城镇促进就业帮扶范围，享受与城镇失业人员完全一致的促进就业政策和服务。第二，形成了城乡一体的促进就业政策体系。目前，北京市促进就业政策覆盖城乡，初步建立了城乡平等的就业制度。第三，完善了城乡一体的公共就业服务体系。

从图 4 可以看出 2010—2014 年全市就业规模不断扩大，就业总体保持稳定。2014 年城镇新增就业 42.7 万人，城镇登记失业率为 1.31%，比上年年末上升 0.1 个百分点。以朝阳区为例，2014 年年末全区城镇登记失业率仅为0.82%，全年开发就业岗位 10.3 万个。

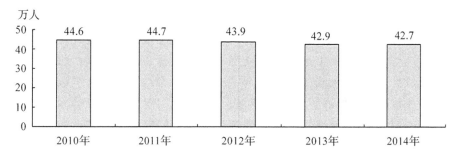

图 4　2010—2014 年北京市城镇新增就业人数

2. 农村社会保障体系不断健全

"十二五"时期，北京加快推进城乡一体化的社会保障体系建设，各项社会保障待遇标准逐年提高，参保人员逐年增加，覆盖面不断扩大。第一，城乡医疗保险制度一体化建设不断取得新成效。首先，在覆盖城乡居民的基本医疗保险体系下又率先建立了大病医疗保险制度。其次，北京新型农村合作医疗制度实现了全覆盖，筹资标准和待遇不断提高。最后，实现了北京市公费医疗全部并入城乡职工医疗保险。第二，城乡养老保障制度实现了统一并轨。第三，建立了覆盖城乡的最低生活保障制度。

2014 年年末全市参加城镇职工基本养老保险、城镇职工基本医疗保险、失业保险、工伤保险、生育保险的人数比 2010 年年末分别增加 410.1 万人、367.6 万人、282.9 万人、137.2 万人和 543.4 万人。2014 年年末参加城乡居民养老保险人数为 186.2 万人，其中农村居民参保人数达到 173.4 万人，比上年年末增加 4.8 万人，比 2010 年年末增加 14.1 万人；参加新型农村合作医疗的人数达到 242.4 万人，新农合参合率达到 99.6%，比 2010 年提高 2.9 个百分点。

以朝阳区为例，2014 年年末全区参加基本养老、基本医疗、失业、工伤和生育保险的人数分别为 294.5 万人、307.3 万人、226.4 万人、197.5 万人和 193.5 万人，比上年分别增长 8.2%、11.5%、3.5%、4.3% 和 4.1%。全区农民参加城乡居民养老保险的人数为 8.5 万人，比上年增长 2.4%。参加农村新型合作医疗的人数为 9.9 万人，新型农村合作医疗参合率达 99.8%。全区最低生活保障救济人数为 13756 人，比上年下降 11.4%；最低生活保障金发放总金额为 10982.3 万元，比上年增长 8.6%。① 2015 年新型农村合作医疗筹资标准从 1205 元提高至 1385 元，其中大病统筹 945 元、基本医疗 440 元。

3. 农村基础教育状况不断优化

2011 年 3 月，北京市政府与教育部签订了关于推进义务教育均衡发展的备忘录，北京不断加大市级政府对义务教育的统筹和引导力度，增加对经济不发达区（县）教育投入规模。2012 年 7 月，北京市政府与各区县政府签署了"推进义务教育均衡发展责任书"，明确了各区县实现义务教育基本均衡发展的时间表。北京市在推进城乡基础教育一体化上的成效主要体现在以下三个方面：第一，城乡基础教育普及水平不断提高，城乡居民受教育机会逐步扩大；第二，城乡基础教育差距逐步缩小，弱势群体受教育权利得到保障；第三，外来务工人员随迁子女就学环境显著改善。

（五）农村社会建设加速推进

第一，村庄社区化治理成效显著。社区是社会管理和社会建设的基础阵地，加强社区建设有利于形成城乡社区建设一体化新格局。以朝阳区为例，2011 年 4 月 1 日，黑庄户乡郎各庄村在全区率先开始实行村庄社区化管理，村里配备了自己的保洁队，开辟了专门的停车场，组建了流动人口出租房屋管理站，增配了流动人口管理队伍，通过加强管理举措，村内的治安及可防性案件发案率明显下降，村民的满意度显著提升。2011 年以来，朝阳区每年完成一批村庄社区化管理建设。2014 年，第四批村庄社区化管理工作涉及孙

---

① 数据来源：《朝阳区 2014 年国民经济和社会发展统计公报》，北京朝阳，http://www.bjchy.gov.cn/affair/tjxx/bulletin/8a24fe834d795a 5eo14d944620bf0492.html.

河、金盏、来广营、东坝、管庄、王四营、小红门、高碑店共 8 个乡 21 个村，总共已有 82 个村庄实现了社区化管理，村庄社区化管理效果是显著的。自第一批村庄社区化建设完成后，朝阳区就建立了数据监测系统，对流动人口、可防性案件、违章建设、安全生产事故和民事调解等情况每月进行监测。从监测结果看，前三批的 78 个村，违章建设和安全生产事故均实现了零指标，2013 年的可防性案件同比 2012 年下降了 10.7%。

第二，农村社区服务中心和服务站建设有序推进。目前，北京市基本实现了农村乡镇社区服务中心和新型农村社区服务站全覆盖，城乡一体的新型社区服务体系基本建立。通过整合部门资源，推动政府公共服务职能下移，依托乡镇(街道)社区服务中心、农村社区服务站，实现劳动就业、社会保障、社会救助、卫生防疫、综治维稳等基本公共服务一站式管理，推进了社会治理的规范化、标准化。

(六)农民生活质量不断提高

2014 年，北京城镇居民人均可支配收入达到 43910 元，比上年实际增长 7.2%；农村居民人均纯收入达到 20226 元，比上年实际增长 8.6%。城镇居民人均消费性支出达到 28009 元，增长 6.6%，恩格尔系数为 30.8%；农村居民人均消费性支出达到 14529 元，增长 7.2%，恩格尔系数为 34.7%。城镇居民人均住房建筑面积 31.54 平方米，农村居民人均住房面积 52.42 平方米。[1]

以朝阳区为例，2014 年农村居民人均生活消费现金支出达到 20313 元，比上年增长 9.3%。其中，医疗保健支出、家庭设备用品支出增长最快，增速分别为 27.4% 和 25.6%。城乡居民恩格尔系数分别为 30.6% 和 34.5%。截至 2014 年年末，城镇居民每百户家庭拥有家用汽车 45 辆，家用电脑 110 台，空调 174 台，手机 210 部。农村居民每百户家庭拥有家用汽车 50 辆，家用电脑 96 台，空调 159 台，手机 253 部。农民不仅物质生活得到快速提升，精神文化生活也日益丰富多彩。

三、新农村综合治理存在的问题

近年来，朝阳区新农村综合治理取得了一系列显著成效，农民收入快速

---

① 数据来源：《北京市 2014 年国民经济和社会发展统计公报》，首都之窗网站，http://zhengwu.beijing.gov.cn/tjxx/tigb/t1381082.htm。

增长，生活质量得到提高，都市型现代农业异军突起，农村基础设施和环境显著改善，农村社会保障和公共服务也得到较大提升。但是，朝阳区新农村综合治理还存在以下问题：

(一) 农村产业层级低、发展相对滞后

首先，朝阳区农村地区的高污染、高耗能企业，区域性专业市场以及区域性物流基地仍然大量存在，严重影响了农村地区产业结构优化升级。有形交易市场、废品回收场站以及出租大院占用了产业转型升级所需的空间资源。结合"一绿"试点、棚户区改造和重点村改造等重点项目拆迁腾退方案，全面落实低级次市场、废品回收场站和出租大院关停清退任务依旧艰巨。其次，农村经济薄弱地区产业项目建设滞后，项目审批缓慢，影响了农村地区均衡发展。再次，功能区与农村地区产业联动发展的潜力有待充分释放。CBD功能区、电子城功能区、奥运功能区三大功能区产业特色突出，要素高度集聚，需要进一步发挥其对朝阳区农村地区产业发展的带动作用。最后，都市型现代农业的特色、潜力仍需深入挖掘，农村产业间的融合有待进一步发展。

(二) 农村居民在劳动就业上的平等权利有待切实维护

促进就业政策尚未实现城乡彻底统一，农村劳动力无法获得全面就业帮扶。目前朝阳区的促进就业政策上有激励用人单位招用、扶持灵活就业、社区公益性就业组织托底安置三项主体政策；此外还有鼓励自谋职业(自主创业)、开展职业培训和职业介绍，以及困难地区倾斜等多项政策。目前朝阳区在鼓励用人单位招用就业困难人员的岗位补贴和社会保研补贴政策、鼓励自谋职业(自主创业)的减免行政事业性收费和小额担保贷款的政策上实现了城乡基本一致。但是农村劳动力仍然不能平等享受鼓励自谋职业、灵活就业的社会保险补贴政策和公益性托底安置专项补贴政策，农村劳动力无法获得全面的就业帮扶。

公共就业服务体系尚不健全，服务的均等化水平有待进一步提升。首先，全区的人力资源市场整合步伐仍需加快。区级公共服务平台仍需完善，社区(村)的平台建设远慢于区级平台建设的进度，且全区人力资源市场公共服务体系尚未完全贯通。其次，人力资源公共服务效能有待提升。朝阳区对农工服务机构的性质、规格、经费形式等还没有完全统一，职能定位也不够清晰，现有的标准化规定也需要进一步完善。最后，人力资源公共服务机构之间缺乏统一的网络信息化平台。由于缺少有效的人力资源市场供求信息报送收集的约束机制，影响了政府发布人力资源市场供求信息的信度和效度；且互联

网服务没有得到有效整合，无法向民众提供方便、快捷的服务；社区（村）就业服务站还没有实现就业服务信息网络全覆盖。此外，农民工的平等劳动就业权经常受到侵害，如建筑施工领域拖欠农民工工资问题。

（三）农村社会保障和公共服务水平相对较低

1. 农村社会保障水平仍然偏低

一是覆盖面和种类上的差别。目前，城镇社会保障制度已经形成以社会保障（包括城镇职工的养老保险、失业保险、基本医疗保险和工伤保险四项保险制度）为重点，包括社会救助、社会福利和优抚安置在内的较为完备的体系。而农村社会保障制度只包括养老保险、新型农村合作医疗和最低生活保障制度这三个方面，社会福利和优抚安置等方面都与本区城镇状况相差较远。二是待遇水平的差别。从基本医疗保障的负担水平看，同样是大病费用，城镇职工统筹基金报销比例高，超过封顶线部分，再由大额医疗互助基金支付；而农村合作医疗基金报销的比例则达不到城镇的水平。此外，农村社会保障支出水平仍然偏低，资金来源少。农村居民个人的缴费能力不强，积极性不高。

2. 农村地区优质的基础教育资源相对不足

农村学校在办学条件、经费投入、管理水平和教育质量等方面与城市学校相比差距仍然较大，尤其是优质的教育资源分布不平衡。部分农村地区基础教育设施建设标准不高，整体教育水平较低。流动人口子女集中的小学、幼儿园，以及落后农村的小学、幼儿园教学条件与设施较差、管理不规范，师资力量与正规小学、幼儿园差距悬殊。

3. 农村医疗卫生服务水平有待进一步提高

首先，农村地区配套的卫生服务体系建设滞后，传染病控制和流动人口的公共卫生管理相对薄弱。优质医疗资源仍集中在城镇内，不少农村仍缺少优质医疗资源。医生队伍建设不健全，农村缺少相应的专科医生。其次，农村社区卫生服务中心尚无法有效覆盖所有农村地区，各村间也存在着较大差距。农村社区卫生服务中心在为边远农民提供及时医疗服务上捉襟见肘，医疗水平也亟待继续提高。最后，农村地区由于各方面条件限制无法吸引优秀的医疗卫生人才；而当地的卫生工作者得到有效的培训少，卫生服务水平长期滞后。

（四）农村社区和基层民主建设相对滞后

1. 文化体育设施资源相对短缺，农村社区文化建设相对滞后

随着农村社会经济的快速发展和人民生活水平的迅速提高，群众对文化

体育的需求大幅度增长，满足农村群众文化体育需求的设施资源供给仍显不足。公共文化生活设施建设滞后于农村居民对文化生活日益增长的需求间的矛盾日益突出。管理机制不健全，主体单一。农村文化体育设施的发展主要依靠政府投资，社会需求对文化体育发展的拉动力不足，发展的集约化程度低，且文体资源的有效利用率不高，社会化与产业化经营的能力也不强。精神文明建设是一个系统性工程，需要干部集体与各个部门齐管齐抓，需要大量的经费支持。而目前农村缺少文体专业人才，资金支持力度不足，尚未形成完备的农村公共文化服务体系。

农村精神文明建设形式相对单一，效果有待提升。目前农村精神文化生活对农民素质、观念的转变使其更好地适应居民身份的作用有限。图书馆、文化站等建成后使用率低，而农民个性化的文化娱乐需求难以有效满足。精神文明活动还存在形式主义问题，农民主体意识不强，参与的积极性不高。

2. 农村基层民主建设相对滞后

一些农村依然存在在决定一些重大村级事务时不召开村民大会的现象，私自以村委会委员碰头会，村委会和村党支部碰头会或由村主任、村支书个人拍板决定，使村民的民主管理、民主决策权利旁落。在村务公开上，存在不及时、不具体、不全面以及形式单一等问题。村务公开上要包括党务、政务类的公开、村务类的公开和财务类的公开。一些农村基层干部掩饰村财政实际收支，公开形式单一，多以公开栏为主，以村民代表会议形式公开的并不多；且公开的内容多以常规性、阶段性的事务为主，一些重大事项的公布不及时、不全面；公开的效果不佳，内容单一，甚至有失真实、流于形式。农民由于主客观条件的限制，民主法律意识薄弱，农村政治参与主动性、自觉性不强，往往盲从。农民在基层民主建设中往往消极被动，民主权利的行使随意性大。村级经济活动管理不够规范，对农村集体资金、资产、资源管理缺乏有效的监督。农村集体经济活动中违纪违法现象时常发生，甚至有小官巨腐的隐患。

3. 农村基层党组织建设相对薄弱

党员结构不合理，党员干部素质偏低。随着青年劳动力大量外出就业，村党支部吸收的年轻党员严重不足。从农村党员队伍建设来看，老年党员多，青年党员少，村党支部组织力量发展后劲严重不足。一些农村党支部组织生活流于形式，党员干部缺乏民主作风，官僚作风、享乐主义问题突出。大多数农村党员知识文化水平普遍偏低，缺乏新形势下工作的专业技能和业务能力。部分党员党性观念不足，服务意识差，无法发挥先锋模范作用，甚至有些农村党员干部为了自身私利不惜违犯党纪国法，挤占挪用惠农资金、侵占征地补偿款、侵吞集体资产等消极腐败行为时常发生。

(五)农村流动人口的管理与服务存在较大困难

农村流动人口的较快增长增加了社会管理的难度。2014 年年末，朝阳区常住人口 392.2 万人，其中，常住外来人口 179.8 万人，比上年年末增加 3.7万人，比上年增长 2.1%，占常住人口的 45.8%。在常住外来人口中农民工群体占有很大比重。农村流动人口数量每年都大量增长，且人口流动比较频繁，难以进行准确的统计和有效的管理，这影响了社区治安和居民的正常生活。目前在农村，流动人口的居住方式可分为集体宿舍方式、农民自建房出租方式和散户居住方式等。由于廉租房将"户籍"列入享受住房保障的必备条件，所有享受当地住房优惠政策的人群必须拥有当地的户口。流动人口由于没有当地户口而不能同当地农民一样享受到住房优惠保障政策，加之自身收入低，住房问题比较突出。此外，受户籍和公共服务城乡二元体制影响，外来人口在劳动就业服务、社会保障、医疗卫生及子女教育等各方面无法享有平等的权利，这又对社区环境、公共卫生等带来不利影响。

(六)农村地区生态环境有待改善

首先，农村地区公共绿地覆盖水平较低。由于农村缺少切实可行的建设规划和强有力的执行力度，农村地区的公共绿地很多被用于商业开发、建房盖楼，公共绿地的面积趋于减少。尚存的公共绿地也集中在公园、广场或城市边缘地带，分布不均衡问题突出。其次，朝阳农村地区高污染、高耗能的企业，低级次市场、废品回收场站和出租大院尚未清退完毕，农村环境仍然较差。再次，由于煤炭的大量使用，空气污染较为严重。最后，农村地区生态环境建设投入不足，环保机制设置滞后。

四、新农村综合治理的路径选择

由著名的政府公共管理研究专家登哈特(Denhardt)提出的新公共服务理论认为，政府的职能应该是"服务"，应以公共利益为目标，为广大人民大众服务。新公共服务理论强调人的主体地位，以平等、公平、正义、回应性为其重要价值追求。西方多中心治理理论认为，由于上级能力有限、上下级沟通不畅、信息不对称等因素的存在，容易出现指挥失灵和决策执行不力的情况，以政府作为唯一权力中心的单中心治理存在诸多局限性。多中心治理理论强调政府要逐渐转变所扮演的角色和监管方式，更多地强调其他主体的共同参与、合作互动。多中心治理理论打破了传统的单中心命令模式，强调政府、社会组织、公民作为治理主体，以多元化的方式共同参与公共事务的管理。新公共服务理论和多中心治理理论固然有其历史局限性，但都不乏可取之处，值得我们批判性地学习和借鉴。

在朝阳区新农村综合治理的过程中我们要借鉴国内外多种治理理论和经验，同时立足村情民意创新新农村社会治理方式。朝阳区新农村综合治理既要适应本土特质的"党委领导"和"政府主导"体制，又要积极推进全球视野中的"社会协同"和"公众参与"潮流；既要立足本地实践，坚持具体问题具体分析，又要积极借鉴其他地方的先进做法和有益经验。因此，我们的新农村综合治理应当是多元互动共赢的，党委、政府、社会组织、居民都能自由参与其中，充分发挥和整合各种资源，各主体协商互动，以多样化的治理平台和媒介共建社会主义新农村。

(一)推进农村产业结构优化升级，促进城乡产业一体化发展

朝阳区应按照转变发展方式和城乡产业融合的要求，优化一产、做强二产、做大三产，充分发挥郊区农村作为战略发展空间的优势，深化产业结构调整，推进产业结构升级。

1. 加快产业疏解和优化升级，严格把关产业准入

首先，结合"十三五"规划编制，立足朝阳发展全局和农村地区实际，调整、完善农村地区产业发展规划，明确农村地区产业功能定位和实现路径，细化阶段性工作目标、任务和措施，增强农村产业发展的前瞻性、科学性和实效性。然后，朝阳农村地区有序推进疏解非首都功能工作，清退一批低级次市场和废品回收场站，关停高污染企业，为产业转型升级腾退空间资源。以农村地区的高污染、高耗能企业，区域性专业市场，区域性物流基地为清理整治重点，结合"一绿"试点、棚户区改造和重点村改造等重点项目拆迁腾退方案，继续有序拆除清退有形交易市场，拆除废品回收场站和出租大院。提高农村地区承载力，优化发展环境，为重大项目落地创造良好空间环境。其次，严把产业准入关口，在招商、注册、审批等环节严格落实《北京市新增产业禁止和限制目录(2015年版)》和《朝阳区农村地区产业准入标准的指导意见》的要求，使农村地区产业结构得到优化。最后，推动功能区与农村地区产业联动发展。CBD功能区、电子城功能区、奥运功能区三大功能区产业特色突出，要素高度集聚，溢出效应明显。朝阳区农村地区通过承接功能区的外

溢产业进而实现产业对接，从而释放发展潜力。

2. 促进经济薄弱地区发展

妥善处理好短期任务与长远发展、拆迁腾退与群众安置、环境改善与产业发展之间的关系，实现拆与建紧密结合、"瘦身"与"健体"无缝对接。高度关注经济薄弱地区发展问题，出台具有针对性和可操作性的对策措施，促进农村地区均衡发展。积极发挥财政杠杆作用，加大公共财政对薄弱地区投入力度。加大资金、政策的投入和倾斜，缓解集体经济承担公共事业支出的压力。加快推进经济薄弱地区产业项目建设，着力解决审批缓慢问题。将农村地区待建重点项目进行认真梳理、逐一分析，帮助、指导各乡找出项目不符合审批条件的地方，提出解决问题的方案，促进项目尽快进入审批环节。

3. 大力推进都市型现代农业发展

以开发农业的生产、生活、生态等多种功能为着力点，完善都市型现代农业的多种实现形式，积极发展农业新业态，如观光农业、籽种农业、休闲农业、循环农业、会展农业等。提高农业综合生产能力、应急保障能力、生态修复能力和社会服务能力。进一步强化都市型现代农业在城市建设中的独特地位和功能价值，为健康北京人提供营养保障和绿色环境以及文化享受。第一，按照"三深入、六走进"，即"深入基层、深入百姓、深入生活""走进街乡、走进机关、走进社区、走进公园、走进学校、走进家庭"的工作思路，推进农业走进城市，发展城市农业。第二，朝阳区应当积极构建都市农业三大特色产业聚集区，即北部都市型现代农业示范区、东部旅游度假休闲区和南部优质农产品物流和特色养殖区，充分挖掘潜力，突出特色，实现"又好又快"可持续性发展。第三，以精品蔬菜加工配送为特色，通过龙头企业带动，形成种养、加工、配送、销售的完整产业链。第四，继续加强农业基础设施建设。按照发展都市型现代农业的"六条标准"①，加大以农田质量与景观建设、提高农业水资源利用、提升农业机械装备水平为重点的农业基础设施建设，提高都市型现代农业的劳动生产率、土地产出率和资源利用率。第五，优化农业产业结构与区域布局，积极建设都市型现代农业示范园区。深化农业结构战略性调整，积极培育壮大新型特色主导产业。整合国内外优质农业资源，打造一批国家级和市级现代农业示范园区，切实推进国家现代农业科

---

① 发展都市型现代农业的六条标准为"基础完善、科技领先、产业高端、服务完备、装备现代、人才一流"。

技城建设。加大都市型现代农业走廊建设力度，形成一批布局合理、功能多样、景观优美、特色鲜明、低碳高效的都市型现代农业集聚发展区。积极开展农业国际合作，加强农业企业总部的引进和培育，不断提升都市型现代农业的核心竞争力。第六，全面提升乡村旅游和观光农业。坚持一村一品的乡村旅游发展道路，引导乡村旅游国际化发展，推出一批主题村落、乡村旅游新业态聚集区和生态休闲旅游度假区，带动民俗旅游户向京郊人家升级，民俗旅游村向京郊村落升级。

(二)加快健全农村促进就业政策体系，提升农村就业服务水平

1. 广开城乡就业渠道，健全城乡统一的促进就业政策体系

一要完善城乡统一的促进就业体系。健全城乡一体的就业管理制度，将全部农民纳入失业登记范围，将城镇就业管理制度和农村劳动力转移就业管理制度彻底"并轨"。整合城乡促进就业政策体系，进一步向农村延伸、倾斜城镇促进就业政策，在项目、范围和扶持力度等各方面逐步保持一致。统一城乡就业困难群体的就业援助制度，实现"一对一"就业帮扶。

二要建立统一规范、竞争有序的人力资源市场。健全城乡劳动者自由流动、公平竞争、秩序规范的人力资源市场，严格贯彻落实《劳动合同法》和《社会保障法》，加强企业用工管理和法律监督，探索建立工资正常增长机制，进一步扩大社会保障覆盖面，促进城乡劳动者稳定就业、体面就业。

三要加快农村劳动力向非农产业转移就业。适应加快城镇化步伐的新形势，实施更加积极的就业政策，广开就业渠道，加快城乡结合部地区、新城周边、小城镇周边农民的就业安置。继续开展城乡"手拉手"就业协作；继续实施以城乡低收入"零就业家庭"为重点援助对象的就业帮扶机制；支持和鼓励农民进入小城镇产业园区和农民就业基地，实现就地转移就业。

2. 加强农民培训体系建设，提高农民就业增收能力

完善城乡统一的就业培训体系。扩大就业培训范围、提高补贴标准、增加培训次数，使北京市城镇失业人员、农村劳动力同享就业培训政策，同享培训服务待遇，实现城乡就业培训的统一，使有就业愿望的各类劳动力都能参加职业培训，实现素质就业。

一要加大城乡劳动者就业培训力度。以提高城乡劳动力技能水平和就业能力为目标，开展多层次、多形式的职业技能培训，提高培训的针对性、有效性和实用性。进一步完善职业培训政策，促进更多城镇失业人员、适龄农村劳动力，特别是整建制农转居劳动力的非农就业。

二要创新就业培训工作方式。完善政府购买培训成果机制，加强企业所需人员的培训与培养。探索用工企业培训直接补贴模式，鼓励企业利用自身资源开展职业培训。围绕市场对家政、护理、老年便民服务等需求，积极探索员工制从业人员培训工作新模式。

三要完善就业培训管理制度。建立区、县直接审批和市级预算管理制度，采取"先预拨，后决算"方式，满足培训机构正常培训需要。建立定点培训机构招投标制度，择优选定培训学校。完善就业培训检查机制，加强监督管理和实际考核，提高培训资金使用效益和就业培训质量。

3. 完善农村就业服务体系，推进公共就业服务均等化

按照"区级统筹一体化、街乡规范标准化、社区（村）方便个性化"的原则，合理布局朝阳区各农村公共就业服务资源。构建优质高效的城乡公共就业服务体系，重点增强基层公共就业服务能力，将就业管理服务具体化、标准化、规程化、制度化。合理布局区县、乡镇、新型农村社区三级公共就业服务体系；明确各级公共就业服务机构职责；科学合理配置服务人员；加强和完善就业信息系统建设；加强就业服务人员专业培训，提高公共就业服务整体水平。

一要加快推进朝阳区全区人力资源市场整合贯通。继续完善区级人力资源公共服务平台建设，推动农村人才市场和劳动力市场整合，为城乡劳动者提供完全平等的公共就业服务。二要加强农村基层平台建设。根据朝阳区农村常住人口规模，合理配备公共就业服务队伍，特别是研究出台加强基层平台建设的意见，解决社保所对于建设方面的体制性问题，研究加强社区（村）就业服务站的措施，健全管理制度，统一服务标准，优化服务流程，强化人员培训，提升农村基层平台服务能力和水平。三要建立公共就业服务效能发挥保障机制。积极推进公共就业服务的法制化、标准化、信息化建设，在全区实行统一的公共就业服务标准、服务流程、服务项目，推进人力资源市场信息系统向社区（村）延伸，加快流动人员人事档案的信息化建设。

此外，朝阳区应当完善"一二三四五"工作机制，规范劳资双方行为，让农民工的工资发放更加规范。"一二三四五"创新工作机制，即"一项纲领""两个体系""三色预警""四方责任""五级备案"。"一项纲领"是指该工作机制以《朝阳区施工项目劳务管理及劳动用工规范工作方案》指导。"两个体系"是指政府和施工单位两个大体系，政府体系包括区住建委、区人力社保局、区公安分局、属地办事处，施工单位体系则包括各建筑集团总公司、各省建设厅

驻京建管处等单位。施工单位勤自查，政府体系勤检查，有机联动，合力解决日常监管和维稳应急问题。对各施工项目进行绿、黄、红三色隐患预警分级，在施工工地重点维稳，将小问题消灭在萌芽中。明确单位、施工总承包单位、分包单位、农民工四方责任，对劳务及用工规范管理工作的知晓率和执行力，明确四方权益、落实四方责任。同时，实行"五级备案"制，即实行班组、分包、总包、街乡、住建委五层级标准化内业资料"编、报、备"机制，以完善、有效的劳务及用工规范管理内业资料，衡量、评价项目管理水平，有力应对各层级结算、支付纠纷。区公安部门要加强部门联动，对恶意欠薪等不法行为坚决打击。同时工作重心下移街乡，加大对区属重点企业的政策宣传力度，对建筑施工企业开展摸排，将矛盾隐患化解在基层；尤其做好春节前农民工工资支付专项大检查活动，重点解决建筑施工领域拖欠农民工工资问题。为更好地服务农民工群体，区法援中心在农民工法律服务工作站，每天安排两名专业律师接待农民工来访，并提供劳动仲裁咨询、劳资纠纷、工伤事故及侵权等案件咨询服务，对符合条件的受援人会第一时间进行受理。

(三)提高农村社会保障水平，加快推进城乡公共服务一体化

1. 完善城乡一体化的社会保障制度

一是完善城乡一体化养老保险制度。建立并完善城乡一体化的"职工与居民"养老保险体系新格局。完善城乡居民养老保险制度，建立城乡居民养老金待遇调整长效机制，逐步提高待遇水平，缩小城乡养老保险待遇差距。加强对城乡居民养老保险基金市级统筹，将全部老年人口纳入养老保险体系。

二是建立、完善城乡一体化基本医疗保险制度。加快整合城乡居民医疗保险，实施城镇医疗保险和新型农村合作医疗制度整合，构建城乡一体化的"职工与居民"医疗保险体系新格局。完善农村医保制度，提高信息化管理水平，实现城乡居民持卡就医实时结算。进一步提高农村筹资补助水平，加大财政对农村医疗保险的倾斜力度，缩小城乡医疗保障差距。不断提高城乡居民医疗保险参保率，争取实现100%全覆盖，把外来流动人口全面纳入医疗保险范围。

三是建立、完善城乡一体化失业、工伤、生育保险制度。将农民工纳入失业、工伤、生育保险范围，确保人人享有社会保障的基本人权。进一步完善促进就业、预防失业政策，提高补贴标准，鼓励用人单位稳定就业、减少失业。鼓励失业人员积极就业，形成"保障生活、预防失业、促进就业"三位一体的失业保险制度。

四是加快建立农村地区社保资金筹集的长效机制。由个人、集体或政府任何一方独自负担农村居民的社会保障基金，都是不现实的。因此，面对社会保障资金的筹集，应当坚持个人、集体、政府三方共同负担的原则，不断提高财政用于社会保障支出的比例，减小个人负担的比例。

2. **持续加强农村基础教育投入，稳步提升农村基础教育质量**

一要加快缩小城乡教育水平差距。继续坚持城乡教育"四倾斜"政策，即"教育均衡向农村倾斜、区域教育均衡向不发达地区倾斜、区域内教育均衡向基础薄弱学校倾斜、教育对象受教育均衡向弱势群体倾斜"。缩小城乡之间在办学条件、经费投入、管理水平和教育质量等方面的差距，加大向远郊农村地区教育经费投入。落实城乡免费资助政策，以公办学校接受为主，完善进城务工人员随迁子女接受义务教育的保障体制，加大对农村困难家庭学生资助力度，尤其是提高农村基础教育普及程度和质量。

二要促进优质基础教育资源均衡配置。继续扩大优质教育资源覆盖面，因地制宜地开办高标准优质初小学校、幼儿园，提高公办小学和初中就近入学比例。积极推进农村地区教育资源结构重组，加大对农村地区学校设施设备投入，不断扩大优质基础教育辐射面。加强培训，提高农村校长、教师综合素质和业务能力。建立城乡学校校长、教师定期交流与合作机制。多渠道实现城市中心区教育和农村教育优势互补，继续扩大名校到农村办分校规模、加大高校对农村中小学对口支援。深化义务教育学区化综合改革，推进教育资源布局与结构优化，对农村地区的学校给予重点支持，加快八十中学南校区、北京二中朝阳学校建设，推动教育优质均衡发展。

三要改善农村办学条件。科学规划农村教育空间布局，加强农村幼儿园建设，不断改善办学条件，基本普及学前三年教育；全面落实《北京市中小学办学条件标准》，继续加强农村中小学建设，普及农村高中阶段教育。深化教育教学方式变革和课程改革，深入实施素质教育，提高教育水平和质量。加快推进农村中等职业教育免费进程；探索制定农民学历教育的优惠政策；建立乡镇成人学校管护、运行长效机制，从而增加农村劳动力平均受教育年限和素质。

四要提升农村教师整体素质。完善制度政策，强化激励机制，吸引优秀人才到农村从教；鼓励高校毕业生到农村中小学任教。对农村教师免费实行定期的全员培训。加强农村教师队伍建设，在专业发展、工资待遇等方面向农村教师倾斜。城镇中小学教师在评聘高一级专业技术职务时，在同等条件下，有农村中小学任教经历的教师优先。

3. 大力度推进农村医疗卫生服务体系建设

要继续加大农村卫生投入力度，完善农村医疗服务体系建设，积极推进新型农村合作医疗试点工作，加强农村卫生队伍建设，争取在缓解农民"看病难、看病贵"方面取得更大进展。

一是加快推动优质医疗资源向农村延伸。优质医疗资源稀缺一直是农村地区医疗卫生事业发展的短板，在提升农村地区社区卫生服务机构硬件水平的同时，还要借助医联体带动农村社区医院的诊疗水平。应当继续积极启动并运行片区综合医联体和儿童专科医联体，探索建立肿瘤、中医等专科医联体，优先保障农村地区社区卫生服务中心得到大医院专家的优质医疗资源支持，实现农村地区医疗联合体服务全覆盖。加强与市级部门沟通协调，积极配合主体单位，优化医疗资源布局，协调推进大医院建设。鼓励城乡医院开展对口协作，积极引导优质医疗卫生资源向郊区布局，增强农村地区医疗卫生服务实力。积极推进安贞医院、北京中医医院、朝阳医院分别入驻东坝、垡头、常营地区。

二是做好农村社区卫生服务中心和服务站建设。持续推进农村地区实体社区卫生服务中心全覆盖，推进落后农村地区实体型社区卫生服务中心建设。在朝阳区 19 个乡中共设有 20 个社区卫生服务中心，但为了让农民能够就近享受基本医疗服务，还需继续完善"15 分钟健康服务圈"建设，增设社区卫生服务站，满足农民 15 分钟内就医的需求。

三是加快提升农村地区医疗服务水平。借助医联体带动农村社区卫生服务中心诊疗水平，使农村地区所有的社区卫生服务中心获得医联体内驻区大医院的优质医疗资源支持。通过建立医联体，居民可以就近享受大医院的专家服务，初步解决了农村地区优质医疗资源稀缺的问题。加强对农村医疗卫生服务的投入和政策支持，提高农村医疗服务水平和应对突发公共卫生事件的能力。推进农村基层卫生服务体系建设，提高乡镇医疗卫生服务能力和公共卫生保障能力，建立完善基层医疗卫生服务机构与大医院双向转诊制度。强化偏远地区医疗卫生机构综合服务能力。

四是加大农村地区社区卫生服务机构软硬件投入。强化农村地区基本医疗和公共卫生服务的资金保障。加大公共卫生经费投入，保证农村地区的所有社区卫生服务中心和社区卫生服务站公共卫生服务项目顺畅运行。大力开展健康教育和卫生知识普及工作，加强慢性病管理工作，落实城乡居民免费公共卫生服务项目，提高城乡居民健康水平。

五是加强农村地区社区卫生人才培养力度。完善农村基层医务人员补充机制，建立政府购买村级医务人员提供基本医疗和公共卫生服务机制。实行聘用和岗位绩效工资制度，津贴补助向农村地区，尤其是艰苦地区医疗卫生工作者倾斜。争取外地本科毕业生进京指标，优先满足农村地区社区卫生服务中心医务人员需求。优化岗位设置，调整人员编制，核增公共卫生人员编制数。发挥岗位教学基地的作用，开展以进修为主要形式的深层次培训，加强岗位练兵，提高社区医务人员的综合素质和岗位技能。

(四)推进农村社区化管理，加强基层民主建设

1. 加强农村社会文化建设，丰富居民精神文化生活

(1)加强农村文化体育建设，活跃农民文化体育生活。

一要优化公共文化资源配置，建立稳定的农村文化投入保障机制。健全基础文化设施管理和运行制度，不断提高城乡文化设施运行管理水平和综合服务能力。二要加快形成完备的农村公共文化服务体系。构建和完善覆盖城乡的演出服务体系、群众文化活动体系、公共图书馆服务体系和文化信息资源共享工程服务体系，坚持提供公益性、均等性、基本性和便民性的公共文化服务。三要广泛开展农民积极参与的文化活动。保护和传承农村传统文化，扶持农村题材文化产品创作生产，培育新型农村文化主体。引导城市文化机构到农村拓展服务。开展形式多样的群众文化活动，加大对惠民文化工程扶持力度，增加场次，拓宽演出范围。支持各区县特色品牌文化活动，着力打造地区文化活动品牌。扶持农村民间艺术团体建设，重视丰富农民工文化活动。四要发展农村体育事业。进一步完善农村健身场所建设，加强乡村公共体育设施的管理和维护。

(2)提高农民的思想道德素质，推进农村精神文明建设。

一要有针对性地开展社会主义核心价值观教育，提高农民综合素质，提升农村社会文明水平。二要充分发挥公共文化服务在农村精神文明建设中的平台和支撑作用，加强农村基层公共文化体育资源的整合利用，提高设施利用效能。建立广播电视村村通、文化信息资源共享、乡镇综合文化站、农村电影放映、农家书屋、体育健身等重点文化体育工程有效合作机制。三要适时采取政府购买、项目补贴、定向资助等方式，支持社会各类文化组织和机构参与农村公共文化服务。四要保护和传承具有民族特色的农耕文明，加强农村地区的文化遗产保护。广泛开展具有乡土特色的文化活动，推动文化与

特色农业有机结合，提升农产品文化附加值。

2. 积极推进农村社区化管理和"邻里之家"建设，开展创建文明村镇活动

村庄社区化管理是推进城乡一体化的创新性举措。实行社区化管理的农村不仅增配自己的保洁队、流动人口协管员队伍及巡防队，还开辟专用停车场，增加智能化出入系统，加强对进出村车辆的管理，从而有效改善村内的整体环境。不仅如此，村里还对符合出租标准的房屋免费做了登记，并通过电子屏向社会公示了房源信息，有效控制房屋出租无序的状态。加强社区化管理，使得村内的治安及可防性案件发案率下降，村民的满意度提升。

在朝阳农村地区"邻里之家"已经覆盖 10 余个乡，社区邻里之家不仅有了专门的舞蹈室，还有书画室、棋牌室、图书阅览室等十几个活动室，居民们可以在这里开展自己喜爱的活动，同时还有专业的社会组织提供亲子教育、安全培训等多重服务。"邻里之家"不仅为村民提供了文化活动的场地，搭建起邻里互帮互助、自我服务管理的平台，还引进各类专业社会组织为社区文艺团队进行指导相开展多重服务。同时依托社区的"邻里之家"，近邻社会服务中心作为专业的公益社会组织可以为地区居民开展一系列公益活动，促进居民间的交流融合，逐步形成邻里相睦、守望相助的良好氛围。在邻里之家中广泛开展青少年教育、志愿者服务等专业化的社会组织服务，使各色群众活动百花齐放。邻里之家作为凝聚社区居民的重要场地，通过开展社区民主议事、文化、社区社会组织、居民互助、社区公益等各类活动，进一步将社区自治、社会组织购买服务、志愿服务行动相结合，推进了农村地区社区管理，对于完善公共服务，促进社会和谐意义重大。

把创建文明村镇同加强党的基层组织建设、巩固基层政权结合起来，同壮大集体经济实力、为广大农民服务结合起来，以户为抓手、以村为基础、以小城镇为龙头，不断深化拓展创建活动。文明农户创建活动形式多样，十星级文明户、五好家庭、文明信用户等，吸引了农民群众积极参与。文明村创建活动丰富多彩，文明一条街、文明示范村、文明信用村、小康文明村等新载体不断涌现。扎实推进文明小村镇创建活动，大力倡导文明生产、文明经营、文明服务。从具体事情抓起，从解决实际问题入手，有效推动了村容镇貌的建设，提升了农村社会文明程度。

3. 健全农村基层民主管理制度

以扩大有序参与、推进信息公开、健全议事协商、强化权力监督为重点，

健全村党组织领导的充满活力的村民自治机制，积极开展以农村社区为基本单元的村民自治试点，探索村民自治的有效实现形式。探索以村民会议、村民代表会议为载体，创新村民议事形式，完善议事决策主体和程序，落实群众知情权和决策权。建立务实管用的村务监督机制，理顺村务监督机构与其他村级组织的关系，切实发挥村务监督机构作用，落实群众监督权。积极探索村民议事会、村民理事会等协商形式，重视吸纳利益相关方、社会组织、驻村单位参加协商。研究明确村党组织、村民委员会、村务监督机构、农村集体经济组织的职能定位及相互关系。在进行农村集体产权制度改革、组建农村股份合作经济组织过程中探索剥离村"两委"对集体资产经营管理的职能，开展实行"政经分开"试验，完善农村基层党组织领导的村民自治组织和集体经济组织运行机制。加强宣传教育，切实提高农民民主意识和自治能力。

加强农村集体资金资产资源管理，切实维护乡村集体和农民群众合法权益。加强农村经济预算管理，加大财务收支计划、开支审批、大额资金使用及集体收益管理等环节的监管力度。强化村务公开管理，完成村管系统数据库数据采集、整理和更新工作，试点设置村务公开电子触控显示屏，提高农经工作信息化水平。严格按照《北京市朝阳区农村集体资金资产资源管理工作文件汇编》中的各项规章制度执行。一要每年进行村级财务管理专项检查，重点检查各项财务管理制度建立和执行情况，农村集体"三资"监管平台应用情况等。二要加强对土地补偿费、涉农财政补助资金，以及资产规模较大、收入较高的集体经济组织及其所属企业进行专项审计。三要开展定期或不定期的村级财务民主管理制度宣传活动，集中开展财务公开专项检查。四要进一步强化合同联预审制度，规范合同文本、合同签订流程、合同电子台账等各项制度，确保监督到位，落实到位。

4. 加强农村基层党组织建设

党的农村基层组织是推进城乡一体化工作的基础和保证，把基层党组织建设成为推动科学发展、带领农民致富、密切联系群众、维护农村稳定的坚强领导核心。创新基层党组织设置方式，采取村村联建、村企联建、村居联建、产业组建、片村共建等多种方式，构建与新型农村社区相适应的农村基层组织体系。发挥基层党组织在城乡一体化建设中的组织保障作用。进一步完善村级运行机制。加强农村党员队伍建设，改善党员队伍结构，完善党内民主机制，充分发挥党员的先锋模范作用。拓宽城乡基层党建相互促进、协调发展的有效途径，进一步构建城乡统筹的基层党建新格局。

坚持农村基层党组织的领导核心地位，加强党组织班子建设。认真贯彻党要管党、从严治党的要求，始终坚持农村基层党组织领导核心地位不动摇，深入整顿软弱涣散村党组织，把农村基层党组织建设成坚强的战斗堡垒，不断夯实党在农村基层执政的组织基础。加强乡村两级党组织班子建设，选好用好管好带头人，向软弱涣散村党组织和贫困村党组织选派第一书记。严肃农村基层党内政治生活，用"严以修身、严以用权、严于律己和谋事要实、创业要实、做人要实"的要求，加强党员日常教育管理，做好农村发展党员工作，发挥党员先锋模范作用。严肃处理违反党纪党规的行为，坚决查处挤占挪用惠农资金、侵占征地补偿款、侵吞集体资产等发生在农民身边的腐败行为，建立健全党组织领导下的村务监督机制，保持农村基层党组织的纯洁性和凝聚力。进一步加强农村基层服务型党组织建设，强化县乡村三级便民服务网络建设，多为群众办实事，贴近群众、团结群众、引导群众、赢得群众，带领群众共同脱贫致富奔小康。严格落实农村基层党建责任制，发挥县级党委"一线指挥部"作用，加大抓乡促村工作力度。

要通过村党组织换届选举，为村委会换届选举做好人选准备。在人口流动性低的地方确保实现"两保持、两提高、两确保、两降低"。"两保持"是指各区县村党组织书记、村民委员会主任"一人兼"、村党组织和村民委员会成员交叉任职比例原则上要保持上届水平；"两提高"是指新一届村党组织班子成员具有大专以上学历比例要有所提高、村民代表中党员比例较上届要有明显提高；"两确保"是指确保每个村民委员会中至少有一名党员、一名妇女成员；"两降低"是指村民委员会主任不是党员的村所占比例进一步降低、村党组织和村民委员会班子成员平均年龄有所降低。

切实加强农村党组织反腐倡廉建设。农村地区根据区纪委的统一部署，紧紧抓住农村系统基层党员干部违反财经纪律、党风廉政建设等问题进行认真初核，指导各乡、农口各直属单位做好初核案件的办理。同时进一步完善"协作片组"办案机制，加强诫勉谈话和教育提醒，深入治理农村基层干部违法违纪问题，重点查处违反市、区有关作风建设相关规定及在棚户区改造、环境整治、"三资"管理等重点工作中发现的违法违纪案件。

借鉴浙江镇海区乡村社区治理方式，尝试构建"三加三加一"的圈层化村社组织体系。作为全国农村社区建设实验区，2007年镇海区开始运用城市社区的先进理念指导22个村开展社区化管理工作，并把农村社区建设定位为社区化服务和管理。适应农村社区化管理改革的需要，镇海把构建具有社区化特色、适应城郊型农村管理的组织网络作为重点和切入点，提出了"三加三加一"模式。所谓"三加三"就是在原来的村党组织（党委、党总支部、党支部）、村民委员会和经济合作社的基础上，相对应地新建3个组织，在村党组织统一领导下开展工作。一是以外来人口党员为主，建立"新××人"党支部。二是以外来人口自我管理、自我服务、自我教育、自我监督为主旨，建立"新××人"管理委员会。三是由村辖区企事业单位联合发起，资源共享，和谐互助，成立和谐共建理事会。最后一个"加一"，就是区和街道将政府管理职能延伸，重心下移，在村级建立社区工作站。由此建立了以党组织为核心、各类融合性组织为补充的圈层化组织体系。

为了解决农村公共品供给不足、村支书和村委主任权力"一肩挑"、权力冲突等问题，广东清新区经过长期探索，对乡村自治加强了顶层设计。自上而下在村委会和村支部二元治理主体的基础上引入村组两级议事会，形成了三元治理结构，并规范各主体间的权力边界，实现权力制衡。以制度安排的方式明确了村党支部、村委会和议事会职责和权限，并强调这三个村级组织是目标一致、相互配合的关系，凸显了多中心协同治理的思想，践行了乡村社会治理中以村民为本的原则。

（五）加强外来流动人口的管理与服务

1. 创新流动人口管理机制，制定流动人口的管理和服务规划

对外来流动人口的管理要积极运用信息化手段，实现对外来流动人口信息的社会化登记与管理，逐渐形成"党政统一领导、群众合作协调、公安机关主抓、各部门齐抓"的外来流动人口服务管理运营机制。要认真制定朝阳区的总体规划，在规划中要针对流动人口的具体情况制定详细规划，如在农村流动人口聚居地实行身份、居住、计划生育等工作的一体化管理。持续做好人口调控工作。综合运用经济、法律、行政等多种手段，发挥功能疏解、产业疏解对人口疏解的带动作用。

2. 加强对农村流动人口的社会治安综合治理

针对朝阳区农村流动人口的管理，要加大公安机关的管理和执法力度。具体来说：一是要严格暂住登记和暂住证制度，各村认真做好流动人口日常登记办证工作和散居社会境外人员的登记、管理工作。依法治理群租房和地下空间，利用信息化手段，加强流动人口的服务和管理。二要加强流动人口出租屋治安管理和消防安全检查，加大违法行为的惩罚力度，消除治安隐患。三要组织开展对治安秩序混乱的流动人口聚居地的清理整顿，加强流动人口

聚居区安全防范基础设施建设，如安装摄像头、安置智能化出入系统等。继续保持"拆违控违"高压态势，对新增违法建设做到"零容忍、零增长"，对存量违法建设加大整治拆除力度。四要加强对流动人口法制宣传的力度，依法严厉打击侵害流动人口人身和财产安全的各类违法犯罪活动，保护流动人口的合法权益。

3. 探索推进村庄封闭式网格化管理

区政府要加快推进农村以社区化管理改善农村治安状况的方法。农村流动人口聚居区治安环境差，这与社区内人员高度流动性和缺乏有效管理有直接的关系。虽然在社区设立管理员巡查、门禁等技术手段可以在一定程度上改善农村流动人口聚居区的治安问题，但这只能收一时功效，治标不治本。流动人口的福利待遇少，对居住的农村归属感低，可以考虑在社区建立流动人口管理服务站为流动人口提供较为全面、快捷的社会管理和公共服务，以此提升流动人口的归属感和安全感。

"网格化管理"是指依据辖区面积或常住人口数量等指标，将管理区域划分为单元网格，借助数字化技术及相应的制度手段建立起以网格为基础的、总点整派细由、信息明晰、由人服务与单元处置两项相的一体化管理机制。首先，朝阳区农村人口较多、流动人口密集，网格化管理根据朝阳区各村、社区所辖范围、分布特点、人口数量、居住集散程度、群众生产生活习惯等情况，合理设置网格，便于党委及政府的管理服务职能覆盖网络，网格内的各种服务团队上门服务，能够提高基层社会管理的综合水平。同时促进了朝阳区农村社区管理与服务的一体化，通过"网格、定位、组团"服务，寓管理于服务之中，着力消除基层农村社区管理与服务的"空白地带"。推进了基层社区管理服务的一体化，并初步形成了覆盖城乡"条块"结合的市、县（区）、乡镇、街道、社区责任网格五级社区服务体系。其次，网格化管理有利于形成多方力量参与的服务机制。网格化管理需要大量的不同领域的基层人才将社区服务的行政资源带到基层社区，条块之间的资源也相互协调、相互整合，社区服务工作在力量整合上，从原有单一行政力量转变为了社会参与的多元力量，社区服务机制也初步形成了多元化的供给机制，有效解决了农村社区居民的各方面需求。再次，这种管理方式也能提升社区服务的回应性和满意度。在相应辖区内，网格服务小组成员会定期主动上门，了解群众疾苦，听取群众意见，努力做到能够解决的问题当场解决，在不违反法律法规和政策精神的前提下，能寻找变通方法的问题就灵活处理，尽可能使群众反映的问题在最短时间内妥善解决。最后，网格化管理也革新了社区服务的管理技术手段，增强了社区管理功能，扩大了社区服务范围。封闭式网格化管理方式存在诸多优点，但如果没有相应的配套机制和人才支持等，就容易落入"网格化行政"的困境之中。

(六)加快推进农村生态环境建设

加大农村绿化建设力度，提高绿地覆盖水平。提高绿化建设和养护水平，加快农村地区休闲公园建设，加大沿路、沿水绿化力度，切实完成市下达的平原造林任务。朝阳区2015年平原造林项目共涉及14个乡的29个地块，总面积为3000亩。其中，将台、太阳宫、豆各庄、南磨房等在内的12个乡的27个地块，建设面积为2334亩，建设内容全部为景观生态林；孙河沙子营地块和常营五里桥地块因靠近城区，将以城市公园标准进行建设。在平原造林过程中优选苗木、合理配置、科学栽植，大力推广应用抗旱节水、节能环保、森林健康经营等新技术、新材料，全面提高工程建设的科技含量、质量水平和综合效益。持续推进绿隔试点建设，全面提升生态效益。

以农村地区的高污染、高耗能企业，区域性专业市场，区域性物流基地为清理整治重点，结合一绿试点、棚户区改造和重点村改造等重点项目拆迁腾退方案，全面落实低级次市场、废品回收场站和出租大院关停清退任务。严格执行企业准入制度，禁止高污染、高耗能企业落户本地区。为进一步落实北京市清洁空气行动计划，按照"减煤换煤、清洁空气"行动实施方案要求，积极采取措施，深入推进减煤换煤工作，逐步在农村地区普及使用清洁能源。

参考文献

[1] 张英洪：《北京市城乡发展一体化进程研究》，北京：社会科学文献出版社，2015年。

[2] 孙壮志：《新型城镇化与社会治理》，北京：社会科学文献出版社，2015年。

[3] 陈荣卓、肖丹丹：《从网格化管理到网络化治理——城市社区网格化管理的实践、发展与走向》，《社会主义研究》，2015年第4期。

[4] 刘安：《网格化管理：城市基层社会治理体制的运行逻辑与实践特征——基于N市Q区的个案研究》，《江海学刊》，2015年第2期。

[5] 杨逢银：《需求导向型农村社区服务网络化供给模式研究——基于浙江舟山"网格化管理、组团式服务"的分析》，《浙江学刊》，2014年第1期。

[6] 桂艳春：《当前我国农村基层民主建设存在的问题与对策分析》，《华中农业大学学报（社会科学版）》，2008 年第 6 期。

[7] 张诺夫：《农村基层党组织建设新情况新问题与对策研究》，《中共福建省委党校学报》，2006 年第 10 期。

[8] 郭秀丽：《新时期农村基层党组织建设存在的问题与对策研究》，《江西农业大学学报（社会科学版）》，2008 年第 2 期。

[9] 阮柏荣、宋锦洲：《我国村民自治中"村两委"博弈关系之研究——以广西柳州市雒容镇高岩村个案为例》，《辽宁行政学院学报》，2013 年第 2 期。

[10] 陈世伟、尤琳：《封闭抑或开放：农村社区化管理中新旧组织的冲突与共生——基于浙江镇海乡村社区的实证考察》，《湖北行政学院学报》，2012 年第 3 期。

[11] 李金哲、黄广飞：《论权力制衡下农村新三元主体乡村治理长效机制——广东省清新区村组两级议事会乡村治理新模式探析》，《前沿》，2013 年第 19 期。

[12] 杨嵘均：《论治理现代化与新农村建设中的境遇及其出路》，《吉首大学学报》，2010 年第 6 期。

[13] 孔德斌、刘祖云：《社区与村民：一种理解乡村治理的新框架》，《农业经济问题》，2013 年第 3 期。

[14] 胡文秀、李壮：《治理理论视角下我国农村社区管理体制创新研究》，《福建行政学院学报》，2015 年第 3 期。

[15] 牛秋实：《新型农村社区基层民主能力建设的路径》，《求实》，2014 年第 1 期。

京郊乡村旅游社区能力建设及提升路径研究

课题负责人：陶　犁（首都师范大学资源环境与旅游学院　教授）
课题组成员：朱　莎、姜　珊、寇文波、张　璐、秦　愿、鲁　梦

2015 年 8 月，国务院办公厅发布了《关于进一步促进旅游投资和消费的若干意见》（以下简称《意见》），《意见》中提出实施乡村旅游提升计划，坚持乡村旅游个性化、特色化发展方向，完善休闲农业和乡村旅游配套设施；在目标引领下，乡村旅游需要从旅游产品、基础设施、农民自主创业、农民培训等方面来提升乡村旅游服务接待水平，从而适应旅游市场需求。京郊旅游是对北京郊区各种旅游业态的统称，从地理区位上看，京郊地区涵盖城市发展新区（房山、通州、顺义、昌平、大兴）和生态涵养发展区（门头沟区、怀柔区、平谷区、密云区、延庆区）①。受到北京"非首都功能疏解"②的影响，目前北京旅游产业主要集中在生态涵养发展区及房山的西部地区。从业态来看，涵盖了京郊地区的各种乡村旅游和非乡村旅游业态。其中乡村旅游是以农业文明为依托，农民为经营主体，乡村性为核心吸引力的民俗旅游形态；而除乡村旅游之外的其他京郊或城郊森林公园、湿地公园、风景名胜区、世界遗产地等旅游业态，也都属于京郊旅游范畴。京郊旅游不等同于京郊乡村旅游，京郊旅游不一定以"三农"为依托，而京郊乡村旅游一定是以"三农"为依托的旅游业。农业的生产方式、农民的生活方式、农村的田园风光是京郊乡村旅游本质属性——乡村性的集中体现。京郊旅游具有涵盖行业较多、产业带动作用明显、吸附农村剩余劳动力、适应旅游市场需求、农民经营门槛较低的特点，并因此成为首都城乡一体化的重要产业支撑。目前京郊乡村旅游业发展过程中遇到的障碍主要有：（1）京郊旅游产品创新不足，难以适应日益成熟的旅游消费需求；（2）京郊农民旅游经营能力有待提升，主要依靠外力来获取

---

①　北京市政务门户网站：http：//zhengwu. beijing. gov. cn/ghxx/qtgh/t1240927. htm。

②　2014 年 2 月 16 日，习近平总书记在北京市考察工作时提出，要明确城市战略定位，坚持和强化首都全国"政治中心、文化中心、国际交往中心、科技创新中心"的首都核心功能。非首都功能指与四个中心不相符的城市功能。

177

自身发展；(3)京郊乡村旅游发展缺乏统一规划，村村点火、户户冒烟，即有景区的地方就有农家乐，但有农家乐的地方不一定能吸引游客，供需不匹配导致乡村旅游恶性竞争。考虑到北京实现城乡一体化的现实发展诉求，本研究以京郊乡村旅游业为发展背景，对京郊旅游社区的发展现状及存在问题进行评估，并提出相应的解决方案。

一、京郊乡村旅游的发展现状

(一)京郊乡村旅游的发展历程

北京乡村旅游产业自20世纪80年代萌芽，1998年开始重点打造。20多年来，北京市旅游委在北京市委、市政府的领导下，在市农委等相关部分的紧密协作下，在全市乡村旅游产业从业人员的努力下，积极探索建立符合北京现状的乡村旅游发展道路。通过总结多年来乡村旅游发展实践，提炼出乡村旅游"北京模式"总体战略：政府主导、部门联动、区域分工、定位清晰、社区营销、基础完善、融资创新和标准管理。自20世纪80年代后期起，历

~~郊？～～尝尝～～～～～（～～～～～～～～～～～～～～～～～～～～～～个阶段。~~

~~1. 自发发展阶段（20世纪80年代末期—1997年）~~

~~在1998年以前，北京的乡村旅游发展还处于刚刚萌芽的发展状态，主要~~以郊区农业观光、学生郊游为主。少数具有商业头脑的农户发现商机，自主创业并迎合市场需求，开办以食宿接待为主的农家乐。这个时期的乡村旅游有这些特点：旅游市场还远未形成规模，旅游以农业观光为主；游客很少在乡村过夜，乡村旅游接待具有小规模和零散化的特点；少数具备接待功能的村落缺乏完善的基础设施；北京市政府还未推行任何与乡村旅游相关的规范、标准和制度；北京郊区的乡村旅游处于自发发展状况。

2. 数量扩张阶段(1998—2002年)

1998年5月，经市农委、计委、区划委联合行文，正式出台《北京市观光农业发展总体规划》；1998年8月，市政府召开了第一次"北京市观光农业工作会议"，成立了北京市观光农业领导小组及其办公室，并制定了相应的政策措施。作为观光农业的一种类型，以"吃农家饭、住农家院、观自然景、赏民俗情、享田园乐"为主题的乡村旅游活动迅速发展。这一时期的北京市乡村旅游的主要特点表现在三个方面：一是乡村旅游产业规模迅速扩张，但项目本身功能单一，类型趋同。到2002年年底，郊区已有10个区县开展了乡村旅游接待活动，民俗旅游经营户达到1520户，形成食宿接待、观光采摘、特色

餐饮、休闲度假和生态健身等多种形式的乡村旅游产品项目,但多数观光农业项目仅停留在初级阶段,旅游活动形式单一,缺乏真正有吸引力的项目。二是经营理念亟待转变,缺乏专业人才的指导和市场经营的理念,旅游产品档次普遍较低,比较看重菜品质量、味道和价格,而对吸引游客至关重要的一些因素(如特色、环境、服务等)关注不够。三是经营方式趋向多元化,但没有明确的行业规范。乡村旅游经营方式从农民自主经营逐渐转变为村集体经营、农户自主经营、政府主导经营、混合经营等多种经营方式,但对经营者服务质量要求、从业者经营范围与活动内容的核定等没有统一的规范标准,造成项目建设随心所欲,从业人员无序竞争和乱收费等现象随处发生。

3. 规范发展阶段(2003—2006 年)

2003 年,北京市政府制定和实施了推进北京郊区农业现代化发展的"221行动计划"①,为乡村旅游的发展指明了方向,北京市乡村旅游的发展进入了规范发展阶段。这一时期北京市乡村旅游的主要工作表现在两个方面:一是相关标准逐步完善;为支持乡村旅游发展,加快农民增收致富步伐,市农委、市旅游局会同相关部门,先后制定了乡村旅游评定标准(试行)和扶持政策。2004 年,市旅游局联合市发改委、市农委联合制定了《北京市"十一五"时期乡村旅游发展规划》。2005 年,市旅游局会同市农委在《北京郊区民俗旅游村(户)标准(试行)》的基础上,对《乡村旅游民俗旅游村(户)等级划分与评定》进行立项,经过了反复调研、专家论证,于同年 6 月 1 日正式颁布实施。二是市场竞争逐步规范。由于相关标准的制定,这一时期的乡村旅游逐步走上"有序化发展"的道路。

4. 品质提升阶段(2007—2010 年)

为促进乡村旅游的结构优化与品质升级,北京市于 2007 年推出了 24 条乡村旅游精品线路,以满足市民京郊一日游、两日游需求,市场价格在 80～150 元不等,并指定专门的旅行社进行产品经营,保证服务及游览质量,从而逐步带动全市乡村旅游的整体提升。这一时期北京市乡村旅游的主要特点表现在四个方面:一是高起点管理。北京市在全国率先制定了自律性《北京市乡村旅游管理体制》,用以规范和指导乡村旅游业的发展。二是高标准规划。从

---

① 所谓"221 行动计划",即摸清市场需求和农业资源这两张底牌;建好科技和资金这两个支撑;在摸清两张底牌、抓好两个支撑的基础上搭建一个农产品信息平台,建立沟通生产者和消费者的桥梁。

2007 年开始，北京市旅游局先后完成了《北京市乡村旅游产业发展规划》、13 个区(县)的"一区(县)一色"旅游特色功能定位、33 条"一沟(带)一品"的沟(带)地域乡村旅游规划和 57 个村庄的乡村旅游创意策划。三是高视角审视。为促进北京市乡村旅游的升级换代，北京市逐步发展乡村旅游新业态，制定了养生山吧、山水人家、国际驿站、休闲农庄、乡村酒店、生态渔村、民族风范、采摘篱园八个乡村旅游新业态标准，成为全国首批乡村旅游新业态地方标准。四是高质量建设。北京市规划建设了一大批投资规模大、旅游品质高、市场前景看好的旅游项目，其乡村旅游逐步走上了品牌化的发展道路。

5."京郊旅游"阶段(2011 年至今)

2011 年 4 月，经国务院批准，北京旅游局正式更名为北京市旅游发展委员会，成为北京市政府组成部门之一。同年北京旅游发展委员会提出"京郊旅游"概念，从乡村旅游到京郊旅游，不仅仅是一个名词的变化，更是一种品质的提升。2011 年，北京市出台《关于加快推进京郊旅游发展的指导意见》，突出北京都市旅游和京郊旅游并举的两大旅游格局，将在区域开发、环境建设、品牌培养、宣传推介、素质提升五个方面 10 个大项的重点工程，建设一大批投资规模大、旅游品质高、市场前景好的旅游项目，使乡村旅游逐步走上品牌化的发展道路。北京乡村旅游业态类型及其发展模式见表 1。

表 1　北京乡村旅游业态类型及其发展模式

业态类型	发展模式	定义	代表村落
国际驿站	民居功能拓展模式	居民以整体租赁形式将房屋使用权转让，受让者对房屋进行改造，使其具备居住和乡村旅游接待双重功能的一种乡村旅游发展模式	怀柔区慕田峪村、朝阳区高碑店村、顺义区白各庄意大利农庄、昌平区德陵村
生态渔村	品牌餐饮模式	指某一特定乡村旅游地以品牌化的特色餐饮作为吸引游客的主要手段，从而推动乡村旅游发展的一种模式	密云区生态渔村、怀柔区杨树下村
采摘篱园	都市农业	是指在临近都市地区，依托高科技农业和各种乡村景观，发展集高科技展示、科普教育、休闲、观光等功能于一体的乡村旅游的一种模式	来广营乡的朝来农艺园、昌平小汤山镇的现代农业科技示范园
山水人家	生态环境示范模式	是指在具备良好生态环境的乡村，以生态环境作为旅游吸引物，开发观光、休闲、度假旅游产品，促进乡村旅游发展的一种模式	密云区石塘路村、怀柔区夜渤海、昌平区郑各庄村、昌平区香堂村

业态类型	发展模式	定义	代表村落
养生山吧	景区依托模式	是指依托旅游景区（点）开展乡村旅游，把附近旅游景区（点）的部分服务功能分离出来，吸引周边农民参与旅游接待和服务，并融入一些乡情活动，从而促进农民增收致富和周边乡村发展的一种模式	海淀区车耳营村，房山区十渡镇，房山区中英水村，怀柔区不夜谷、红螺寺村
休闲农庄	休闲农庄模式	是指占地100亩以上，以农业生产和乡村生活为依托，以农耕文化为核心，利用田园景观为游客提供乡村生产生活休闲体验以及住宿、餐饮等基本服务设施的经营主体	通州区禾阳休闲农庄、通州区天地和庄园、昌平区中科捷奥休闲农庄
乡村民宿	乡村酒店模式	是指具有休闲、娱乐、求知、教育功能的综合性旅游住宿单位，是将农业景观、生态景观、田园景观与住宿、餐饮设施进行结合，能够为游客提供乡村休闲体验的经营主体	昌平区金利牡丹园、昌平区雪雅小庄、昌平区鲜果乐园
民俗风情	民族风苑模式	是指少数民族农村地区，以独特的民族风情为基础，大力改善基础设施和旅游接待设施，引导少数民族农民参与旅游开发，促进乡村旅游发展的一种模式	怀柔区七道梁正白旗村、怀柔区项栅子正蓝旗村
村落景区	古村聚落模式	是指以浓厚的古村聚落文化和特色古村聚落建筑为核心吸引物，以保护为主，因势利导开发旅游，促进乡村发展的一种模式	门头沟区爨底下村、门头沟灵水村、门头沟琉璃渠村、门头沟沿河城村
文化旅游	创意产业模式	是指依托乡村地区良好的生态环境和发展创意产业所形成的氛围，开发艺术家社区等具有鲜明创意产业特色的乡村旅游产品，并带动当地乡村旅游业发展的一种模式	通州区宋庄镇、昌平区下苑画家村

(二)京郊乡村旅游的空间分布特征

北京乡村旅游规划主要由北京市农委和北京市旅游发展委员会共同起草，其中北京市旅游发展委员会负责市级民俗村项目，北京市农委统筹农业观光园项目，因此本研究所指的乡村旅游主要指市级民俗村及农业观光园项目，统计指标涉及民俗旅游户及农业观光园数量、从业人员、接待人次及旅游收入等，市级民俗村名录数据来自北京旅游委官网。农业观光园是指从事观赏、采钓、垂钓、休闲、体验、旅游等观光功能的农业生产经营单位，以及依靠农业资源聚集并带动起来与观光活动连为一体的配套餐饮、住宿、健身、娱乐等服务单位，具体包括观光种植园、观光养殖园、观光垂钓园、观光采摘园、观赏园和大型综合性观光园等。民俗旅游户是指在行政村内从事农业观光、采摘、垂钓、烧烤、娱乐、住宿、餐饮等活动的民俗旅游接待户数。

在旅游业带动农村就业方面，农业观光园发挥着重要的作用，主要表现为农业观光园的产业化运作方式需要大量劳动力，这种方式恰好与农村闲置劳动力相适应，能够实现本地就业转化，如大兴、平谷及昌平地区的旅游从业人员远高于其他地区。从京郊乡村旅游接待人次来看，呈现景区带动效应明显的特征，远郊区县旅游接待人次高于近郊地区，除延庆地区民俗旅游接待人次较高以外，怀柔、密云、平谷、房山等地民俗旅游及农业观光旅游接待人次持平，而距离城中较近的昌平、顺义、朝阳、大兴、通州等区县农业观光旅游接待人次偏高。从京郊旅游收入来看，延庆地区旅游收入远高于其他各区县，主要又到长城景区的带动效应明显，特别是近年来冬季用冰雪旅游的推广，使延庆地区民俗旅游避免了季节性给经济收入带来的影响，其他郊区县则表现为农业观光园旅游收入高于或持平于民俗旅游收入。从数量分布上来看，北京乡村旅游呈现出"近郊农业观光，远郊民俗旅游"的分布趋势，即越靠近城区的地方，农业观光园的数量越多，越是远离城区的地方，则是以民俗旅游经营为主。在北京朝阳、顺义、昌平、通州、大兴等近郊区县主要以农业观光园为主，而在怀柔、延庆、门头沟、房山、密云、平谷等距离城区相对较远的区县则是以经营民俗旅游为主。

以2014年公布的市级民俗村名录为依据，目前市级民俗村落主要聚集在房山十渡镇区、怀柔雁栖镇和怀北镇、密云石城镇、平谷金海湖和黄松峪、延庆长城文化带、门头沟妙峰山和潭柘寺等地区。其中怀柔、密云交界处为自然风光带，延庆为长城文化区，房山为自然山水景区，平谷以农业观光区为主。从地理区位来看，密云依靠良好的生态植被，以黑龙潭、云蒙山、古北口长城(古北水镇)等为代表吸引大量游客。平谷地区的民俗旅游主要以休闲观光农业为主，以镇罗营和黄松峪为代表的休闲观光农业是该区的主要民俗旅游吸引物。怀柔地区的民俗旅游发展主要依靠京加路沿线旅游景区观光带来推动整个区县发展。房山及昌平地区的旅游发展近年来有落后趋势，主要原因在于资源优势不明显，房山地区的旅游资源还是集中在十渡镇，但由于近年来景区环境恶化，游客重游率降低。

旅游从业人员收入和游客消费水平能够反映出社区接待能力（见图1和图2）。从近年来民俗旅游从业人员人均收入和游客的人均消费情况来看，旅游业呈逐步下滑趋势，虽然游客的人均消费整体上有上升趋势，但人均消费数额仍不足百元，说明大量游客无停留、无消费，以观光休闲为主。如目前北京很多在线旅游网站推出的旅游产品大多为一日游产品，这类产品使游客消费集中在景区娱乐项目上，社区以餐饮接待为主，旅游收入十分有限。近年来，北京户外旅游市场呈蓬勃发展趋势，旅游目的地多是未开发地带，虽有

单位：元

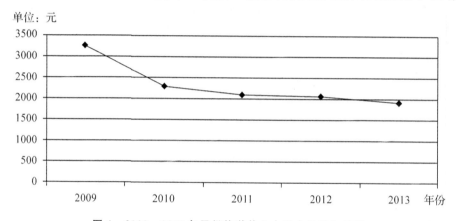

图1　2009—2013年民俗旅游从业人员人均收入情况

单位：元

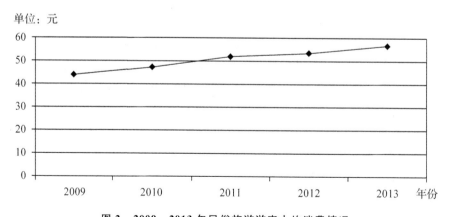

图2　2009—2013年民俗旅游游客人均消费情况

大量"驴友"前往，但周边社区因不具备旅游接待能力，抑制了旅游消费。因此，从旅游市场消费来看，京郊乡村旅游市场呈现消费过剩与消费不足两极化趋势，消费项目上呈现结构性失调。目前经营较好的市级民俗村主要依托于景区，以经营住宿及农家饭为主，但整体重游率不高，导致旅游产品生命周期更新换代较快，缺乏真正吸引市场的旅游产品。

2015 年，中央经济工作会议将"供给侧改革"提到前所未有的高度，这也是当前国内经济结构转型的关键所在，强调以推动机制创新为切入点，以结构优化为侧重点，着力从供给端推动中国新一轮改革，有效化解需求端"滞胀""中等收入陷阱"等潜在风险。对于京郊地区而言，"供需失衡"是影响乡村旅游发展的主要障碍，需求侧是具有国际化趋势的旅游消费市场，而供给端则是国内发展相对落后的乡村旅游，京郊乡村旅游产品单一和缺乏创新是影响旅游市场消费的主要因素，在此发展背景下，提升旅游供给侧旅游社区的能力势在必行。

二、乡村旅游社区能力建设的技术框架

(一)社区能力建设及乡村旅游社区能力建设

1. 相关概念辨析

(1)社区、旅游社区及乡村旅游社区。

"社区"这一术语是德国社会学家滕尼斯(Tonnies)于 1887 年在其著作《社区与社会》中首次使用的，后来被美国学者译为"community"。1993 年，费孝通等人创造性地将"community"译为"社区"。① 目前学界对于"社区"的界定已经有两百余种，但普遍认为社区具有两个根本属性：地理空间和社会群体。1955 年，美国学者 G. A. 希莱里(G. A. Hillery)对已有的 94 个关于社区定义的表述做了比较研究，其中有 69 个定义的表述中都包括地理区位、共同的纽带及社会交往三方面的含义，并认为这三者是构成社区必不可少的共同要素，即把社区视为生活在同一地理区域内、具有共同意识和利益的社会群体。由于中西方社区形成的历史背景、沿革及目标的差异，对中国乡土社会问题进行研究时还应考虑社区生产方式及制度方面的因素。因此本研究借鉴刘君德等学者对社区的定义，并进行相应的延伸，认为社区是指居住在特定地域的

---

① ［澳］Peter E. Murphy, Ann E. Murphy 著，陶犁等主译：《旅游社区战略管理：弥合旅游差距》，天津：南开大学出版社，2006 年。

人们在生产生活过程中，通过遵守社区内部各种正式及非正式制度所形成的社区共同体①，具体包括四个因素：①地域范围。即居民进行生产活动的地理范围，具体包括住房、农用地、公共服务设施、公共空间及公共资源等内容。②社区主体。一定数量的行为活动主体，如居民、企业、地方政府等。③生产及生活方式。社区居民赖以生存的生产方式，以及由此而展开的生产生活活动空间。④正式制度及非正式制度。其中正式制度主要指各种制定的法律、法规、政策、规章、契约等，如《农村土地承包制度》《农民专业合作社法》等；非正式制度主要包括价值信念、伦理规范、道德观念及风俗习惯等，如婚丧嫁娶、民俗节庆等。其中地域范围是社区存在的前提，生产及生活方式是社区的根本属性，制度是社区主体之间交往的行为准则。

乡村社区又称农村社区，是以农业活动为基础聚集起来的人们生活的共同体；旅游社区是指旅游目的地、旅游风景区及其周边与旅游活动关系较为密切的社区，其中旅游业及相关配套产业是社区主导产业；而乡村旅游社区则是以旅游业为主导或受到旅游活动的影响，聚居在一定乡村地域范围内且彼此之间存在某种互动关系和文化关联的人群所组成的社会生活共同体；乡村旅游社区既具有乡村社区的地理区位特征，又具有旅游社区的产业特征（如图3所示），即乡村旅游社区是以旅游业及其相关产业为主导的乡村社区。其本质属性仍为乡村社区，但随着旅游业的发展，乡村社区的产业结构由原来的农业、工业或制造业转化为以旅游业为主的产业发展模式，由此乡村社区景观、社会关系及社区制度都随之发生相应的改变。

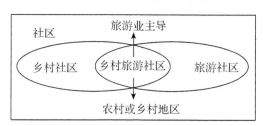

图3 乡村社区、旅游社区及乡村旅游社区的差异

（2）能力、社区能力及社区能力建设。

能力是表征主客体相互作用的范畴，主要有"潜能说""动态知识技能说"

---

① 刘君德、张玉枝：《社区分化—整合运动一般规律探讨》，《人文地理》，1997年第2期。

"个性心理特征说"等；建设是指多元行动者通过主动的努力使事物向积极方向发展的过程①。总体来说，能力建设的是一个从潜在到现实、从无到有、从片面到全面的动态发展过程；其实质是人的综合素质在现实行动中表现出来的实际本领和能量，而具有一定素质的"主体人"和客观的"人的活动的现实展开"是影响主体能力发挥与实现的两个重要因素。因此"人"（能力的主体承担者）和"人的行动的现实展开"（能力发挥和实现的手段），便构成能力建设的两个基本方面或基本维度。

社区能力是社会政策的一个新兴领域，通常作为一种反贫困的政策手段被政府、机构或团体进行推广和应用。一般情况下，政府根据自身的经济、社会和政治议程需要来资助和扶持社区发展，这种自上而下具有普遍性的发展方式往往会忽视社区自我发展能力，资助项目或计划无法善始善终，结果导致"越扶越贫"。另外，西方学术界在社区研究方面强调社会网络和社会资本转向，即社区发展实践要重视资产和能力建设的方法，资产建立以"增强为本"的价值理念，旨在发现及重新肯定个人能力、天赋、智慧、求生技能及志向，以及社区的共同财产和资源，其根本是将社区主体视为具有主观能动性的主体，认为社区主体能够运用社区资本和社区网络关系来实现社区自我发展。如果社区缺乏自我发现与解决问题的能力，政府的公共政策也难以高效地运行，不仅社区本身得不到切实利益，而且会造成资产的浪费。在这样的双重背景下社区能力的概念应运而生。基于对"社区"的理解，社区能力既可以视为一个目标，又可以看作实现目标的过程。国内学界对社区能力建设持有两类观点：一种观点是将社区能力建设等同于社区发展，认为社区能力建设是通过人力资本投资、社会资本培育及组织建设等手段来提升社区各方能力，其实质是实现社区发展的目标；另一种观点认为，社区发展与社区能力建设之间存在着本质区别，社区发展是一个更宽泛的概念，而社区能力是社区发展中具有战略意义的组成部分，是社区持续发展的动力。本课题对社区能力的界定与第二种观点更为相似，但更强调社区自治或自组织能力。"自组织"的概念首先由康德提出，他认为自组织即自然事物的各部分都是为了其他部分和整体而存在的，各部分相互作用、彼此产生而形成整体。因此本研究对社区能力的界定是：随着社会环境的变化，社区主体、组织或机构通过自身努力能够与其他社会组织协调共生、消除分歧、调解冲突、增进信任，促

---

① 韩庆祥、雷鸣：《能力建设与当代中国发展》，《中国社会科学》，2005年第1期。

进社区组织结构、机制、功能不断优化，进而实现自我生存、逐渐完善、不断壮大的能力。具体包括：①社区主体的资源配备与专业技术能力；②整合社区资源与凝聚社区共识的能力；③化解社区冲突与促进社区和谐的能力；④社区主体自我适应与现实创新的能力。

　　将能力建设应用于社区实践发展领域，便是社区能力建设的目标和方针。综合来看，社区能力建设也可以分为两个方面：社区主体能力建设和社区环境营造。社区能力建设的主体是多元的，可以是人或组织，其中能力又可以分为劳动实践和专业技术两个层次。社区环境营造既可以成为促进主体能力发挥的有利因素，又会成为其阻碍因素，具体包括体制、组织、管理和制度四个方面，其中体制是能力建设的前提，组织是能力发挥的载体，管理是能力建设的基础，制度是能力建设的保障。社区能力建设就是一系列有利于主体能力发挥及主体能力所依赖的客观环境的持续、动态的发展过程①，具有实践性、系统性及人文性的特点。实践性是指主体需要在解决社区公共事务的过程中提高自身的能力，脱离实践性，能力的提高也就失去了依托；系统性是主体与客体之间相互作用的结果，也包括作为主体的人和组织之间的相互影响；人文性是指能力发挥是嵌入在一定的社区关系中，即受社区关系的制约，良好的社区关系反之推动主体能力发挥。

　　2. 旅游社区能力建设

　　随着游客的到来，旅游社区开始面临环境污染、交通堵塞、居民收入差距扩大等负面影响，这些问题的解决都离不开社区的有效参与。因此有学者借鉴西方社区参与理论，提倡在旅游决策、开发、规划、管理、监督等旅游发展过程中，充分考虑社区的意见和需要，并将其作为开发主体和参与主体，以保证旅游业的可持续发展。但在实际案例中，社区居民往往因为缺乏对资源的控制权，导致社区居民"形式性参与"，居民的诉求得不到重视，社区参与效果大打折扣。社区增权（empowerment）理论的提出则是将居民权利作为目的，提出从经济、心理、社会及政治四维度来提升居民的"权利感"②。其中，经济增权是指居民能够借助旅游业实现经济收入的提升；心理增权是游客对社区文化价值的认可，使社区成员的自尊心增强；社会增权是指社区凝

---

　　① 徐延辉、黄云凌：《社区能力建设与反贫困实践——以英国"社区复兴运动"为例》，《社会科学战线》，2013年第4期。

　　② 孙九霞：《赋权理论与旅游发展中的社区能力建设》，《旅游学刊》，2008年第9期。

聚力的提高；政治增权是指社区居民拥有发展意见或观点，并最终参与决策的权利。社区增权的最终目的是使社区居民在与其他利益相关者合作的过程中，具有与其主体能力相匹配的权利，并最终满足自身发展的需要。无论是社区参与还是社区增权，其最终目的都是为了调动社区主体的积极性，充分利用政府政策优势，发挥基层自治的优势，最终实现社区自身能力的提高。

旅游社区能力建设的目的也是为了激发旅游社区成员或组织的潜在能力，更好地参与旅游发展，使主体能够在外界的干预和帮助下，主动开展能力培养、组织、管理和创新的活动过程。其实质是以社区自我发展为核心，政府扶持为辅助，企业创新为动力，以旅游业可持续为目标的持续动态发展过程。具体来讲，旅游社区能力建设对能力主体和社区环境都提出了要求，其中主体的能力包括旅游资源配备和旅游组织协调能力，社区环境营造包括与旅游业发展相关的制度完善和改革创新能力。基于旅游目的地所处的生命周期不同，旅游社区能力建设重点会有所不同。

3. 旅游社区能力建设的必要性

(1)旅游社区能力建设是旅游可持续发展的重要内容。

大量实证研究都表明旅游业能够为乡村地区经济发展做出重要贡献，但随着旅游目的地社区游客的日益增多，社区的相关问题也暴露无遗，包括基础设施的季节性闲置或超负荷运转，道路交通的拥挤，生态环境的破坏与污染的加剧，社区居民的消极、冷漠甚至激烈对抗等，这些旅游业负面影响引起社会的广泛关注，成为一个世界性难题。1997年6月，世界旅游组织、世界旅游理事会与地球理事会联合颁布了《关于旅游业的21世纪议程》，明确提出将居民作为旅游业发展的关怀对象之一，并把居民参与作为旅游发展中的一项重要内容。因此要破解难题的关键就是旅游社区能力建设，具体体现在社区资源配备与调控、组织管理与协作和产品提升与创新的能力。

(2)旅游社区能力建设是旅游目的地建设的关键所在。

与城市旅游目的地有所不同，乡村旅游目的地通常是以社区为单位来管理，因此在旅游者眼中，"乡村旅游目的地"体验本身就可以看作一项"旅游产品"。传统意义上的旅游产品设计活动，通常以某群体的个性需求为导向，目标指向性明确，更容易为人所控制。而旅游目的地作为一个复杂系统，在产品组合与设计过程中涉及多元主体及制度约束，往往因各主体间权利职责不明确，旅游要素资源不能在社区内部自由流通，并最终导致旅游产品失去市场优势。以北京郊区市级民俗村为例，依托"国际化大都市"旅游消费市场的优势，因缺乏有竞争力的旅游产品导致市场吸引力不足；而社区能力则是影响旅游产品竞争力的主要因素，具体体现在村民自身经营能力、社区资源整合能力、企业创新带动能力、政府统筹规划能力等多个方面，社区能力的缺失最终导致许多市级民俗村经营惨淡。

（3）旅游社区能力建设是乡村旅游发展中的薄弱环节。

国务院发布的《关于进一步促进旅游投资和消费的若干意见》中提出要坚持乡村旅游特色化、个性化发展，是对乡村旅游发展过程中出现各种问题的积极回应。目前影响乡村旅游发展的制约因素主要有居民自身能力、社区主体间利益纷争及缺乏规范化管理等，这些因素直接导致旅游产品创新不足、旅游提升规划无法推进及游客体验质量下降。原因在于没有营造一个良好的旅游社区创新环境，如乡村旅游业发展是市场引领在先，如果不引进社区精英及营造良好的企业创新环境来学习先进的技术及经验，其最终结果就是被市场所淘汰。

（二）旅游社区能力建设战略框架

1. 旅游社区的资源配备能力建设

旅游社区资源配备能力是旅游社区发展初期建设的重点，其中资源范围包括旅游资源、人力资源、产业要素及基础设施等方面。配备能力是指各社区参与主体需具备专业技能来满足旅游业发展需求，如社区的旅游资源开发与规划能力、旅游从业人员的服务知识与技能、社区组织是否具备食住行游购娱等全要素接待能力、社区内部的基础设施建设能否满足游客及社区居民的需求能力；只有将资源和能力匹配才能为社区旅游业发展奠定良好的基础。

2. 旅游社区的组织协调能力建设

旅游社区的组织协调能力是指社区组织以旅游业发展为目标，对旅游业相关资源进行分配和控制，激励和协调社区群体活动，使之相互融合，从而实现组织目标的过程。其中旅游活动的协调工作主要由不同的社区组织来承担，如旅游产品内容的深化、旅游市场拓展与营销、旅游业全要素整合与提升、社区内部环境改造等，因掌握资源和支配权利的差异，社区组织的职责会有所不同。但从整体上来看，如何协调社区内外部资源、调动广大成员的积极性、解决社区冲突问题、进行社区整体规划与开发，从而实现社区组织利益最大化，是社区组织协调能力在社区发展过程发挥作用的重要体现。

3. 旅游社区的制度完善能力建设

旅游社区制度完善的目标是在制度上保证社区各主体具有与其行动或能

力相匹配的权利。在旅游社区经常出现社区组织或成员不作为的现象，导致旅游业负面影响加剧，原因是缺乏某种利益机制来激发社区活力，因此需要相应的制度完善来刺激广大成员的积极性和主动性。制度完善的目标在于：第一，改革与完善不合理制度，解放被压制的社区主体能力，如社区精英对社区发展的示范带动作用；第二，设立新的规章制度完善社区发展，如成立公司制的民俗旅游合作社，管理层可以采用外聘的形式，吸引具有丰富经验的旅游景区或旅行社管理人员来指导社区旅游业发展，并制定相应的规章制度来激发社区活力和创新力。

4. 旅游社区的改革创新能力建设

旅游社区的改革创新能力是指旅游社区对旅游产品的更新换代和旅游目的地形象的重新塑造，以及采用引进新技术、新方法或新理念管理旅游社区公共事务的能力。改革创新的目的在于对社区内外部资源和管理理念进行改造或提升，使其满足不断变化的旅游市场需求，保证游客持续稳定的增长。在具体实践中需要拓展思路，除了旅游产品的升级换代，还需要挖掘社区文化价值，将传统文化与新技术结合，以多元文化体验适应旅游市场的休闲化趋势，如将民宿、艺术、科技相结合，创造既具有观赏价值，又具有居住功能的特色乡村民宿。

表2　旅游社区能力建设的四个维度及解释

旅游社区能力建设	资源配备能力	旅游社区应具备旅游业发展所需的基本条件，即除了要有吸引游客的旅游资源以外，还要具备满足游客在食住行等方面所需要的产业要素，主要包括旅游食宿接待能力、旅游吸引物、旅游从业人员知识及技能、旅游基础设施建设等
	组织协调能力	旅游社区组织合作解决旅游业发展过程中存在问题的能力，试图通过组织能力、组织环境及组织网络的培育来进行旅游社区能力建设，包括旅游产品设计、旅游市场营销、旅游产业链条整合、社区环境建设等
	制度完善能力	旅游社区通过完善旅游业各项规章制度，解决旅游业发展的负面影响及社区冲突的能力，从而保证旅游目的地可持续发展，包括社区参与制度、利益分配机制、问题评估与解决机制、旅游规划与协调能力、利益相关者合作网络等
	改革创新能力	旅游社区能够突破发展困境，不断改革创新的能力，包括旅游产品改革创新、旅游目的地形象再定位、新技术和新理念的引进等

(三)旅游社区能力建设的实践路径

在旅游社区发展起步阶段,游客通常还未形成市场规模,社区的旅游要素配备还不齐全,基础设施也仅够满足社区内部成员的需求,不能承载扩大市场的需要。因此在发展初期,需要从挖掘旅游资源吸引力、旅游产业要素配备、旅游从业人员知识技能及旅游基础设施建设等方面提高旅游社区能力,使其满足基本的旅游发展需求。在实践中应从以下几个方面提升社区能力:(1)基于区域和市场的角度,按照独特性和个性化原则挖掘社区内部可以作为旅游吸引物的自然或文化资源;(2)按照旅游"六要素"完善社区旅游功能,从餐饮业、住宿业、旅游交通、旅游景点、娱乐项目、旅游纪念品角度来提升旅游从业人员技能水平,优化社区对外交通,提升旅游产品内涵等;(3)完善社区内部水、电、交通等基础设施,使其不仅满足社区居民的需要,而且满足外来游客的需求。

随着旅游业的迅速发展,大量游客的出现使社区超负荷运转,导致社区公共场所的环境污染和交通拥挤。旅游业各利益主体往往只关心个人利益,不能从全局出发看待社区整体利益,各利益团体出现各自为政的局面。因此需要政府或旅游相关管理部门出面协调,才能保证社区公共资源的合理开发与利用。具体措施:(1)由相关部门负责旅游社区形象及旅游产品的对外宣传与营销,提升旅游市场吸引力;(2)将旅游社区作为旅游目的地进行统筹规划与开发,合理配置社区土地、房屋等公共资源,以及引进与旅游发展项目相匹配的外资驻入;(3)针对社区利益相关主体之间的矛盾问题出面协调,明确各主体之间的职责与公共资源的使用权利范围,营造可持续的旅游社区关系网络。

随着社区传统文化商品化和旅游资源的过度开发,社区公共资源严重枯竭,社区成员因资源的公共属性往往无节制、过度使用,导致社区出现各种环境污染和资源浪费问题,学术界将这种现象称为"公地悲剧"①。除了与个人利益密切相关的事情外,社区成员很少参与社区公共事务管理。究其原因在于对社区管理制度的不满,心理诉求得不到合理解决时,最终采取"沉默"

---

① "公地"作为一项资源或财产有许多拥有者,他们中的每一个都有使用权,但没有权力阻止其他人使用,而每一个人都倾向于过度使用,从而造成资源的枯竭。之所以叫"悲剧",是因为每个当事人都知道资源将由于过度使用而枯竭,但每个人对阻止事态的继续恶化都感到无能为力,而且都抱着"及时捞一把"的心态加剧事态的恶化。公共物品因产权难以界定而被竞争性地过度使用或侵占是必然的结果。

的方式应对，因此必须从制度完善上解决社区缺乏活力的问题。(1)建立"社区民意"通道，完善社区民意的反馈渠道，为社区居民提供了解旅游政策、反映旅游经营诉求的窗口；(2)选拔热衷于公共事务管理的旅游精英群体担任社区要职，起到示范作用带动社区居民共同发展；(3)完善对话协商机制解决社区利益主体间的冲突问题，切实保证社区成员利益。

在旅游业经历过探索、迅速发展及逐步成熟阶段后，社区面临旅游产品缺乏创新、旅游活动单一，或者其他社区开发出新的旅游产品导致游客分流等问题，导致社区游客数量急剧下降，社区旅游业开始衰退。旅游社区组织需要引领创新、拓展思路，引领全体成员走向新的变革之路。(1)深化旅游产品内涵，吸引有实力的旅游企业入驻，依托新的旅游开发项目，形成新的旅游增长极；(2)重塑社区形象，以增加旅游地整体氛围为原则，可以适度增加有吸引力的人为景观，使旅游地重新焕发生机；(3)旅游产品的重新组合，强调以新的产品体验和服务来丰富原有产品及配套设施，克服原有产品的弱点，全面提高品位和档次。基于不同旅游发展阶段的社区能力建设实践路径见图1。

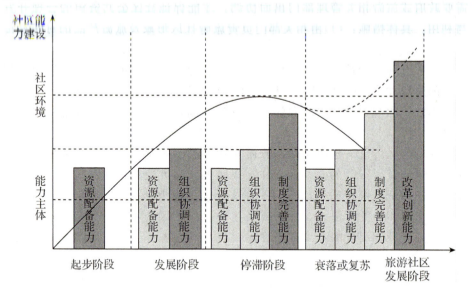

图4　基于不同旅游发展阶段的社区能力建设实践路径

192

三、京郊乡村旅游社区能力建设现状及存在的问题

(一)京郊乡村旅游社区资源配备能力建设

1. 旅游资源开发与评价——京郊旅游资源现状分析

北京郊区旅游资源主要有山水风光、历史古村、民俗节庆、特色餐饮、果园采摘等多种类型,另外还有宠物、家具及温泉等一些特殊业态类型。其中,以十渡风景区、龙庆峡等自然景观为代表的旅游资源更受市场欢迎。随着新的旅游资源的不断涌现,如古北水镇、百花山、百里画廊等景点正受到市场的追捧,而诸如延庆水长城、密云桃源仙谷、黑龙潭、怀柔青龙峡等一些开发年代较早、产品缺乏更新换代的旅游景区正面临日益衰落的境况。首先,从旅游资源类型来看,京郊可利用的旅游资源以自然景观和果园采摘为主,人文历史遗迹较少,因此造成产品同质化竞争;其次,在旅游资源零散分布和游客闲暇时间有限的双重约束下,旅游产品应遵循深度体验的原则进行开发与设计,否则难以获取市场关注度;最后,同质化旅游产品竞争导致市场吸附力较低,以自然景观为例,密云的黑龙潭、怀柔的青龙峡、延庆的龙庆峡等虽然处于不同的地方,但景区内活动内容极其相似,很难让游客产生新的体验,导致重游率下降。特色餐饮和果园采摘方面更是如此,各地没有形成自己的特色品牌,旅游体验活动雷同,很难引起市场共鸣。北京市市级民俗村旅游资源统计,见表3。

表3　北京市市级民俗村旅游资源统计

市级民俗村	业态类型	核心旅游资源	配套旅游资源
朝阳区高碑店村	文化体验游、民俗节庆游	明清古典家具一条街	高碑店古典家具文化节、金秋文化节、木质旅游纪念品
海淀区管家岭村	"采摘篱园"休闲农业	龙潭谷景区、明代青龙山朝阳院遗址、桃园观	中国书院村、冰湖沟、月儿水库
丰台区南宫村	国际化花园式旅游小镇、地热科普游、温泉健身游	南宫旅游景区的地热博览园、南宫温泉水世界等	特种水产养殖基地、花卉特菜培植基地、绿化苗木基地等
门头沟爨底下村	历史文化名村	古村落民居	转灯游庙、蹦蹦戏、耍中幡、民间说唱等传统习俗,与院校合作写生摄影等

市级民俗村	业态类型	核心旅游资源	配套旅游资源
门头沟赵家台村	特色餐饮	"饺子宴"	明清古地道、采摘观光园、潭柘紫石
房山区水峪村	历史文化古村	杨家大院、古树古碾	中幡、物质文化遗产、京枣
房山区四马台村	乡村观光游	白草畔	鲲鹏峡谷、全民运动会、青少年文化体育活动等
通州大邓各庄	宠物犬养殖	北京 CKC 国际宠物俱乐部	国际宠物嘉年华、养犬人培训班
顺义区柳庄户村	生态旅游	农活体验园、翠柳垂钓园	葡萄酒庄、蔬菜大棚、草莓采摘
昌平区康陵村	特色餐饮	康陵宫、正德春饼宴	林果业
昌平区麻峪房村	乡村观光游	碓臼峪自然风景区、双龙山自然风景区	山栓、山、优等里川
大兴区巴园子村	采摘旅游	采摘园、垂钓园	满族餐饮八碟八碗
大兴区梨花村	农业观光	梨园十景、"金把黄"鸭梨	梨花文化节、采摘节、吵子会、葫芦烫画
平谷区老泉口村	农业观光	老泉山野公园	果园采摘
平谷区玻璃台村	自然风景游	玻璃台自然风景区、仿古村落	"八大碗"、八宝吉祥文化
怀柔区超梁子村	农业观光	天河兔宴	果园采摘
密云区古北口村	历史文化古村	杨令公庙、三眼井、七郎坟	满族及回族小吃、观光及赏灯文化
密云区司马台村	特色古镇游	古北水镇	无
延庆区长寿岭村	乡村观光游	百里画廊	围棋文化
延庆区柳沟村	特色餐饮	豆腐宴	无
延庆区古城村	自然风光游	龙庆峡	古城文化

2. 旅游社区人力资源建设——市级民俗户专业技能培训

随着年轻和较高文化水平的农村劳动力大规模外移，社区现有农业劳动者素质呈结构性下降的趋势。目前北京郊区的民俗户以年老的中小学教育程度劳动者居多，劳动能力和知识文化水平是制约民俗旅游发展的最主要因素，直接影响先进技术的引进和现代经营管理知识的传播。与国内其他城市的乡村旅游有所不同，京郊乡村旅游是在政府和市场双重因素驱动下成长起来的一种发展模式，农民的经营意识普遍淡薄。通常是各类在线网络公司派专员下乡去民俗户家中介绍其产品业务内容，民俗户缺少主动进行网络经营的意识。除此以外，民俗户的酒店经营理念、餐饮质量方面都还存在问题，如服务意识不强、菜品及口味都还不能满足经营的要求。发展乡村旅游业，意味着农民要从种庄稼转移到服务满足旅游者，而农民很难适应新的角色定位，因此开展乡村旅游培训是最为迫切的任务。目前京郊乡村旅游培训的形式主要有：委托于设置旅游专业的高等院校；通过招标选择具有资质的培训机构；农业部、国家旅游局、各省市旅游和农业部门组织乡村旅游和休闲农业公益性培训活动；各区县及基层政府积极组织村干部及民俗户外出参观与学习等。

北京市旅游发展委员会出台的《乡村民俗旅游户等级划分与评定》方案中，根据质量等级将民俗旅游户自高而低分为五个星级，并对合法经营、服务场地、环境保护、服务及安全等方面都提出了相应的要求。市评定委员会统筹全市民俗旅游户的评定工作，授权并督导区（县）评定委员会开展民俗旅游户等级评定，该工作每年组织一次，由各民俗户自愿申请，区县评定委员会进行现场考察和打分评定，形成评定报告报市评定委员会备案。标准的制定意味着能力的提升，针对农民经营意识薄弱的问题，需要开展培训教育工作，主要采用的方式是"请进来""走出去"及"互相观摩"。

（1）请进来——请专家到本地讲课。专家主要包括高校里的学者、教授，也应该包括从事乡村旅游规划、管理咨询的专业人士和从事行业管理的政府官员等。充分发挥各界人士的专长，使培训课既有理论深度，又契合实际需要。培训内容以经营理念、烹饪、英语对话、房间整理等服务技能为主，既切合实际又广为受用，不仅提高民俗户的学习积极性，同时也从整体上提高了民俗户的对客服务水平。

（2）走出去——对文化水平有限的民俗经营户来说，"百闻不如一见"，走出去现场参观考察，有更加直接的效果。例如，到国家旅游局评定的"乡村旅游与休闲农业示范县"，各省市"星级休闲农庄""乡村旅游示范点"参观学习，通过当地部门带领参观、讲解并安排交流活动，扩大民俗户的视野，达到提高其旅游参与积极性的目的。

（3）互相观摩——与"走出去"的参观交流活动不同，"互相观摩"往往是激励民俗户能够真正参与旅游实践的重要环节。当看到左邻右舍都成为民俗户并且获取了较好的经济效益时，也会带动那些观望徘徊的人参与进来。农村地区是一个熟人社会，成功的经营理念和方法的自发式传播与影响往往比定向培训更有效。

图5　京郊民俗户调研及培训

3. 旅游社区基础设施建设

旅游基础设施是指为适应旅游者在旅行游览中的需要而建设的各项物质设施的总称，是发展旅游业不可缺少的物质基础，主要包括旅游饭店、旅游交通及各种文化娱乐、体育、疗养等物质设备。乡村旅游的发展，要求农村具有基本而良好的旅游基础设施。以北京市为例，从2006年起，北京市开始实施农村五项基础设施建设工程，即村庄街坊路硬化、供水老化管网改造和一户一表、污水处理、垃圾处理、厕所改造五项工程。目前，全市所有行政村已实现"五项基础设施"全覆盖，全市300万农民的生产生活条件因此得到大幅改善，乡村旅游的发展进入了快速发展阶段。但乡村旅游有其固有的发展规律，对基础设施建设有特定的发展要求，既要考虑到为本地的农村居民、农业发展服务，也要考虑满足外来旅游者的需求。北京郊区民俗旅游村的基础设施建设主要表现在乡村旅游公路建设、民居立面改造、给排水设施建设、垃圾收运设施建设等。

（1）乡村旅游公路建设。

乡村旅游公路是指经过拥有旅游景点的城镇、乡村或者直接通达旅游景点的，能够满足游客的审美要求并为其提供符合生理、心理需求的服务设施，且整体安全、环保、美观、管理有序的公路。在自驾游快速发展的背景下，乡村旅游公路的建设要坚持注重景观性、网络性、生态性、舒适性及指示性相结合的原则，体现人性化、特色化及景观性的特点。2014年北京市各区县交通部门经过认真甄选和邀请专家的评议，选出来十条京郊最美乡村路，每一条道路不仅线形优美，路域环境秀美，串联沿线主要景区景点，增加游客沿线旅游体验，更主要的是方便市民的出行。具体内容见表4。

表4 京郊十大最美乡村路①

线路名称	线路特点
延庆区滦赤路	滦赤路延庆段是百里山水画廊的主要通行路线，全长51.1公里，桥梁涵洞密集，将公路有机地融入周围自然景观，沿线风景如画
大兴区左堤路	左堤路北起卢沟桥，沿永定河而走，南至河北界，全长62.8公里。带着历史的沉重感与"最美乡村"梨花村的美景，融合了老城古韵与乡村新貌
通州区北运河新堤路	北运河新堤路毗邻通州大运河，全长8.4公里，路旁古老的运河如同画卷徐徐展开，与现代"绿色出行"理念交织碰撞，构建出一番亮丽风景
怀柔区喇碾路	喇碾路位于怀柔区喇叭沟门满族乡境内，全长13.2公里，通往国家原始森林公园和京郊"白桦谷"，远离喧嚣都市，沿路少数民族风韵浓郁
顺义区白马路	白马路横贯顺义区中部，全长29.8公里，北京奥运会期间承担世界各国来客与车辆的通行任务，被誉为"奥运大道"。如今仍为周边的企业提供通畅的路网服务
密云区小二路	小二路位于密云区新城子镇，全长8.8公里，连接雾灵西峰、关帝庙等众多景区，依山傍水，四季美景交替更迭，成为密云境内的"山水画廊"
门头沟区妙峰山路	门头沟区东部的妙峰山路因山得名，全长20.4公里，公路景观与自然景观和谐统一，更保留了数百年的传统民俗，一年四季香客不断，民间花会轮番上演

---

① 北京日报：http://bjrb.bjd.com.cn/html/2014-08/27/content _ 211742.htm，2014年8月27日。

续表

线路名称	线路特点
平谷区熊南路	熊南路贯穿平谷北部山区，全长 35.9 公里，沿线山峰叠嶂，连接百万亩桃花观赏区、四座楼自然风光和北寨红杏观赏采摘区
房山区六石路	六石路串联起房山区北由霞云岭、南至十渡等多个旅游景点，全长约 30 公里，是沿线村镇发展旅游产业的"生命线"
昌平区环陵路	环陵路位于昌平区十三陵镇，环绕连接世界文化遗产明十三陵，全长 42 公里，承载着近千年历史的厚重与沧桑

(2) 民居立面改造。

村落景观也是京郊旅游资源的有机组成部分，构成了乡村旅游区的重要特色。住宅区的造型设计和风格取向，应当与自然、天际轮廓线及周围环境的景色相协调，还要体现当地历史、文化、心理与社会生活等地域文化和文脉，以传统文化要素为切入点来探求农村民居立面改造手法，把村庄作为旅游景点来改造提升。以爨底下村为例，该村坐落于缓坡之上，以龙头山为中轴线，呈扇形延展，其选址恰好迎合了"左青龙右白虎，前朱雀后玄武"的风水格局，村内四合院也都建得很精致，门楼、砖雕木雕刀法、题词壁画、楹联等都充满吉祥寓意，整个村落保存完好，堪称京郊旅游中的典范。而有些地方会将新农村改造与市级民俗村捆绑发展，这种方式势必造成村落古风古韵的消失，如密云石城村、司马台新村等，统一风格虽然给人以整齐划一的感觉，但也使村落的特殊性消失。

(3) 给排水设施建设。

完善村内供水、饮用水及污水处理系统。北京人均水资源为 100 立方米，远远低于国际人均水资源 1000 立方米的标准，自 2008 年"南水北调"工程实施以来，虽然北京用水状况得到缓解，但是各郊区的缺水状况依然明显。以延庆区柳沟村为例，民俗户家家备有储水箱，地势较低的村落每日都会面临停水的情况，由于缺乏灌溉用水，农民几乎都是靠天吃饭。自经营民俗旅游以来，用水量更是加大，游客经常为晚间不能洗澡的问题投诉，导致当地入住率不高和服务质量下降。于是延庆区柳沟镇从上游村落铺设地下水渠，解决了本村居民用水问题，满足了村民旅游经营及日常生活需求。

(4) 垃圾收运设施建设。

大量游客的涌入势必给当地自然环境造成一定的影响，垃圾收运提倡保洁人员定时上门收集垃圾后直接送至镇垃圾中转站转运处理。垃圾处理要建立垃圾收集设施和保洁机制，一般情况下 5～10 户设置 1 个垃圾箱，服务半径一般不超过 70 米，垃圾桶容积由容纳服务范围和清运周期内的垃圾投放量确定，一般以 200～500 升为宜。垃圾箱的选址应方便村民投放，避免直接临村庄主要道路。垃圾投放点应布置在村庄主次道路旁，位置相对固定，方便村民使用。同时垃圾清运车的配备应根据服务范围、垃圾车量及车辆运输能力确定。采用机械清运的村庄，原则上总人口 3000 人以下的村配 1 辆，总人口 3000～5000 人的村配 2 辆，总人口 5000 人以上的村配 3 辆，垃圾运输设施主要有专用人力收集车、专用机动三轮收集车、专用运输汽车等。由清运车直接收集运输的垃圾收运模式，可以减少村庄垃圾收集点的数量，既可节约投资，又可防止因渗滤液漏出、蚊蝇滋生而带来的二次污染。目前，京郊旅游民俗村中很难按照以上标准进行垃圾收运，以房山区九渡镇为例，每天只有一辆垃圾清运车运送垃圾，而平时节假日游客过多时，往往垃圾成堆、蚊蝇乱飞，过路之人都会捂鼻而过。近年来由于增加了骑马活动，更是严重影响了村容村貌，造成极其恶劣的影响。

图 6　北京郊区基础设施情况

(二)京郊乡村旅游社区组织协调能力建设

1. 旅游业利益相关主体及其合作模式

(1)京郊旅游社区利益相关主体。

1999 年 10 月 1 日，第 13 届世界旅游组织大会通过的《全球旅游伦理规范》中明确使用了"利益相关者"一词，"旅游利益相关者"理论正式进入旅游发展领域。"旅游利益相关者"主要应用于旅游业中的规划与管理、环境保护、可持续发展与社区参与旅游等领域。乡村旅游的利益相关者，是指那些影响乡村旅游地或社区旅游业发展的群体或个人。根据与乡村旅游联系的紧密程度，可以将旅游利益相关者划分为包括外来投资者、旅游企业、旅游者、政府、旅游行业协会、社区居民、媒体、一般工种、旅游业从业人员等在内的 16 种类别。结合北京郊区旅游业发展的特点，目前京郊旅游社区中的利益相关主体主要有以下几类(见图7)：

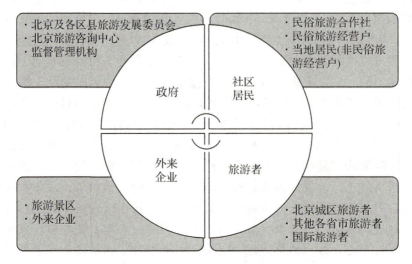

图7 京郊旅游社区利益相关者类型

①北京及各区县旅游发展委员会——为适应首都经济社会发展需要，更好地促进北京市旅游业发展，根据中央机构编制委员会办公室《关于北京市旅游局更名并调整为政府组成部门的批复》，北京市人民政府于2011年将北京市旅游局更名为北京市旅游发展委员会，并列入市政府组成部门。其职责是负责统筹协调全市旅游产业的发展，承担强化产业促进、资源统筹、发展协调、服务监管四大职能。各区县旅游委受北京市旅游委直接领导，负责各区县旅游景区、市级民俗村、旅游市场、旅游安全的监督与管理。

②北京旅游咨询中心——始于2001年北京市政府承诺为群众办的60件实事之一，坚持"统一规范、社会共建、属地监管、动态考核"的发展原则，在交通枢纽、旅游景区、高速公路、大型餐饮企业、大型商场和郊区旅游重点乡镇及宾馆饭店构建起全市旅游咨询服务网络，为旅游者提供游览、住宿、餐饮等多种旅游信息咨询及投诉等全方位信息的公益服务机构。北京市旅游咨询服务中心标志性Logo是旅游咨询服务站形象和旅游服务品牌的重要内容，醒目标志对于树立城市旅游服务形象和便于旅游者识别都起到重要的作用，在一些重要的旅游景区及景点门口都安排有旅游咨询中心。

③监督管理机构——主要包括人力资源保障局、工商局、卫生局、社保办等，负责民俗旅游户的经营培训、食品安全管理、住宿接待评比等，每年由镇旅游办统一管理与评比，保证游客旅游体验的质量。

④民俗旅游合作社——属于村集体所有制企业，职责是对民俗旅游接待户进行统一管理，对于团体游客，由民俗旅游合作社工作人员集体统一对游客进行分派，按门牌号依次分派；统一制定民俗旅游接待定价，统一制定菜谱，统一发放床上及一次性用品；负责本社区的对外市场营销及财务管理等。

⑤民俗旅游经营户——以乡村自然、人文旅游资源为依托，以田园风光和农家生活方式为特色，为游客提供观光、娱乐、住宿、餐饮等服务的农户，主要分为市级民俗旅游户和县级民俗旅游户两个等级。市级民俗旅游户等级评定委员会统筹全市民俗旅游户的评定工作，各区县民俗旅游户等级评定委员会组织对辖区内区县民俗旅游户的评定与复核工作，各地区民俗旅游户既可接受民俗旅游合作社统一安排，也可以自主经营的方式经营民俗旅游。

⑥旅游景区——北京各郊区县的旅游景区主要有集体所有制（桃源仙谷景区）、民间或私人资本（青龙峡景区）、镇政府委托管理（爨底下村）等类型，所有景区都受北京市旅游发展委员会监督管理，自主经营，自负盈亏。

⑦外来企业——主要是指注入京郊旅游社区的外来资本，如司马台新村的麦语云西精品酒店、爨底下民俗文化村的"山旅驿站"等，这些外来企业通常是从村政府或村民处租用房屋并升级改造，丰富旅游者的住宿体验。

⑧旅游者——目前来北京郊区的旅游者主要包括北京城区常住居民及外来人口，天津、河北等地自驾游及团队游客，除此以外，还有一些居住于北京的外国游客，这些外国游客主要集中在延庆的长城景区，而古北水镇近年来也开始不断吸引外国旅游者的到来。

⑨当地居民（非民俗旅游经营户）——主要指市级民俗村不参与民俗户经营的当地居民，这些居民因在旅游发展初期缺乏资金，所以依靠给民俗经营户打工、经营农作物或土特产、旅游纪念品来获取收入；另外还包括周末和假期时间到郊区休闲养生的城市居民和因身体条件无法参与旅游业经营的年长者。

（2）利益相关者合作模式。

①"农户＋农户"合作模式——在一些距离北京城区较远的农村，因具有保存完好的自然或人文景观，会吸引少量自由行旅游者的到访。虽然有部分企业看好但赢利空间有限，这就为当地"农户"带来了商机。这些地区通常是在"示范户"的带动下，农户们纷纷加入旅游接待的行列，并从示范户那里学习经验和技术，进而逐步形成"农户＋农户"的旅游开发模式，这是乡村旅游初期阶段的经营模式。目前北京平谷金海湖镇红石门村、怀柔神堂峪等地就是遵循这种模式。

②个体农庄模式——是由规模农业个体户发展起来的，以"旅游个体户"的形式出现，通过对自己经营的农牧果场进行改造和旅游项目建设，使之成为一个完整意义的旅游景区，能完成旅游接待和服务工作。

③外来公司经营模式——外来经营者以公司的形式垄断当地的乡村旅游开发。这一模式的特点是，发展进入快、起点层次高、开发有规模，如果思路对头、经营科学，容易使乡村旅游开发迅速走上有序化发展的道路。但随着农民的关注与参与，这种以公司为利益主体的企业，将难以适应乡村旅游发展的趋势。农民作为乡村旅游的主体，其积极性不容忽视，而采用公司制模式，农民很难从旅游收入中获得应有的利益。如门头沟的百花山、延庆龙庆峡、怀柔青龙峡等，旅游景区的门票收入与当地居民无关，村民仅是通过经营农家乐获取餐饮及住宿收入。

④"公司＋农户"模式——公司与旅游社区建立相互依存、利益共存的合作关系，具体的开发方式是，公司通过村委会组织农户参与旅游发展；农户接待服务和参与旅游开发则要经过公司的专业培训，并制定相关的规定，以规范农户的行为，保证接待服务水平，保障公司、农户和游客的利益。这样既可节省投资，又可增加社区贫困人口的收入，让居民真正得到实惠。同时企业主导的旅游发展模式具有关联带动作用，可以促进当地旅游产业链的构建。但公司或投资商与农户的合作是建立在一定经济基础之上的，受投资商实力的影响较大，农户的知识层次、素质、服务意识等还有待进一步提高。在内部经营管理中，如果游客的分流与分配不合理，往往会引发社区冲突问题。

⑤"政府＋公司＋农户"模式——该模式是在乡村旅游开发中，由县、乡各级政府和旅游主管部门按照市场需求和全县旅游总体规划，确定开发地、内容和时间，发动当地村民动手实施开发。开发过程中政府和旅游部门进行必要的指导和引导，由当地村民或村民与外来投资者一起承建乡村旅游开发有限责任公司。旅游经营管理按企业运作，利润由村民（乡村旅游资源所有者）和外来投资者按一定比例分成。除此以外，村民还可以通过为游客提供住宿、餐饮等服务而获取收益。从目前一些地区乡村旅游发展现状来看，这一模式的实质是政府引导下的"企业＋农户"。这一模式减少了政府对旅游开发的投入，使当地居民真正得到了实惠，也减少了旅游管理部门的管理难度。

⑥社区主导村民自治模式——这种类型的乡村旅游经营模式是最为典型的，是在乡村内部构筑起一个精英阶层承担自治功能，即旅游相关的经营活

动和决策。这种模式通常发生在旅游有了一定规模，旅游业成为本村的支柱产业的情况下，由村里的精英分子成立一个村办旅游公司，统一经营和管理旅游相关事宜。这一模式从村主任个人决策演化到村代表集体商讨决策的模式，提高社区旅游开发效率。

⑦股份合作制模式——资源的产权可以界定为国家产权、乡村集体产权、外来企业产权、村民小组产权和农户个人产权等产权主体。在旅游开发时，可采取国家、集体和农户个体合作，把旅游资源、特殊技术劳动量转化成股本，收益按股分红与按劳分红相结合，进行股份合作制经营，通过土地、技术、劳动等形式参与旅游。这样国家、集体、企业和个人可在乡村旅游开发中按照自己的股份获得相应的收益，实现社区参与的深层次转变，把社区居民的责、权、利有机结合起来，引导居民自觉参与赖以生存的生态资源保护，从而保证当地旅游业的可持续发展。目前密云区桃源仙谷景区遵循这一模式进行乡村旅游开发，也是北京第一家农民股份合作制景区，通过村民入股、资源入股、外来企业入股等方式，既解决了景区开发资金短缺问题，又保证旅游业经营收益最大限度地为全体村民所共享。

2.社区冲突问题类型及解决机制

旅游社区冲突是指旅游开发过程中旅游者、当地社区、地方政府、非政府组织和外来旅游开发商各利益群体之间，以及社群内部成员之间，因信仰、权利、地位、价值观念、利益分配等差异而引发的社群对抗。旅游社区冲突具有普遍性、复杂性及经济利益导向性的特点，主要表现为在资源稀缺背景下各利益相关主体因资源的不合理分配导致的矛盾。

(1)居民内部之间的冲突。

抢夺客源——旅游业的介入会打破农村社会原有和谐的农业生产方式，使农村社会中人与自然的关系转移到人与人的社会关系。而一旦旅游业烙上"经济利益"的符号时，就会破坏农民社会关系中原有的稳定与和谐，导致村民之间产生嫉妒、敌对、不相往来、面和心不和，甚至打骂等极端对抗行为。居民之间的冲突主要体现"空间及资源的经济属性"，即经济利益渗透于村民生活的方方面面，从而破坏居民之间原来稳定的社会关系。中国乡土社会是一个熟人社会，在原有生产方式下农民靠地为生，彼此之间不存在竞争关系，在农忙季节时邻居之间还会相互帮助。当转型到旅游业以后，农民开始依靠土地、游客等资源来获取经济收入，一旦"资源"被赋予"经济属性"，在资源稀缺的情况下，势必造成村民之间的竞争关系，从而导致居民内部的竞争。

如各家门前的"空地",在原有的生产方式下,仅是作为晾晒农作物的场地,不能获取任何经济收入,邻居之间相互占用并不影响彼此之间的关系。但当各家经营农家乐以后,这类场地便可以作为经营场所来使用,如果被他人侵占,势必造成经济利益的损失,在资源稀缺的条件下,对经济利益的竞争又进一步恶化了居民内部矛盾。

(2)居民与地方政府的冲突。

管理资金不到位——居民与地方政府冲突主要表现在:地方政府以行业管理及监管的身份直接或间接介入旅游资源开发,并且成为社区旅游利益的间接竞争者,从而加剧与社区的矛盾。大多数情况下,地方政府与外来旅游开发商形成利益联合体,具体表现为三种形式:①地方政府就是旅游开发商。以门头沟爨底下村为例,目前该景区的门票收入全部归入镇政府集体所有制企业所有,爨底下村村民的收入来自旅游经营活动,村民仅能从门票中获取极其微薄的收入,镇政府获取门票收入后也很少投资景区的基础建设活动,这样势必导致村民的不满。②地方政府为实现招商引资目标,成为旅游开发商的代言人。如密云区古北水镇在入驻司马台新村时,政府为了实现招商引资,给了中青旅和乌镇有限开发公司各项政策优惠,而同时地方政府又以新农村建设为由鼓励农民拆迁,最后导致农民失去土地仅靠经营民俗旅游为生。③地方政府通过国有资源与旅游开发商形成"地方政府—旅游开发商"的利益联合体,而对社区的利益博弈时,地方政府往往忽略当地社区利益,把保护旅游开发商的利益放在首位。如古北水镇景区的入驻,破坏古北口村原来以依靠耕地和经营景区获取收入的方式,使当地居民通过拆迁搬离原有宅基地,在新农村建设的号召下,由原来的八个生产队组合为司马台新村,全体村民只能依靠经营农家乐维持生计,而古北口长城景区收入与当地村民无关。

(3)居民与旅游开发商的冲突。

农用土地占用及污染环境——在京郊地区,居民与开发商之间的冲突往往以一种间接的方式表现,政府在其间扮演着中介作用。一方面,旅游开发商要经过政府的审批才能获得土地及其经营权;另一方面,与居民协调土地出让权和经营权的过程都是由政府出面,而且旅游开发商通常是以"购买"的形式从政府手中获取土地,因此居民与旅游开发商的矛盾会间接转移到地方政府身上。目前京郊地区旅游开发商与居民之间的矛盾主要表现在当地环境的破坏,如大量游客的到来造成村里垃圾增多、道路拥挤,旅游经营活动严重破坏了当地的饮用水质量等,这些负面影响主要由社区居民来承担。旅游开发商从旅游经营活动中获取收益，却并没有为环境污染偿付任何成本。

（4）居民与旅游者的冲突。

文化冲突及环境污染——京郊地区旅游业大多处于初级阶段，获取可观的经济利润仍然是民俗户的主要目标之一，因此居民对旅游者还是持着欢迎的态度，即使是大量游客的涌入给当地环境造成不便，也很难与游客发生直接冲突。如怀柔大水峪村主要依托于青龙峡景区来吸引游客，但景区体验活动有限，为了满足游客需求，有些民俗户增设 KTV 娱乐活动，虽然村里明确规定晚上十点以前结束任何性质的娱乐活动，但还会有游客无视规定并夜间喧哗，引起当地居民的不满，并进一步引发居民内部矛盾。除此之外，有些游客为了照相踩踏当地农作物、不尊重当地文化习俗等情况也时有发生。

目前对旅游社区内部冲突问题主要采用的解决途径有：统一餐饮住宿价格，防止不正当竞争；加大民俗旅游投入力度，对民俗旅游经营户实行政府补贴，但大部分民俗户未真正享受到政府补贴；而对环境污染、土地流转及社区治安环境方面的冲突，是目前大多数市级民俗村共同存在的问题，也缺乏实质有效的解决手段，这也是造成多数市级民俗村经营不善的主要原因所在。

3. 京郊旅游社区市场营销实践

北京市旅游发展委员会坚持以"政府公关、社区营销"的战略来指导策划京郊乡村旅游市场营销。"政府公关"作为旅游市场中"有形的手"发挥着无形的力量，以开展政府公关活动向广大市民和旅游者全方位、持续性地宣传北京乡村旅游的产品和服务；"社区营销"是指以"社区公众"为营销对象的营销关系、营销活动和营销策略的总和。北京市旅游发展委员会通过一系列精品项目的打造和包装，开展系列社区营销活动，促进城市与乡村、现实与网络的联结互动，实现乡村旅游需求和乡村旅游产品供给之间的对接。

（1）城乡互动营销。

城乡互动营销主要通过展板、图片展览、讲座等形式生动、灵活、持久地传播旅游目的地信息的营销方式，具有受众面大、传播时间长、方式灵活、信息损耗低等优势。由于北京乡村旅游市场的主要客源为北京市民，北京旅游委立足市场需求，组织城八区与 13 个郊区县旅游委联合开展"乡村旅游进社区、城乡和谐手拉手"的政府公关活动。通过"怀柔旅游走进崇文""延庆旅游走进西城""房山东城手拉手"等系列推广活动将乡村旅游的产品和服务送到了街道社区。2008 年又将乡村旅游宣传手册大规模地摆放进了社区，深入挖掘乡村旅游潜在客源。同时北京市旅游发展委员会还通过"城乡和谐手拉手"活动，组织民俗接待户到北京其他城区体验"京城都市旅游"，体验桥梁文化、建筑文化、城市文化、皇家文化等，开阔乡村旅游经营者的视野。

（2）品牌营销。

北京市旅游发展委员会还积极打造主题产品、营造主题社区，策划了内容丰富的乡村旅游特色产品，组织了主题鲜明的社区营销活动，不仅有效整合媒体资源，拓宽宣传渠道，而且强化了北京乡村旅游产品的深度开发，全面提升乡村旅游的品牌体系，提升品牌价值。具体实践有：打造"一区一色"，明确乡村旅游定位，形成错位发展，避免了同质化经营，提高各区县的竞争力。如朝阳区为"中国商务旅游第一区"，海淀区为"皇家园林旅游区"等。打造"一沟一品"，深入挖掘乡村旅游增量，解决乡村旅游发展过程中的散、小、重复建设等问题，形成规模经营。如房山区的"十渡山水文化休闲走廊"，门头沟的"妙峰山镇乡村旅游示范沟带"。打造"一村一品"，改变民俗村长久以来处于单独生产和经营的状态，进一步促进乡村旅游精品项目建设，如"梨花之乡·休闲庄园·梨花村""长城壁画·北沟村"等。

（3）网络营销。

网络营销是以互联网为基础，以其他媒体为整合工具，并运用互联网特性和经营理念去实施营销活动，有效促进品牌延伸或个人组织交易活动实现的营销方式。京郊旅游近年来组织的网络营销活动主要有"北京欢迎您——200万张旅游景区门票免费奉送"活动；开设官方微博获取粉丝关注，如北京旅游发展委员会官方账户有60多万名粉丝，通过定期举办和宣传线下旅游活动来吸引粉丝关注，如每一度的跨年活动等。

（4）节庆营销。

节庆营销是指公众节日或自创节日期间，以"节庆"为由，利用或触发消费者节庆消费心理、行为，进而开展一系列营销活动的营销方式。北京旅游委充分利用黄金周、各种节庆日以及大型展会，搭建舞台社区吸引市民来乡村休闲度假，如北京国际风筝节、怀柔满族风情节、平谷国际桃花节、延庆冰雪旅游节等。另外北京旅游委还不失时机在各种高规格的大型旅游展会上推广乡村旅游，做细节营销。2009年的北京国际旅游博览会上，设立了北京市乡村旅游推介展区，整体宣传北京市乡村旅游产品。

与其他地区乡村旅游营销相比，京郊旅游营销过程中更加重视对乡村旅游的品牌营销，城乡互动营销活动方式也更加灵活，网络营销投入力度较大，借助北京国际化城市背景，北京郊区乡村旅游也呈现国际化营销趋势。

（三）京郊乡村旅游社区的制度完善能力建设

1. 利益分配机制

目前，北京郊区市级民俗户可以从旅游业中获取收入的来源主要有门票收入、餐饮收入、住宿收入、场地出租、采摘收入、体验活动收入、土特产或工艺品收入等。不同的利益主体因其掌握资源及合作方式的不同，导致不同主体间的利益分配机制有所不同。

（1）联户经营模式。

以房山区四马台村为例，主要通过村委会和村民推荐，选择头脑灵活、善于经营、实力最强的一户家庭为带头人，试点中选取干部家庭、党员家庭和普通群众家庭各一户为带头人。带头人按照就近和自愿原则吸引其他民俗户参与联合经营，组织联营小组 3 个（一般为 10 户一组），具体利益按比例实行效益分配，每次接待利益分配按 75% 的比例。在经营模式上实行四个统一，即统一办理营业执照；统一按照三星级酒店标准进行室内装修，配置床具、床上用品和洗漱用品；统一分配住宿客源，带头人按照每名游客 10 元的标准从联营户提取旅游收入，用于聘用客房保洁员的工资，其余收入归各民俗户；统一在在线旅游网站发布附有客房图片的旅游信息，并与旅行社建立长期合作关系。

（2）民俗旅游合作社＋民俗户自主经营。

民俗旅游合作社与原来的生产合作社作用相同，属于集体经济组织。民俗旅游村的客源通常由民俗旅游合作社统一组织安排，并且按照门牌号依次为各家各户安排客源，民俗旅游合作社对民俗户进行统一管理、统一经营、统一床单被褥、统一门牌号等。民俗旅游经营户根据自家房间数量向民俗旅游合作社缴纳一定数额的质量保证金，该保证金用于保证民俗户的服务质量及是否违规经营等。如是否保证"一客一换"等，另外合作社也会为民俗户统一分发一次性用品与洗涤床单被罩，并向民俗户收 20 元成本费。目前司马台新村就是采用这种模式，全村 215 户，统一由司马台新村民俗旅游合作社（北京云城旅游有限公司）进行统一管理、统一经营、统一招徕游客，但民俗户也可以自主招徕顾客，该村住宿价格在 180～220 元，每家每户可以居住 8～10 人。

（3）股份合作制模式。

南石城村村委会在乡村旅游开发初期，因缺乏启动资金，没有接受私人承包的快速发展方式，而是采用了资源入股与村民集资入股结合这一操作复杂、经济效益实现较慢的方式，但经实践证明，这种方式有利于将乡村旅游取得的利益最大限度地保留在当地社区。南石城村村民全部是桃源仙谷景区的法人股东，平均分摊每年30％的股东分红；1997年，景区以1000元每股的价格面向全村招募资金，当时全村140户村户，有120户买了股份，属于景区的自然股东，每年按照股份多少分配70％的股份分红。2000年，由于景区发展需要资金，引入了北京金凤凰旅游公司的30万元投资，但为保障村民利益，同时也为景区实现村民自治的承诺，景区与公司协商确定了公司股本参与专项分红，不参与景区管理。十年来，不仅股东的股金已经全部收回，而且从2003年开始股东分红分别以30％、60％、100％、110％、120％、130％的比例逐年递增。桃源仙谷景区利益相关者利益分配机制见表5。

表5　桃源仙谷景区利益相关者利益分配机制

相关人员	利益相关者类型	收益
仙人股东	全体村民（200人左右）	分红红利的30％/300
自然股东	入股村户（按户入股，120户，占全村6/7）	每股收益×股份数
景区工作人员	包括管理者和普通员工共30余人，全为自然股东村民	薪金
景区旅游项目开展人	需是自然股东，自愿开展，自行组织	项目收益
农家乐经营者	村民均可，有50％村户正在开展	农家乐餐饮、住宿收益
运输、销售人员	村民均可，开展人员若干	劳动收益

2. 社区参与机制

现行法律中公众参与权的权利内容包括知情权、表达权、决策权、监督权等具体的权利内容。美国学者谢莉·安斯汀（Sherry Arnstein）曾在《公民参与的阶梯》（A Ladder of Citizen Participation）中将公民参与的形式归纳为三类八级。阶梯底层为"非参与行为"，其中最底层是"被操纵"，即邀请活跃的市民代言人做无实权的顾问，或把具有共同利益的人安排到市民代表的团体中。其次为情绪治疗，即不求改善导致市民不满的各种社会与经济因素，而只要求改变市民对政府的反应。第二类为"象征性的参与",共三级。其中,"知情权"指市民具有知晓事实的权利;"商议权"代表民意调查、公共聆听等;"纳谏权"代表公民可以参加市民委员会,但是只有参议的权力,没有决策的权力。最上层是"公民权力的参与",其中"伙伴关系"是指市民与市政府分享权力和职责,"委托或代理权"代表市民可代政府行使批准权,市民控制权即市民直接管理、规划和批准①。随着旅游业发展给目的地带来诸多负面影响,学者们提出将社区参与纳入旅游目的地规划过程中。主要原因在于:首先,旅游业在当地社区中发挥作用越来越大,并产生一系列负面影响;其次,社区居民是旅游目的地营造良好服务氛围不可缺少的因素之一。目前京郊地区的社区参与模式多数处于非参与行为与象征式参与行为两个阶段,仅有少数几个社区能够实现与其他利益相关者的伙伴关系。

在实地调研过程中,课题组成员将居民的社区参与问题分为四类:即参与旅游发展方案的制定、参与旅游业规划、本人意见或投票能够对本地旅游业发展产生影响及能够通过正规渠道表达对旅游看法四类。通过访谈发现,仅有少数村代表真正参与旅游业规划及旅游发展方案的制定,多数村民对本地区旅游业规划并不知晓。当被问到"是否有渠道表达对旅游业看法"时,大多数村民们表示"提了也不管用,最后也就懒得提了";当被问到"意见或投票能否对本地旅游业发展产生影响"时,回答大都是"没有影响","当官的全权做主"或者"只有选村主任时才会投票"等。村委会主要负责组织民俗户培训与评定、下发上级部门的政策与决定,很少针对旅游规划项目咨询村民意见。造成这种局面的原因在于多数旅游规划属于政府行为,在规划启动阶段不需要举行公众听证会,只有在草案意见征询阶段会对外公布并广泛收到公众意见,而村民多数不会上网,即使对外公示也很容易被忽略。另外,村民本身知识水平受限,不能从根本上认识到旅游业给本地区发展所带来的影响,只有当旅游规划涉及宅基地或耕地置换这些村民根本利益时,才会引起村民的重视。

(四)京郊乡村旅游社区改革创新能力建设

1. 创建特色乡村民宿品牌——"山里寒舍"

山里寒舍·干峪沟所在的北京市密云区干峪沟村荣获"2014 年中国最美休

---

① Sherry R. Arnstein. A ladder of community participation. *Journal of the American Institute of Planners*. 1969. 07:216—224.

闲乡村"称号，是全国 29 个特色民居村北京市唯一入选单位。2015 年，首旅酒店宣布与山里寒舍(北京)旅游投资管理有限公司共同出资 1000 万元成立北京首旅寒舍酒店管理有限公司，并更名为"首旅寒舍"，首旅寒舍将受托全权管理"山里寒舍"和"山里逸居"品牌酒店。乡村酒店引入专业化酒店管理品牌进行连锁化管理，这将会对乡村旅游的发展起到促进和示范作用。区别于农家乐等传统的乡村住宿或酒店，山里寒舍通过保留原有的乡土外部风貌、配套标准化内部设施的方式，将具有百年历史的民居改造成标准化酒店，并以此为特色吸引游客入住。截至 2015 年 2 月中旬，京郊已经开业的山里寒舍项目有 2 家，分别为北京密云干峪沟项目、北京密云黄崖口项目，借助首旅酒店成熟的酒店管理经验和平台，并通过其庞大的会员系统，将山里寒舍做成连锁化酒店品牌。首旅寒舍将向山里寒舍采取固定收费模式，即每套院每月收取固定管理费 1000 元，预计 2015 年投入营运的院落数为 202 套。在赢利方面，首旅寒舍如果能按计划完成开店计划，预计 2015—2017 年年固定管理费收入分别可达 126.1 万元、368.5 万元及 610.9 万元①。

干峪沟村借助"山里"项目有机地利用了闲置土地和废弃的老基地，成立旅游专业合作社，带动土地、房屋流转出来，在不改变所有权的前提下，村民以自家的房屋、果树和土地自愿入社，化零为整，再委托企业统一运营管理。以北庄镇干峪沟旅游专业合作社为主体，把这部分资产开发并经营，从而给当地老百姓带来土地(宅地)租金、工资收入及效益分红等几部分的收益，提高了村民收入。项目的建设促进了当地产业结构的调整；改善了农民的生存环境；实现了乡村经济管理制度和运行机制的创新，使旅游管理和经营充分体现村民利益，促进村民充分参与；增进了村民对自身拥有的文化、自然遗产的自豪感和保护意识，使乡村的文化、自然遗产得到有效的保护。目前的干峪沟村，村民真正过上了基层组织新、管理模式新、生态建设新、居住环境新、致富方式新的"五新"生活②。

2. 吸引外资打造度假景区——"古北水镇"

"古北水镇"位于密云区古北口镇司马台村，是列入北京市"十二五"规划的重点旅游建设项目，投资超过 40 亿元。公司成立于 2010 年 7 月，是由中青旅控股股份有限公司、乌镇旅游股份有限公司、北京能源投资(集团)有限

---

① 山里寒舍官网：http://www.shanlilohas.com/。

② 山里寒舍官网：http://www.shanlilohas.com/html/slnf/dsz/。

公司和战略投资者共同投资建设。该项目依托司马台遗留的历史文化，进行深度发掘，将9平方公里的度假区整体规划为"六区三谷"，分别为老营区、民国街区、水街风情、卧龙堡民俗文化区、汤河古寨区、民宿餐饮区与后川禅谷、伊甸谷、云峰翠谷。古北水镇是集观光游览、休闲度假、商务会展、创意文化等旅游业态为一体，服务与设施一流、参与性和体验性极高的综合性特色休闲国际旅游度假目的地。[①] 在"古北水镇"带动下，周边民俗旅游火速升温，民俗户家家爆满，整个司马台雾灵山国际休闲度假区游客量和旅游收入大幅增长。2014年上半年，西部以香草园为核心的汤泉香谷接待游客16.6万人次，总收入1473万元，同比增长153%；东部以雾灵山为核心的雾灵溪谷接待游客31万人次，总收入2400万元，同比增长43%。全区实现旅游综合收入17.59亿元，同比增长6.7%。[②] 为强化"古北水镇"的辐射带动作用，密云区委、区政府及区直有关部门加强对该地区交通的管理和疏导，建立了交通导示系统，并积极与市级部门沟通协调，解决京承高速司马台出口改造、公交线路调整等问题。同时，指导周边"三镇九村"围绕"古北水镇"制定统一的民俗旅游发展规划，改善原有民俗户的接待条件，高标准发展新的民俗户，推动司马台雾灵山沟域资源共享、优势互补，最终实现"多方共赢"。

3. 丰富旅游业态类型

目前北京市已经形成了由乡村景区、民俗旅游村、休闲度假村、观光农业示范园以及乡村节事构成的乡村旅游产品体系；推出了乡村酒店、国际驿站、采摘篱园、生态渔村、休闲农庄、山水人家、养生山吧、民族风苑八种乡村旅游新业态。新型业态旅游产品着力改变京郊旅游产品单一、特色不突出的现状，进一步提升乡村旅游产业规模和质量，促进京郊旅游产业的升级换代。乡村酒店是将农业景观、生态景观、田园景观与住宿餐饮设施进行结合，能够为游客提供乡村休闲体验的经营主体，如北京怀柔不夜谷的山吧，便是依托于当地特色餐饮虹鳟鱼及各种特色农家饭建成。国际驿站以接待国际游客为主，以体验中国传统节日活动为主，慕田峪长城小园在国际游客中享有盛誉。以清水河、安达木河、汤河三河为线，雾灵湖、沙场水库、穆家峪碱厂为区，结合区域内山水景观，打造"三区""三线"生态渔村，突出吃鱼、钓鱼、赏鱼、养鱼功能，丰富渔文化内涵。地处百草畔景区山腰，海拔在900

---

① 古北水镇官网：http://www.wtown.com/。

② 密云县委研究室：《用"两只手"建设古北水镇》，《前线》，2014年第11期。

米的四马台民俗村，因空气中负氧离子含量较高，是京郊最有代表的养生山吧。京郊乡村旅游类型丰富，囊括多种旅游产品业态，能够满足多样化市场需求和旅游市场休闲度假及深度体验需求，具有其他单一类型旅游目的地无法比拟的优势。

（五）京郊乡村旅游社区能力建设中存在的问题

1. 旅游产品同质，从业人员素质有待提升

京郊各区县按照北京市统一要求和部署，结合区域特点，发挥职业教育和成人教育的资源优势，开展了大量多样化形式的农民培训，如计算机应用、果蔬栽培、烹饪等实用技能的培训，对农民转岗、就业都起到了积极的促进作用。但这些培训课程没有考虑到民俗村现实情况及民俗经营户的学习能力，导致区县民俗村之间缺乏特色化经营，而且民俗户对培训课程内容理解有限等，从而影响整个培训项目的进程和质量。此外，民俗旅游经营户缺乏积极主动的学习，对民俗旅游经营本身没有较高要求，通常仅以满足当下旅游市场需求为目标，缺乏进一步提升专业技能的愿望，影响整体旅游社区能力提升。

2. 缺乏旅游社区形象定位，市场营销能力欠缺

目前移动互联网已成为人们订购旅游产品的主要消费方式，游客个性化需求要求产品更加多样化，但京郊旅游远未适应这一市场消费模式的转变。原因在于民俗经营户缺乏互联网营销能力，民俗户的受教育水平是最大的制约因素。京郊乡村旅游以民俗户各自经营为主，缺乏对旅游社区的整体形象宣传。旅游社区的民俗户通常以编号或户主名字进行命名，但民俗户之间差异性较少，有些民俗户房间内部格局都是一样，游客很难对某一个民俗户留下深刻印象，所以服务过程体验都会转化为对整个旅游社区或村落的印象。由此旅游社区整体形象宣传比个体民俗户形象显得更为重要，但因民俗户之间缺乏合作意识，有且仅有社区组织能够承担民俗村落整体形象宣传。社区组织通常是指各民俗村的村委会，对社区市场营销需要投入大量广告，但村委会又没有这部分财政经费来源，导致市场营销缺乏财政经费支撑；从民俗户的角度来讲，因缺乏对村委会的信任，导致"众筹"的方式也很难在社区内部推行；从旅游者需求角度而言，在制订旅游计划时很难从网上获取少量有关旅游社区的信息，更多游客是通过亲朋好友的推荐了解旅游社区，这种方式往往也会对旅游社区形象造成影响。

3. 社区参与不足，问题评估与监督管理机制不到位

首先，作为京郊乡村旅游的代表，民俗旅游村的项目是自上而下政府主

导型旅游发展模式，政府惠民效用明显，少数村民经营农家乐的动机是获取政府补贴，并非真正想经营农家乐。所以民俗旅游项目推行的前期效果明显，随后逐步走向没落，原因在于社区居民积极主动性并未真正发挥起来。其次，很多旅游项目的开发与引进缺乏深入的市场可行性评价，结果导致大量土地、资金及资源的浪费。如在市级民俗村盲目扩张时期，很多地区预先没有进行旅游影响评估，甚至不存在旅游吸引物的村落也会盲目申报市级民俗村，结果导致大量民俗村落的存在，而实际经营的民俗户却很少。最后，大量葡萄酒庄园、水上乐园、农作物景观项目的引进，还引发了与当地居民的矛盾，居民上访及抵制外地开发商项目引进的情况时有发生。这些问题也说明建立社区冲突及问题评估机制实有必要。

4. 外来资本比重较少，社区创新能力不够

引入外来资本能够提高本地社区经营、服务、管理及创新水平，然而京郊乡村旅游在引入外资方面主要存在两个问题：首先，社区居民与外来企业战略合作意向存在分歧，如2005年，门头沟区政府曾与中坤集团签订战略开发合作协议，协议明确中坤集团将在接下来几年内投入3亿元，进行以斋堂镇为中心，对20多座古村落及数个自然景区的保护利用和开发。虽然有整体开发计划，但中坤公司只能通过与村民一对一签订合作协议的方式来推动，真正实施起来难度很大。令企业方估计不足的是，村民对他们设计的"美好愿景"并不买账，最后导致合作项目难以推进。其次，虽然成功引入实力雄厚的外来企业，但企业与社区居民之间的联系较少，通常只是为企业输送低层次劳动人员，带动社区创新力的经营管理经验，却难以在社区内部广泛影响与传播，导致社区活力不足。如古北水镇在进行旅游开发项目时，将古北长城脚下的村民全部迁移出去组建成一个新的司马台新村，目前仅有少数年轻的村民到古北水镇工作，景区与司马台新村民俗旅游各自独立经营，不存在任何合作关系，村民很少到景区内部参与游览，更不用说学习古北水镇景区先进的管理经验了。

四、京郊乡村旅游社区能力的提升途径

(一)开发旅游资源及人力资本，提升社区资源配备能力

1. 加快旅游社区特色民宿提升改造，营造良好的旅游社区风貌

随着旅游休闲时代的到来，旅游社区可开发"自助＋民宿"的小众游线路来获取市场关注。据前瞻产业研究院发布的《2015—2020年中国休闲农业与乡

村旅游市场前瞻与投资战略规划分析报告》数据显示，我国已建成的 4 万多个旅游景区（点），一半以上分布在广大的农村地区；全国乡村旅游景区（点）每年接待游客超过 5 亿人次，旅游收入超过 2000 亿元；"十一"和"春节"两个旅游黄金周，全国城市居民出游选择乡村旅游的约占 70%，每个黄金周形成大约 1 亿人次规模的乡村旅游市场。目前市场上也已经出现一些民宿类在线旅游公司，"众家乐民宿旅游网"便是其中之一，该网站以"民宿爱好者与民宿商家的亲情连接"为使命，致力于贯通国内与国外民宿旅游资源，力求通过对城市和乡村民宿产品及服务的有效整合，实现线上交易和线下服务无缝对接。"众家乐"模式是在线旅行社（OTA）再加上民宿管理运营"嫁接"的模式，既提供在线预订，同时也进行自有民宿管理运营。通过自创的民宿实体店品牌又一邨，以自营、委托管理和挂牌加盟的运营模式不断发展和扩大。如门头沟爨底下村、密云区司马台新村等都有这样的民宿管理公司入驻，山里人家品牌也是政府大力推动乡村旅游的业态之一。越来越多民间资本的介入会为民宿旅游发展注入新鲜血液。

2. 加强社区居民旅游业务知识培训，提升乡村旅游接待服务与经营水平

京郊旅游培训主要由高校老师们对民俗户进行定期培训，虽然这种培训方式能解决当务之急，却存在诸多不完善的地方。从培训方来讲，培训老师具有丰富的知识储备和一定的实践经验，但所掌握的知识陈旧、缺乏创新，从知识结构和内容上来看，仅能满足民俗经营户从事旅游经营的基本要求，真正的产品创新还需要有实战经验的企业来担当。从民俗户来看，许多京郊民俗户无法认识到旅游知识及培训工作的重要性，特别是赶上农忙或重要节日，培训班很难吸引民俗户前来学习。另外，民俗户更为关注技能培训，比如怎样以节约成本的方式做出好吃的菜，而对于旅游市场偏好与需求知之甚少，导致对旅游市场营销积极性不高，大多是被动式等客上门或者去景区拉客等，懂得互联网营销的民俗户少之又少，仅有少数外来创业者懂得利用互联网营销来吸引客源，本地居民只能依靠熟人介绍、街头拉客等方式来吸引客源。未来对民俗户的教育培训还应增加素质教育、创新教育、市场营销等方面的内容，对于有条件的民俗村可以采用吸引外资或服务外包的形式来提升社区吸引力。以司马台新村为例，由于是新农村建设统一建造住房，因此每家每户格局、装修及建筑外观都是统一风格，而古北水镇景区的住宿价格又相对较高，平均价格都在 500 元以上，可以鼓励司马台新村部分有条件的民俗户打造主题民宿,房间价格可以定于 300 元左右,吸引中低层消费人群,房间的风格可以是儿童房、青年旅馆、文艺青年等,充分满足客人的住宿体验。在市场营销方案上,可以由村委会或村民集资聘请外来企业量身打造,采用事件或特色主题营销等方式来吸引客源,填补古北水镇"两日游项目少,一日游时间紧"的空白,引导客源分流。

(二)强化产业融合及社区营销,提升社区组织协调能力

1. 上游延伸,下游拓展,接通和延伸旅游产业链条

从市场开发角度来讲,京郊乡村旅游应加强与旅行社和各大企业之间的联系,扩大市场规模。首先,依托旅行社开拓天津、河北、内蒙古等地的旅游市场,吸引周边客源;其次,与北京各大公司之间建立企业合作伙伴关系,以社区为单位承办公司的年会及团建活动,增加社区作为旅游目的地的吸引力。从旅游产品开发角度来讲,以社区产品为依托,延伸和丰富旅游产品类型,如虹鳟鱼已经成为京郊旅游特色餐饮品牌,但各区县也仅仅是跟随效仿,缺乏产品创新。可以开发以虹鳟鱼为特色的一系列旅游产品和商品,如从休闲垂钓、特色餐饮到旅游纪念品一条线服务;在旅游纪念品类型上,还可以开发鱼油的护肤和保健品等,延长旅游产业链,拓宽收入渠道。

2. 准确的旅游市场定位,充分利用互联网营销渠道

随着游客对手机的日益依赖,信息搜索及产品订购未来将更多集中在移动端,服务商的信息整合和实时提供是行业制胜的关键。市级民俗村中除了规模较大的度假山庄或热点旅游目的地以外,其余地区很难找到民俗户在互联网的营销,大部分游客都要到当地才能获取住宿信息,如果赶上节假日,可能还面临找不到住宿的问题。从民俗户来讲,网络的不稳定性是影响他们选择互联网的制约因素,如工作日很难获取网络客源,周末与节假日又因到访客人较多容纳不下网络客源;另外,网络销售的滞后性及利益分配方式也是民俗户抵制网络营销的原因之一。虽然以美团、大众、携程、艺龙等为代表的网络电商经常到各民俗户中进行推广,但民俗户普遍反映这些电商并未给自己带来实质效益。因此要从民俗户市场营销培训和社区组织营销能力上解决问题,首先在现有民俗户培训中增加旅游市场营销和互联网使用技能的知识,或者建立一个旅游社区网络营销平台;其次是给予市级民俗村资金支持用于整个旅游社区的市场营销,扩大市场知名度和营销力。同时也可以聘请公关公司为社区做市场推广与运营,创造眼球效应,吸引游客的注意,从而实现市场开发的目的。

(三)强化社区网络及社区参与，提升社区制度能力

1. 识别旅游社区关键利益相关者，健全旅游社区合作网络

社区利益相关者合作网络是指社区内部各利益相关者之间相互合作关系，即包括利益协调与监督机制、利益合作模式及共同愿景等。旅游业涉及领域众多，对于资源匮乏及基础设施薄弱的农村地区来说，发展旅游业更是面临诸多复杂的社会网络。政府扶贫政策需要协调发改委、农委、财政局等多个部门才能保证落地实施，民俗户的旅游经营活动要在公安局、工商局及卫生局等多方监管下合法经营，旅游业自身长足发展还需要食住行多领域企业加盟，民俗旅游村自身发展还要面临复杂的社会关系网络，这些都为旅游社区能力建设提出挑战。以政府对乡村旅游的扶持政策而言，政府对民俗户的资金补助发放到具体区县与村落时，实际支出情况与预期效果大相径庭。有的民俗户根本不知晓政府的政策，也有民俗户只获取一些桌椅板凳物品，还有一些民俗户除了政策给予的启动资金外，还有额外的资金补助。大部分地区的民俗旅游村发展与新农村建设同时启动，导致很多政府资金去向不明，民俗户自身受益较弱。社区应根据权利—利益相性，提炼出主体利益相关者，维护自身利益对组织冲突关心较小的利益相关者、权力小利益小的利益相关者，以及对组织利益要求大却没有足够权利去维护自身利益的群体四类，然后依据各类群体间的利益矛盾及冲突问题，制定相应的利益监督协调机制。另外还要从整个全局把握，从政府主导及政策的实施，到有利的企业经营环境、居民积极支持态度，再到吸引游客的到来是一个良性循环的生态旅游发展过程。如果有一个环节出现问题，就会导致整个生态过程的恶性循环。因此，政府、企业、居民及相关协会之间形成一个有机协作机制，为民俗旅游村发展提供良好的组织及制度保障。

2. 从象征参与到公民权利的制度转变，鼓励农民参与旅游业发展

首先，旅游项目开发初期，要开展问题研究会，把所有的利益相关的团体都邀请来参加座谈会，从而解决各利益相关者职责及利益分配的问题。其次，要定期开展情况通报会和邻里会议，情况通报是为了向居民通报规划的概况和技术方法，居民可以提问但不参加讨论；邻里会议可以在受到旅游直接影响的居民范围内举行，在会议上大家可以交换意见。另外开展公众听证会也十分必要，目的是让有关机构或组织发表他们对规划的看法。除此以外，还应向公众通报安排，利用报刊专文、直接邮寄、电台广播、电视节目的形式向公众通报情况。最后，组建特别小组，一般由市民组成，可以解决某一

具体问题，让市民发表意见，由村委会出面主持与协调，利用社区关系将某些问题进行内部消化与解决。

（四）加强外资引入和社区精英培育，提升社区改革创新能力

1. 培育社区精英，营造旅游社区良好的创新氛围

在中国的乡土社会中，农民很难自发地实现集体行动目标，都需要一个坚实的领导团队来引领，才能最终实现集体目标，因此社区精英的培育对社区旅游业发展十分重要。在培育社区精英方面，主要采用聘请企业精英和挖掘本土精英两种方式，但各有利弊。企业精英在旅游市场趋势和旅游行业管理上都具有明显优势，通常拥有成功的管理经验，能够帮助社区免遭不必要的损失；但对本土社区文化不够了解，特别是乡土社会的传统观念，有时企业的管理经验因不适应本土文化，导致先进的管理理念在社区范围内得不到推行与传播。而本土精英对社区情况了如指掌，甚至熟悉每家每户的家庭情况、旅游经营状况，甚至具体到居民之间的"人情关系"等。如果本土精英恰好是社区中的意见领袖，在旅游意见决策时往往可以起到事半功倍的效果，但本土精英在先进技术和市场趋势判断上不及企业精英。最好的解决方案是同时聘请企业精英和本土精英，企业精英主管市场，本土精英主抓管理，通过和平协调共同管理与处理旅游社区公共事务。

2. 引入外来资本，引导旅游社区管理理念的创新

首先，旅游社区应该营造良好的企业环境，吸引各种手工业、文化创意、民宿类企业的入驻，从而丰富旅游社区的旅游资源，而且可以将旅游社区特殊民俗文化进行再创造与深化延伸，形成文化创意产业链，提升市场知名度与吸引力，但在此过程中应尽量避免本土文化的商业化，如"特色街区"连锁模式等。其次，培育旅游社区良好的创新环境，这就需要旅游社区经常与外界合作，如为各类文学艺术家、摄影家协会、"创客"组织提供会议及展览场地，就本土文化品牌定期开展座谈会及年会，邀请政学商企共谋发展之路。最后，考虑外来资本注入社区的方式，资本能够在社区流动才会带动社区发展，如果企业只是单方面实现利润，而对社区发展没有贡献，这种资本的引进往往会造成深层次的社区矛盾危机。

参考文献

[1] 新华网：http：//ftj. xinhua. gov. cn/Item/27456. aspx。

[2] 范子文：《北京的观光休闲农业》，《新疆农业科技》，1999 年第 4 期。

[3] 北京旅游发展委员会官网：http：//www. bjta. gov. cn/。

[4] 北京市旅游业培训考试中心：《北京京郊旅游发展实践》，北京：旅游教育出版社，2013 年。

[5] 刘军萍：《北京观光农业的发展实践》，北京：中国地理学会持续农业与乡村发展专业委员会、北京市科学技术协会、台湾台中健康暨管理学院、北京市延庆县人民政府，2002 年。

[6] 北京现代农业：http：//www. 221. gov. cn/general/xdjh/yysl/2013/015/7675. shtml。

[7] 安金明：《北京乡村旅游发展模式研究》，《观光农业与休闲产业发展学术研讨会》，2008 年。

[8] 北京旅游发展委员会：http：//www. bjta. gov. cn/tsfwzt/qyml/ 360853. htm。

[9] 邹统纤：《乡村旅游行业管理》，北京：旅游教育出版社，2014 年。

[10] 北京市新农村"五项基础设施"建设规划（2009—2012）．http：//zheng wu. beijing. gov. cn/ghxx/qtgh/t1059424. htm。

[11] ，http：//auto. people. com. cn/n/2014/0627/c1006-ddc10904. html

[12] Sherry R. Arnstein：A ladder of community participation, *Journal of the American Institute of Planners*, 1969. 7.

[13] 陈烨：《内生式乡村旅游发展模式研究》，中国地质大学硕士学位论文，2010 年。

[14] 杨敏：《社会行动的意义效应——社会转型加速期现代性特征研究》，北京：中国人民大学出版社，2005 年。

[15] 厉新建、张凌云、崔莉：《全域旅游：建设世界一流旅游目的地的理念创新——以北京为例》，《人文地理》，2013 年第 3 期。

[16] 北京市旅游业培育考试中心：《北京京郊旅游发展实践》，北京：旅游教育出版社，2013 年。

[17] 北京市旅游业培育考试中心：《京郊旅游案例——民俗旅游村精品汇》，北京：旅游教育出版社，2013 年。

[18] 北京市旅游业培育考试中心：《乡村旅游行业管理》，北京：旅游教育出版社，2014 年。

[19] 杨茜：《我国乡村旅游社区能力建设初探》，上海：华东师范大学，

2010 年。

[20] 龚伟:《空间视野下的乡村旅游社区演化研究》,上海:华东师范大学,2014 年。

[21] 张继涛:《乡村旅游社区的社会变迁》,上海:华中师范大学,2009 年。

北京智慧城市建设与农村社会治理信息化研究

课题负责人：文晓灵（北京师范大学马克思主义学院　副教授）

课题组成员：李　利、董丹妮

一、建设智慧城市，推动农村社会治理创新

（一）农村社会管理面临挑战，亟待提高社会治理水平

截至 2015 年年底，北京的行政建制为 16 个区，共有 183 个乡镇、33955 个行政村，郊区占全市土地总面积的 93％。

按照北京市城市规划，到 2020 年北京市城镇人口规模控制在 1600 万人左右，其中新城人口约 570 万人，小城镇及城镇组团人口约 180 万人。基于农村地区所占的面积和人口比例，努力把北京农村建设成为和谐、平安、幸福的社会生活共同体，成为基层社会治理的重要任务。

协调社会关系、规范社会行为、解决社会问题、化解社会矛盾、应对社会风险是社会管理的主要任务。在当前社会迅速变革和城镇化进程中，农村社会管理面临诸多挑战。

一是农村公共服务供给不充分。农村基础公共设施落后，教育、医疗、社保等发展滞后。不仅公共服务供给总量不足，而且供给效率低、不均衡、不协同。

二是农村矛盾冲突和利益诉求影响社会安全稳定。表现为：刑事治安案件不断；因征地拆迁、工资拖欠、环境污染、移民搬迁等引发的群体性事件增多；民事纠纷容易引发突发事件；农村黑势力逐渐抬头；封建迷信和民族宗教矛盾时有发生等。

三是农村社会服务管理亟待完善。目前农村大量劳动力进城，村庄已变成"留守世界"；在城乡接合部，大量外来人口与本地居民存在利益冲突；当前城市管理面临着内容极其复杂、管理难度加大的实践难题；社会治理创新中存在理念滞后、经费不足、体制不顺、方式手段简单、公众参与不足等问题。

面对复杂的社会管理形势，近年来社会建设已纳入中国特色社会主义事业的总体布局，党的十八届三中全会更明确提出"创新社会治理体制，提高社会治理水平"的要求，体现了我党治国理政理念的与时俱进。我国自古以来就有"治理"的提法。20世纪70年代之后，西方发达国家纷纷进行政府改革，新公共管理理论和模式逐渐兴起。在此基础上，20世纪末联合国全球治理委员会对"治理"进行了界定，认为治理是指"各种公共机构、公众机构和公民个人处理其共同事务的方式总和；是调和社会利益、协调社会行动、化解社会矛盾的持续过程"。它坚持共识、共治、共享的核心理念，强调引入多元治理力量，促进政府与市场主体、政府与社会组织、政府与社会成员之间的协商合作。我国改革开放后，社会协同、公众参与的理念也深入人心，深刻影响着加强和创新社会管理的伟大实践。我国当代的"社会治理"是指在党的领导下、政府主导下，各类社会主体遵循社会发展规律，秉持以人为本理念，坚持公正和人道等原则，为增进公共利益、促进社会系统协调运转和人际和谐，齐心协力对社会系统的组成部分、社会生活的不同领域及社会发展的各个环节进行组织、协调、服务、监督和控制的过程。"社会治理"与"社会管理"相比，更加强调多元主体合作共治、社会自治和多种手段的综合运用。

农村社会治理有赖于农村现代化。实现农村现代化，就要促进工业化、信息化、城镇化、农业现代化的同步发展。党的十八大报告在"加强和创新社会管理"部分明确提出："提高社会管理科学化水平，必须加强社会管理法律、体制机制、能力、人才队伍和信息化建设"。正如习主席所说，没有信息化，就没有现代化。信息化的主要特征是数字化、网络化、可视化和智能化。实现农村社会治理的现代化，必须坚持综合治理，运用多种手段，尤其要完善以现代信息技术为基础的农村基础设施建设，提升运用信息技术加强农村社会治理的能力。这恰恰是"智慧城市"的应用领域之一。

一些人只把信息化当作一种技术手段，没有意识到信息化将会引起行政管理、公共服务、生产方式等的重大变革。针对此，我们要用信息化思维，即从信息采集、传输、管理、利用等信息化手段对行政管理、公共服务、经济发展等的作用进行重新审视的思考方式，探讨一下"智慧北京"建设与农村社会治理创新的关系。

（二）"智慧城市"建设促进社会治理能力提高

2013年，工信部信息化推进司董宝青副司长表示："20年前，我们把城市信息化叫作城市信息系统建设；10年前，我们把城市信息化叫作数字城市建设；这两年，我们开始把这两种建设叫作智慧城市建设。"它们是一脉相承，与时俱进的。1999 年北京提出并推动"数字北京"建设，"十一五"结束时全面完成"数字北京"建设目标，又于 2012 年 3 月发布《智慧北京行动纲要》（以下简称《纲要》），从"数字北京"向"智慧北京"迈进。"智慧城市"是当前世界城市发展的新理念和新模式，是我国统筹城乡发展的新型城镇化道路，是继"数字城市"后城市信息化的高级阶段。其核心驱动力是以信息技术为先导，通过深度的城市信息化来满足城市发展转型和管理方式转变的需求。目前，智慧城市的理念已受到广泛认可，并在全球范围内展开了全面的实践探索。

1992 年，新加坡制定了 IT2000－智慧岛计划（1992－1999 年），在全球首次提出"智慧城市"的概念。2009 年 IBM 提出"智慧地球"的概念，又重点推出"智慧城市"的概念，提升了智慧城市在全球的认知度。同年，美国迪比克市确定将建设美国第一个智慧城市；欧盟委员会提出了建设智慧城市的具体计划；日本、韩国等国家的一些城市也开始提出智慧城市建设计划。中国于 2010 年全面展开了智慧城市的建设。截至 2012 年年底，国内明确提出创建智慧城市行动计划及发展战略的城市已近 50 个，有 200 多个智慧城市项目提出和正在实施中，估计约 150 个城市启动了相关规划和建设。

对"智慧城市"内涵的解说有多种，有代表性的如 IBM："智慧城市是指充分运用信息和通信技术手段感测、分析、整合城市运行核心系统的各项关键信息，从而对包括民生、环保、公共安全、城市服务、工商业活动在内的各种需求做出智能响应，为人类创造更美好的城市生活。"专家杨学山认为："应用集成、综合、智能的典型就是在一个城市发展过程中，将信息技术融合到城市生产、生活、发展、管理的各个方面，并在城市范畴中构成集中、统一的平台，这样的应用和平台，被冠之以'智慧城市'的名称，由此，智慧城市也可以说是信息技术和应用发展趋势和水平的代名词。"各种定义表述虽不同，但都认同智慧城市的核心特征是数字化、感知化、互联化、智能化，以实现一体化、协同化、互动化和最优化。

北京"数字城市"建设经历了试点阶段、推广阶段和转型升级阶段，取得了丰硕成果。在此基础上推出的《纲要》是未来十年北京信息化发展的主题。其基本特征是宽带泛在的基础设施、智能融合的信息化应用和创新可持续的发展环境。《纲要》提出了八大行动计划，包括城市智能运行行动计划、市民数字生活行动计划、企业网络运营行动计划、政府整合服务行动计划、信息基础设施提升行动计划、智慧共用平台建设行动计划、应用与产业对接行动计划和发展环境创新行动计划；按照市级、区县级、部门和行业三个层次开展顶层设计，在北京市信息化专家咨询委员会指导下，由市、区（县）两级信息化主管部门统筹本级各部门开展顶层设计；在"智慧北京"推进过程中，将"四类智慧应用"和"四个智慧支撑"划分为政府主导领域和市场主导领域，分类推进。政府主导领域包括城市管理公共服务、社会管理、市场监管、电子政务等；市场主导领域包括企业信息化、数字生活、智慧社区、公共信息基础设施等。"智慧城市"建设是覆盖首都现代化建设全局的战略性举措，已经成为首都产业创新发展的主战场，城市管理创新的新动力，市民生活品质提升的新手段，政府服务改善的新途径，更是首都迈向现代化的新标志。

"智慧城市"建设对社会治理具有积极作用。近年来针对信息化对城乡社会管理作用的调查表明，在城市社区，信息化在很大程度上提高了社区管理工作水平：居民可以使用电脑，通过博客与居委会直接对话，表达看法，提出意见建议，增强了居民参与社区管理的动力；创新了社区管理模式；为居委会与居民良好互动提供了及时、直接的途径，居委会通过博客传递信息，获得关注，回应诉求，及时解决问题，有利于维护社区的和谐稳定。在农村，信息化极大地丰富了农民的生活，拓宽了获取信息的渠道，这对于打破农村地区的封闭状态，缩小城乡差别具有重要推动作用。农村管理信息化方便了村务公开，办公网络提高了村务管理效率，安全监控设施为农民的生命财产安全提供保障，有利于农村的和谐稳定。

信息化不仅是国家治理体系和治理能力现代化的重要内容，也是加快推进国家治理体系和治理能力现代化的重要手段。这是因为，不同于传统的管理模式，管理者不再是信息资源的垄断者，所有社会成员分享到、看到的信息是对称的。被管理者能够通过信息手段进行某种形式的沟通、组织、整合而表达意见，形成共同治理。信息化还为发扬民主、依法治国提供有力支持；使社会公平和正义得到切实维护和实现；在打造诚信社会、增进团结友爱中发挥作用；支撑群众创造性的发挥；维护社会稳定，创新社会管理。

作为城市信息化高级阶段的"智慧城市"包括6部分内容：智慧基础设施、智慧治理、智慧民生、智慧产业、智慧人群和智慧环境。[①] 其中，智慧治理和智慧民生如同人的双手一样，是智慧城市运营的关键。

智慧治理是"智慧城市"建设首先要提升、增强的领域，包括智慧政务（含

---

① 杨冰之等：《智慧城市发展手册》，北京：机械工业出版社，2012年，第16页。

政府决策执行能力、政务服务及透明度、业务协同能力等)和智慧公共管理
(含智慧交通、智慧安防、智慧环保等)。智慧治理的特点是:信息资源成为
管理核心、感知化成为关键手段、互联化实现整合统一、智能化促进转型升
级。智慧治理将通过思路创新与模式创新,加强公共管理资源的整合和管理
部门信息的共享与业务协同,实现管理方法多样化、管理手段高端化、管理
过程精细化、管理水平高效化,同时不断创造公众参与管理的环境和条件,
真正形成社会共同参与治理的局面。

智慧民生是智慧城市建设中需要重点解决的事情,包括智慧社会保障、
智慧医疗卫生、智慧教育、智慧安居、智慧社区服务与其他公益服务等。它
从"服务"出发,以"需求"为导向提供服务,实现向多渠道一体化服务转变、
向用户为中心的服务模式转变和建设开放性服务供给体系,推进城乡公共服
务体系的快速发展,使市民享受到优质服务。

由上可见,将智慧城市建设应用于农村社会治理,有助于提高农村社会
治理能力,提升农村社会治理现代化水平。

二、当前北京农村社会治理信息化的进展情况

(一)北京农村社会治理信息化的环境与基础

北京作为首都,与全国其他地区相比,在信息化建设方面得天独厚,农
村信息化也走在前列,具有较好的社会环境和建设基础。

1. 顶层设计及其实施创造有利环境

1999年,北京市提出并推动"数字北京"建设,2012年又发布《纲要》,不
仅确定了北京信息化建设的阶段性战略目标,而且为实施战略进行了顶层设
计。顶层设计适应了首都经济社会不断发展的需求,从全局出发,系统地设
计了总体架构和实现路径,引领信息化建设统筹集约发展。

在总体设计方面,如2011年9月全面完成"数字北京"建设目标之际,制
定了《北京市"十二五"时期城市信息化及重大信息基础设施建设规划》(以下简
称《规划》),适时提出向"智慧北京"迈进。其主要目标是:到2015年,建成
国内领先、国际一流的信息基础设施,信息化经济引领创新发展能力明显增
强,城市和社会服务科学化、精细化管理水平提升至新台阶,公共服务适度
普惠,城乡信息化差距进一步缩小,健康向上的信息化文化氛围初步形成。
其中,推动形成网格化社会管理成为重要任务,要将网格化理念向医疗卫生、
教育、就业、社会保障、社会救助、社会建设、文化传播等领域延伸,提升

公共服务能力和精细化社会管理。《规划》对此做了部署。

2012 年 3 月，北京市经济和信息委员会下发《关于开展"智慧北京"顶层设计的通知》，要求按照"智慧北京"总体初步方案，分市、区县、部门和行业三个层次展开顶层设计。其中，区县顶层设计包括区域的信息基础设施、公共服务平台、政务应用支撑平台、主题数据库、政府企业和社会的重点应用、公共服务体系等内容的现状和设计。

2013 年 6 月，市政府宽带北京行动计划协调小组公布《宽带北京行动计划 2013 年度任务分工》，要求实施完成以下重大工程：光网城市建设工程、无线城市建设工程、下一代广播电视网络建设工程、政务物联数据专网建设工程、下一代互联网工程、下一代信息基础设施综合示范工程。许多项目都要求各区县参加建设，惠及广大农村。

在社会建设信息化方面，如 2012 年 2 月北京社会建设网发布《北京市"十二五"时期社会建设信息化工作规划纲要》，要求在"十二五"期末，努力建立"十个一"的社会建设信息化体系，即打造社会建设信息枢纽、创新网格化社会服务管理模式、实施社会建设信息化基础设施提升计划、建立社会建设网站群、制定一套社会建设信息化工作标准规范、开设数字电视"社会建设"专区、建设一批"智慧社区"示范点、建设北京社会建设地图网、开发五个业务应用系统、从七个方面建设一批数据库。五个业务应用系统：一是社会动员信息系统，以提高社会动员能力和快速反应能力为目标，在全市建立社会动员系统，形成综合、立体、全方位、统一指挥、反应灵敏、运转高效的应急动员机制，提高社会公共安全和处置突发事件的能力。二是街道社区综合服务管理信息系统，以便民利民和规范基础信息采集为目标，全市统一建设覆盖街道、社区各类业务，以社区综合数据为支撑，与有关部门业务流程协同的综合服务管理系统。三是社工在线培训信息系统，以创建现代化培训教育平台、提升社会工作者素质为目标，构筑全市社工在线培训系统。四是社会建设手机报信息系统，充分利用手机终端覆盖面广、信息传递速度快等特点，依托移动信息发布平台，建立全市社会建设手机报系统。五是社会领域党建信息系统。七个方面的数据库涵盖社区基础数据库、社会工作者队伍数据库、社会志愿者队伍数据库、社会组织和服务项目数据库、社会领域党建数据库、社会工作专业机构数据库和社会建设工作多媒体数据库。以上建设任务的完成，势必为农村社会治理信息化创造有利的环境和条件。

在推进农村管理信息化方面，如 2005 年 2 月北京市发改委、北京市农委、北京市信息化工作办公室发布《关于推进农村管理信息化建设的意见》（以下简称《意见》）。《意见》指出，全面推进农村管理信息化不仅是实现城乡统筹、建设和谐社会的重要途径，也是郊区城市化、现代化的重要内容。《意见》对搞好基础设施建设、组建专业人才队伍、搞好基础数据的采集更新、加强组织领导做了具体安排。

2007 年 1 月，北京市信息化工作办公室《关于北京市农村"数字家园"建设与管理的意见》出台。"数字家园"是农村基层建立的公共信息服务场所，主要提供信息查询、信息发布、技能培训、文化娱乐、网上办事等综合信息服务。《意见》规定了农村"数字家园"建设的基本要求：场地要求方面，有交通便利、安全的固定室内场所，可与村委会、活动站、文化站、图书室等公共服务场所相结合；网络及计算机设备方面，要求配备至少 5 台计算机及相关设备，要求接入宽带网络，可选择光纤、ADSL 无线等多种形式实现宽带接入，网络接入带宽不小于512K；人员配备方面，具有固定或兼职的信息管理人员 1 人以上，须经专门培训；开放时间，应公示服务时间，保证正常开放，每天开放时间不低于 4 小时。《意见》强调，要加强组织保障、经费保障、信息资源保障、制度保障、激励机制等保障机制建设。如各区县政府统筹负责本区县农村"数字家园"的建设和管理工作，各区县政府统筹考虑农村"数字家园"的建设与运行费用，所需资金纳入区县农村工作和信息化工作计划，场地设施维护和电力供应等由乡镇和村委会负责。建立农村"数字家园"的信息与服务资源保障制度，由市区（县）相关部门负责建设和协调本区县信息资源和服务资源，延伸到农村"数字家园"使用等。

2011 年，市农村经济研究中心推出《北京市农村信息化"十二五"时期工作规划》，提出 2011—2015 年农村信息化建设的重点任务是：完善农村基础信息采集体系，加强农村公共信息服务体系建设，有效开展信息的综合加工和分析利用，推进信息化新技术应用试点等。具体任务有：完善"221 行动计划"信息平台，完善北京市农村经济经营管理统计信息系统，建设农村经济信息资源中心，建设运行农村产权交易信息系统和专业合作社服务信息系统，完善涉农信息综合语音服务系统，建立农研中心及工作系统的办公协作门户。

类似的顶层设计还有很多，为农村信息化建设提供了方向、法规、政策和保障。显然，以上各项目标任务的完成为农村信息化提供了良好的发展环境。

2."数字区县"和"智慧区县"建设搭建基础平台

1999 年 11 月 29 日，在第一届数字地球国际会议上，北京市市长刘淇正式提出启动"数字北京"工程。"数字北京"建设分市、区县两级,按照 1 个市级主节点加 16 个区县分节点分步实施。两级公共服务平台通过政务网络互联互通,数据共享并同步更新。在"数字北京"建设试点阶段,"数字通州""数字西城"作为试点通过验收,在城市精细管理、应急指挥、公共服务、经济运行方面起到了重要带头作用。随后在东城区、房山区和丰台区进行推广。如"数字丰台"提出的建设目标是,整合各类数据资源,搭建地理信息公共平台,开发典型应用示范系统,提高综合科学决策能力,为实现城市精细化管理、提高应急处理能力、创新社会管理模式和推动"智慧丰台"建设奠定基础。建设内容包括数据资源建设、地理信息公共平台建设、典型应用示范系统建设、标准规范与政策机制建设和软硬件环境搭建 5 个部分。北京从"数字北京"跃升到"智慧北京"建设阶段后,各区县均适时地提出相应的战略目标,进行了"智慧区县"的顶层设计和建设。据 2012 年度智慧北京建设评奖结果,获得"智慧北京"最佳应用奖的有丰台区、大兴区、昌平区、平谷区、怀柔区。获得"智慧北京"创新创优奖的有门头沟区、房山区、通州区、密云区、延庆区。"数字区县"和"智慧区县"建设推动了各区县社会管理与公共服务迈上新台阶,改变着城乡面貌。

以怀柔区为例。"数字怀柔"和"智慧怀柔"建设使该区信息化建设成绩斐然。至 2012 年,农村信息化取得如下成就:一是基础设施不断完善,全区284 个行政村全部实现了光纤到村,行政村通宽带覆盖率达到 80%,农村电话和宽带用户总数 12 万户,农村手机用户达到 24 万户。二是 16 个村达到市级信息化村标准,60 个信息化村建设任务已圆满完成,累计完成 216 个低成本信息化村建设,7 万户村民享受到包括移动电话、宽带网络在内的低成本信息化服务。三是智慧镇乡信息化基础设施示范建设提前完成。四是农村信息化应用进一步推广普及。103 个村建立村级网站,可提供 720 度村容村貌全景展示。在创新社会领域信息化建设方面,年内启动建设怀柔区网格化社会服务管理信息系统,建成 1 个区级指挥中心和 17 个分指挥中心,开通 69612345公共服务热线,利用信息化手段支持全区 302 个摄像头资源数据共享、社会服务管理事件的统一指挥调度。① 2012 年 11 月 15 日,怀柔区政府与中国联通北京分公司签署"智慧怀柔"建设战略合作协议,这是双方继合作开发"数字

---

① 北京市经济和信息化委员会:《北京信息化年鉴 2013》,北京:电子工业出版社,2013 年,第 436 页。

怀柔"项目后的再次合作。北京联通已先后投入 4.7 亿元用于基础设施建设，未来 5 年计划再投资 5 亿元。从"智慧政务、智慧服务、智慧生活、智慧产业以及智慧基础设施"等角度，全力打造"光速怀柔""无线怀柔""数据怀柔""映像怀柔"和"应用怀柔"。"光速怀柔"即把怀柔建设成为北京市第一个光网络全覆盖的地区；"无线怀柔"即把怀柔建设为在 3G 网络区域全覆盖、WLAN 网络热点全覆盖的地区；"数据怀柔"即把怀柔建设成为北京北部新的信息产业中心、数据存储中心、互联网应用中心；"映像怀柔"即把怀柔建设成为视频采集最广泛、视频应用最丰富、视频内容最齐全的区域；"应用怀柔"即把怀柔建设成为覆盖各领域行业、涵盖工作和生活的信息化应用高集成地区。最终把怀柔区建设成为一个通信基础设施先进、信息网络通畅、科技应用普及、生产生活便捷、城市管理高效、农业现代智能、公共服务完备、生态环境优美、惠及全区城乡居民的智慧型区县。未来几年，随着"智慧怀柔"建设的不断深入，怀柔城乡居民将更深切地享受到"智慧怀柔"之福。家庭网络带宽接入将达到 100 兆，快速浏览网络世界；75％以上的家庭将收看到互动高清电视，重点道路交通路况和停车场将 100％实时监控，随时随地了解交通路况；电力、供热、燃气等能源将实现智能监控与管理；90％以上的家庭用上智能小表；宾馆、酒店在线预订，旅游景点提供智能服务；政府公共服务可全流程在线办理。①

3."智慧乡镇"和"智慧村"试点探索信息化升级推广路径

乡镇、村信息化试点始终是市、区县信息化建设的重要内容。2012 年 6 月 13 日，市经信委会同市农委召开北京市农村信息化工作现场会。为响应国家"开展农村信息化示范村建设"的号召，深入理解当前北京市农村信息化应用实际发展水平，树立应用典型示范，探索"十二五"规划中"智能社区（村）"建设思路，总结和推广农村信息化应用经验及模式，两部门组织开展了 2011 年度北京市"信息化示范村"考核认定工作，编制了"智慧村"建设指标体系，对"智慧乡镇"和"智慧村"建设起到组织推广作用。

以房山区长阳镇为例。2013 年 8 月，长阳镇被确定为本市第一个县镇级 2013 年度国家智慧城市试点。长阳镇近年来以其区位优势，在建设 CSD 中央休闲购物区时，开展了城乡一体化建设，并于 2012 年年初提出了"无线城市、智慧长阳"的发展战略。随后，聘请专家顾问团，在北京大学数字中国研究学

---

① 李庆国：《"智慧怀柔"开启惠民新生活》，《农民日报》，2012 年 12 月 8 日。

院和中科院遥感与数字地球研究所专家领衔下，研究制定了《2013—2020 智慧长阳建设总体规划》。北京大学数字中国研究学院是在科技部、国家发改委等支持下建设的跨院系机构，主要从事"数字中国"有关的科学研究、技术开发、人才培养、成果转化与服务工作。由该院副院长领衔，北京大学数位挂职干部在联络、组织、调研等方面发挥推动作用，与长阳镇政府一道，历经八个月，确定了以"智慧城市"建设为途径，全面推进城乡一体化建设步伐，走和谐、文明、可持续的新型城镇化道路的思路，制定"智慧长阳"建设整体规划。计划到 2015 年，初步建成以"智慧服务普及、智慧产业主导、智慧生态和谐"为主要特征的"智慧长阳"，初步实现智慧化城市管理和服务模式，信息化成为推动长阳镇再创发展新优势的主要动力。在提高政府管理服务力、提升城市品质和居民生活质量、促进产业升级转型方面发挥主要作用。成为"国家智慧城市建设示范区"和"智慧北京"先导区。到 2017 年，以高度智慧化为主要特征的创新型城市发展模式——"新长阳模式"基本确立并取得成效，包括"1＋3＋1"，即一个智慧城市公共资源运维中心、三个智慧应用建设（养老、政务、社区）、一套保障体系。目前，包括长阳镇市政基础设施、智慧产业、电子政务、治安防控网络等工作正在有条不紊地进行中，智慧养老、智慧政务、智慧社区建设等陆续展开。"智慧长阳"模式必将为带动全市农村地区信息化建设积累经验，探索路径。①

4. 城区"智慧社区"建设提供可借鉴经验

"智慧社区"是智慧城市建设的基础和应用领域。北京于 2012 年发布《智慧北京行动纲要》，随后出台了《关于在全市推进智慧社区建设的实施意见》。"智慧社区"是将物联网、云计算、移动互联网、信息智能终端等新一代信息技术，运用于社区服务和社区管理中的社区。2013 年北京已建成 501 个"智慧社区"并通过验收，提供了社区管理信息化的大量典型经验。

以朝阳区团结湖社区管理模式为例。该街道在致力于"智慧团结湖"建设中，将城市管理指挥中心、综治维稳、突发事件应急处理、为民服务平台四项工作进行整合，建立了全模式社会服务管理中心；建设和利用信息化平台和手段，包括街道信息化基础设施、智慧信息机、"掌上团结湖"手机平台、微信微博微群"三微一体"服务平台、"一键通"电话和动态健康监护仪、智慧

---

① 《长阳镇入围国家智慧城市试点》，中国网，Iohas. china. com. cn，2013 年 8 月 14 日。

安防系统等；实现"平台整合、数据整合、业务整合、资源整合、服务整合"五个整合，形成"智慧管理、智慧服务、智慧社区、智慧家庭、智慧协同"五大体系的运行模式和"视频感知、音频感知、人工感知、自动感知"四位一体的感知网络，为社区治理提供强有力的组织和技术保障。2012年获得"北京市社区信息化综合示范街道"第一名的好成绩。这些经验对推动农村社会治理信息化具有很强的借鉴意义。

5. 北京农村数年的信息化建设夯实必要基础

自1999年北京推动"数字北京"建设以来，北京信息基础设施建设成果显著，信息化终端应用全面普及。

农村信息化基础设施建设也成效显著，农村综合信息服务水平明显提高。截至2011年，北京已基本实现光纤网络"村村通"，宽带网络和综合信息服务站覆盖全部行政村；"移动农网"等多渠道信息服务应用进一步深化；平谷、大兴、怀柔、密云等部分区县相继开展了无线宽带入户的试点工作，推进了农民家庭低成本接入互联网。"移动农网"采取"有线信息网络＋信息机（农信机）＋无线移动终端"模式，在落实农村政策、促进农民增收、构建农村和谐社会方面发挥了很大作用。13个郊区区县已安装信息机215台、农信机3823台，辐射农户360021户，发布短信近千万条。整合文化信息共享基层服务点3118个、农村"数字家园"529个、爱农信息驿站504个、农村信息服务站1000个，实现了各类服务站点在场所、设备、网络、人员等方面的整合。市政府各涉农部门进一步完善农村综合信息服务体系建设，"221"信息平台、"12316三农服务热线"、北京新农村商网、北京乡村旅游网等农业信息咨询服务系统的功能进一步完善。①

电子政务和公共服务逐步在农村基层应用，使农村居民生活大为改善。各级政府不断加强信息公开和网上办事力度，推进有特色的面向"三农"的信息服务和"全程办事代理制"的应用推广，农村信息化在改变农村居民生活状态的进程上发挥了突出作用；触摸屏村务公开系统试点改变了农村政务公开模式，丰富了信息内容，方便了群众查询；农村管理信息系统涵盖了全市4023个村级经济合作组织，具备了数据上报、在线审计等功能，实现了村级集体经济活动动态监测，有效支撑了农村经济的宏观决策；农村养老保险信

---

① 《简析北京市农村信息化建设成效和经验》，CIO时代网，cnsp.org.cn，2011年2月23日。

息系统、农村合作医疗系统的建设为提高农村公共服务能力和水平奠定基础。农村养老保险信息系统中缴费人数达 1044751 人，发放数据人数达 64182 人；农村合作医疗信息系统集中管理了 272 万参合农民人口信息，已完成门诊、住院补偿 718700 人次，补偿金额达 44813 万元。文化信息共享工程、农村数字影院、数字图书馆的推广覆盖，提高了农民的科学文化素质。目前，顺义区、昌平区、延庆区、平谷区图书馆已完成"北京市公共图书馆一卡通服务网络"的联网建设工作。2011 年年底所有区县级图书馆都加入了北京市公共图书馆"一卡通"网络，完成 200 个农村图书室联网建设任务。面向农民的信息化技能培训每年超过 10 万人次，专题培训人数超过 60 万人次，利用远程教育站共计培训 200 万人次，占京郊农业从业人口的 70％，有力支持了提高农村科学素质行动。①

　　北京农村社会管理信息化建设同步进行。以农村社会安全管理信息系统为例，覆盖了公安、人社、司法、民政、安监、应急指挥等 7 个职能部门的业务系统，拥有人口基础信息库、法人单位基础信息库、地理空间基础信息库、社会事件基础信息库，形成全方位、多层次、宽领域的社会管理信息化平台。主要特点是：发展速度较快、网络覆盖面较广、建设起点较高，实现了数据分散处理、集中存储、即时监控和调整的高端平台，为社会管理信息化平台资源共享、数据共用畅通了渠道。

　　近年来北京推动农村信息化建设的关键，一是领导重视、政府主导、统筹推进。市委市政府多次组织召开农村信息化专题会，研究部署农村信息化工作，指导各区县逐步完善农村信息化工作机构，将农村信息化工作列入政府折子工程。二是创新机制、完善法规、科学规划。市有关部门建立了由 19 个相关委办局及企事业单位组成的农村信息化工作联席会议制度，协同开展农村信息化推进工作。从 2007 年 12 月 1 日起开始实施的《北京市信息化促进条例》为加快推进农村信息化奠定了良好的法制环境。《北京市农村信息化 2008—2010 年实施规划》《北京市信息化基础设施提升计划》等一批市政府信息化工作重要文件，为推进农村信息化提供了政策依据。三是试点先行、辐射带动、全面提升。平谷区、密云区作为农村综合信息服务试点取得阶段性成果，农村信息化综合信息服务体系初具规模，为在全市农村地区推广积累了

---

　　① 《简析北京市农村信息化建设成效和经验》，CIO 时代网，cnsp.org.cn，2011 年 2 月 23 日。

经验。

（二）北京农村社会治理信息化的典型与做法

近年来，北京农村地区越来越多地将信息技术运用于社会管理，涌现了众多典型，创新了社会管理。下面列举若干。

1. 各区县开通政务微博创新社会服务与管理

政务微博主要指党政机关或官员因公共事务而开设的微博，是利用新的信息化手段，优化政府为群众服务的特殊平台。2011 年 11 月 17 日，北京市人民政府新闻办公厅正式注册开通了官方微博"北京发布"，随后开通全国首个省级政务微博发布群"北京微博发布厅"。北京的 16 个区县官方微博于 12 月 22 日第二批加入，包括山水怀柔、京西门头沟、北京大兴、北京朝阳、funhill 房山、北京延庆、海淀在线、北京通州等，目前已全面进入微博服务时代。其突出特点：一是机构健全，机制完善，如"北京昌平"专门成立领导小组，下设办公室，各委办局、镇（街道）成为成员单位。运营团队由综合协调、信息发布、关切回复、技术服务、网络监督等小组构成。二是定位明确，筹备严密。定位于政务公开的渠道，发布新闻，收集民意，舆情监控，引导网络舆论等。三是内容丰富，板块细化。"北京昌平"保证每天发布 10 条原创博文，先期有"政务昌平""科教昌平""人文昌平""自居昌平""直播昌平""数说昌平"六大板块，后又增加"聚集热点""和谐昌平""民生速递"等板块。四是流程规范，发布有序。"北京昌平"将要发布的信息分为一般信息、回复问题和突发事件几类，规定了各自的发布流程。五是重视投诉，积极回应。政务微博改变了传统媒体掌握信息传播渠道的格局，促使城乡社会治理模式发生重大改变。

2. 怀柔区推进"智慧镇乡"试点

"智慧镇乡"建设是实现"智慧怀柔"的一项重要举措，2012 年即被列入政府折子工程，并成为 2013 年全区信息化建设重点工作。怀柔区决定，要完成智慧桥梓、智慧宝山两个镇的试点建设，从智慧政务、智慧服务、智慧生活、智慧农业及智慧基础设施 5 个方面推广智慧镇乡建设，全面提升镇村信息化发展能力。"智慧镇乡"建设的具体内容包括推进高速宽带网络建设，建设覆盖镇村的电子政务网络，推进镇乡政府机关办公自动化，营造网上招商引资环境，建设远程医疗，推广数字消费方式、农村休闲农业电子商务工程等。将物联网、云计算等新兴信息技术广泛应用到农村地区的政务、商务、生产、生活、教育、文化等各个领域，将有效促进民生、三农、教育、经济等事业的加速创新发展。

怀柔区是北京市的远郊区，农业人口占到相当大的比例，因此推进建立村级政府服务事项基层站点，能够更深入地实现智慧化服务。通过梳理和规范村级服务事项，推动社会保障、劳动就业、医疗卫生、文化科技、教育培训等领域政务服务的移动化，在行政村内引进水、电、气等公用事业触摸屏代缴费的数字化服务，实现多种服务渠道，能够随时随地获取政府服务，让广大农民享受到零距离、全方位的公共服务。此外，还应推进远程医疗等公共事业建设。如在医疗方面，扩大新型农村合作医疗管理和服务信息系统覆盖范围，建立面向乡镇卫生院、村卫生站和家庭的远程医学教育与远程会诊系统，建立农民数字健康档案，推广应用带物联网功能的便携式医疗设备，推动建立居家养老、智慧养老院等家庭保健服务新模式。如今桥梓镇社区卫生服务中心已与怀柔区联通公司合作，建立了社区中心、服务站和村卫生室三级服务网络；通过打造医患健康互动平台，实现村民与医生的远程互动；在健康管理、慢病管理、日常诊疗活动中实现了网络移动办公，医生可通过共享资源随时了解村民的健康信息。

在智慧镇乡建设中，还可充分利用信息化手段，推动村庄社区化管理。根据辖区及村内各主干街道、街巷胡同的分布、数量、距离，在每个村庄安装监控探头，通过授权将图像传送到镇指挥中心、派出所和村，形成三级联网，实现全镇的网上巡逻，提升社会治安及综合治理水平。同时，推广数字消费方式，通过手机、计算机、高清交互电视享受购物、在线内容、文化娱乐和网络学习等各类数字化服务。智能电表、智能水表、智能燃气表和供热计量器具在有条件的企业和家庭基本普及，实现了远程计量和分时段计费。还可以将信息资源运用于旅游业，帮助农村旅游民俗户利用互联网发布旅游信息，开展特色服务，提高农民收入。

2013年年初，上述两个试点乡镇已分别实现了镇域内行政村100％光纤覆盖，2G、3G手机信号全覆盖，"平安社区""过程医疗""景区实时在线"等部分智慧服务在一定范围内相继开启。到2015年年底，各项"智慧服务"逐步实现，在全区乡镇起到示范带动作用。

3. 大兴区西红门镇实行"村庄社区化"管理模式

农村社区建设是在党和政府领导下，依托村级组织，发挥农村居民主体作用，整合社区内外资源，健全社区管理和服务体系，提高农村居民生产生活水平，把农村建设成为管理有序、服务完善、文明祥和的社会生活共同体的过程。党的十六届六中全会审时度势，提出："积极推进农村社区建设，健全新型社区管理和服务体制"。当前正在全国范围内积极推进的农村社区建设，是当代中国农村发生的一场意义重大、影响深远的社会变革，是适应我国经济体制深刻变革、社会结构深刻变动、利益格局深刻调整、思想观念深刻变化，从根本上转变农业农村发展方式和农民生活方式，实现城乡统筹发展的实践探索和创新。大力推进农村社区化发展，有助于加快形成政府主导、覆盖城乡、可持续的基本公共服务体系，使各项基本公共服务在农村落到实处。过去以自然村为单位实施公共服务成本过高，让有限的资源直接延伸到每一个自然村也不现实。调整后的农村社区是新型治理单位，可引导人流、物流、信息流向社区聚集，从而有效整合政府资源，节省建设和服务成本，加强农村基础设施和社区公共服务平台建设，实现城乡公共服务一体化的体制机制接轨。为此，北京市大力推进农村社区化改革，涌现了多个典型。

大兴区西红门镇处于城乡接合部，流动人口与常住人口比为 7∶1，社会治安情况复杂。大兴区委区政府经研究决定在此镇进行村庄社区化管理试点，借鉴城市社区管理经验，通过建站统一化、村庄社区化、人防专业化、技防现代化、服务人性化措施，实现管理秩序化，构建全时、全覆盖的服务管理模式。

该村庄社区化管理模式的一个突出特征是建围墙、安街门、设岗亭、封闭不常用路口，人员和车辆持证出入。对全镇流动人口和出租房实行网格化管理，综治维稳工作实施精细化管理，村庄社区化管理层层细化。在科技运用方面，投入 3200 万元，形成镇村两级安全防范体系。在各主干道和村庄安装监控探头，通过授权将图像分别送到镇指挥中心、派出所和村，实现全镇的网上巡逻。村口设有门禁系统，人员车辆出入须出示证件。西红门推行社区化管理创新了管理模式，提高了村庄管理水平，大大降低了发案率，使群众的安全感和满意度大幅提高，得到市领导的关注和好评，并在其他区县、镇村得到推广。

4. 房山区实施智慧型突发事件应急管理

2012 年 7 月 21 日，北京遭遇新中国成立以来最大的暴雨灾害。19 时 14 分，有网民发出求救信息。19 时 46 分，"北京消防"最先回应，发布了"让大家放心"的信息。随后，以"北京发布"为中心，北京微博发布厅内各区县及相关职能部门的官方微博联手应对灾害性天气，形成强有力的应对矩阵。全方位、立体式的灾害预警应对及协同一致的高效行动力，不仅持续不断地与民众沟通互动，且针对不实传言和负面情绪，进行了积极回应与正确引导。

　　房山区是受灾严重的区县之一，此次抗洪救灾得益于信息化建设。2013年，为推动房山区"十二五"时期信息化工作科学发展，更好地适应经济社会发展需求、驾驭新兴信息技术、转变信息化发展方式、实现"智慧房山"高效跨越、引领创新和统筹集约发展，政府、企业、社会等信息化的协同共享和统筹建设，房山区在市级顶层设计的指导下，为完成好区域内的信息基础设施，公共服务平台，政府应用支撑平台，主题数据库，政府、企业和社会的重点应用，公共服务体系等内容的顶层设施工作，有效推动房山区信息化工作的科学发展，印发了房山区"智慧房山"顶层设计工作领导小组的通知，正式启动"智慧房山"顶层设计规划建设项目。此前，房山区的信息基础设施已经取得长足发展，共投资新建光缆管道310公里，干线光缆245公里，完成光缆网络覆盖全区23个乡镇462个行政村，覆盖率达100%；完成211个新建和老旧小区的光缆接入和改造任务，小区光纤覆盖率达到90%以上；公益无线宽带接入新增覆盖区域5个，累计8个。新增AP139个，累计144个；为灾民安置点开通无线互联网覆盖，近2000户灾民受益等。

　　"7·21北京特大暴雨"发生后，"数字房山"项目组紧急成立应急小组，利用前期成果为房山抢险救灾提供数据与技术支持。完成的工作包括：利用先期成果完成了房山区28类受灾乡镇分布图、18个重点受灾乡镇地图、影像地图、危险源分布图；利用房山区统计数据制作了受灾社区（村）、受灾人口等在内的20张统计图、房山地质灾害分布图；完成了房山区46处共计59块临时安置房安置点的洪水安全评估工作；完成了丰台区14处周转房、安置房的洪水安全评估工作；基于测绘数据完成了港澳公路17.5公里处积水原因分析；先后为北京市领导、北京市规划委员会领导及各部门、房山区领导及各部门、北京城建集团等单位提供房山区地图、影像图图纸合计538多张。①

　　继而，房山区又顺利完成"7·21"灾后通信恢复重建。特大暴雨给房山区的通信设施造成重大破坏。房山区经济和信息化委员会在灾害发生后，迅速启动应急预案，成立了恢复通信协调领导小组，统一组织、协调各基础设施建设单位组织人员投入抢险。共计投入人员7000多人次，车辆1500多车次，运用应急通信设备82台，资金投入6000多万元，快速恢复了房山区网络通信和有线电视正常收视，有力保障了房山区应急指挥系统和视频会议系统的畅通。

---

　　①　温宗勇：《走向大数据：从数字北京到智慧北京》，北京：测绘出版社，2015年，第187页。

5. 顺义区北小营村推行"1＋1＋15"社区网格化管理模式

北小营村属于顺义新城建设区范围，人口流动频繁，人员复杂，单位多，事情多，社会管理的任务重、压力大。2010年10月，按照北京市的统一部署，北小营村开展农村社区化建设，探索推行社区网格化管理模式。具体做法是：将全村24个村民小组细分为44个小网格。每个网格由1名党员和1名村民代表结成对，负责15户左右村民，即"1＋1＋15"结对模式。其实质是网格化管理，将农村分片划分为一个个网格，从而在"区—镇—村"的三级管理结构下，增加了"网格"这一个新的层级，将政府管理服务下沉到最基层的社会单元——格。"结对"的分组公示牌，悬挂于党员、村民代表所在的街巷；组内每位村民都有一张群众联系卡，内容包括所在小组党员及村民代表姓名及联系方式，用水、用电、医疗等联系方式。44个网格按照"定人、定岗、定时、定责"的要求建立责任制，对网格单元中的重点群体和突出风险点加强日常监管和防控，最大限度地杜绝安全问题，避免破坏事件的发生，做到"小事不出网格，矛盾纠纷不上交"。北小营的这种结对工作模式推行以来，群众的安全感和满意度都有所提高，认为村容整洁了，邻里纠纷少了，办事方便了，让会治安更好了。北小营推行社区网格化社会管理模式的具体举措，是建立了一个全新的功能齐全的综合治理维稳中心，还新建砖墙1200米，将全村原来的17个出入口缩减至13个，派专人值守，在主要通道安装24个监控探头，通过网络与派出所相连。中心设有社区警务站、流动人口管理服务站、治安巡防站、民调室、监控室，将治安巡防、流动人口管理、人民调解一肩挑，进行计划生育、医疗卫生、法律援助、劳动就业一揽子服务。这是一种科学化、精细化的管理。应用信息技术实行网格化管理，明显提升了社区管理水平，是农村基层社会管理的创新性探索，体现了坚持党的领导、依法治村、村民自治三者的有机结合。

6. 密云区政府服务进入"互联网＋"时代

2015年3月，"互联网＋"首次出现在李克强总理的《政府工作报告》中，成为一项新的国家战略。"互联网＋"是创新2.0下的互联网与传统行业融合发展的新形态、新业态，是知识创新2.0推动下的互联网形态演进及其催生的经济社会发展新形态。通俗地理解，即将互联网的创新成果深度融合于经济社会各领域之中。目前，中国的网民数已经超过6亿，其中近5.6亿是移动互联网的网民，微信活跃用户突破5亿，支付宝和新浪微博移动客户端合并活跃用户近4亿。这为政务服务接入移动端口提供了成熟的时机。对于地方政府来说，公众服务需求膨胀和线下服务能力提升滞后之间的矛盾日益凸显，通过互联网来寻求解决矛盾的呼声愈发强烈。

密云区委宣传部在建立"宜居密云"政务微博和微信之后，经过不断探索，先后与密云区网格化社会服务综合指挥中心建立了"网网联动"机制，与各镇和各部门之间建立了"部门对接"机制，针对城乡网民诉求开启了互联网接收到延伸线下处置的"互联网＋"模式。"网网联动"机制即宣传部接到网民诉求后，推送到网格指挥中心自主研发的"网格化社会服务管理系统"，再通过此系统推送到各相关单位限期予以处置；对于紧急情况则采取"部门对接"机制，即由宣传部直接联系涉事部门，当日即行处置。据统计，网民反映的问题主要包括民生、环境、拆迁、政策咨询等方面，均是群众关注的热点问题。通过"互联网＋"的创新处置模式，主动服务，有效解决了群众反映的问题，增强了政府的亲民性，缩短了政府与群众之间的心理距离。之后，密云区宣传部还建立了"生态密云"手机 APP，开设了"政民互动"专栏，进一步拓宽了政府倾听民意的渠道，受到群众欢迎。

7. 门头沟打造为民服务信息平台

2011 年 10 月 26 日，门头沟区 61696156 为民服务信息平台正式开通，实行 24 小时人工接听和全程跟踪式服务。城乡居民打一个电话或者发一个短信，提交一份网络申请，就能得到便捷、高效的服务。此平台实现了服务管理方式的创新，把相关部门 42 条热线电话整合为一条服务热线，特别关注了农村五保户等十二类特殊群体的服务与管理；通过现代信息手段，将人、地、物、事进行登记，实行动态跟踪管理与服务，实现了网络化与网格化的统一，提高了政府、社会组织、市民的良性互动；采取电话、网络、短信"三线合一"的方式，对群众日常生活、业务办理、政策咨询等需求进行集中解答、转办、督办、回访，打造了快速了解需求，高效提供公益性综合服务的平台；建立区委办局、镇街、社区村三级服务网络，分级分类承办为民服务信息平台转派的服务事项，形成为民服务信息平台实时受理，三级服务网络各方提供公共服务，政府部门、社会组织、服务企业合力满足多元化利益需求的社会服务管理模式。

该信息服务平台具有六大功能模块，信息服务领域全面。一是信息查询功能，可查询包括政府公共服务类信息以及包括天气、出行、旅游等与百姓息息相关的生活信息。二是事项跟踪催办功能，通过整合 96156 等服务平台，将信息服务与网上办公相结合，随时跟踪催办事项办理情况。三是发布政府公共信息功能，平台通过短信、社区电子屏、电视、网络等方式向群众发布政府公共信息及群众关注的热点难点问题信息。四是资源信息整合功能，通过整合各类服务资源，收集服务信息，建成全区最全面的服务信息数据库。五是政府职能部门督办考核功能，与区委区政府相关部门实现信息互通，提出督办建议，并定期统计政府职能部门公共服务事项办结情况和群众满意度。六是网上办公平台功能，在平台上开发区、街(镇)、社区(村)三级体系的信息报送等功能，推进社会领域信息化建设。

8. 延庆区建设有特色的网格化社会服务管理体系

应用信息技术进行网格化管理能明显提升管理的现代化水平。2012 年 3 月全市网格化社会服务管理体系建设推进大会后，延庆区积极行动，完成有特色的网格化社会服务管理体系建设的基础工作。一是构建"1133"管理模式，即 1 个区级网格化社会服务管理工作领导小组；1 个区级网格化社会服务管理综合协调中心；3 个网格化专项管理指挥平台——综治维稳指挥平台、民生服务指挥平台、城乡环境指挥平台；实施 3 级管理——区领导小组协调综合中心及专项平台—乡镇(街道)管理中心—村(社区)三级管理。二是依据区情科学划分网格，将全区 376 个村(社区)划分为不同类型的网格，横向上实行分类管理，纵向上在三级管理基础上，以村(社区)的行政区域为基础网格进一步细化。以农村地区 50 户左右、中心地区 2 栋楼房为一个微网格，实行精细化服务管理。三是整合人力资源配置网格力量。基础网格由村(社区)干部等为责任主体。微网格由大学生村官、治安巡逻志愿者等 15 类人承担责任。四是制定系统化工作标准作为指导和管理依据。五是建立网格化社会服务管理工作运行机制，包括信息采集更新机制、问题源头发现机制、任务协调处置机制、分层处理问题机制、综合管理执法机制、任务完成反馈机制、工作督查督办机制、工作预案响应机制 8 项运行机制。多项运行机制贯穿于各项工作的始末，从信息掌控、发现问题、任务调配、处理反馈、事后督查等各环节予以制度保障，进一步理顺了网格化服务管理工作流程和责任体系，督促各工作体系正常、高效运转。

(三)北京农村社会治理信息化的成效与经验

北京农村地区社会服务管理越来越多地运用到现代信息手段，取得了明显成效，也积累了若干经验。

1. 怀柔区北房镇创新网格化社会治理指挥中心的成效

北房镇干部首先转变思想观念，将社会治理思路由"以官为本"转向"以人为本"，由"整治命令"转向"寓治理于服务之中"，由应急性、灭火性转向治本式、源头式社会治理。其次，将网格化社会治理平台打造为智能化社会治理新模式，多网合一、多功能合一、资源共享、运转协调。一是实现社会服务管理网、城市管理网和社会治安网"三网融合"。目前运行的这三网有许多同类项和相近项，为简化工作程序，为民众提供便捷的服务，通过优化网格化社会服务管理功能、城乡社会治安服务管理功能、智慧化精细化绩效管理功能、应急协调指挥功能、视频服务控制功能等内容，把"三网融合"作为社会治理指挥中心平台的首要研发工作，实现了统一指挥、统一协调，大大提高了管理和服务的效率与质量。二是实现"精细"管理。依托镇级研发的绩效管理平台，社会治理指挥中心对派遣的指令内容实时进行督导检查。各类常规派遣事项，正常办理中时，绿灯亮；未按时完成，红灯亮；催办工作进度，黄灯亮；事项结案，不亮灯。特殊派遣事项和领导关注的急办事项，由镇社会治理指挥中心进行跟踪催办。处置效果不明显、不到位的重点问题和事项，由镇社会治理指挥中心升级为即时督办。通过建立责任履行、网格化覆盖机制，问题解决和联动处置机制，应急管理与响应协调机制等，确保了精细化管理。三是实现与民众的良性互动。建立镇政府与民众的信息互动平台，通过短信和电子屏幕等方式，适时为民众提供全方位、准确的服务信息。通过收集民众诉求，及时了解和掌握他们的需求，提供方便快捷的处理事情的渠道及相关资料、工作流程，让民众办事做到心中有数。四是实现镇村视频对话。通过远程视频会议系统，及时召开镇村等单位的各层级会议。遇到突发事件时，应用远程视频会议系统，实时进行指挥处理。对民众要求的服务事项，在约定时间，由政府专职人员通过视频会议系统进行解答，提高了群众满意度。

2. 平谷和密云农村综合信息服务试点取得成效

在各市级单位的协调推动下，北京市平谷区和密云区作为农村综合信息服务试点取得阶段性成果。农村信息化基础设施建设、涉农信息资源整合、各业务系统建设和应用取得较大进展；建设规模不断扩大，组织管理不断完善，应用水平逐渐提高，信息化服务体系取得重大进展，低成本推进农村信息化取得巨大成果，农村信息化综合信息服务体系初具规模。

平谷区实现了全区 273 个行政村的无线网络信号覆盖，电脑普及率为 17％。全区利用各类信息化基础设施，开展科学技术、文化知识、实用技术等培训，共完成计算机培训 3000 人次、绿色证书培训 2000 人次、职业技能培训 3000 人次、实用技术培训 12 万人次；农村网络的建立、电脑的普及，提高了农民的素质，有效引导农民向二、三产业转移，促进了农村旅游业发展，带动了农村合作组织的发展，促进农民增收致富。

密云区通过综合信息服务体系建设，打开了农民的视野，提升了农民的信息意识和科学素养；促进了农民增收；农民的民主法治意识明显提高；农民借助信息化手段实施经营与推广工作，人均纯收入实现了 13.2% 的年平均增长率。区政府在"北京·密云"网站开设了"政风行风""区长信箱""网上信访"等栏目，每天 24 小时受理群众咨询、意见建议和举报投诉，切实做到了"件件有着落、事事有回音"。借助信息化，密云政务形成了网络热线机制。①

3. 推广农村社区化管理模式的成效

在我国社会发生深刻变动之际，党的十六届六中全会通过的《关于构建社会主义和谐社会若干重大问题的决定》明确提出，要"积极推进农村社区建设，健全新型社区管理和服务体制"。通过探索构建全体成员相互包容、共同参与的新型农村社区，有助于建设和谐社会。北京推动农村社区化工作的亮点是，积极推进城乡接合部地区的城乡社区建设、加强新型农村社区试点建设、着力推进村庄社区化管理。村庄社区化管理模式取得了显著成效：创新管理模式，提高了村庄管理能力，采取各种措施，提高了社会治安水平，有效改善了村庄环境；群众的安全感和满意度大幅提高。农村社区化管理离不开现代信息技术的作用。不少农村社区通过搭建信息化综合服务平台，充分发挥了社区管理信息化、网格化的技术支撑作用，促进了管理模式和方式的转变，实现了基本公共服务均等化；利用物联网、云计算等先进技术，可提升农村智慧型管理水平；运用多种信息技术手段，能为农村社区治理提供强有力的组织和技术保障，使感知、预警全面，决策、沟通及时，执行、处置准确。

4. 密云区开创农村社会治理新局面的经验

近年来密云县（2015 年 11 月改为区）社会建设信息工作加快推进。一是成立了县社会建设宣传工作领导小组。二是制定了全县《社会建设信息工作要点》和《密云县社会建设信息先进工作者评选办法》。三是组建了社会建设信息中心。四是创办了相关刊物。五是开通了密云社会建设网。2014 年密云区根据生态涵养区的实际，又着力从多方面加强社会建设，重点推进网格化标准化建设，开创了农村地区社会治理体系现代化的新局面。

---

① 《简析北京市农村信息化建设成效和经验》，CIO 时代网，cnsp. org. cn，2011 年 2 月 23 日。

密云县（现为区）编制了全市首部农村地区网格化标准。历时一年，组织40个职能部门的52名工作人员，编制并以区委区政府名义正式发布《北京市密云区网格化社会服务管理标准》。它包含45个分项标准，涵盖了农村地区生态建设、社会管理、社会服务、区域党建等各项社会治理工作，被国家标准化委员会确定为国家级服务业标准化试点。通过网格化标准化建设，规范了本地区网格化工作运行，推进更多职能部门和镇街职能科室与网格化融合衔接，促使政府工作人员定期进入网格直接联系和服务群众，使网格化成为社会治理的主平台。推进20个镇街（地区）建设网格员工作试点村（社区），建立专职网格员队伍，细化职责和激励机制。提升网格化体系智能化、精细化水平，开发了密云区网格化社会服务管理信息系统，建立涵盖14大类、178项、100多万条信息的社会服务管理基础数据库，形成动态更新机制，解决了底数不清、情况不明的问题，实现了区、镇（街）、村（社区）、职能部门的互联互通。该系统已获得国家版权局颁发的《软件著作权登记证书》。推进网格化信息系统改造升级，开展网格化社会服务管理移动终端，密云县立体分类式网格化指挥平台建立。

2013年，全县（现为区）各级网格管理机构共记录事项78.5万件，办结77.9万件，办结率99.25%。其中，区网格中心接报并派发网格事项17748件，涉及21个县职能部门，办结17357件，办结率97.8%。网格化在保护生态环境、维护社会稳定、提升社会服务水平方面发挥了更大作用。密云农村地区社会治理体系现代化进程不断加快。[1]

为推进网格化与便民服务的整合衔接，密云区的经验包括：一是推进机构整合，将网格化社会服务管理站、便民服务站合署办公，统一纳入网格化社会治理平台。二是推进流程整合，以网格化信息系统为基础平台，整合服务管理资源，梳理服务管理项目，实现便民服务、综治维稳、生态环境保护等社会治理工作运行流程有机合一，构建大平台、多接口、一体化的社会治理格局。三是推进人员整合。四是建立标准化运行机制，制定《行政服务平台管理规范》等标准文件，实现网格化信息系统"一网建设"，工作运行"一套标准"，事件处置"一体指挥"。同时，大力实施信息网、通讯网、视频网、广播网"四网联动"，推进网格化、应急、非紧急救助、综治维稳"四中心"融合衔接，"一网建设、两级指挥、四级服务管理"的网格化平台框架全面建成。

---

[1]　首都文明网：《密云县开创农村地区社会治理"四个新局面"》，2014年4月29日。

5. 房山区成功开展农村管理信息村级联网试点的经验

真正搭建起农村管理信息化的建设框架,四级网络连通和四级数据传输是最终的表现形式,也是市级对农村管理信息化建设工作提出的网络建设要求。房山区信息工作部门认识到,只有搭建完成市、区、乡、村四级网络,才能真正实现农村管理信息化。因此,区经管站在 2005 年实现三级联网的基础上,2006 年提出构建房山区农村管理信息化村级网络,实现四级连通的设想。2007 年根据自行制定的《房山区农村管理信息化村级网络建设方案》的总体安排,将 12 个乡镇作为四级网络连通的第一批试点乡镇。至 7 月底①,230 个试点村已全部安装企业 ADSL(公共网络)宽带,其中 3 个乡镇的 51 个村完成了农村管理信息化网络远程控制、数据传输等连通调试,城关街道 22 个村通过歌华有线光纤连通也已实现数据共享。

四级连通是指在市、区、乡三级网络连通(政府专网)的基础上,主要利用 ADSL 等网络环境和 VPN 控制节点将网络延伸连接到村级数据采集点,实现市、区、乡、村四级网络传输。房山区经管站 2007 年在明确了建设意义、建设步骤、建设条件、建设保障的基础上,与北京网通房山分公司通力合作,构建全区农村管理信息化四级网络。他们的主要经验是:首先,核查四级联网条件。通过调查,从五个方面确认房山区已经具备四级网络安装条件。其次,制定建设保障措施。一是任务保障,制定了《房山区农村管理信息化村级网络建设方案》,为村级联网提出了实施工作的任务安排。二是人员技术保障,成立工作小组,配备了若干专业人员负责工程实施。三是制度保障。根据市经管站制定的《北京市农村管理信息平台系统及数据处理中心管理办法》②,制定本区、乡、村信息处理中心(站、点)的相关制度。再次,启动村级网络建设。2007 年进入实质操作阶段。复次,签订大客户订单,明确建设任务。在 2005 年与网通签订"网络建设协议"基础上,进一步协商确定安装 ADSL 设备的相关事宜,明确分工和任务。2007 年与网通签订了大客户订单,明确了具体任务和责任。最后,安装 ADSL 设备,调试成功四级连通。按照区经管站统一安排以及乡镇的组织协调。2007 年 4 月网通公司对第一批网络连通 3 个乡镇所有试点村的网络连通环境进行了调查,继而完成设备安装调试,并测试成功。

---

① 房山区农经站:《搭建林级网络实现四级连通》,中国农经信息网,2008 年 2 月 7 日。
② 房山区农经站:《搭建林级网络实现四级连通》,中国农经信息网,2008 年 2 月 7 日。

第一期实现村级网络连通，取得了初步效果：构建了覆盖区、乡、村三级的 VPN 网络，保证各级数据传输站的安全以及数据传输的安全，有助于提高农村基层的办公效率，节省成本；农村基层干部和广大农民可以共享信息资源，充分体验到信息时代的便捷；所有设备都能统一由集中管理平台进行配置和管理；解决了政府专网传输数据造成的网络涌阻现象及线路冗余（备份），可以为政府部门及时、稳定地提供农村各项信息，充分实现政府部门管理、指导和服务职能。

6. 门头沟区创新社会服务管理模式的经验

门头沟区于 2011 年正式开通了 6196156 为民服务信息平台，推动了社会服务管理模式创新。他们的经验集中起来，就是强化运营工作的保障力度。一是领导重视。各位领导多次听取工作汇报和实地考察，督促成立"门头沟区为民服务信息中心"，定位于全额拨款事业单位，配备 5 名中心工作人员，建立为民服务信息平台，配备 20 名接线员。信息中心和信息平台的工作经费列入财政预算。通过为民服务信息平台对政府职能部门进行为民服务工作考核，以增强其权威性。二是部门协作。区委社会工委、区社会办、区总工会、区民政局、区信息中心等单位把推进为民服务信息平台工作当成一项中心工作来抓。完成了机房改造、区 96156 信息平台与区 61696156 信息平台的对接、3000 余条各类服务信息录入、接线员招录和培训等工作。区工商分局推荐 30 家信誉较好的服务企业作为第一批加盟商，与中心签订了服务协议。三是机制保证。包括：服务受理机制，通过热线、短信、网站三种渠道受理服务请求；分类处理机制，分为现场答复和后台处理两类，分别处理；督办落实机制，对各类转办事项进行全程跟踪、督办；回访反馈机制，事项办结后及时对申请人进行回访反馈；考核评价机制，根据受理事项类别、数量及受理事项落实情况、群众满意度，对政府部门、社会组织、服务企业进行综合考核。

为民服务信息平台作为加强和创新社会管理的重要抓手，发挥了其了解社情民意的"晴雨表"、服务广大群众的"好帮手"、维护社会稳定的"调解器"、改进群众工作的"催化剂"、密切党群关系的"连心桥"的作用。

7. 16 区县参与的政务微博"北京发布"的成功经验①

在《2013 年上半年新浪政务微博报告》的十大党政机构微博排名中，"北京发布"位居第四位，已成为全国政务微博的典范。包含北京 16 个区县官方微

---

① 高宏存：《政府网络管理：案例·技能·方法》，北京：中国人事出版社，2014 年。

博的"北京发布"平台已积累了丰富的运营经验，对今后深化各区农村社会治理信息化具有借鉴意义。

"北京发布"有两大利器。政务微博内容建设的一个重要部分是以何种方式呈现内容。"北京发布"遵守与用户之间"尊重与吸引"的关系准则，建立起两套工作机制。这两套工作机制犹如两大利器，保证了"北京发布"有条不紊地运行。一套是日常的内容运营机制，有三大特点。其一，注重信息发布的规律化。在现代传播技术之下，用户的信息期待方式逐渐转向"随时期待"。为了满足这种信息期待，政府微博需要讲求发布效率，让用户掌握发布规律。从"北京发布"每天的发布情况看，信息发布比较规律，每天发布几条主干信息，在特殊时期根据实际加以调整，发布节奏尽可能地与用户的使用节奏保持同步。其二，内容呈现多元化。微博信息以文字为主，但网络本身是一个多媒体集成平台，需要将图片、视频等多媒体手段加入以提高用户兴趣。其三，发布风格网络化。微博用户环境具有平民属性，决定了政府微博要主动从官样文章中跳出来，多使用网络化的发布风格，轻松呈现在大众面前。另一套是突发事件的应对机制，也有三个特点。其一，微博发布灵活机动。"北京发布"日常运营已经较成熟，有固定的发博格式、语言风格及话题分组。在突发事件中，则要注重内容形式多样，灵活利用草根资源，采用比较稳健的议程设置策略，有效迎合舆论需求并取得舆论主导权。其二，微博交互百转千回。进行突发事件网络舆情导控时，通过转发的方式能够在共享信息资源的同时保证信息发布口径的统一性，对舆情管理十分有利。其三，突发事件的应对策略。在突发事件中保证对事件的持续关注和信息的实时发布，有利于在网络舆情引导中占据主动地位。为此，要与"时"俱进，注重时效；有"容"乃大，注重时机；你"来"我"往"，注重交互。

"北京发布"总结了信息发布的"五要"：一要软硬兼施，双管齐下。作为政务微博，应主要发布与机构职责相关的硬内容，即新闻资讯等信息，但发布养生、情感等软信息能受到网民关注。考虑到政务微博的规范严谨要求，权威专业的内容可以原创形式发布，而比较随意的内容可以以转发的方式适当评论。二要有所为有所不为。政务微博是网络议政场，应多发布互动性强的主题，多公布民生政策等政务信息。不为之处，是要严格避免随意发布未经证实与许可的信息。三要临危不乱，化险为夷。在突发事件中，通过政务微博可实现应急管理，优化应急服务，提升政府形象和公信力。同时要稳住阵脚，在事件的不同阶段进行稳健的议程设置，把握和控制舆情走向。四要与民意零距离接触。充分注意微博用户的特点，了解民意、疏导民意、培育用户良好的媒介素养，净化网络空间。通过积极的引导和充分互动，达到民意要求。五要整合资源，多位一体。微博具有集成性，能整合博客、实时通信工具和网站链接等，成为政府机构的信息资源中心。要进一步通过微博把政府网站、网上办事大厅、便民服务论坛、电子邮箱等的功能集成起来，发挥联络作用。

三、当前北京农村社会治理信息化存在的问题

尽管北京市信息化建设在整体上取得了长足进步，运用在农村地区也不断取得进展，但具体到农村社会治理信息化方面，仍存在不少问题。针对这些问题进行反思，是解决问题的必要前提。

(一)农村社会治理信息化的基础设施与管理主体之间的整合与协调问题

管理信息化的优势就在于资源整合、信息共享、统一协调。但由于现行管理体制的问题、各地经济科技发展水平的差异性、各地重视和投入程度不同等原因，在信息的整合与协调方面仍不尽如人意。

一是存在信息基础设施建设的地区不平衡现象。据 2011 年北京工商大学陈凤芝领衔的课题组对北京地区农村信息化水平的一项调查，表明经济发展水平制约着北京不同地区的信息化建设。见表1、表2、表3。①

表 1　不同地区间的无线网络覆盖率　　　　　（单位：人）

地区类型	已覆盖	百分比	没有覆盖	百分比	合计
经济发展水平较差地区	18	15.4%	99	84.6%	117
经济发展水平一般地区	40	40.4%	59	59.6%	99
经济发展水平较高地区	63	63.6%	36	36.4%	99

---

① 陈凤芝等：《关于北京地区农村信息化水平的调查报告》，2011 年。

表2 不同地区间的数字电视信号覆盖率 （单位：人）

地区类型	已覆盖	百分比	没有覆盖	百分比	合计
经济发展水平较差地区	10	8.5%	107	91.5%	117
经济发展水平一般地区	18	18.2%	81	81.8%	99
经济发展水平较高地区	48	48.5%	51	51.5%	99

表3 不同地区为提高信息化水平采取措施情况 （单位：人）

地区类型	已覆盖	百分比	没有覆盖	百分比	合计
经济发展水平较差地区	21	17.9%	96	82.1%	117
经济发展水平一般地区	31	31.3%	68	68.7%	99
经济发展水平较高地区	70	70.7%	29	29.3%	99

二是信息共享效能不高。由于彼此独立的行政机构与信息化平台统一化要求之间存在着现实冲突，农村管理数据资源出现数据指标口径不一、条块分割、信息流通不畅等现象。特别是分存于不同部门的数据库中的信息资源，由于部门利益驱使，信息壁垒严重，共享程度不高。另外，受一些现实条件的限制，各部门的信息化水平也不一致，致使各部门之间和数据资源不对称、不完备、缺乏权威性。数据资源使用范围狭窄，用途单一，重复利用率低，丧失了信息应有的流动性和共享性优势。

三是资源整合度低。在农村社会管理信息化建设中，各相关部门采取的是自下而上的分散性建设。部门内部及部门之间的信息与业务流程衔接不紧密，客观上形成条块分割、自我封闭的网络和信息系统。各信息平台交互功能不健全，资源整合功能较弱，处于无序或无效状态，运行效果不佳。

(二)农村社会服务信息匮乏与信息的真实有效性问题

信息匮乏客观上是由信息采集不足造成的，也与农民获取信息的渠道少、能力差有关。信息采集是农村信息化的基础工作，能否掌握大量、准确、齐全的信息，决定着社会管理信息化手段能否发挥最大效益。但目前全市农村信息采集的状况是，信息采集的数据部门化情况比较突出，社会综合信息资源匮乏，存在着事后信息多、预警信息少；单一表象信息多、综合分析类信息少等现象。此外，信息收集、资料整理、分类录入、信息反馈、跟踪管理、服务到位的运行机制还没有真正建立，信息采集环节措施薄弱。

据对北京农村的一项调查，约有1/3的村民不会使用信息设备收集信息；1/3的村民不知从哪些途径可以获得准确信息，为信息发愁。信息匮乏显然是制约农村社会管理的主要问题之一。

如今，信息的真实有效性问题也日益突显。如在2012年7月21日北京发生特大暴雨时，网络上一度谣言四起，一些人肆意发布"遇难多少人"等不实信息，扰乱了民心，干扰了社会稳定。网络诚信问题的出现有多种原因，与我国目前信用体系建设滞后相关，也与国民素质相关，严重影响到信息的可信度，成为当今社会必须大力解决的突出问题。

（三）农村基层政府网站不能充分发挥服务功能问题

2015年北京市政府办公厅发布政府网站建设新规，要求各政府网站须对社会热点积极回应，重大事件第一时间发布信息。对内容更新不及时、信息发布不准确的政府网站，将予以通报或通过媒体曝光。《新京报》记者随即登录北京16区县各委办局的官方网站，发现普遍存在四大类问题。一是"服务热线"无联系电话。这涉及若干区县的委办局。一些官网设有"联系我们"或"服务热线"栏目，但找不到联系电话，成了摆设。二是部分网站内容几年不更新，成了"僵尸网站"。三是信息发布"很任性"。一些网站发布的多是会议信息或部门内部的工作信息，与该部门涉及的农村政策、热点事件无关。四是只有框架无内容。政务信息公开、规划、民生等专栏虚置。

究其原因在于，网络管理相比于传统管理方式，增加了政府管理的难度，网络又诱发一系列新问题，使政府部门的信息管理工作面临新的挑战，需要加大投入，提高政府工作人员的专业技能和素质等以面对挑战。但据京郊政府官网工作人员反映："郊区县网站建设和维护资金要少很多，技术力量也没有市区强。"据了解，主城区政府官网一年的建设和维护费用达数十万，而郊区每年才一两万。乡镇尤其缺乏信息化主管人员的编制和专门人员，导致农村信息化工作机制混乱，缺乏必要的资金和人才支撑。当然，这里也确实存在基层网站管理不善和技术缺陷问题。①

(四)需要提高农村信息工作双方的信息应用能力问题

信息化的基础工作是提供和获取信息，但管理与服务的信息化水平更受制于发布和接收信息双方的信息应用能力。根据《智慧北京行动计划纲要》，公共服务、社会管理等领域的智慧应用，属于政府主导领域，政府相关人员的信息应用能力很关键。以网格化管理为例，网格化城市管理模式由我市东城区首创，后迅速普及到我市城乡乃至全国。网格化管理运用和整合了多种数字城市技术，对于提高城市综合治理能力和服务水平具有重要作用，已成为京郊农村社会管理的重要模式。但目前在区县和乡镇层面都存在网格化管理中信息应用能力不成熟、不强的问题。如对网格感知系统获取信息的研判仍停留在对表面数据的分析判断层次，不能从中发现有规律性和苗头性的东西，未能形成综合性、预警性信息。又如，网格化管理工作的运行缺少统一的管理标准，缺乏监督标准，绩效评价体系不科学，缺少奖惩激励机制等，影响到网格信息的采集、传输、管理和利用。

作为信息接收方的广大村民，由于受教育程度有限和缺乏信息技术培训，在运用信息技术方面的能力也不强。有些村民不重视信息的作用，甚至认为信息基础设施建设是"走形式"。有的人是主动获取信息的动力不足，更多的人是不会接收和利用信息，降低了农村地区群众运用信息的效能。

四、运用信息技术提高广大农村社会治理能力的若干建议

明确思路才能找准方向和路径。今天，农村社会治理信息化的建设思路要放在"智慧城市"建设战略和国家"互联网＋"行动规划下来审视。

"智慧城市"是在数字城市基础上，引入物联网技术和云计算等技术，实现对人和物的感知、控制和智能服务。在技术层面，大数据起着支撑作用。而"智慧城市"的另一个显著标志就在于它的"智慧"性。就管理而言，"智慧"体现在不是"事后查看"，而是"事前预警"；不是"经验管理"，而是"科学管理"；不是简单的"资源整合"，而是"资源优化"。"智慧城市"管理不同于传统城市管理的特点是，信息资源成为管理核心、感知化成为关键手段、互联化实现融合统一、智能化促进管理升级。

---

① 《北京区县政府网站数年不更新，回应：没钱技术差》，《新京报》，2015 年 3 月 20 日。

2014 年 8 月，经国务院批准，八部委联合下发《关于促进智慧城市健康发展的指导意见》(以下简称《意见》)。《意见》提出，智慧城市建设的指导思想是：按照走集约、智能、绿色、低碳的新型城镇化道路的总体要求，发挥市场在资源配置中的决定性作用，加强和完善政府引导，统筹物质、信息和智力资源，推动新一代信息技术创新应用，加强城市管理和服务体系智能化建设，积极发展民生服务智慧应用，强化网络安全保障，有效提高城市综合承载能力和居民幸福感受，促进城镇化发展质量和水平全面提升。

今后北京"智慧城市"建设要贯彻《意见》提出的基本原则：以人为本，务实推进；因地制宜，科学有序；市场为主，协同创新；可管可控，确保安全。力争到 2020 年在保障和改善民生服务、创新社会管理、维护网络安全等方面取得显著成效。一是公共服务便捷化。在教育文化、医疗卫生、计划生育、劳动就业、社会保障、住房保障、环境保护、交通出行、防灾减灾、检验检测等公共服务领域，基本建成覆盖城乡居民、农民工及其随迁家属的信息服务体系，公众获取基本公共服务更加方便、及时、高效。二是城市管理精细化。市政管理、人口管理、交通管理、公共安全、应急管理、社会诚信、市场监管、检验检疫、食品药品安全、饮用水安全等社会管理领域的信息化体系基本形成，统筹数字化城市管理信息系统、城市地理空间信息及建(构)筑物数据库等资源，实现城市规划和城市基础设施管理的数字化、精准化水平大幅提升，推动政府行政效能和城市管理水平大幅提升。三是生活环境宜居化。居民生活数字化水平显著提高，水、大气、噪声、土壤和自然植被环境智能监测体系和污染物排放、能源消耗在线防控体系基本建成，促进城市人居环境得到改善。四是基础设施智能化。宽带、融合、安全的下一代信息基础设施基本建成。电力、燃气、交通、水务、物流等公用基础设施的智能化水平大幅提升，运行管理实现精准化、协同化、一体化。工业化与信息化深度融合，信息服务业加快发展。以上目标的实现需要各地、各领域的共同努力。

2015 年 7 月 4 日，国务院印发《关于积极推进"互联网＋"行动的指导意见》(以下简称《意见》)。《意见》强调，"互联网＋"是把互联网的创新成果与经济社会各领域深度融合，推动技术进步、效率提升和组织变革，提升实体经济创新力和生产力，形成更广泛的以互联网为基础设施和创新要素的经济社会发展新形态。加快推进"互联网＋"发展，有利于重塑创新体系、激发创新活力、培育新兴业态和创新公共服务模式，对打造大众创业、万众创新和增加公共产品、公共服务"双引擎",主动适应和引领经济发展新常态,形成经济发展新动能,实现中国经济提质增效具有重要意义。

今后北京农村社会治理信息化建设尤其要实施《意见》提出的第 6 项行动即"互联网＋"益民服务。此项行动的目标是:充分发挥互联网的高效、便捷优势,提高资源利用效率,降低服务消费成本。大力发展以互联网为载体、线上线下互动的新兴消费,加快发展基于互联网的医疗、健康、养老、教育、旅游、社会保障等新兴服务,创新政府服务模式,提升政府科学决策能力和管理水平。具体包括:其一,创新政府网络化管理和服务。加快互联网与政府公共服务体系的深度融合,推动公共数据资源开放,促进公共服务创新供给和服务资源整合,构建面向公众的一体化在线公共服务体系。探索开展一批社会治理互联网应用试点,提升各级政府的社会治理能力等。其二,发展便民服务新业态。发展社区经济,在餐饮、娱乐、家政等领域培育线上线下结合的社区服务新模式。积极推广基于移动互联网入口的城市服务,开展网上社保办理、个人社保权益查询、跨地区医保结算等互联网应用,让老百姓足不出户享受便捷高效的服务等。其三,推广在线医疗卫生新模式。发展基于互联网的医疗卫生服务,引导医疗机构面向中小城市和农村地区开展基层检查、上级诊断等远程医疗服务,充分利用互联网、大数据等手段,提高重大疾病和突发公共卫生事件防控能力等。其四,促进智慧健康养老产业发展。依托现有互联网资源和社会力量,以社区为基础,搭建养老信息服务网络平台,提供护理看护、健康管理、康复照料等居家养老服务。鼓励养老服务机构应用基于移动互联网的便携式体检、紧急呼叫监控等设备,提高养老服务水平等。其五,探索新型教育服务供给方式。开发数字教育资源,提供网络化教育服务。逐步探索网络化教育新模式,扩大优质教育资源覆盖面,促进教育公平。探索基础教育、职业教育等教育公共服务提供方式等。

《意见》所提出的七项保障支持措施对提高北京农村社会治理信息化能力具有针对性:一要夯实发展基础,二要强化创新驱动,三要营造宽松环境,四要拓展海外合作,五要加强智力建设,六要加强引导支持,七要做好组织实施。针对北京的实际情况,在此提出以下建议:

(一)强化顶层设计及实施

农村社会治理信息化是北京"智慧城市"建设的应用领域,是一个子系统,有赖于整个系统的整体设计与建设。离开这一大环境,农村社会治理信息化难以孤军奋进。"智慧城市"建设是复杂的系统工程,做好顶层设计极其重要。

北京市虽然已出台《智慧北京行动计划纲要》，但随着建设的推进，还需要加以细化和深化，特别是要对各应用领域的建设进行总体设计。为此，有必要整合首都相关研究力量，成立专门的专家委员会，结合首都实际，科学制定具有可操作性的发展战略和任务，使农村社会治理智慧化有可遵循的依据和路径。

适应信息化发展的需求，要推进法规政策建设。在已有的社会建设和信息化建设的法规政策基础上，针对政府信息公开共享、电子文件管理、个人和机构信息的信用管理、虚拟社会管理、信息化项目外包等具体问题，尽快出台配套法规政策，以规范各方行为，给予农村社会治理信息化建设更多的政策支持，加强信息管理中的行政执法力度。

"智慧城市"规划应包括建设背景与现状分析、建设愿景与发展思路、建设原则与发展目标、建设任务与重点工程，以及各项保障措施，具有战略性、系统性和综合性。虽然北京市已出台不少社会建设和信息化建设方面的规划，但还缺少具体指导农村社会治理信息化建设的规划。它应明确农村智慧基础设施建设、智慧治理、智慧民生、智慧人群、智慧环境等要素的布局和协同机制。

据此前的分析，资金投入不足制约着农村信息化进程。要解决这一问题，一是政府部门要提高认识，加大财政支持力度；二要动员社会力量，统筹加强资金的投入，可通过政府引导、专业机构的运营和带动，建立政府部门与信息化服务提供商之间的协调机制。通过担保补贴、贷款贴息、购买服务等政策措施引导企业参与公共服务信息化项目建设。通过发布规划、特许经营等手段，引导社会力量投资建设社会化信息化项目。

（二）加快农村信息化基础设施建设

可喜的是，这已经成为国家的一项重要举措。2015年10月14日召开的国务院常务会议，决定完善农村及偏远地区宽带电信普遍服务补偿机制，缩小城乡数字鸿沟；部署加快发展农村电商，通过壮大新业态促消费惠民生，补上公共产品和服务的"短板"。北京在现有基础上应当做到以下几点。

一是按照《北京市"十二五"时期城市信息化及重大信息基础设施建设规划》《北京市"十二五"时期社会建设信息化工作规划纲要》等要求，实施信息化基础设施提升计划。注重社会领域的信息化基础设施建设，实现向农村乡镇、村庄基层的延伸。在乡镇，基本实现光纤入村、网络入户，配齐日常管理与服务所需的信息设施设备；加强社区、镇村基础设施建设，实现宽带服务全覆盖、无线网全覆盖、普及智能终端、推进信息服务自助缴费终端、电子商务、远程教育、电子阅览室、在线培训等的全面进入。

二是完善基础设施智能化管控，建设覆盖城乡的感知网络及精细化管理系统，建立空间实体可视化管理的协调工作机制，建设智能基础设施网络应用监管中心和城市基础设施信息服务云等。建立促进信息共享的跨部门协调机制，完善信息更新机制，进一步加强政务部门信息共享和信息更新管理。各政务部门应根据职能分工，将本部门建设管理的信息资源授权有需要的部门无偿使用，共享部门应按授权范围合理使用信息资源。以城市统一的地理空间框架和人口、法人等信息资源为基础，叠加各部门、各行业相关业务信息，加快促进跨部门协同应用。整合已建政务信息系统，统筹新建系统，建设信息资源共享设施，实现基础信息资源和业务信息资源的集约化采集、网络化汇聚和统一化管理。

在推动信息共享共用方面，国家各领域正在出台和推动相关顶层设计，如2015年国务院印发《促进大数据发展行动纲要》，要求明确各部门数据共享的范围边界和使用方式，"2017年年底前形成跨部门数据资源共享共用格局"。2018年年底前中央政府层面将实现数据统一共享交换平台全覆盖。落实这些顶层设计，将大大推动北京市信息共享的效能。

三是做好基础数据的采集和更新。《北京市"十二五"时期社会建设规划纲要》要求，从七个方面建设一批数据库，形成实时、在线、共享的新、准、实的数据信息，各数据库之间既要逻辑独立，又要相互联系，形成一个整体的社会建设信息资源库。这七个数据库是：社区基础数据库、社会工作者队伍数据库、社会志愿者队伍数据库、社会组织和服务项目数据库、社会领域党建数据库、社会工作专业机构数据库、社会建设多媒体数据库。在此基础上，各区县可组织专业人员，按照指标口径，进行数据的采集、核实和更新。按照城乡统筹的要求，进一步完善为全市服务的农村基层数据采集体系。在目前系统采集农村个人基础信息、组织基础信息、社会基础信息、经济基础信息和自然资源基础信息等几大类数据基础上，全面应用《农村基础信息数据元》地方标准，进一步规范数据指标项，完善管理机制，加强信息资源的共享交换体系建设。

（三）提高相关人员的信息技术应用能力

建设"智慧城市"本身就存在着人才体系风险，"智慧城市"建设需要大量高素质人才，应用到农村社会治理领域也需要庞大的人才队伍。人才缺乏必然影响建设成效。为此，北京市"十二五"信息化建设规划明确提出，推进党政机关和市区(县)政府设立首席信息官(CIO)，加强对领导干部信息化培训，培养公务员网上工作意识及操作技能；促进全民信息能力提升，充分利用农村"数字家园"、爱农驿站、农村党员干部现代远程教育平台等途径，提供针对农民的全方位技能培训，打造一支农村信息化建设的专业服务队伍。这些工作都是必须尽快落到实处的。

在农村信息化建设中，特别要加强农民的信息技术培训，提高农民运用信息的能力。首先要加强宣传，转变农民的传统观念，重视现代信息的作用。其次要创新培训手段，充分利用网上教育资源，建立流动培训教室，购买外包培训服务等，扩大培训范围，以提高农民的信息技能。

社会建设领域迫切需要加强信息化队伍建设。需要加强市、区(县)社会建设信息中心建设，选调优秀人才担任信息中心或信息化工作部门的主要负责人，合理配备信息专业技术人员和管理人员，建立一支庞大的社会建设信息化工作联络员队伍。

(四)加强地方政府与信息技术企业和科研单位的战略合作

目前全国各大城市及北京市若干区县已经同中国电信、中国联通等签订战略合作协议，取得了明显效果。双方合作将加快智慧城市建设，全面推进智慧政务、智慧产业、智慧民生三大工程。之所以与中国电信等合作，是因其拥有覆盖城区和农村乡镇的光纤宽带网络与天翼3G网络及覆盖热点上网区域的WiFi接入点，在城乡成功搭建起天地一体、无缝覆盖的立体化宽带信息网络平台。依托其全面领先的综合信息服务优势，为政府、军队、金融、公安、工商、教育、旅游等数十个行业和广大企业提供多样化的一揽子信息化解决方案。服务领域从基础通信可拓展到系统集成、网络安全、视频会议、视频监控、数据中心托管及网络维护外包、灾难备份、信息服务咨询等各方面，为智慧城市建设奠定良好的技术基础和环境。通过政府与信息企业的战略合作，围绕智慧主题应用推进建设，促进城市产生巨大和深远的变革。从共赢角度出发，这些企业也可以成为融资参与者，有助于解决融资难的问题。北京拥有的众多信息科研院所，也是不可忽视的力量，要充分发挥政产学研协同创新与运用的作用。

(五)推动农村社区化改革以搭建运用信息技术的管理平台

当前，京郊农村正处于城镇化和社会结构深刻变动之中，居住分散、以老幼妇为主的农村居民群体不利于社会管理和服务。而推动农村社区化改革，可以搭建一种新型的制度平台，成为整合城乡资源的有力抓手，成为农村实现公共治理和有效提供公共服务的基本单元和重要平台。2015 年 5 月，中共中央办公厅、国务院办公厅印发《关于深入推进农村社区建设试点工作的指导意见》，指出："农村社区是农村社会服务管理的基本单元，随着中国特色新型工业化、信息化、城镇化、农业现代化进程加快，我国农村社会正在发生深刻变化，农村基层社会治理面临许多新情况新问题；农村人口结构加剧变化，部分地区非户籍居民大幅增加，非户籍居民的社会融入问题凸显，部分地区存在村庄空心化现象，农村'三留守'群体持续扩大；农村利益主体日趋多元；农村居民服务需求更加多样，农村社会事业发展明显滞后，社会管理和公共服务能力难以适应；村民自治机制和法律制度仍需进一步完善等。加强农村社区建设，有利于推动户籍居民和非户籍居民和谐相处，有利于增强农村社区自治和服务功能，有利于促进政府行政管理、公共服务与农村居民自我管理、自我服务更好地衔接互动，有利于增强农村社区自治和服务功能，为农民幸福安康、农业可持续发展、农村和谐稳定奠定坚实基础。"全国和北京市的农村社区化试点已经取得一定成效，证明了农村社区是社会主义新农村建设的重要内容，具有较好的社会管理优势。因此，以农村社区为管理平台，有助于建设农村"智慧社区"，实现社会治理的现代化。

目前我市农村社区化建设仍然面临着模式选择的问题。从全国范围看，农村社区建设有多种模式，如按社区范围，可分为"一村一社区""几村一社区""中心村＋村落""一中心多站点"和"聚集型社区"等模式。我市各区县、各乡镇的村庄采取何种农村社区化模式，不能简单化、"一刀切"。而要根据各自的自然文化资源、经济社会发展水平、村民生产生活习惯、交通便利条件、区位优势等不同情况，按照统筹城乡发展、聚居人口适度、服务半径合理、资源配置有效、功能相对齐全的原则推进。只有因地制宜，实现农村社区化管理，才能以此为平台，更好地规划和运用信息技术，加强社会治理能力。

(六)以"智慧民生"建设为突破口

"智慧城市"建设涉及方方面面，但最终目标是以人为本。所以，以民生为导向推动"智慧城市"建设是重要突破口，广大农民将从中受益。

"智慧民生"具体包括以下内容。①

智慧医疗：主要包括智慧医院系统、远程医疗协助、120 急救联动、家庭

---

① 温宗勇：《走向大数据：从数字北京到智慧北京》，北京：测绘出版社，2015 年。

健康系统等。

智慧食品安全：包含产品追溯系统和食品安全协调指挥等。

智慧教育：包含全市教育资源的共享、全市学生的统一学习档案、校园一卡通等。

智慧交通：在北京主要涵盖电子收费系统、智能公交系统、高级导航系统、智能交通监管系统和停车诱导系统等。

智慧社区：主要包含智慧物业管理、智慧家居服务及智慧养老服务。

目前北京的智慧民生建设已应用在若干地方。如城市智能运行方面，实现了人口精准管理——以居住证为载体建立全市联网、部门联动的实有人口信息系统；交通智能管理服务——建设全路网智能监控体系，完善交通智能，推动各类交通信息共享；资源和生态环境智能监控——建设智能城市生命线管理体系，推广智能电表、智能水表、智能燃气表和供热计量器具，形成智能的电力、水资源和燃气等控制网络；城市安全智能保障——建设城市安全视频监控网络，基本覆盖政治中心区、轨道交通、地面公交、在建工地、餐饮企业、地下空间、公园等重点公共场所。建设社会服务管理网络，基本覆盖全市的人、地、物、事和组织。同时建设安全生产智能监管网络和食品药品安全监管和追溯体系。

在市民数字生活方面，推广"市民卡"（包括社保卡和实名交通卡等），使市民能持卡享受医疗、就业、养老、消费支付等社会服务；加强网络化基本公共服务，推广电子病历和居民健康档案，提供基于网络的预约挂号、双向转诊等，实现城镇基本医疗保障和新型农村合作医疗患者持卡就医、实时结算；建设保障性住房网上服务系统；完善用人单位、劳动力、服务机构三方便利的"一站式"网络就业服务体系；加强基层信息化服务，完善96156社区服务平台、221信息平台、农村信息管理系统等信息系统，促进教育、医疗、就业、社保、优抚安置等基本公共服务城乡一体化；建设智慧社区（村），提供智能化社区服务，完善面向老年人和特殊人群的数字化便捷服务等。

针对北京城乡市民目前的民生需求，还应进一步运用信息技术和手段，完善适度普惠的公共服务，营造便捷有序的生活环境。在这方面，还有许多计划和任务要加紧完成。

参考文献

[1] 杨冰之等主编：《智慧城市发展手册》，北京：机械工业出版社，2013年。

［2］北京市经济和信息化委员会：《北京信息化年鉴 2013》，北京：电子工业出版社，2013 年。

［3］温宗勇主编：《走向大数据　从数字北京到智慧北京》，北京：测绘出版社，2015 年。

［4］高宏存主编：《政府网络管理：案例、技能、方法》，北京：中国人事出版社，2014 年。

北京农村社区类型与社会综合治理模式研究

课题负责人：张静波（首都师范大学政法学院　副教授）
课题组成员：陈芹芹、闫　嫚、崔晓乐

2015 年，中共中央、国务院《关于加大改革创新力度加快农业现代化建设的若干意见》提出："创新和完善乡村治理机制，继续搞好以社区为基本单元的村民自治试点，探索符合各地实际的村民自治有效实现形式。"[①]农村社区治理是农村社会综合治理的重要组成部分，北京农村社区经济、社会及历史文化背景存在较大差异性，社会矛盾、社会问题复杂多样，社会综合治理面临严峻挑战。本研究基于多元性与差异性分析，调查北京农村社区社会综合治理现状，掌握当前农村社区社会问题的发展规律，研究北京农村社区类型与社会治理模式，总结成功经验，对于增强农村社区抵御、化解社会风险与社会矛盾的能力，增强社会综合治理水平无疑具有重要意义。

北京是城镇化速度发展较快，城镇化水平较高的特大城市之一。目前，北京的城镇化率达 83.62%，已达到国际上发达国家水平，但仍面临诸多严峻的问题和挑战。随着城镇化的加速，北京农村社区面临着由征地拆迁、劳动争议、环境污染、食品药品安全、企业重组和破产引发的群体性事件等威胁，社会风险呈现加大、加剧的趋势，这些问题影响和制约着北京新型城镇化质量，以及社会综合治理能力的提高。农村社区是推进北京农村社会综合治理的平台，北京市近年来加快推进乡村社区化管理和社会综合治理，取得了一定成效，但仍存在体制机制不够完善，资源难以整合，政府、社会组织、居民合作共治局面尚未形成等问题。本研究通过对北京市朝阳区、海淀区、通州区农村社区的个案访谈和问卷调查，在掌握详细数据的基础上，分析京郊农村社区社会综合治理现状，揭示不同类型农村社区经济社会特征，探讨不同类型农村社区社会治理模式与差异性，对完善和创新农村社区社会综合治

---

① 资料来源：搜狐新闻，http://news.sohu.com/20150201/n408303992.shtml。
http://finance.people.com.cn/n/2014/1223/c1004-26262935.html。

理体制机制，推进首都城乡一体化发展提供参考建议。

一、农村社区类型与社会综合治理综述

(一)研究现状与问题的提出

农村社区治理是近年来学术界的一个热点议题，不同学科学者从不同视角，采用不同方法进行了大量研究和探索，取得了一系列成果，形成了不少共识，也存在一些争论。当前学术界围绕农村社区治理的概念、模式、规划设计等内容进行了大量探讨，但是总体上在理论研究和实践研究上仍然存在一些分歧，关于农村社区治理的研究尚未形成完整的理论体系，也缺乏对农村社区治理实证研究的文献。

我国大规模的社区建设始于 20 世纪 80 年代中后期，90 年代后借鉴国外社区治理理论，提出社区治理的思路，一些地区初步形成社区治理模式。目前，农村社区治理模式主要有：(1)行政主导型治理模式。即基层政府组织作为农村社区治理的主体承担社区治理的责任，通过行政手段发挥政府组织优势对社区资源和社区组织进行控制，达到治理的目的。(2)合作型治理模式。政府对社区进行间接和widespread的干预，由政府部门与其他行动者共同组成社区治理机构，社区组织和治理以自治为主，政府部门对社区工作和治理进行规划指导，并提供经费支持。(3)社区自治模式。即社区自治组织真正作为治理的主体承担农村社区公共事务管理与决策的自治性组织，政府与社区自治组织同为农村社区提供资源。① 此外，在农村社区治理实践方面，近年来也出现一些典型的经验模式，如江苏苏州市永联村构建的"三位一体、共融分治"的治理模式、浙江诸暨社会综合治理的"枫桥经验"、广东佛冈的"三个重心下移"农村综合改革模式、山东诸城农村社区化管理模式、河北定州的"421"工作法等，为农村社区治理积累了实践经验与理论基础。

总体而言，与农村社区治理实践相比，社区治理理论研究仍显滞后，需要运用跨学科、多元化的理论与方法来综合研究农村社区治理中出现的问题及发展趋势，特别是应注重研究内容的系统性与科学性，将农村社区与问题进一步细化，分别进行探讨研究，为农村社区治理提供有针对性的建议与参考。

---

① 滕玉成、牟维伟：《我国农村社区建设的主要模式及其完善的基本方向》，《中国行政管理》，2010 年第 12 期。

(二)已有研究回顾

德国社会学家滕尼斯最早提出社区的概念,将传统社区界定为一种自然发生的、基于血缘关系、靠情感和习俗来维持人际关系的,长期稳定的地域生活共同体(类型包括:地区社区、非地区社区、亲属社区,1887)。① 把现代社会定义为人们有目的的、基于理性和算计的选择,靠法理来维系人际关系的契约性社会组织。此后,各国学者围绕社区的定义、功能和类型等进行了大量研究。美国学者麦基维(R. M. Maclver)认为,社区是指人类共同生活的地域空间,这一空间必须具有明显区别于其他地域的特征,其共同生活亦具有固定的特征,地域空间的划分须具有某种意义。日本学者仓泽进将实际存在的社区称为地域社会,将理论概念上的社区称为社区,避免两者在实践中的混淆。② 国内学者一般认为,社区是建立在地域基础上的,处于社会交往中的,具有共同利益和认同感的社会群体,即人类生活共同体。

1. 关于社区类型的划分

从已有文献看,各国学者所采用的社区类型划分标准差异显著,难以确立统一的划分标准。典型的研究有,美国学者法林(Fellin, 1995)将社区划分为三种类型:(1)基于地理或空间属性的社区;(2)基于身份或利益属性的社区(功能社区);(3)基于个人网络的社区。美国社会学家 A. J. 亨特(A. J. hunter)和 G. D. 沙特斯(G. D. shats)根据居民联系强度和认同感进行分类:(1)面对面的街区;(2)具有共同感的社区;(3)标准社区(功能齐全的社区);(4)扩大了的社区(某个城区)。英国社会学家德兰狄(Delaney)在《社区》一书中,则将社区分为四种类型:(1)地域社区;(2)功能社区;(3)想象的共同体;(4)虚拟社区。③

我国现阶段城市社区类型主要依据人口规模和面积划分为巨型社区、大型社区、中型社区、小型社区、微型社区,便于政府行政管理。对于农村社区的划分则根据生产方式划分为:(1)种植业社区——居民以从事种植业生产为主;(2)林业社区——以从事林业生产为主;(3)牧业社区——以从事牧业生产为主;(4)渔业社区——以从事渔业生产为主。我国社会学者则着眼于社区形成的历史进行分类,根据社区中的居住方式和社区资源的利用及功能的

① 蔡禾、张应祥:《城市社会学:理论与视野》,广州:中山大学出版社,2003 年。

② [日]仓泽进、浅川达人编:《東京的社会地图》,东京大学出版会,2004 年。

③ 徐永祥:《社区发展论》,上海:华东理工大学出版社,2006 年。

发挥来划定社区界限：（1）传统老居民区；（2）新建小区；（3）单位家属院社区；（4）城乡结合部外来移民居民区；⑤部队驻区；⑥行政驻区等。李国庆则将城市社区划分为：①街道平房社区——中国传统的社区，居民以杂业为主；②单位社区——工作区与生活区联为一体，邻里关系是业缘与地缘关系的叠加；③商品房社区——有居住选择权的居民按照自己的经济实力重新布局，形成回迁居民、单位职工、商品房住户跨阶层混居的格局。① 上述分类均具有特定的理论依据，带有一定的研究者个人色彩，为进一步认识和研究社区奠定了基础。

2. 关于农村社区变迁的理论

一是工业化对农村社区变迁带来的后果。国内学界主要有三种观点：①马克思主义理论认为工业化使传统社区遭受破坏，农民由一种人身依附性剥削变为人身独立的资本剥削；②形式主义经济学认为，工业化带来了农村的剩余资源的利用和农民消费主导向投资主导行为方式的转变；③实体经济学家则认为工业化和市场契约破坏了农村社区的道义经济形态，加剧了对农民的剥削程度。② 二是关于城市化，一种是乐观的农村消亡论，认为城市是现代文明发展的必然趋势，必将代替农村；另一种是悲观的农村消亡论，农村将被城市取代，但后果是社会解组、断裂和碎片化。三是关于发展中国家面临社区变迁的特殊性研究，认为现代国家权威向基层延伸，破坏了传统社区的乡绅治理方式，但是又无法迅速建立民主廉洁的社会治理结构，导致基层社区秩序畸形化。传统社区的稳定性被打破后，社区的互助合作机制被破坏，难以发挥社区的保障作用，而大多数发展中国家的社会保障体系实行的是城乡二元体制，农村社区的基本生活保障缺乏，农民在市场经济条件下面临两难困境——是保留传统生产习惯和生活模式，还是选择市场机制下的就业生活方式。

3. 关于农村社区治理研究

国内学界一般认为，社区治理是指在一定的地域范围内由政府与社区自治组织、非营利性组织、辖区单位以及社区居民共同管理社区公共事务，推进社区持续和谐发展的活动。社区治理的模式可以分为三种：行政型、混合

---

① 李国庆：《社区类型与邻里关系特质：以北京为例》，《江苏行政学院学报》，2007年第 2 期。

② 黄宗智：《华北的小农经济与社会变迁》，北京：中华书局，2000 年。

型、自治型。目前，围绕农村社区治理的理论、实践与路径选择，国内学者主要从以下几方面进行了研究：

一是治理格局与模式选择。对农村社区治理格局与模式选择，学者们普遍关注国家与社会、官与民之间的关系，围绕从简政放权，搞活社会与地方经济，减轻农民负担来构筑理想的治理模式。典型的研究有"乡派村治"理论，代表人物有徐勇、徐增阳、温铁军等，主张实行"县政、乡派、村治"，"县政"指县为基层政权，"乡派"指县以下的乡成为县的派出机构，"村治"是在村一级实行村民自治，从而实现农村社区治理的结构性转换。除"乡派村治"理论外，还有学者从官本位向民本位体制转变①、官民合作体制、模式选择与社会基础等视角对当前农村治理格局与模式选择进行探讨。

二是乡村治理与权威秩序。权威秩序研究是农村社区治理研究的一个重要视角，学者们以大量的田野调查解析农村社区治理与权威秩序的关系。如乡村治理与社区权威的关系研究，认为应健全村民自治制度，让村委会真正成为代表农民利益的自治组织。此外，还有学者从乡村治理与村规民约、乡村治理与宗族因素，对宗族在村政中诸如对村委会选举、村干部治村行为、村级组织职能等诸方面的影响，以及对宗族在乡政中诸如乡镇选举、乡镇治埋等方面的影响做了探讨。

三是农村社区治理与农民组织。在农村社区治理中，农民组织有其独特的作用，也是实现政社分开的基础。代表性的研究有关于"海选""组合竞选"与村民自治组织的研究，徐勇、贺雪峰等学者均进行了大规模田野调查，对"草根民主"的发展和村民自治组织、乡村关系及乡村社会性质、乡村治理中的各种因素都进行了考察。② 此类研究还有从农民维权与社会稳定③、农民组织与公共服务等视角进行的研究。

四是农村社区治理比较研究。主要纵向比较中国乡村治理的历史变迁及经验教训，横向比较乡村治理的国际经验及教训。代表性研究有中国乡村治理的变迁研究，如肖唐镖的《中国乡村社会的治理与乡制变迁》（2002）等。另一类是中外乡村治理的比较研究，如李金红、高秉雄的《韩国农业税费与乡村治理改革对我国的启示》（2005）；王培刚、庞荣的《国际乡村治理模式视野下

---

① 李昌平：《我向百姓说实话》，北京：远方出版社，2004 年。
② 徐勇、贺雪峰：《三农中国（第四辑）》，武汉：湖北人民出版社，2004 年。
③ 于建嵘：《岳村政治：转型期中国乡村政治结构的变迁》，北京：商务印书馆，2001 年 。

的中国乡村治理问题研究》(2005)等，对中国农村社区治理与现代化进程具有一定的借鉴意义。

（三）本研究的结构框架与方法

本研究的核心内容是采用实证研究方法分析北京农村社区社会综合治理的现状，揭示不同类型农村社区经济社会特征，探讨不同类型农村社区社会综合治理的模式与差异性。基于城市社会学的视角，对北京农村社区类型进行划分，进而对社会综合治理问题的现状与成因进行以社会学为核心的实证分析，在总结国内外农村社区治理成果的基础上，初步归纳出北京农村社区社会综合治理的类型，最后针对不同类型的社区提出具体对策建议。本研究的结构框架如下。

一是北京农村社区类型的划分。本研究基于类型学、城乡连续统的理论与方法，从北京农村社区居民社会意识、价值取向出发划分北京农村社区的类型。与传统的行政管理划分法、产业结构划分法等不同，本研究基于"人的城镇化"主题，通过对朝阳区、海淀区、通州区农村社区居民的问卷调查，从居民的社会意识、价值取向、生活方式变化等维度动态地划分社区类型，为北京农村社区社会综合治理提供有针对性的依据。

二是北京农村社区社会综合治理模式比较分析。通过对北京市朝阳区、海淀区、通州区农村社区社会综合治理现状的个案调查，在掌握调查数据基础上，对北京农村社区社会治理模式进行比较分析。北京农村社区经济、社会、文化差异性显著，不同地区积累了各自的经验与治理模式，本研究在北京农村社区类型划分的基础上分析现有农村社区社会综合治理模式的差异性，验证社区社会综合治理模式的有效性，得出具有推广意义的经验总结。

三是北京农村社区社会综合治理存在问题分析。通过问卷调查与访谈，发现现有农村社区社会综合治理存在的瓶颈问题与制约因素，分析问题成因，探索破解途径。北京农村社区社会综合治理既有自身优势，又存在显著的瓶颈问题，如流动人口膨胀、城乡结合部问题、农地占用拆迁等问题，使社会矛盾、社会问题呈现复杂多样的局面，加大了社会综合治理难度。本研究基于对农村社区类型划分及社区治理模式的比较，分析问题的深层成因，提出预防及改进策略。

四是对策建议。本研究借鉴国内外研究成果与基层经验，在问题分析基础上提出北京农村社区社会综合治理体制机制建设、社区治理策略等具体建议，力求涵盖农村社区社会综合治理的主要内容。最后，对北京农村社区社会综合治理推进策略提出适当的建议。

二、社会综合治理中的农村社区类型

(一)现有农村社区类型的划分

社区类型是社会学传统研究领域之一。国外学术界关于社区分类有根据人们之间联系的方式或属性分类、根据人们的联系强度分类、根据社区功能划分、根据居民认同感分类。国内学界则有根据社区形成历史的分类、根据社区中的居住方式和社区资源的利用方式的分类等。

农村社会学者对农村社区的含义有不同的理解。有的强调农村社区有一个共同的中心点；有的强调其居民有较强的认同感；有的强调具有特定的社会组织和社会制度；有的则强调有特殊的生活方式等。综合各种观点，一般认为构成农村社区的基本要素是：(1)具有广阔地域，居民聚居程度低，主要从事农业；(2)结成具有一定特征的社会群体及社会组织；(3)以村或镇为居民活动的中心；(4)居民有大体相同的生活方式、价值观和行为规范，有一定的认同意识。根据发展的时间顺序和居民点分布的状况，农村社区可分为散村、集村、集镇等类型。(1)散村社区是指最初形成的或因特殊地理环境而形成的零散的小村落。其特点是：一般发育程度低，聚居程度不高，经济单一，居民往来频繁，守望相助，关系密切。但这类社区一般与外界较隔绝，信息不灵，居民传统观念强，比较保守，社区变迁缓慢，社会流动较少。(2)集村社区指人数较多，规模较大，居住较集中的村庄，多以平原、沿海、交通沿线等地为聚居点。集村社区的人际关系不如散村密切，血缘氏族关系淡化，社会组织、社会制度则较散村多。集村多有服务中心，有的集村已有集市。(3)集镇社区是由集村发展而成，已成为农村小型政治、经济、文化中心。在现代集镇中，已有加工业、商业、服务业等，成为农村小型商品集散地和农村工业基地。集镇社区中，经济结构和居民成分比集村更为复杂，人际关系比集村更为疏远，居民的传统观念也逐步向现代观念转变，社会组织和社会制度则更为健全。随着农村市场化、社会化、现代化的发展，集镇的社会功能日益多样。① 除了上述划分外，还可按区位将农村社区划分为平原村、滨湖村、沿海村、山村及城郊农村等，或按所从事的行业划分为农业村、渔村、

---

① 鲁西奇：《散村与集村：传统中国的乡村聚落形态及其演变》，《华中师范大学学报(人文社会科学版)》，2013年第4期。

牧村、矿业村、综合村等。北京市农委则根据北京农村经济社会特征划分为农业村、山区村、工业村、城中村 4 种类型。

（二）农村社区类型的再构成

农村社区指聚居在一定地域范围内的农村居民在农业生产方式和生活方式基础上所形成的社会生活共同体。农村社区是一个比自然村落、社队村组体制更具有弹性的制度平台，它围绕如何形成新型社会生活共同体而构建，注重通过整合资源、完善服务来提升人们的生活质量和凝聚力、认同感。由于不同社区经济社会、文化历史及居民意识的不同，学者们将农村社区划分为不同的类型。本研究根据北京农村社区居民思想意识特征，对京郊农村社区类型进行了初步划分。本研究主要根据农村居民社会参与类型、价值观进行划分，将京郊农村社区划分为 4 种类型。一是传统农村社区（包括农业村、山区村，处于逐渐解体过程中）；二是城乡过渡型社区（包括城中村、城乡结合部，就地城镇化社区，政府强化社会治理，正处于转型过程中）；三是迁移型社区（包括保障房、拆迁房小区、廉租房、安置型小区）；四是现代型社区（包括工业园区、别墅区、度假村等）。

本研究在梳理已有社区分析方法的基础上提出社区分析的新框架，主要从社区居民社会参与行动与价值观两个维度考察京郊农村社区的类型。在居民社会参与类型上划分为主动参与型行动体系和被动参与型行动体系，组成纵轴；在居民价值观上划分为传统价值观和现代价值观，组成横轴。两轴相交形成四个象限，形成四种社区类型（见图 1）。这四种类型分别为传统农村社区、城乡过渡型社区、迁移型社区、现代型社区。在此基础上，根据调查数据，梳理出 4 种农村社区类型的基本特征、覆盖范围及社会治理模式（见表 1）。

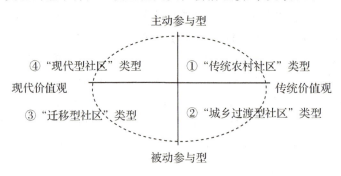

图 1　北京农村社区类型划分体系

表 1　农村社区类型与社会治理模式

社区类型	范围	治理模式
传统农村社区	农业村、山区村	行政主导型
城乡过渡型社区	城中村、城乡结合部，就地城镇化社区	传统村庄管理型
迁移型社区	保障房、拆迁房小区、廉租房、安置型小区	混合型
现代型社区	工业园区、别墅区、度假村	居民自治型

1. 传统农村社区

传统农村社区指聚居在一定地域范围内的农村居民在农业生产方式基础上所组成的传统社会生活共同体，主要为散村社区，也包括集村社区、集镇社区等，大多处于缓慢解体过程中。从传统农村社区社会治理状况看，居民对社区治理认识模糊，绝大多数人缺乏社会参与和社区服务的积极性，特别是社区自治组织欠发育。社区居民还未达到自愿掏钱发展社区，提高社区服务和生活质量的水平，因而，社区社会治理主要由政府组织自上而下推动的行政主导型。在劳动还是人们谋生手段的经济发展水平下，没有利益的驱动，不可能动员很多农民参加社区自治组织。受传统思想价值影响，绝大部分村民不能正确认识和接受民主管理，对选举表现出被动和无所谓的态度，当前的社会治理往往是松散无力的。一些偏远地区的农村，传统观念根深蒂固，小规模分散的生产与生活方式造成了农民的组织化程度较低，农民的政治民主权利意识相对较弱，习惯于传统的集权和统一的指导，农民对政府和社会的依赖性较强，只要上级的有关政府能给村庄带来利益，大家就乐于参与，反之，则反应消极。由于血缘关系、人情、道德、自我保护意识的存在，权威在传统农村社区还保存较大的影响力。此外，一些基层组织软弱涣散，缺乏凝聚力，村两委领导班子把握全局、促进发展、协调利益、服务群众、依法办事的能力差。政务公开、村务公开、财务公开尚未走向制度化、规范化的轨道。一些农村的基层干部民主意识、法制观念淡薄，对农民和农民的合法权益缺乏应有的尊重，不文明行政、不文明执法的行为时有发生，个别地方还存在乱收费、乱摊派现象。要真正在传统农村社区开展社会综合治理，还需要一个较长的发展过程。

2. 城乡过渡型社区

城乡过渡型社区指兼具城市和乡村的土地利用性质的城市与乡村地区的

过渡地带。又称城市边缘地区、城乡接合部、城乡交错带等，特别是指接近城市并具有某些城市化特征的乡村地带，主要包括城中村、城乡接合部，就地城镇化社区，处于转型过程中。城乡过渡型社区人地系统具有明显的过渡性特点：(1)受城乡之间特定的空间扩展因素与空间过程的影响，其地域表现出一定的过渡性。城乡交错带内城市与乡村各要素及功能空间变化梯度大，是城市与乡村两类性质不同的区域之间的"急变带"。同时城乡过渡地区存在着频繁的能量与物质流动，来自城市与乡村的人口、物质、技术、信息等在这里相互作用、竞争互生。(2)城乡过渡型社区是城市与乡村两种社区相互接触、混合及交融的地区，人口与社会结构特征过渡性十分明显。不仅有城市居民与农村居民的相互混杂，而且还存在着本地常住人口与外地流动人口的异质反差，各种不同职业类型、不同生活方式、不同信仰、不同价值观、不同需求及不同心理文化素质的人群相互形成强烈的对比与共存。(3)由于同时受到城市与乡村经济的双向辐射，城乡过渡型社区经济发展具有多样化特点，经济的发展对城市的依附性不断加强，城市性产业及城市需求导向产业逐步增加。正是这些过渡性特征使城乡过渡型社区的社会综合治理具有特殊性，给这一地带的社区管理与社区服务，特别是社会治理带来了难度。

3. 迁移型社区

从居住形态看，迁移型社区的住房主要是由政府为中低收入住房困难家庭所提供的限定标准、限定价格或租金的住房，一般由廉租房、经济适用房构成，包括保障房小区、拆迁房小区、安置型小区等。这种类型的住房有别于完全由市场形成价格的商品房，是根据国家政策由政府统一规划、统筹，提供给特定的人群使用，并且对该类住房的建造标准和销售价格或租金标准给予限定，起到社会保障的作用。在迁移型社区，地方政府重建设、轻管理的现象非常普遍，导致保障性住房面临一些突出问题。由于迁移型社区住房建设中存在设计不合理、质量隐患、政策不周、法制不健全、设施落后及居住隔离等问题，居民之间、居民与政府部门之间矛盾较为突出。在居民社会特征方面，迁移型社区居民多数属于社会中的困难群体，其整体年龄结构偏大，家庭规模小，社会互动弱，社会资本极低，离婚率较高，居民患有各种慢性疾病比例较大，总体上看，迁移型社区居民处于社会边缘状态。在社会服务方面，迁移型社区某种程度上存在"福利流失"现象，即与原居住地相比，购物、交通、医疗方面多更为不便，社会能够提供的非正式经济机会更为稀少，导致居民日常消费支出显著增加，加重其生活负担，居住满意度较低。

从社会治理角度看，迁移型社区的空间布局有可能引发更为深层次的社会问题，如"居住隔离"现象。居住隔离是指由于种族、宗教、职业、生活习惯、文化水准和财富差异等原因，导致不同社会群体居住在不同层次的社区中，进而产生隔离，甚至演化为歧视和敌对关系。因此，迁移型社区的社会综合治理应从产生问题的深层原因着手，有效预防和化解社会风险。

4. 现代型社区

现代型社区指打破原有的村庄界限，把两个以上的自然村或行政村，经过统一规划，统一建设新的居民住房和服务设施，统一规划和调整产业布局，组建成新的郊区农村生产生活共同体，形成农村新的居住模式、服务管理模式和产业格局，包括工业园区、别墅区、农业产业基地、旅游度假村等。现代型社区既有别于传统的行政村，又不同于城市社区，是基础设施相对完善，社区的道路、供电、供水、通信、购物、电脑网络、有线电视、垃圾污水处理等基础设施齐全，基本公共服务实现全覆盖，居住环境整洁，社会治理成效显著，社会组织蓬勃发展的社区。现代农村社区既不能等同于村庄翻新，也不是简单的人口聚居，而是缩小城乡差距，在农村营造一种新的社会生活形态。社区居民社会参与意识较强，居民对社区具有责任分担和成果的共享的意识，每一位居民都有机会为谋取社区共同利益而施展和贡献自己的才能，通过社区参与实现对社区的民主管理，每一位居民都有机会向地方政府表达意见，维护自身的权益。现代型社区是当前农村社区中较为理想的类型，也是未来大多数农村社区的发展方向。

(三)社区治理模式与主要发现

本研究根据各区县社工委、农委个案访谈结果，比较农村社区社会综合治理模式，划分农村社区社会治理模式，分析其共性和差异性及存在的问题。根据调查数据，本研究将京郊农村社会治理模式划分为行政主导型(传统农村社区)、传统村庄管理型(城乡过渡型社区)、混合型治理模式(迁移型社区)、居民自治型(现代型社区)4种类型。

1. 行政主导型治理模式(通州区Z村、F村)

行政主导型治理模式的特征是强调政府的行政管理，治理的主体是政府，社区内的治理结构是垂直的上下级关系。行政主导模式强调政府在社会管理与服务方面的主导作用，从多方面利用新的管理技术和手段来实现社会管理与服务创新，但这种模式存在明显弊端。一是政府常常越位、错位、缺位，难以处理政府与社区的关系。由于目前政府在社区治理中占主导地位，缺少有效的制约机制，再加上传统习惯因素，政府还没有理顺自己在社区治理中的角色，导致不该管的事务管了，该管的事务没管或没管好，出现越位、错位、缺位的现象。二是居民参与不足，社区意识不强。居民参与是社会治理的动力之所在，但实践中普遍存在居民参与程度低的状况，成为各种社会治理模式存在的普遍性问题。三是社区自治组织和中介组织比较虚弱，公共资源难以整合。在行政主导型治理模式下，只有政府和居委会组织比较成熟，由于政府组织过于强大，导致居委会群众性自治组织的地位被弱化。居委会过分依赖于街道办事处等政府组织，使得其自治功能得不到实现，不能真正体现居民的主体意识和参与意识，因而也就很难赢得居民的认同，社区的公共资源也就得不到有效的整合。而社区中的其他社会中介组织则缺乏足够的资源和权威，还没有足够的能力代替政府部门组织居民管理公共事务，社区中介组织未得到应有重视，而社区中介组织的发展，对满足居民需求，发掘和利用社区资源，建立社区民主自治等方面起着重要作用。

2. 传统村庄管理型治理模式（朝阳区S乡）

传统农村社会治理指政府和社会组织为促进社会系统协调运转，对社会系统的组成部分、社会生活的不同领域及社会发展的各个环节进行组织、协调、监督和控制的过程。受历史原因和计划经济体制影响，农村基层传统治理思想中还存在法治观念淡薄、民主精神缺失、服务意识不强等问题，这妨碍了社会治理目标的实现。传统村庄管理型存在的主要问题包括：一是法治观念淡薄。社区居民把社区治理的好坏寄希望于"清官"，而体现在农村基层管理者身上就是法律意识淡漠、不依法行政，不利于社会治理目标的实现。二是缺乏民主精神。农村基层民主制度要求村级组织负责人应按期实行民主选举，并切实尊重选民意愿。村务管理方面的重大事项都应提交村民会议或村民代表会议讨论，按多数人的意志实行民主决策，村民通过村委会实行自我管理，村级公共事务和公益事业要通过村务公开接受监督。但在传统村庄管理模式下，农村基层干部缺乏"民主"的观念，民主精神的缺失给农村社会治理带来不利影响。三是服务意识不强。一些农村基层干部中存在错误的权力观和"官本位"意识，在这种意识的影响下，村干部群众观念差，服务意识淡薄，脱离群众，缺乏为民服务、为民办事的精神。农民的正当合理要求得不到满足，合法权益得不到保障。四是管理方式比较单一，运作效率低下。一些基层干部工作缺乏创新，拘泥于旧的思维方式和领导方法，对市场经济的认识不到位，市场规律把握不准，不讲求双向沟通和调查研究，致使村民的意愿无处表达，导致村民的抵触甚至怨愤情绪，以致正常的社会治理工作无法开展。

3. 混合型治理模式（朝阳区 D 村）

混合型社区治理模式是当前农村社区治理的特有模式，也是城市化过程中的过渡形式。村居混合型社区具有结构多元化、文化多样、公共资源有限、管理复杂、公共服务不均衡、管理效能低下等特征。农村社区居民委员会是社会治理的核心力量，既不同于城市社区居民委员会，也与村民委员会不同，在治理过程中发挥其功能时受到各种因素的影响。在村居混合型社区治理中，社区居委会的主要功能是发挥准行政管理功能，成为"自上而下"治理的载体；发挥社会保障功能，作为保障居民生活的稳定器，其目标是建立良好的经济生活共同体；发挥公共服务与管理功能，维护农村社区的安定团结，建立安定团结的社会生活共同体；发挥文化建设功能，促进农村社区的社区认同与归属感，其目标是建立文明的文化生活共同体。在村居混合型社区治理中，基层政府的指导及帮助是居委会发挥功能的外部动力，社区精英的能力及地位是居委会的核心动力，社区居民的认同及参与是居委会发挥功能的内部动力。目前混合型社区治理模式存在的主要问题有，社区居委会组织自身角色地位不清，组织缺乏明确的发展目标，组织经费来源单一，缺乏活动经费，组织成员偏少，人员严重不足。在村居混合型社区治理中，需要有强大的治理主体参与到社区治理中，尽管社区居委会在社区治理中发挥了一定的功能，但社区居委会存在的一些问题亟待完善，包括明确社区居委会的角色定位，理顺社区居委会与基层政府关系，制定长远发展的目标，拓展资金的来源渠道，充分利用社区居民充实居委会的工作人员等。从上述问题可以看出，混合型社区治理是当前社区治理中问题较多，面临挑战较为严峻的治理模式。

4. 居民自治型治理模式（海淀区 S 镇 Q 社区）

现代社区治理是指政府、社区组织、居民及辖区单位、营利组织、非营利组织等基于市场原则、公共利益和社区认同，协调合作，有效供给社区公共产品，满足社区需求，优化社区秩序的过程与机制。现代社区治理是社区范围内的多个政府、非政府组织机构，依据正式的法律、法规及非正式社区规范、公约、约定等，通过协商谈判、协调互动、协同行动等对涉及社区共同利益的公共事务进行有效管理，从而增强社区凝聚力，增加社区成员社会福利，推进社区发展进步。现代社区治理具有如下特征：（1）社区治理主体多元化。社区治理的主体不再是单一的政府。在政府之外，还有企业、非政府组织、私人机构、个人等治理主体，它们通过同政府机构，以及彼此之间建立协作关系，通过协商与合作，共同决定和处理社区公共事务，使得过去政府的社区管理趋向于现代社区治理。(2)社区治理的目标过程化。社区治理除明确的任务目标之外，过程目标更是其所注重的因素。社区治理要解决社区存在的问题，完成特定的、具体的经济社会发展任务。此外，社区治理还要培育社区治理的基本要素，包括调动社区居民参与公共事务，培育改善社区组织体系，建立正式、非正式的社区制度规范，建构社区不同行为主体互动机制等。(3)社区治理的内容扩展。社区治理的内容涉及社会生活的多个方面，包括社区服务与社区照顾、社区安全与综合治理、社区公共卫生与疾病预防、社区文化和精神文明建设、社会保障与社区福利等，最大限度地整合社区内外资源，构建社区治理机制，调动居民参与，达成社区事务的良好治理。(4)社区治理的互动特征。社区治理的权力运行方式不是单一的、自上而下的，而是通过协商、协同互动、协作共建等来建立对共同目标的认同，依靠居民的接纳和认同来采取共同行动。多维度、上下互动的过程使现代社区治理源于人们的同意和认可，而不是外界的强制和压力。现代社区治理模式是当前被视为理想的、符合未来社区治理发展方向的治理模式，其中一些主要经验具有推广意义。

三、农村社区类型与综合治理现状

(一)数据来源与分析视角

本研究于 2015 年 4 月至 7 月在北京市相关区县社工委及街道、村委会协助下共对通州区(通州区 Z 村、F 村)、朝阳区(朝阳区 S 乡)、海淀区(海淀区 S 镇 Q 社区)农村社区居民发放调查问卷 400 份，实际回收有效问卷 378 份，获得一手资料。问卷调查数据表明，当前北京农村社区社会治理基础能力普遍薄弱，政府服务管理职能存在缺位、空位；农村社区社会问题应急体制机制不健全；化解、应急处置农村社区社会矛盾能力和水平较低。从农村居民参与社区治理角度看，居民责任意识淡薄，公共文明水平亟待提高；农村社会力量流失严重，参与社区治理不到位，参与程度亟须提升。此外，针对农村社区各类问题依法治理、依法处置环节相对薄弱，农村社区社会治理法制法规亟须进一步建立健全。针对调研结果，本研究根据对农村社区类型与社会治理模式划分，从农村社区社会问题治理、保障公共安全、化解矛盾纠纷，社会治理与社会服务、公民素质与社会参与等几个方面进行了分析。

表 2　农村社区类型与分析视角

分析视角	①传统农村型	②城乡过渡型	③迁移型	④现代型
	主动参与型→传统价值观	被动参与型→传统价值观	被动参与型→现代价值观	主动参与型→现代价值观
居民类型	传统农村居民	混居型	混居型	混居型
居民意识	共同体意识	意识多元化	意识多元化	现代意识
居民组织	传统村委会	传统村委会	多种组织共存	多种组织共存
居民互动	互动频繁	互动较低	互动较低	互动较低
社区参与	被动型参与	被动型参与	被动型参与	主动型参与

通过数据统计分析，分别归纳出传统农村型、城乡过渡型、迁移型、现代型四种类型社区居民在居民类型、居民意识、居民组织、居民互动、社区参与几个方面的差异与共性（见表2），并在此框架的基础上具体考察四种类型社区居民在参与社区公共问题的解决、参与社区组织与社区决策、参与社会组织与志愿者活动等几个方面存在的问题，探讨农村社区社会综合治理的路径。

(二)社区公共问题与解决途径

社区公共问题的解决途径、解决方式和解决效果是衡量社会治理水平的标志之一。随着京郊农村城市化进程的加速，不同利益主体围绕社区资源的竞争不断加剧，各类问题随之出现，如土地纠纷问题、社会治安问题、干群关系问题、邻里纠纷问题等。与此同时，政府部门面对农村社区的新问题、新挑战治理手段相对滞后，社会力量参与不足，社会治理基础能力薄弱，难以满足居民需求。为了解京郊农村居民对社区存在的问题及主观感受，课题组请受访者就农村社区存在的突出问题及治理途径表达看法。首先，课题组通过问卷调查对不同类型社区公共问题的类型进行了统计分类，请回答者就本社区突出的社会问题进行排序（见表3）。数据显示，不同类型的社区其社会问题的类型具有不同特点。

表3　农村社区社会问题的类型

农村社区类型	样本量(％)	土地权益纠纷	环境污染问题	社会治安问题	干群关系问题	医疗教育问题	社会保障问题	交通安全问题	邻里纠纷	公共安全
总计	378 (100％)	57 (15％)	48 (13％)	46 (12％)	43 (11％)	46 (12％)	27 (7％)	39 (10％)	45 (12％)	27 (7％)
传统农村型	98 (100％)	23 (23.5％)	20 (20.4％)	6 (6.1％)	8 (8.2％)	6 (6.1％)	12 (12.2％)	9 (9.2％)	11 (11.2％)	3 (3.1％)
城乡过渡型	94 (100％)	16 (17％)	11 (12％)	8 (9％)	10 (11％)	4 (4％)	7 (7％)	13 (13％)	15 (16％)	10 (11％)
迁移型	90 (100％)	14 (15.6％)	17 (18.9％)	11 (12.2％)	6 (6.6％)	4 (4.4％)	8 (8.9％)	14 (15.6％)	9 (10％)	7 (7.8％)
现代型	96 (100％)	4 (4％)	3 (3％)	21 (22％)	10 (10％)	17 (18％)	23 (24％)	3 (3％)	4 (4％)	2 (2％)

　　调查显示，土地权益纠纷在全体应答者样本中位居首位(15％)，但不同类型社区的比例不同，依次为传统农村型(23％)、城乡过渡型(17％)、迁移型(16％)、现代型(4％)。随着经济的发展，以土地为核心的资源要素价值越来越得到农民的重新认识和维护，在推进城市化和重点工程、重点项目的进程中，导致土地权益纠纷案件时有发生，如承包地、宅基地、山林的权属纠纷等。在农村土地承包过程中，不可避免地发生转包、退包、反包、继承或征用等流转行为，如处理不当，极可能引发矛盾纠纷演变成群体性事件。土地和山林的权属纠纷因涉及当事人的切身利益，并伴有政策性问题和历史遗留问题，情况往往比较复杂，调处难度大。这提醒我们在农村综合治理中应制定和完善具有针对性的土地政策，重点解决传统农村型社区的土地权益纠纷。

　　农村环境污染问题在传统农村型(20％)、城乡过渡型(12％)、迁移型(19％)社区中均呈现较高比例，其中尤以传统农村社区问题最为严重。在城市化及发展农村经济过程中造成的环境污染问题直接影响农村居民的生活质量，也影响了社会的稳定。一些企业由于经营策略及资金、技术等问题，存在不同程度的随意排放废水、废气、废料现象，加上有关部门监管不到位，协调沟通不足，极易引发群众的不满，给农村社会综合治理带来新的挑战。

除上述土地纠纷、环境污染等显在问题外，社会治安、公共安全、干群关系、邻里纠纷等偶发性、潜在性问题在传统农村型、城乡过渡型、迁移型社区中都呈现较高比例，说明农村社会综合治理仍面临错综复杂的局面。首先是农村社会治安、公共安全形势依然严峻，各种治安案件成为引发社会不稳定的主要因素。随着物质生活水平不断提高和财富的增加，农村社区居民普遍渴望有安定的社会生活环境。相关研究表明，当前一些农村社区刑事案件多发，侵财类案件高位运行，赌博、诈骗、滋事等治安问题日渐增多，封建迷信活动屡禁不止。一些农村基层组织软弱，综合治理差。农村地区人员流动频繁，特殊人群管控难度大，治安防范机制不健全，群众安全防范意识薄弱。因农村道路基础设施和交通安全管理措施无法在短时间内到位，势必给交通安全带来了很多的隐患。此外，由"干群"关系紧张引起的不稳定因素显著。近年来，影响农村社会稳定的主要矛盾已发展为干群之间的矛盾，成为事实上的焦点问题。尽管这些矛盾从总体上看属于非对抗性的矛盾，但如把握不好处理时机和方式，就有可能演化成群体性事件。同时，相当一部分农村居民存在心不服、气不顺，导致"仇官""仇富""仇警"心理日益膨胀，近年来发生的非利益群体参加的较大规模的群体性事件应引起高度关注。

社区公共问题的解决途径与方法是实现村民自治和社会治理成效的重要标志。村民自治是农村居民直接行使民主权利，依法办理自身事务，创造幸福生活，实行自我管理、自我教育、自我服务的一项基本社会政治制度。村民自治的核心内容是"四个民主"，即民主选举、民主决策、民主管理、民主监督，因此，全面推进村民自治，也就是全面推进村级民主选举、村级民主决策、村级民主管理和村级民主监督。本研究就农村社区社会问题的解决途径与方法请受访者作答。结果显示，传统农村型社区和城乡过渡型选择向政府机构投诉解决和通过农村两委的比例最高，分别为27.6%、23.5%和12.8%、19.1%，而迁移型与现代型社区则为6.7%、10%和7.3%、7.3%（见表4）。这表明面对农村复杂的利益冲突与社会矛盾，农业户籍比例较高的传统农村型社区和城乡过渡型社区居民对政府部门及村民组织信任程度较高，政府基层组织在村民中仍有一定威信，能够充当不同利益主体的中介人和调解人。而在迁移型与现代型社区，居民更倾向于多元化途径解决各种纠纷，对政府部门和村（居）委会缺乏信任感。在访谈中也能发现，城乡过渡型社区与现代型社区居民异质性大，社会结构与社会矛盾更加错综复杂，居民构成与价值观更加多元化。此外，居民自治组织和基层政权相对薄弱，对调处矛盾纠纷的方法手段相对有限，社会矛盾调节与社会治理难度远远大于传统农村型社区和迁移型社区。

表4　社区社会公共问题的解决途径

农村社区类型	件数	向政府机构投诉	通过两委解决	通过业主委员会	通过社会组织	通过新闻媒体	通过公安机关	通过法律途径	请愿、抗议、游行	采用暴力手段
总计	378 (100%)	52 (15%)	57 (15%)	47 (15%)	48 (15%)	56 (15%)	42 (15%)	42 (15%)	28 (15%)	6 (15%)
传统农村型	98 (100%)	27 (27.6%)	23 (23.5%)	4 (4%)	5 (5.1%)	3 (3.1%)	18 (18.4%)	4 (4%)	13 (13.3%)	1 (1%)
城乡过渡型	94 (100%)	12 (12.8%)	18 (19.1%)	16 (17%)	7 (7.4%)	12 (12.8%)	7 (7.4%)	13 (13.8%)	6 (6.4%)	3 (3.2%)
迁移型	90 (100%)	6 (6.7%)	9 (10%)	16 (17.8%)	12 (13.3%)	23 (25.6%)	8 (8.7%)	7 (7.8%)	7 (7.8%)	2 (2.2%)
现代社区型	96 (100%)	7 (7.3%)	7 (7.3%)	11 (11.5%)	24 (25%)	18 (18.8%)	9 (9.4%)	18 (18.7%)	2 (2%)	0 0

　　当问及通过业主委员会、社会组织及媒体等新型组织解决矛盾纠纷时，迁移型社区（17.8%、13.3%和25.6%）与现代型社区（11.5%、25%和18.8%）的比例总体上大于传统农村型社区（4%、5.1%和3.1%）和城乡过渡型社区（17%、7.4%、12.8%），这表明，面对矛盾纠纷与利益冲突，迁移型与现代型社区不仅依靠传统的居民组织和基层政权，更依赖于新型社会组织，具有较好的社会治理基础。通过公安机关和法律法规解决矛盾纠纷是现代社会的显著特征，也是人们法律意识逐步觉醒的表征。而通过抗议、游行甚至

暴力手段解决矛盾纠纷是社会矛盾激化的反映，也是造成社会不稳定的因素之一。调查发现，采用上述途径解决矛盾纠纷在四种类型社区中都有一定分布，但分布比例有所不同。传统农村社区（43%、10%）和现代型社区（21%、62%），通过公安和司法机构解决纠纷的比例高于城乡过渡型（17%、12%）和迁移型社区（19%、17%），特别是赞成采用暴力手段解决问题的样本仍有一定比例，值得特别注意。城乡过渡型有4个样本，迁移型2个样本和传统农村1个样本，尽管所占比例不高，但考虑到受访者受访谈环境及心理影响，实际人数应高于问卷统计出的数据。大量研究表明，当前我国农村在社会结构、农业经营活动、农民思想观念等发生剧变的背景下，农业经济纠纷、地域纠纷、家族摩擦、干群对立、集体上访等社会矛盾事件呈上升趋势，这些矛盾呈现利益纠纷多发，社会矛盾突发，农民群众与政府部门激烈抗衡等特征。从本研究调查看，传统农村社区和现代型社区解决矛盾纠纷的途径更倾向于借助于政府和法律手段，特别是现代型社区，由于社区居民中高学历、高收入人群占有一定比例，在法律框架内解决矛盾纠纷具有一定的群众基础。但城乡过渡型和迁移型社区居民采用建制外途径的比例明显高于前者，这提醒我们，在社会治理过程中这两类社区是重点和难点，应加大社会治理资源的投入和提高治理力度。

（三）社区组织与社区决策

一般而言，村委会作为基层群众性自治组织，代表村民利益办理村民自治范围内的事务并协助上级政府进行工作，村民采取自动加入的形式参加村委会的活动。居民参与社区决策和公共事务一定程度上取决于对社区居委会（两委）的态度，特别是对农村两委的评价。调查显示，不同社区类型对农村两委的态度有较大差异，也反映出农村居民在社区认同上存在差异（见表5）。

表5　对农村社区两委的态度

农村社区类型	样本量		很需要		说不清		没有必要	
	样本	百分比（%）	样本	百分比（%）	样本	百分比（%）	样本	百分比（%）
传统农村型	96	100%	72	75	18	19	6	6
城乡过渡型	94	100%	45	48	16	17	33	35
迁移型	96	100%	12	12.5	19	19.8	65	67.7
现代型	92	100%	2	2	17	18	73	79

从表 5 可以看出，传统农村型、城乡过渡型社区居民对农村两委的认同感最强，分别占有效样本的 75％和 48％，而现代型社区和迁移型社区认为很需要两委的比例仅为 2％和 13％，这说明生产和生活方式越具有传统农村特征的社区，其居民对农村两委越具有依赖感，而越是接近城市生产、生活方式的居民对农村两委的认同感越低，且呈逐步递减的趋势。在现代型社区和迁移型社区样本中认为根本不需要农村两委的比例高达 79％和 68％。调查中还发现，现代型社区和迁移型社区居民构成非常复杂，人口倒挂（外来人口比例超过当地户籍人口）严重，既有当地农转非人口，也有因拆迁、租赁经济适用房而迁入的城市人口，还有大量外来人口，居民对社区认同感和归属感较低，传统的农村两委的管理结构已难以适应社区治理的需要，社区建设与社会治理出现空位状态。

除村两委外，农村社区还存在一定数量的社会组织，成为村民参与社会治理的补充性平台。社区民间组织是由社区组织或个人在社区（街道）范围内单独或联合举办、在社区范围内开展活动的、满足社区居民不同需求的民间自发组织。社区民间组织不等于民间组织，但社区民间组织是民间组织的重要组成部分。社区民间组织是社会经济发展到一定程度的产物，是在我国改革开放和体制转变的条件下产生的新生事物。社区民间组织贴近生活、贴近群众，具有民主性、群众性、社会性和鲜活性的特点，是居民参与社区决策和公共事务的重要载体。

调查发现，村民参加社会组织的比例总体上不高，发挥作用有限，但不同类型社区居民参加社会组织的状况存在一定差别（见表 6）。现代型社区（62％）和传统农村型社区（49％）参加社会组织的比例最高，而城乡过渡型（29％）和迁移型社区（38％）较低，说明后者居民组织化程度和社区参与率均低于前者。从居民参加社区组织的类型看，四类社区居民中参加文体活动类和生活服务类组织的比例最高，这与北京市社区社会组织分布的总体情况大体相近。文体活动类和生活服务类组织与居民日常生活密切相关，在各类社区组织中活动最为活跃，为居民间相互联系，开展自助互助活动搭建了平台。

其次是公益慈善类组织和权益维护类组织，这类社会组织为提供公益服务、传播公益理念、发展公益事业以及维护居民在公共空间开展活动的合法权益发挥一定作用，但除现代社区型居民参与率略高（7％、8％）外，其他 3 种社区参与比例均较低，甚至为零，说明当前农村社区居民社会公益精神及维权意识较为匮乏。

表 6　居民参加社会组织情况(多选题)

农村社区类型	传统农村型		城乡过渡型		迁移型		现代型	
样本量	96		94		96		92	
公益慈善类	2	2%	0	—	0	—	6	7%
生活服务类	18	19%	11	12%	13	14%	16	17%
促进参与类	0	—	0	—	0	—	6	7%
文体活动类	24	25%	14	15%	19	20%	18	20%
教育培训类	0	—	0	—	0	—	4	4%
权益维护类	3	3%	2	2%	4	4%	7	8%
合计	47	49%	27	29%	36	38%	57	62%

　　总体上看,农村社区社会组织发育还较薄弱,仍处于发展初级阶段,还面临着发展速度缓慢,发展不平衡,缺乏财力支撑和法律支持,社会资源保障不足,服务能力弱,社会信用度低等问题,分流社会职能的能力还较低下。社区社会组织之间没有联动协作的平台与环境,与居民之间没有建立良好的信任度等等,使社区社会组织参与社区建设的途径与方式还比较单一,参与的深度和广度都非常有限,更多的是流于低层次和表面化的参与,参与的随意性比较强,在参与公共空间社会治理中发挥的作用非常有限。特别是高层次的社区社会组织参与率不高,参与的持续性不强。如何使社区社会组织成为社会治理的主人,担当起责任,还有相当漫长的路程。

　　村民自治是农民群众直接行使民主权利,依法办理自己的事情,创造自己的幸福生活,实行自我管理、自我教育、自我服务的一项基本社会政治制度。村民自治的核心内容是"四个民主",全面推进村民自治,也就是全面推进村级民主选举、村级民主决策、村级民主管理和村级民主监督。村民自治的主要途径包括村民自治章程、村民规约、村民会议、村务公开、选举等,本研究通过居民参与社区公共场所治理的情况来了解受访居民社区参与现状与面临的问题(见表 7)。

表7 村民自治与参与社区决策

农村社区类型	件数		村民自治章程		村民会议		村务公开		干部选举	
总计	378	100%	205	54%	155	41%	153	40%	161	43%
传统农村型	96	25.41%	91	95%	89	93%	88	92%	92	96%
城乡过渡型	94	24.9%	11	12%	7	7%	13	14%	9	10%
迁移型	92	24.3%	13	14%	11	12%	12	13%	11	12%
现代型	96	25.4%	42	44%	48	50%	51	53%	49	51%

　　调查结果显示，传统农村型社区居民参与村民自治章程制定、村民会议、村务公开、干部选举的比例均高达90%以上，说明在传统乡村治理模式下居民或是主动，或是在乡村干部的动员、说服下被动地参与社区事务已形成习惯，对于关系到自身利益的社区事务习惯了通过传统的途径，如村干部选举、村财务公开等机会表达自身诉求。与之相比，城乡过渡型及迁移型社区居民参与社区自治、社区事务决策与社区公共权力运作监督的比例不高，表明在这两类社区，增强居民民主意识和自治能力，解决居民自治中存在的问题是一个长期渐进的过程。现代型社区居民参与社区自治情况介于两者之间，参与比例在50%左右，说明现代型社区居民具有一定的社区参与意识，但由于居民构成异质性较强等原因，尚未达到多数居民主动参与，为社区发展献计献策的目标。

　　进一步调查发现，首先，日常参与社区决策的主要是"老、少、贫"三类人，处于主体地位的中青年参与社区事务的比例不高。目前关注和参与社区各项工作的居民结构严重失衡，社区居民参与主体范围狭窄。从年龄结构看，主要集中于老年人和部分中年人；从性别结构看，主要集中于女性居民；从职业状况看，主要集中于从事农业生产人员及自营业者层；从经济状况看，主要集中在贫困户和部分温饱家庭，而其他居民对社区公共事务的关注和参与程度很低。由于社区精英对于社区参与意识淡薄，不愿参与与自身利益无关的公共事务，致使社区参与质量不高，影响较弱。其次，社区社会组织参与不足。社会组织应是社区治理的重要参与方，其在提高社区居民参与意识、提升参与的组织化程度、提供参与渠道等方面可发挥重要作用。但目前农村社区社会组织仍处于发展初级阶段，无法把具有相同利益诉求的、分散的个人整合起来，难以产生共同行动，从而大大降低居民参与社区事务决策的能力。对于社区决策及社区治理的影响微乎其微，导致社区居民参与社区决策与社区治理成效处于较低水平。此外，社区参与制度缺乏群众基础。居民对社区参与制度很少了解，也很少关心。因为在各项制度制定过程中居民参与度低，很多是由基层政府（乡镇）代为订立，而不是由居民根据生活的实际需要共同约定，社区制度建设大都集中于对村委会地位、职能和权力等方面的规定，对村民会议和其他自治组织的活动缺乏明确的制度规定，村委会工作制度也大多流于一般化、原则化，缺乏操作性、程序性的规定，造成居民自觉遵守、自愿参与的意愿不强。

（四）社会服务与志愿者活动

村民委员会的性质是村民自我管理、自我教育、自我服务的基层群众性自治组织，是村民民主管理村务的机构。村民在村委会带领下直接为改善和发展村民生活福利而提供的服务，如衣、食、住、行、用等方面的生活福利服务是社会治理的重要内容之一，居民参与社会服务与志愿者活动的程度标志着社会的文明程度，也是村民参与社会治理的重要渠道。本研究从参与行为和参与行为相关关系着手，着重分析了农村社区居民参与社会服务与志愿者活动的情况（见表8）。从调查结果看，京郊农村社区居民社会服务意识与志愿者行为均处于较低水平，甚至低于同类调查的指标。从全部样本中参与社会服务与志愿者活动的情况看，被调查者中具有参与意识且实际参与了社会服务或志愿者活动的居民占全部样本的44％，其中，社区照顾服务（11％）、志愿者活动（11％）、慈善、公益活动（10％）、治安维护活动（12％），尽管这一比例低于城市居民的同类调查数据，但仍处于较高的比例，说明农村社区居民具有一定的社会服务意识与志愿者精神。回答"偶尔参与"的占23％；认为"没有参与，但认为很必要"的为17％；另有15％的回答者认为"没必要参与"。

表 8　参与意识与参与行动

意识 态度		参 与 行 为							
		社区照顾服务		志愿者活动		慈善、公益活动		治安维护活动	
参与意识	经常性参与	42	11%	41	11%	39	10%	46	12%
	偶尔参与	21	6%	21	6%	22	6%	20	5%
	没有参与，但认为很必要	17	4%	15	4%	17	4%	19	5%
	没必要参与	12	3%	18	5%	11	3%	17	4%

　　上述结果表明，其一是绝大多数农村社区居民具有参与社会服务与志愿者活动的意识，居民在参与社会服务与志愿服务方面的认知程度处于较高水平，居民参与达成共识。但认为"没有参与，但认为很必要"和"没必要参与"的比例也达到32%，说明居民的参与意识有待提高。特别是存在"参与意识较高，参与行动滞后"的倾向。这一方面表明近年来北京加强宣传教育取得了走成效，另一方面也表明京郊农村居民受社会条件、制度安排、人文因素和政策调适等因素影响，参与意识尚未转化为参与行动，人们参与社会服务治理的自主性、自觉性不高。社会服务不仅要求人们具有自觉的参与意识和价值观，还应积极参与并行动。

　　当进一步调查在过去一年里是否参与过社会服务及志愿者活动的动机时（见表9），对于"在过去一年里，你是否参加过社区公共活动"表示肯定的比例占44%，持否定态度的占56%，表明回答者中参与社会服务活动的比率相对较低。进一步分析发现，参与者的参与动机存在较大差异，其中出于社会服务和志愿者精神的比例为11%，表明这一部分回答者社会服务意识与行为具有一致性。另有3.2%的回答者选择"有利于改善社区环境"，即出于与自身利益相关的动机。两者相加可以看出，持肯定态度的回答者中抱有积极参与态度的占14.2%；持肯定态度的回答者中被动参与者的比例分别为，"响应政府号召"（10%）、"上级摊派的任务"（16.3%）、"出于从众心理"（4.1%），表明这部分回答者的环境意识尚未化为积极的社会服务行动。从这部分回答者的特点看，在政府、单位统一指导下参与远远大于个人自主参与的比例，特别是"出于从众心理"的参与者还占有一定比例，并未成为积极的参与者。

表 9　居民社区参与动机

在过去一年里,你是否参加过社区公共活动		比例(%)	合计
是,参与的主要原因是	响应政府号召	10	44%
	上级摊派的任务	16	
	出于社会服务和志愿者精神	11	
	出于从众心理	4	
	有利于改善社区环境	3	
否,没参与的主要原因是	缺乏参与渠道	31	56%
	没有时间和精力	19	
	与己无关	2	
	因经济或身体方面的原因	4	

　　对参加社会服务活动持否定态度的回答者超过半数,达56%,尽管回答的理由不同,但反映出农村社区居民参与社会服务的比例偏低。在回答者中"缺乏参与渠道"的比例最高,达31%,表明农村居民尚缺少公众参与社会服务的渠道,社会组织缺乏,特别是缺少信息交流沟通的平台。其次是回答"没有时间和精力"的比例达19%,可以看出回答者的经济状况、健康状况可能会影响到其社会服务参与率的变化。回答"因经济或身体方面的原因"和"与己无关"的比例分别为4%和2%,除极少数情况外,大多数持否定态度的回答者都是以各种理由解释未参与的理由。这表明回答者对社会服务关心较弱,应吸引这部分居民积极参与社会服务活动,设计更有魅力的社会服务、志愿活动方案。此外,还应不断提高居民的社会参与意识,要求社会组织和政府多开展宣传,积极利用各种媒体加大宣传力度,逐渐提高居民的社会服务意识和志愿者精神,从而使社会服务成为一种自觉行为。

　　调查中课题组对居民参与社区治理的活动内容进行了分类统计,这些活动在对维护居民权益、维护社区稳定等方面发挥了一定作用(见表10)。结果显示,受访者中回答参与维护社区治安(43%),维护社区公益权益(49%)(多选题),维护比例最高。其中传统农村型(50%、49%)和现代型社区(32%、42%),明显高于城乡过渡型和迁移型社区。关于参与动机,多数居民回答主要是动员式参与,即居民在村委会工作人员的动员、说服下被动参与村委会已形成决定的事项。如参与完成上级环境检查要求的各项指标;重大国事活动、国庆庆典期间参与治安巡逻等。还有一些是村委会举办的各种宣传村民权益活动，这些活动多属于村委会传统的日常工作范围，在村民中有一定的群众基础和认可度，但也表明，这些社区参与活动大多还停留在表层，与村民自觉自愿地参加自我活动、自我管理活动尚有区别。

表 10 村民参与社会治理状况

农村社区类型	件数		维护社区治安		调节矛盾纠纷		维护社区公益权益		参与特殊人群监管	
总计	378	100%	163	43%	94	25%	186	49%	82	22%
传统农村型	96	25%	82	50%	42	45%	92	49%	48	59%
城乡过渡型	94	25%	12	7%	3	3%	7	4%	2	2%
迁移型	92	24%	17	10%	2	2%	9	5%	1	1%
现代型	96	26%	52	32%	47	50%	78	42%	31	38%

此外，居民参与调节矛盾纠纷（25%）、参与特殊人群监管（22%）的比例不高，特别是城乡过渡型与迁移型社区，几乎没有村民参加，表现出与己无关的态度，表明增强村民参与社会治理意识和治理能力，解决社会治理中存在的问题是一个长期渐进的过程。调查中还发现，在城乡过渡型与迁移型社区，农村基层组织软弱，综合治理差，基层干部工作责任心不强，加之村干部工资待遇较低，工作缺乏激情，没有全身心地为基层工作服务，对本村的矛盾纠纷、重大事件不了解不掌握，对自己的分内工作不管不问，致使矛盾纠纷得不到及时化解。此外，上述社区人员流动频繁，特殊人群管控难度大，大量的青壮年外出务工，留守群体治安防范能力弱化，参与意愿、参与能力较低。因此，加强城乡过渡型与迁移型社区社会治理工作是当前京郊农村社会综合治理的重中之重。

（五）社会治理与矛盾调处

近年来，北京市各区县在农村社会治理过程中注重综合治理，源头治理，各种资源力量在农村社区治理中初步整合，各区县按照"力量整合、重心下沉"的原则，初步形成了乡镇为龙头，村级服务中心为服务管理主体，社区服务站、法律工作站、维稳工作站等发挥基础作用的治理体系，取得了一定成效。但从村民角度看，这些机构是否发挥了应有的功能，村民对其是否了解和认同尚未得出明确答案。为此，本研究请回答者就是否了解本社区的社会

表 11 农村社区社会治理体制机制

农村社区机构	传统农村型		城乡过渡型		迁移型		现代社区型	
	样本	百分比	样本	百分比	样本	百分比	样本	百分比
村级服务中心	16	17%	5	13%	4	9%	12	13%
社区服务站	12	13%	7	18%	6	13%	19	20%
维稳工作站	21	23%	3	8%	2	4%	8	8%
党群工作站	11	11%	2	5%	3	6%	7	7%
法律工作站	8	9%	4	10%	5	11%	10	10%
驻村工作站	7	8%	3	8%	7	15%	9	9%
便民服务点	8	9%	6	15%	9	19%	17	18%
一站式服务大厅	9	10%	9	23%	11	23%	14	15%
总计	92	100%	39	100%	47	100%	96	100%

治理机构做答，结果显示，知道村级服务中心并了解其工作内容的村民，除传统农村型社区达 17% 外，在各类社区中所占比例都不高（见表 11）。对于便民服务点、一站式服务大厅的了解程度除城乡过渡型（15%、23%）、迁移型（19%、23%）社区略高外，其他类型社区比率较低，考虑到这两类社区由于外来流动人口较多，涉及流动人口登记、房屋租赁、子女入学入托等需要办理相关手续，对公共服务有所需求，而其他居民则表现出与己无关的态度。此外，维稳工作站、党群工作站、法律工作站、驻村工作站等专业性较强的机构，村民们了解的程度更低，具体问及这些机构的作用时，多数村民表示不知道、不清楚。这反映出一些机构的社会服务治理只停留在表面上，具有形式主义倾向，并未获得多数村民的理解，打下社会治理的群众基础。

村民对社会治理机构认同感不高，主要是因为这些机构没有抓住村民共同的利益关切点，村民未能形成利益共同体。这些机构开展的活动和村民的实际需求脱节，对村民来说参与价值不高，所获实惠也不大。这些都使居民将社会治理机构视为替政府分担具体事务的下属机构，而非代表和维护村民利益的自治组织，很难对其产生认同感和归属感。此外，社会治理机构缺乏群众基础，村民对各项制度很少了解，也很少关心。因为在制定过程中村民参与度低，很多是由基层政府（乡镇）代为订立，而不是由村民根据生活的实际需要共同约定，因此村民自觉遵守的意愿不强。

随着农村社区人口流动幅度的加大，社会治安、公共安全、矛盾调处面临严峻挑战，社会治理难度加大。一是流动人口在城乡过渡型与迁移型社区聚集形成规模，各类社会问题、治安问题易发高发。有学者根据流动人口居住形态的不同将其划分为同质型聚集区和异质型聚集区，前者指以地缘、亲缘、业缘等关系为纽带自发形成的流动人口聚集区，区内人员联系广泛，内聚性较强，但同时也具有集中性、群体性事件易发的隐患；后者指由来自不同地域、从事不同职业人口自发集聚所组成的聚集区，人口异质性、文化差异显著，因其具有匿名性、一过性的特点，成为各种社会治安问题滋生的温床。二是治安问题类型复杂多样，赌博、诈骗等治安问题日渐增多。随着农村产业结构调整，农民把大量土地流转或转包给他人，从而在农闲时节拥有大量空余时间，一些村民由于缺乏自我控制能力，开始赌博、酗酒，还有一些法制观念淡薄，缺乏道德修养，或常常因某些利益冲突而互不相让或言语不合而引起口角，情绪失控，在激情驱使下大打出手，伤害他人，有的村民因土地、宅基地、债务纠纷，或因恋爱纠纷、婚外情引发家庭矛盾，因财产纠葛和赡养老人纠纷等反目成仇，激化矛盾酿成严重后果，已成为影响农村社会秩序的不稳定因素。三是诱发社会治安问题的因素交叉重叠。这些因素包括经济、社会、文化、制度因素等，各种因素作用，共同构成社会治安问题的深层诱因，给社会治安带来严重隐患。

表 12　农村社区治理中存在的突出问题（多选题）

农村社区类型	件数		家庭财产纠纷		赌博滋事治安事件		群体性事件		封建迷信活动	
总计	378	100％	23	6％	26	7％	9	2％	12	3％
传统农村型	95	25％	11	48％	13	50％	4	44％	8	67％
城乡过渡型	93	25％	5	22％	7	27％	3	33％	2	17％
迁移型	94	25％	6	26％	6	23％	2	22％	1	8％
现代型	96	25％	1	4％	0	—	0	—	1	8％

本调查从农村社区治理中存在的突出问题及对问题成因的看法等进行了统计分析。统计结果显示，回答者认为当前农村社区存在突出问题依次是（见表12）（多选题）：赌博滋事治安事件（7％）、家庭财产纠纷（6％）、封建迷信活动（3％）、群体性事件（2％），反映出农村社会矛盾及治安问题日渐增多，处

于多发易发阶段。从表12可以看出，各类社会问题在不同类型社区的分布规律存在差异。传统农村型社区各类社会问题均处于高位运行状态，尤以封建迷信活动（67%）、赌博滋事治安事件（50%）最为突出。城乡过渡型和迁移型社区则呈现赌博滋事治安事件（27%、23%）、群体性事件（33%、22%）处于高位的状态。与之相比，现代型社区上述问题都不显著，有的甚至为零，反映出现代型社区社会治安状况良好，社会综合治理水平较高。

相关研究表明，当前农村群体性事件也呈现复杂化、尖锐化趋势。以往农村社会矛盾纠纷主体一般是村民之间，如今已经拓展到社会经济生活和政治生活的各个领域，矛盾纠纷的主体出现了村民与村干部、村民与非公经济组织、村民与政府及其职能部门等，导致参与主体更趋广泛性。矛盾纠纷由过去单一的民事纠纷发展为民事纠纷、经济纠纷、行政纠纷并存的多种形式的纠纷。矛盾纠纷激烈程度逐渐增强。社会矛盾的新特点主要表现为组织化程度增强，参与人数众多，暴力化倾向明显。有的采取群体围攻或以武力相威胁的手段等极端方式来迫使问题的解决；有的反复上访，以要挟当地党委政府满足其不合理诉求；有的甚至与参与调解的政府工作人员发生冲突，将矛盾的焦点转变成政府公信力的质疑；还有一些无直接利益者以坚持所谓"公开真相"为名来借机发泄情绪，出现"无直接利益冲突"或"泄愤性冲突"的现象，对一些群体性事件起到了"加速器"的作用。从本研究调查情况看，除现代型社区外，其他各类社区都或多或少存在发生群体性事件的情形，尽管数量有限，但足以引起我们的警醒。

四、京郊农村社区社会治理面临的挑战

随着北京郊区经济社会转型的加速，农村社区综合治理面临许多新问题和新挑战。这些挑战对社会治理模式的动态适应性要求更高，需要我们针对不同的社区类型准确选择和调整社会治理模式，有的放矢，科学有序地推进农村社区社会综合治理的展开。

（一）行政主导型模式

行政主导型模式注重政府在农村社会治理中的主导作用，强调依靠行政力量，通过乡镇与村委会联动发展社区的各项事业，村委会作为政府管理体系的第四级网络，具有一定的行政主导性质。从本研究调查结果看，目前传统农村型社区主要采用这种模式，其问题主要表现在以下方面：

一是乡（镇）下派的任务继续要村委会承担，"上面千条线，下面一根针"

的局面没有改变，社区行政性负担重。由于社区化管理刚刚起步，居民尚未摆脱村社的影响，对社区缺乏归属感和认同感，导致社会治理动力不足。"两委"行政化色彩浓厚，"两级政府、三级管理"的体制强化了乡（镇）的管理职责，逐步将村委员会纳入行政组织的基层网络中，即"四级网络"。乡（镇）将繁多的行政工作转移到村委会，从老年、失业、优抚、卫生、治保到精神文明建设、党建等事务，村委会承担的行政职能增多，渐渐向行政组织靠拢。随着村委会行政性的加强，乡（镇）对其的控制也逐步加强，村委会在很大程度上接受乡（镇）的指挥和考核，成为乡（镇）行政领导的下属机构，村委会自治功能被削弱。

二是村民社区参与不足，社区意识不强。村委会过度行政化带来的后果是对农村基层社会的代表性不足。村委会过多承担国家管理的职能，必然影响居民的认同感。社区参与是社会治理的动力之所在，但在农村社区治理中普遍存在村民参与程度低的状况。从本研究调查结果看，行政主导型模式主要涵盖传统农业村、山区村，居民构成为传统农村居民，具有地域共同体意识，思想较为保守、封闭，文化程度整体不高，由于村委会管理和自治理机构带有行政化倾向，居民参与村委会活动的积极性不高，参与社区活动的人员主要是一老一少，中青年的比例将会更低，开展社会动员与社会治理存在较大难度。

三是基层政府过于强大，乡村自治组织和中介组织力量虚弱。行政主导在基层农村变成了行政包办、长官意志，压抑了农村社区的自我调控机制的发育和成长，制约着村民的民主参与和自我管理。行政主导的工作方式在实际工作中将农村社区纳入政府系统中，影响了政府职能的转变，增加了政府负担。农村社区中其他社会中介组织缺乏足够的资源和权威，没有能力代替政府部门组织居民管理公共事务。行政主导型治理模糊了政府行政组织与村民自治组织的行为边界，混淆了两者的定位与功能，不利于社区自治和社会治理工作的展开。

（二）传统村庄管理模式

传统村庄管理模式主要涵盖城中村、城乡结合部，就地城镇化社区等城乡过渡型社区，居民构成为村民、城市迁移居民及大量流动人口，居民意识多元化，社会管理仍采用传统的村委会形式，居民间社会互动较低，社区参与意识不强。在城乡过渡型社区，政府仍然保留着一块行政末梢，由于政府组织的强大，社区自治组织和中介组织比较虚弱，村委会过度依赖于乡（镇）、街道办事处等政府组织，难以真正体现居民的主体意识，因而难以赢得居民认同，社区公共资源得不到有效整合。传统型治理模式是一种比较稳妥的方式，但难以适应居民意识多元化，社会矛盾多发的局面。

一是乡（镇）、街道行政管理缺乏明确的法律依据。乡（镇）、街道行政管理表现为法律与现实的脱节，当前京郊农村的政治、经济、社会状况发生了巨大的变化，乡（镇）、街道管辖的地域扩大，人口急剧增加，机构设置增加，承担的工作也大量增加和复杂化。乡（镇）、街道办事处与权力委派机关的权力关系呈现模糊性、主观性，责任与权力往往相脱节等问题，难以实施依法行政，依法治理。

二是街道办事处与村民委员会的关系不顺。《居委会组织法》规定街道办事处与村委会之间的关系是基层政府"指导、支持和帮助"村委会工作，村委会"协助"基层政府工作，是指导和被指导关系，而非隶属关系。但在现实中，街道利用自己所掌握的政治和经济资源，控制了村委会人事任免、经济分配和工作任务等权力，将村委会视为派出机构，基层政府与自治组织事实上演变为隶属关系，使村委会走上了行政化的轨道。村委会将主要精力应付基层政府的行政事务，而与村民实际需要相脱离，并由此而导致了一系列困难和问题。

三是流动人口管理出现政府"空位"和"缺位"。城乡结合部、城中村等更是流动人口管理的洼地，人口高密度聚集，流动性强，就业稳定性差，人员构成复杂，受教育程度普遍较低，以从事低技能职业为主。在传统村庄管理模式下，政府管理部门存在基础信息不明，基础信息不清，底数不明，政策支持体系不足，资源配置与人口现实状况严重不对等管理服务实践中的难点问题。因此，套用传统村庄管理模式难以对城乡过渡型社区进行有效的社会治理。

（三）混合型治理模式

混合型治理模式主要适用于迁移型社区，包括保障房、拆迁房小区、廉租房、安置型小区。迁移型社区居民构成多样，居民意识多元化，社会互动较弱，社区参与意识不强，社区中多种组织共存，但参与社会治理能力有限。混合型治理模式是政府对社区治理加以规划、指导、提供经费，但政府对社区的干预较为宽泛，社区治理以自治为主。将社区定位为"小于街道、大于居委会"，通过民主协商和依法选举，建立社区自治组织，即社区成员代表大会、社区居委会和社区协商议事会。其面临的主要问题如下：

一是在农村社区化管理体制上，仍然存在社区行政化管理倾向、政府职能转变不到位等问题，一些政府职能部门社会管理理念滞后、部分乡（镇）、街道还与社区签订了目标责任书等，无法适应快速发展的社区治理的需要。

二是社区居民参与率低。社区治理是社区居民与政府密切配合，共同推进社区各项工作的过程。在社会转型期，由于各种资源仍掌握在政府部门各种类型的单位手中，社区治理基本上处于政府主导阶段，社区居民和社区单位大多游离于社区公共事务和公共活动之外，参与社区治理的深度不够，成为推进社区治理的瓶颈。

三是社区公共服务设施与居民需求不适应。伴随着农村社区居民经济收入的提高，居民的需求结构和生活方式也随之发生重大变化，更加注重生活质量的改善，对生态环境、公共安全、健身娱乐等非物质方面的需求不断增长，这对社区公共服务设施提出了更高要求。但由于社区公共服务设施建设陈旧，致使社区公共服务设施仍处于总体短缺状态，存在覆盖率、拥有率、配套率低等问题，无法有效满足社区居民的需求，影响着居民生活水平的改善和对社区的认同感。

（四）居民自治型模式

居民自治型模式主要应用于现代型社区，包括工业园区、别墅区、商品房小区、旅游度假村等。居民居住形态为混居型，社区中多种组织共存，居民具有现代意识，但居民间互动较低，参与社会治理意愿仍不强。居民自治型社会治理模式是较为理想的形式，但也存在许多问题。

一是政府角色不明确问题。在社会治理中政府仍存在着"以政代社"现象，承揽了过多的应由非政府组织所承担的职能，如社区文化活动、公益性慈善活动、志愿者活动、科普活动等。将非政府社会组织作为附属单位，将对村委会的指导变成了领导责任，直接任命村委会工作人员，直接管理村委会日常活动，在财政安排上存在"过度投入"。对社会中介服务机构、专业化的社会工作机构等第三部门社会组织的培育不到位，基层政府官员不善于对社区自治性组织进行政策指导，政府对介入社区建设的专业性社会团体和社会工作机构的"资助性投入"不到位。

二是社区组织与运行机制不健全、不完善。社区内既要体现自治，又要坚持党的领导；既要避免行政化的倾向，又要避免完全的市场化。社区居委会如何协调好党、政府、企业等主体之间的关系是一个难点。随着市场经济发展，社区利益主体的多元化，社区如何培育社区意识，形成社区认同感和归属感是社区管理者的重要课题。

三是社区居民主动参与管理程度不足。社区服务是社区全体成员的一种活动。然而，目前绝大多数社区的志愿者人数还不足社区成年居民总数的10%，且以老年人为主，初中以下文化的居多。未来进一步优化、壮大志愿者队伍是深化社会治理和社区服务的关键。

五、对策建议

加强农村社区社会综合治理是创新社会治理方式，调处社会矛盾，有效治理"城市病"和大都市周边"农村病"，满足群众多元化需求的重要途径之一。本研究通过对北京市农村社区的问卷调查和访谈发现，北京市农村社区呈现出高度分化、异质性强的特征，不同类型农村社区经济、社会、文化发展水平不同，居民构成、社会意识、社区参与程度差异显著，对于社会综合治理需求也不一致；政府采取的治理模式存在较大差异。因此，我们认为，加强农村社区社会综合治理，需要根据不同的农村社区类型制定不同的政策，做到因地制宜。

（一）传统农村型社区的对策建议

传统农村型社区社会综合治理的重点在于改变政府行政主导型管理模式，转变政府职能，厘清政府行政组织与村民自治组织的行为边界，激发社会活力，推动传统农村型社区向现代型社区转型。一是在社区党委领导下充分发挥农村居民在农村社区治理中的主体作用。面对广大农民日益提高的政治参与意识和参与能力，疏通制度化参与渠道，使其尽量通过制度化的渠道进行。加强调动农民群众参与社区治理的积极性，在直接参与中培养农民居民的主体意识和合作精神，使其成为名副其实的农村社会治理主体。开展形式多样的宣传活动，鼓励农村居民参与社会治理和公共决策。开展农村居民互助、自助活动，开展农村居民互助式服务，发挥农村居民自治组织的枢纽和桥梁作用；倡导和弘扬志愿者精神，对在农村居民志愿服务活动中成绩突出的个人和团体给予鼓励。通过农村居民志愿者活动增强对所在社区的认同感和归属感，促进基层社区社会和谐与稳定。二是大力发展农村社会组织。通过建立大量的社会组织，承接政府职能转移后的一些职责，提高农村居民的组织化程度。积极鼓励村民自愿结合组成各种社会组织，使其成为基层社会治理中农民利益的代言人、公共服务的提供者、社会治理的参与者、利益协调的当事人，借以改变村民在治理过程中的弱势地位。引导社区民间组织向村民提供最急需的服务项目，实现基层管理服务与村民需求的对接，形成基层服务的合力。大力发展公益性、服务性、互助性的民间组织和面向社区提供公共服务的各类民间组织，政府通过转变职能，把能够由民间组织做的事情，以委托、公助民办、购买服务等方式，交给社会组织，推进政府行政管理与村民自治的有效衔接。三是协调各方利益，建立合作共治长效机制。主体多元是当前社会治理的主要特征，主体多元的背后是利益多元，处理利益问题单纯靠行政手段难以奏效，在处理各类公共事务和调处矛盾纠纷中与各类主体协商共治是社会综合治理的重要途径。

(二)城乡过渡型社区的对策建议

城乡过渡型社区社会综合治理的重点是转变传统村庄管理模式与社区特征多样化不相适应问题，特别是流动人口管理、环境治理、治安维稳等重点难点问题。针对城乡过渡型社区流动人口众多、人员流动频繁等特点，加强社区党团组织建设，整合社区治理资源，以网格化社会治理信息系统为基础，及时、精准、动态把握城乡过渡型社区流动人口信息，针对流动人口开展个性化、人性化服务，让发展成果惠及更广泛的社会阶层。一是建立流动人口择业、创业网格化信息导引系统，提供择业创业辅导、培训、资询服务，面向城乡过渡型社区实时公布北京劳务市场、行业劳务供需、区域就业、创业环境信息，引导流动人口智慧择业、理性择业，避免盲目流动、从众流动、激情流动；减少重复投资、扎堆投资、低端投资。二是将流动人口管理与"一卡通"技术相结合，在信息完整基础上，逐步将流动人口服务范围扩大到生育保险、住房公积金、廉租房、经济适用房以及城市低保制度等领域，丰富福利保障形式，探索文化福利、儿童福利、老年福利等针对流动人口的福利保障模式。三是针对城乡过渡型社区第二、三代年轻流动人口开展服务，满足年轻流动人口融入城市、社会参与、上升流动等愿望。通过创新社会服务方法与手段，疏解流动人口心理压力，预防和化解各种社会矛盾。

(三)迁移型社区的对策建议

迁移型社区目前主要采用的是混合型治理模式，在社区综合治理中应充分发挥社区党组织的作用，以改善民生为重点，从与农村居民切身利益相关的领域与关切出发，服务与治理相结合，寓治理于服务，通过治理群众普遍关心的热点难点问题，满足群众的多元化需求。一是针对迁移型社区居民开展个性化、人性化服务，让经济发展成果惠及更广泛的社会群体。针对保障房、拆迁房、廉租房、安置型小区居民特点，建立居民择业、创业信息导引系统，提供择业创业辅导、培训、咨询服务，面向社区居民实时公布北京劳务市场、行业劳务供需、区域就业、创业环境信息，引导居民智慧择业、理性择业，尽快融入社会。在完善迁移型社区实有人口信息的基础上，逐步完善迁移型社区居民社会保障和服务体系，丰富福利保障形式，探索文化福利、儿童福利、老年福利等针对特殊人群的福利保障模式。二是挖掘社区公共资源，满足居民的多元化需求。从居民普遍关心的生活服务领域着手，如提升"一刻钟"服务圈服务质量；政府与社会力量合作，开发利用社区广场、商业街区、站前广场、公园、绿地以及社区活动中心等公共设施，增加公共产品供给，丰富居民社会文化生活，提高居民生活质量。三是加强社会动员能力，扩展公众参与渠道。迁移型社区居民参与率低是社会综合治理的难点之一，社会综合治理基础较为薄弱。通过文娱、体育、终生教育、微信等密切社区内居民的联系，以社区党员、流动党员、居民代表、楼门长、志愿者为骨干，以养老、助残、特殊人群照顾为重点开展社会服务，同时培养居民邻里关爱、守望相助、自助互助的社区文化，增进居民对社会治理的知晓度和认同感，动员居民参与社会治理，守望美好家园，激发出基层社会创造性活力。

（四）现代型社区的对策建议

现代型社区居民居住形态以混居型为主，居民具有现代意识，但居民间互动较低，参与社会治理意愿仍不强。现代型社区社会治理的重点工作是，通过党领导下的社区文化建设培养先进的社会文化和生活文化，将社会综合治理与文化建设相融合，通过文化载体使社会治理成果存续发展。一是加强社会治理中的社会文化建设。培育先进的价值观和现代社区社会公德，从居民"知行脱节"的矛盾入手，改变传统的宣传模式，把文化建设行动作为工作重点，不断策划和推出富有创意的文化行动方案，培育和塑造现代社区的文化特色。二是加强社会服务中的生活文化建设。通过宣传积极引导居民消费方式的变革，倡导适度消费，在减轻消费对自然资源和环境压力的同时，促进人的全面发展。从发生在民生领域，与居民生活密切相关的方面着手，培养居民先进的生活文化。三是公共文化建设。以破解各种利益纠结、矛盾突出的事务为突破口，培育居民的公共利益和公共文化。通过社会综合治理使群众认识到自身应负的责任和义务，自觉遵守文明的社会规范，普及公共文明理念。通过在公共场所开展公益慈善、绿色环保等活动培养村民的公共意识和文明程度，推动现代社区物质文明与公共文明的普及和提高。四是多元文化建设，在保护传统文化特色和地域色彩的同时兼顾多元文化融合，建立多元文化兼容并蓄、共同发展的文化发展模式。针对现代型社区居民异质性强、价值多元化的特点，在制定社会服务治理政策、法规中加入多元文化建设的内容，明确文化建设的模式选择、责任主体、建设内容和监管机构，使文化建设得到政策保障。倡导和弘扬志愿者精神，通过社区志愿者活动增强居民对所在社区的认同感和归属感，促进基层社区社会和谐与稳定。

参考文献

[1] 俞可平：《全球治理引论》，《马克思主义与现实》，2002 年第 1 期。

[2] 夏建中：《城市社区基层社会管理组织的变革及其主要原因——建造新的城市社会管理和控制模式》，《江苏社会科学》，2002 年第 1 期。

[3] 文军：《从单一被动到多元联动：我国城市网格化社会管理模式的构建与完善》，《学习与探索》，2012 年第 2 期。

[4] [日]仓泽进、浅川达人编：《東京的社会地图》，东京大学出版会，2004 年。

[5] 冯晓英：《北京流动人口社会融入的现状与路径选择》，北京社会发展报告（2011—2012），北京：社会科学文献出版社，2013 年。

[6] 汝信、陆学艺、李培林：《社会蓝皮书：2011 年中国社会形势分析与预测》，北京：社会科学文献出版社，2010 年。

[7] 中共北京市委社会工作委员会、北京市社会建设工作办公室编：《北京社会建设年鉴 2011》，北京：北京出版社，2011 年。

[8] 陆学艺、张荆、唐军：《2010 年北京社会建设分析报告》，北京：社会科学文献出版社，2010 年。

[9] 夏建中、[美]特里·N·克拉克等：《社区社会组织发展模式研究：中国与全球经验分析》，北京：中国社会出版社，2011 年。

[10] 夏建中：《美国社区的理论与实践研究》，北京：中国社会出版社，2009 年。

[11] 民政部基层政权和社区建设司：《农民工融入城市社区工作手册》，北京：中国社会出版社，2012 年。

[12] 戴建中等：《北京社会发展报告（2011—2012）》，北京：社会科学文献出版社，2012 年。

[13] 陆学艺：《中国社会建设与管理》，北京：社会科学文献出版社，2011 年。

[14] 周建国：《社会转型与社会问题》，兰州：甘肃人民出版社，2008年。

[15] 程志强、潘晨光：《城乡统筹蓝皮书：中国城乡统筹发展报告（2012）》，北京：社会科学文献出版社，2012年。

[16] 施昌奎等：《北京蓝皮书：北京公共服务发展报告》，北京：社会科学文献出版社，2014年。

农民工家长投入子女学前教育问题研究
——以北京市某农民工聚居区的样本为例

课题负责人：张瑞瑞（首都师范大学学前教育学院　讲师）
课题组成员：周　甦、仲敏义

伴随着中国的城市化和工业化进程，农民工数量持续增加。据 2013 年统计数据，我国外出农民工已达 1.66 亿人。由于人口流动的家庭化倾向，随家长外出务工的儿童数量急剧增加。2013 年，学龄前流动儿童的人数已达 3581 万，而他们的教育与发展状况却令人担忧。很多研究发现，农民工子女与城市其他阶层儿童在入小学前就已经形成了认知、语言、社会性等诸多方面的显著差距。近年来，党和国家出台了一系列政策措施旨在改善农民工子女教育，但情况依然不容乐观。农民工为城市发展和城市建设做出了巨大贡献，他们子女的发展需要关注。此外，要缩小城市差距，就必须首先缩小教育差距、促进教育公平。不管是从城市发展、教育公平、人道主义诸多方面出发，我们都须重视农民工子女教育这一重要的社会现实问题。

2013 年 11 月，党的十一届三中全会逐步确立了"社会治理"的执政思想，提出兼顾多元主体、双向互动等治理理念；政府明确要求"坚持系统治理，加强党委领导，发挥政府主导作用，鼓励和支持社会各方面参与，实现政府治理和社会自我调节、居民自治良性互动"。从"管理"到"治理"充分体现出我国政府对公众参与社会事务的重视和决心。从社会治理的视角来审视农民工子女教育问题，意味着既要明确政府责任，又要整合其他相关利益群体的资源，共同促进儿童的发展。社会治理的思路也正符合儿童教育的理想本质。非洲有句谚语：养育一个孩子需集全村之力。

在农民工子女发展与教育问题上，我们需要兼顾多元主体，让公众参与其中，动员全社会力量广泛参与，其中家长资源最不容忽视。长期以来，农民工家长更多被视作农民工子女发展中诸多问题的根源。大多数有关农民工家长的研究都在阐述在社会制度、收入水平、文化资源、教育程度等因素的制约下，农民工家长在子女教育方面所表现出的不足或缺失。宏观社会结构话语解释了家庭背景对子女教育获得的再生产，但忽视了个人微观的教育选择和行动策略。如果我们将农民工家长作为社会事务的参与者，就要更多关注个体策略的微观层面的分析。

家长投入（Parental Involvement），其完整表述是家长投入子女教育。已有大量实证研究揭示出，家长投入对儿童的学习和发展具有积极意义；促进家长投入是改善处境不利儿童发展的有效途径。鉴于此，本文对农民工群体的家长投入现状进行全面系统的研究，旨在了解他们支持子女教育的方式、特征、效果和影响原因。我们相信，只有在了解参与主体的前提下，才能期待政府与多元社会治理主体共同行动。

本研究选择了北京市某农民工聚居区（下文简称"Y村"）作为研究地点，采用民族志的研究方法对Y村12个养育学前儿童家庭进行了研究，全面深入考察他们的家长投入。本研究实地收集数据的时间为2011年9月至2013年9月。这些参与研究的家庭分别来自河南、安徽、河北、山东四个省份的农村，来京时间为2～10年，家庭年收入在2.5万～7万元。之所以选择学前教育阶段的儿童及家长作为研究对象，主要基于两方面的考虑：（1）学前期是儿童健康发展的起点，学前教育是教育公平的起点；（2）针对一个年龄段儿童的研究更具有针对性和可行性。

一、农民工子女成长与发展的不利环境

（一）缺乏公共服务和凝聚力的聚居区

Y村是北京地区一个较有名的农民工聚居区。由于地处在长安街沿线，交通比较方便，本地居民从20世纪90年代开始盖房出租给外来务工人员，大力发展"瓦片经济"。随着外地进城务工人员的不断迁入，本地人不断搬离，Y村逐渐成了农民工聚居区。根据Y村社区居委会主任2012年年初提供的数据：Y村有北京户籍居民2300人，外来人口大约为8000人。实际上，Y村流动人口数量远高于这个数字。根据本研究的调查，该社区五所大型幼儿园的学前儿童数量就有1000名左右。

从2009年，Y村就被列入城市拆迁规划中，但因为各种原因一直没能动工。这些年来，除了更加破旧外，Y村的基础设施没有任何改观。这里道路狭仄且年久失修，路边的垃圾随处可见。Y村也有公园、广场、儿童游戏场、社区医院、图书馆等公共活动场所，沿路只有满足生存基本需要的饭馆、菜摊、杂货店、手机通信卡店、黑诊所和按摩发廊。Y村的农民工群体很难获得城镇的基本公共服务。在医疗卫生、子女教育、劳动就业等方面，他们几乎都是"自给自足"的状态。以学前教育服务为例，Y村社区没有一所正规注册的幼儿园，现存的9所非正规幼儿园的举办者基本都是农民工身份。在义务教育方面，Y村只有一所公办小学，能获得义务教育服务的儿童非常有限。以2012年为例，该公办小学可以招收约100名新生，而同年Y村适龄入学儿童的数目至少超过400人（根据几所幼儿园大班和学前班学生数的统计）。由于学位不足，这所公办小学在2014学年前是通过选拔性考试来录取新生，考试内容是小学一年级涉及的学业知识和技能。2015年，非本市户籍适龄接受义务教育的五证审核细则出台后，"五证"取代了"考试"成了入学门槛。低收入农民工家庭几乎没有可能获得社保缴纳证明和在京实际住所居住证明，他们的子女被拒绝在义务教育服务之外。

而Y村并不像传统意义上的乡村那样——人与人之间彼此熟悉并且紧密。这个"村"更像是孤单、隔离的城市社会的缩影，凝聚力方面甚至不如城市社区。在养育子女方面，家长们失去了很多在农村时所拥有的资源和优势。比如，邻里间的互助和监督，具有凝聚力的村庄，相对安全的人际关系，等等。虽然这里的居民们每天使用公共卫生间和开水房，住房也是紧密相连的平房，但人与人之间漠不、友好交往的机会并不多。除了从老家带来的社会网络关

图1　Y村随处可见的出租房，一个院内可以住到十多户家庭

系——亲戚和老乡,一般家庭很少能在 Y 村建立起有支持力的社会关系。考察其原因,一方面,Y 村的人口流动性较大,刚建立起的人际关系很可能迅速消失。人们都是这座城市的匆匆过客,彼此缺乏信任,并不期待去经营一种持久的人际关系。另一方面,忙碌的打工生活让人无暇于人际交往。在城市打工,时间和金钱一样都被量化。人们从农村出来就是为了抓住机遇和赚更多的钱,交往往往被认为是一种浪费时间的消费。有时候,看起来的"熟人"也并没有想象中的深入交往。在这里,一切似乎都是临时过渡性质,甚至是人际关系也是这样。这种缺乏共同体和公共精神的小社会也可能成为家长参与学校教育的一个很大阻碍。归根结底,学校层面的家长投入终究是一种对公共事务的参与。

(二)低质量水平的非正规托幼机构

由于我国学前教育资源不足和分布不均的现状,农民工随迁子女通常进入非正规托幼机构或是根本无法入园。非正规托幼机构又称山寨园,指那些没有正式注册的托幼机构。早在 2009 年,北京非正规幼儿园的数量就已经超过了正规幼儿园。而非正规托幼机构受托儿童 95% 为外来农民工学前子女(张燕,2010)①。Y 村的托幼机构主要包含幼儿园和学前班这两类——8 所幼儿园(其中 5 所幼儿园附设学前班)和 3 所打工子弟学校附设学前班。这些机构都没有在教委正式注册,不时会受到各级教委的查处。但 Y 村数量庞大的幼儿入园需求是无法改变的,于是一些幼儿园被关闭了,又有新园开张;还有一些山寨幼儿园园长打起擦边球,将幼儿园改名为各类培训机构来继续运营。这些非正规托幼机构收费较低,是农民工家庭能承受的。由于办园者大多是农民工,他们对同为农民工身份的家长相对理解,入园时间早、离园时间晚,周六正常开园。非正规托幼机构解决了农民工家庭的托幼需求,但质量水平也普遍令人担忧。

1. 物质环境简陋

Y 村的托幼机构普遍比较简陋,没有一所能够符合幼儿园建设标准。因为举办者大多数也是农民工,个人并没有过多的资金可以投入。好一点的幼儿园会有相对大的空间,户外有一些学前教育的基本设施,但教室内也只是黑板、讲台和课桌三样。差的幼儿园几乎不适合幼儿的基本生存,存在着很

① 张燕、李相禹:《山寨幼儿园与农民工子女学前教育——对北京市城乡交界处一个区位样本的调查研究与思考》,《学前教育研究》,2010 年第 10 期,第 3~8 页。

大的安全隐患。比如，一间名为好娃娃的幼儿园，面积非常狭小。一个约两米宽的过道连着四间教室就是全部建筑。没有任何户外空间，教室也常年见不到阳光。因为没有盥洗室，幼儿只能共用痰盂来大小便。这所幼儿园为了避免查处，连招牌都很少挂出来。由于 Y 村这种要拆没拆的状态，一些办园者虽有意改造幼儿园，但担心拆迁损失而不敢投入。当然，也有个别很有责任心的办园者在不断投入资金改善幼儿园环境。

2. 师资力量薄弱

教师缺乏专业性，教师流动频繁，教师学历低是 Y 村幼儿教师的普遍状况。Y 村招聘幼儿教师入职门槛非常低。2012 年 1 月，笔者曾在 Y 村街边电线杆上看到某幼儿园的招聘小广告，打电话过去询问初中学历是否符合条件。对方回答"你可以先实习，月薪 1300 元，明天能来上班吗?"Y 村幼儿教师的构成主要是女性农民工，她们大多数并没有过教学经验，也有少数人可能在类似机构做过教师。不少人是因为要照顾年幼的孩子而暂时无法外出打工，便选择送孩子入园的同时自己也做幼儿教师。她们几乎没有任何的保教知识，也不可能根据学前儿童的特点来开展教育。对于教师的背景，家长们似乎也很清楚。比如，一位家长经历了邻居面点师董女士转行成了自己孙女的带班教师——董老师；而另一位家长则表示在女儿的幼儿园，厨师是最受孩子们喜欢的人。家长们这样评价"老师就是随便选的""认点儿字就是幼儿园老师"。此外，由于工资低、门槛低，Y 村幼儿园教师的流动性比较大，按照家长的话说"正教着呢又换了""老来回地换"，有些孩子甚至经历过一学期换三名教师的状况。

3. 小学化倾向严重

不管是幼儿园还是学前班，Y 村托幼机构普遍存在着超前教育和小学化倾向。语文、数学和英语是这里学前课程的基本内容。教师通过讲授来传递知识和技能是最常见的教学形式。以阳光幼儿园（化名）为例，该园每天上午和下午都有背诵时间，下午有一节复习课，幼儿需要把《语言》《拼音》和《英语》三本教材分别从第一页背诵到当天所学的那页。这些课文彼此之间没有什么逻辑关系，与儿童的生活也没有什么关联。死记硬背的方式也不符合学前儿童的学习特点。

学前班是特定时期（幼儿园资源不足的情况）下的一种学前教育组织形式。2006 年 4 月，北京市教委出台了《关于取消小学附设学前班的通知》，要求"北京市各区县小学取消所开设的学前班，同时禁止小学出租房屋给社会培训机构开办学前班。……远郊区县和朝阳、海淀、丰台区的农村地区也要积极创造条件，逐步减少小学附设学前班的数量，确保 2010 年前全市小学全部取消附设学前班。"在 Y 村，每一间幼儿园和小学都附设了学前班，只有唯一的一所公办小学例外。学前班教育几乎是 Y 村学前儿童的共同经历。由于学前班较幼儿园收费更低、教授的学业知识更多，一些家长甚至安排子女不上幼儿园而直接入学前班。三四岁幼儿就上学前班并不是什么稀罕事。一所学校为此曾一度开办两个学前班——大班和小班，小班专门招收那些三四岁幼儿，学业要求稍微低一点。

比起幼儿园，学前班（特别是打工子弟小学附设学前班）的小学化倾向更严重。以文武小学（化名）附设学前班为例，它几乎是小学低年级的翻版，不管是教育环境还是一日生活，学前教育和初等教育的界限几乎是不存在的。该学前班的每日时间表大致是这样：早上七点半开始早读，由学生们一个个分别上前去领读。八点正式上课，上午四节课，十一点半放学；下午两点二十分上课，共有两节课，三点五十分放学。每节课 40 分钟，课间休息十分钟。文武小学学前班实行分科教学，表 1 是 2012 年春季学期的课表。由于缺乏教师，除了"音乐"和"美术"外的所有课都由一位教师来带。文武小学学前班每天都会布置家庭作业，写不完作业的学生会被留堂。期中和期末都安排有考试，考试后会发给家长成绩报告单。

表 1　文武小学学前班的课程表

时间	星期一	星期二	星期三	星期四	星期五
上午	语文	数学	数学	英语	英语
	语文	英语	英语	数学	数学
	数学	语文	语文	英语	英语
	英语	语文	语文	语文	语文
下午	数学	音乐	美术	音乐	美术
	音乐	数学	数学	语文	语文

（三）低社会经济地位的家庭

从经济收入上看，Y 村农民工群体的整体收入比较低。以参与本研究的 12 个家庭为例，他们的家庭年收入在 2 万至 8 万元不等，家庭人口平均为 4 或 5 人。农民工选择居住在 Y 村的主要原因是因为这里房租便宜，这里的房租大约从两三百到四五百元不等。以笔者在 2011 年 10 月租的房子为例，一间 12 平方米的平房，房租为每月 280 元且不收水费。房东们通常会将一个院子的十多间平房分组给十多个家庭，有些房东会在自家的地皮上盖起两三排简易房出租。在这种情况下，租户希望获得在京实际住所居住证明的可能性非常小，更何况还有"同一处房屋地址 6 年内只能解决租房子女一次入学申请"的条件限制。

从居住环境上看，本研究中的家庭居住面积最大为 15 平方米，最小为 9 平方米，一家人（一般是四口）饮食起居都在一个房间。下面是笔者在 2011 年 11 月对家庭收入最低、居住面积最小的拴柱（化名）家庭居住环境的记录。"这是我看到过的最贫寒的家。最多十平方米的平房，黑色的泥土地、木板和黑胶棉搭的房顶。唯一醒目的家具是一张大床，占据了至少一半的房间空间。由砖头堆砌的床柱，一张木板铺在上面。几个编织袋堆在墙角，可能放着衣物。靠近门口是一个煤气灶和煤气罐。屋顶上一个落满灰尘的小吊扇，只剩了一个扇叶。门前是一大片堆垃圾的空地和几个低矮的窝棚，有捡破烂的人住在里面。"

从教育程度上看，本研究样本中的 12 位家长，平均受教育年限约为 7.8 年。根据 2010 年人口普查数据，我国新生代农民工平均受教育年限是 9.8 年，31～45 岁的农民工是 8.4 年。农民工家长教育程度低的很大原因是农村经济和教育落后。有 7 位家长因家庭贫困而辍学，有 6 位家长没能完成九年义务教育，学历最低的两位家长是小学二年级辍学。这种低教育程度在城市中能选择的职业是非常受限的。

从职业上看，农民工家长从事的基本上是报酬低的、以体力劳动为主的工作。然而细分来看，这些农民工的工作场所又有所不同，对城市生活和文化的参与度也有差距。依据与城市生活的交集不同，本研究将农民工家长的职业大致分为两类——"封闭型"职业和"越界型"职业。封闭型职业是指与城市文化的相对封闭和隔绝的工作，主要包括两种。第一种是"足不出村"地为 Y 村居民提供生活所必需的服务，摆肉摊、开蛋糕店、开面馆、摆杂货摊等都属于这种类型。这些家长的日常活动半径基本限定在 Y 村，每日接触的主要是 Y 村的居民。为了生意，他们几乎寸步不离摊位，甚至连进货也是找人送上门。第二种是以做装修和建筑行业为主，需要离开 Y 村而外出工作，但工作过程很少或几乎不需要和城市居民交流。这类工作通常是一位老乡接到活，然后组织同伴去工作。这类家长利用自己的技能和人脉关系可以自如地在城市谋生，并不需要太多地跟城市居民互动。从事"封闭型"职业的家长群体与城市居民的交往和互动比较少，他们的生活与城市文化的交集也相对有限。与"封闭型"职业不同，"越界型"职业的家长主要指那些相对多地接触到城市居民和文化的工作，比如，导购、收银员、厨师、安保人员和保洁人员等职业。他们通过服务对象、同事关系和工作场所，可以相对多地观察和了解城市人的生活方式和价值观。所谓"越界"是跨出了自己原来的生活圈，对城市生活的相对参与。

整体上来说，Y村的农民工尽管生活在城市中，但对城市生活的参与是非常有限的。在经济收入、居住环境、教育程度和职业地位上与城市居民都有非常大的差距。家长们深感到这种差距的存在，很多家长都表示羡慕城里人"有文化、有本事、条件好"，与此同时他们也会产生自卑感与低价值感。

二、家长投入——改善处境不利儿童发展的有效路径

(一)"家长投入"概念的提出

家长投入的完整表述是家长投入子女教育。1965年，美国提前开端项目规划组首次提出"家长投入"的概念，并将其列为项目的主要内容之一。20世纪60年代，家长在儿童发展中的重要作用尚未得到人们的足够重视。提前开端项目规划组率先提出早期干预不仅要指向儿童还应指向养育儿童的家庭和家长。规划组相信"家庭似乎是促进和保持儿童发展最有效、最经济的系统。没有家庭的投入，干预很可能不会成功；没有家庭对教育的投入，干预一旦停止，干预的效果也很可能会消失。"[1]

作为向贫困宣战重要组成、《经济机会法案》(The Economic Opportunity Act)下的一个主要项目，提前开端项目坚持了该法案的"让穷人最大限度参与"原则，而非被动接受政府或主流群体设计好的项目。针对贫困人群的项目应该允许目标人群参与项目的设计和运作。提前开端项目将家长作为全面的合作者，主要体现在：(1)家长参与有关项目性质和运作的决策制定过程；(2)家长作为员工、志愿者或是观察者参与课堂活动；(3)接受提前开端员工的家访；(4)参加家长教育活动的机会。可以说，最早关于家长投入的界定并非源于理论也非基于实证，更多体现出实践导向的特点。

---

① Bronfenbrenner U. Is early intervervention effective? *Teachers College Record*，1974，76(2)：279-303.

(二)"家长投入"内涵的演变

1. 从个别孤立的条目到多维度分类框架

自"家长投入"这一术语提出后,关于家长投入的实证研究不断增多。研究者不断探索"家长投入"的内涵和效果。在早期的研究中,家长投入被界定为个别、孤立的行为指标。比如,家长监督子女的家庭作业、家长参与学校活动、家长来校做志愿者、家长与教师交流、家长向子女传递对学业成就的期待和抱负等等。由于采用的行为指标不同,早期关于家长投入的实证研究出现了结论不一致的现象。一些研究者开始尝试整合家长投入的各种表现,并进行多维度分类。例如,万德格里夫特(Vandergrift)和格林(Greene)提出家长投入是家长对学生、学校的奉献和参与的结合体。奉献包括鼓励、理解、同情等情感付出;参与则指那些可以观察得到的行为。在该定义中,家长行为层面和情感层面上对子女教育的支持都被视为家长投入。同样,格罗尔尼克(Grolnick)和斯洛维亚切克(Slowiaczek)认为,家长投入是家长在教育与发展领域可以贡献给儿童的一切资源,它包含了三个维度:行为层面的投入、个体情感层面的投入以及智能/认知层面的投入。"行为层面",比如家长去学校、参加开放日;"个人层面"指除了外显的投入行为外,儿童还可能体验到一种更充满感情的投入,比如子女感受到了家长对于学校的关注、感受了父母喜欢围绕学校内容与他们互动;"智能/认知层面",包括家长为儿童营造具有促进认知发展的活动和材料。

1995年,艾本斯坦(Epstein)提出了"家长投入"的六类型分类框架:(1)教养;(2)家庭与学校沟通;(3)家长作为志愿者;(4)在家中的学习;(5)家长参与学校决策制定与管理;(6)家长与社区的合作。所谓"教养"指家长在家中创设环境来支持作为学生身份的子女;"沟通"是指教职员工与家长通过各种形式交流学校项目和儿童的进步状况;"志愿者"是指任何能够支持学校目标和儿童学习、发展的人,不局限于时间和形式;"在家中的学习"是家长在家庭作业和与课程有关的决策、规划与活动方面为子女提供帮助;"做决策"是家长和教师为了达到共同的目标而共享观点、共同行动的合作过程;"与社区合作"则意味着从社区中找出和整合相关资源和服务来加强学校项目和儿童的学习与发展。虽然有研究者认为,艾本斯坦的分类过于简单,但是这种涵盖宽广且各自独立的家长投入框架在研究、政策和实践层面都被证明是有效的,也成为目前最广为接受的家长投入分类。

凡图佐(Fantuzzo)等在对幼儿园、学前班和小学一年级的家长样本的研究中验证了艾本斯坦的六大分类，并按照家长投入发生的情境划分为立足于家（Home－Based）、立足于学校（School－Based）、家庭与学校交流（Home－School Conferencing）三个维度的家长投入。立足于家的投入维度对应着艾本斯坦框架中的"教养"和"在家中学习"；立足于学校维度的家长投入指家长在学校中与子女一同参与的活动和行为，比如在班上做志愿者、参加外出实践、家长之间的合作、为学校募款等；家庭与学校交流维度指家长和教职人员围绕着儿童的教育经验和进步而开展的交流。

2. 从聚焦家长个体到学校、家庭和社区的合作

最初，人们对家长投入的理解主要聚焦在家长个体的动机和行为，即家长如何支持子女的教育成功。比如，胡佛·邓普西（Hoover Dempsey）和桑德勒（Sandler）提出关于家长为什么投入的理论，强调家长信念和效能感作为家长投入的决定因素。同样，格罗尔尼克和斯洛维亚切克有关"家长投入"多维度模型也强调家长如何与子女围绕学校教育互动。然而，有关儿童学习的研究显示：当生命中的重要他人能够合作、互补和相互支持时，儿童会有更好的发展。这提醒人们，家长投入的焦点应从家长个体的行为转向更广阔情境中人们的合作。家长投入绝不仅是家长个体的投入，还包括学校、社区如何促进家长投入。

近年来，艾本斯坦甚至建议用学校、家庭和社区的"交叠影响域"（Overlapping Spheres of Influence）这一术语来代替"家长投入"，以此来凸显学校、社区在家长投入中的重要作用。按照交叠影响圈的模式，通过家长、教育者、社区合作者和学生的跨情境互动，家庭、学校、社区产生各自独特的或联合的作用。交叠圈的大小会随着儿童年龄、年级、家长或教师的理念、策略、实践和压力的不同而有变化。一般来说，最大的交叠圈发生在学校和家庭成为真正的合作者时，这时二者有着频繁、清晰、紧密的合作和多种重要的家长投入方式。这种强调合作的定位也影响了官方对家长投入的定义。《不让一个孩子落后法案》对"家长投入"做了如下定义："家长投入是指家长与学校员工之间有关学生、学习以及家庭参与学校活动这些内容开展的常规的、双向的、有意义的交流。"

（三）家长投入对儿童学业与发展的积极意义

首先，家长投入与更高的学业成就积极相关。家长投入的积极效果首先体现在儿童的学业成就，这已广为人知。家长投入对儿童中小学阶段的学业表现有着重要的决定作用。据研究者证实，家长投入的不同方面与更高学业成就相关。发生在学校中的家长投入行为与儿童更高的阅读和数学成绩相关

联；发生在家中的家长投入行为与儿童阅读、数学、写作成绩正相关；家长对于儿童学习的信念和期望与儿童对自己能力的信念强相关，与儿童成绩强相关。从效用大小上看，一些研究者发现，比起其他学业领域，家长投入在儿童读写能力方面的积极效用最大。新近一项针对55个家长投入项目（包含从先学前班到十二年级）的元分析研究显示，家庭投入项目与更高的学业成就相关联，其效应值为0.3个标准差。在控制了性别、种族、家庭社会经济地位等因素后，家长投入的效应值几乎不变。

家长投入的积极功效不仅体现在儿童的学业成就上，还包括儿童的健康、情感、态度和行为、意志力、道德、人际交往等非认知领域的发展。比如凡图佐等考察了包含"家长投入"要素的早期干预项目，发现家长投入促进了儿童自我概念的发展。此外，派克（Parker）等研究发现，幼儿期家长投入显著预测着小学、中学时期的"家长投入"状况，投入到学前项目中的家长更有可能投入到子女之后的学校教育中。如果家庭成员在儿童最初几年成为积极的参与者，那么，儿童正式入学后，教师鼓励其家长投入将相对容易。

其次，家长投入能缓冲贫困的消极影响。早期生活在贫困中会给儿童的认知、语言、行为发展带来消极的结果。杰思斯（Joyner，2002）在针对低收入少数裔儿童样本的研究发现，家长对于子女教育的高水平投入可以有效缓冲贫困对于儿童发展的消极影响。一些针对处境不利儿童的早期干预项目评估也证实有"家庭支持"成分的早期项目更有可能产生长期的效果。比如自1983年起，雷诺兹（Reynolds）等持续跟踪参与芝加哥儿童家长中心项目（Chicago Child-Parent Centers）的1539名低收入家庭的儿童，发现这个家长投入度高的儿童家长中心项目对儿童的发展产生了积极的效果；这种积极成效一直持续到成年期，体现在社会适应、高中毕业率、犯罪率、就业率、大学入学率等诸多方面。此外，在控制了很多其他预测变量（包括家庭社会经济地位、学校的贡献、学校质量等）后，芝加哥纵向研究证实"家长投入"成分的独立作用，说明了家长投入的长期效益。新近一些研究发现：低收入的、家长受教育程度低的儿童，比起那些家长受教育程度较高、家庭收入较高的儿童，从家长投入活动中受益更大①。

---

① Dearing E, Kreider H, Simpkins S, et al. Family involvement in school and low-income children's literacy: Longitudinal associations between and within families. *Journal of Educational Psychology*, 2006, 98(4): 653.

再次，家长投入有助于改善低收入儿童的家庭系统。对于中产阶层而言，家长投入是促进儿童学业成功的途径；而对于低收入家庭来说，家长投入的意义不仅在于促进儿童的学业成功，还有助于家长效能感的提升，促进整个家庭环境系统的改善。家长通过与教师、学校、社区建立合作关系，可以获得更多的信息和支持，如了解哪些社区资源可以利用、哪些服务自己有资格申请等；同时，通过这种合作得到情感上的温暖与支撑。在投入子女教育的过程中，家长提升了效能感、成功感以及希望与信心，这些对于家长个人发展也十分有利。大量关于提前开端项目的研究为此提供了依据。例如，家长投入提前开端项目与随后增加的家长就业率相关联；家长投入不仅成功地帮助他们提高了与子女互动和教育子女的技能，还提升了自身的自我知觉；家长在更多地投入到子女教育的过程中变得更加自立。可以说，促进家长投入儿童教育有助于赋权给低收入家长，提升其效能感和自立感，进而改变了儿童发展的家庭系统。

（四）家长投入的文化相对性

家长投入总是在一定的社会文化情境下发生，不同文化组群的家长可能采用不同方式投入子女教育。所谓的"不同文化组群"既可能是不同种族，也可能是不同的社会阶层造成的。当前考察家长投入的指标是基于对美国白人中产家庭样本的研究，其他文化群体的家长可能采用其他方式来支持子女达成本群体所认可的目标。戴尔加诺·盖坦（Delgano Gaitan）等学者采用民族志方法对美国墨西哥裔家庭的家长投入方式进行研究。该研究发现，尽管这些家庭的收入和物质资源很有限，但并不妨碍家长们为子女建立有利的学习环境。当家长意识到家庭与学校之间的文化割裂时，他们组成了帮助自己的孩子取得学业成功的社区组织，通过非正式的社区纽带和社区组织改善子女的教育。韦斯（Weiss）等针对低收入劳工母亲群体，探索了她们如何把"工作"转化为投入子女教育的机会，包括合理利用工作场所的资源、利用工作平台建立社会支持网络，等等。此外，即使相同的家长投入方式在不同的文化组群中也可能产生不同的结果。比如研究发现，相较于立足于学校的家长投入，立足于家庭的家长投入与美国非洲裔儿童的认知和社会性发展结果的关系更紧密；而对于美国拉丁裔学前儿童，立足于学校的家长投入与儿童的认知和社会性发展结果的关系更紧密。这类研究还在不断增加，这些发现启发学校和教育者增强文化敏感性，才能真正地改善家长投入。考虑到家长投入的积极意义及文化相对性，如果将家长投入作为促进农民工子女群体发展的路径，那么首先应该研究这个群体的家长投入方式与特征。

三、农民工家长投入子女学前教育的主要方式

每一个文化组群为儿童提供了不同的发展路径。文化路径由每日生活中的常规活动组成，比如就寝时间、看电视、家庭作业、拜访亲戚等。这些常规活动是群体文化的结晶，同时对塑造儿童发展结果的影响力最大。因此应将家庭常规活动作为文化分析的基本单位（Weisner，2002）①。本文通过对农民工家庭每日常规活动的系统性观察和访谈找到了他们认为最有价值、发生最频繁的家长投入方式。

(一)安排子女入学前班和跳级

Y 村有三类学前教育机构，打工子弟幼儿园、打工子弟幼儿园附设学前班和打工子弟小学附设学前班。对大多数家长而言，幼儿园不如学前班，幼儿园附设学前班不如小学附设学前班。"不如"主要体现在后者"学得多""学得深""注重书本知识"和"教得严"。本研究中 12 名幼儿都至少入读了一年的学前班，最长则是两年半时间。学前班教育几乎是 Y 村学前儿童的共同经历。作为幼儿园不足情形下的一种学前教育组织形式，学前班在城市中已逐渐消失，然而在 Y 村，每一间幼儿园和小学都附设了学前班，只有唯一的一所公办小学例外。入读这所公办小学成为家长安排子女入学前班的一个重要动因。由于学位不足，这所公办小学每年会通过入学考试来筛选新生，考试内容包括认拼音字母、三音节拼读、二十以内的加减法计算、常识，等等。倘若没有经过一定的学业训练，儿童很难通过考试。注重学业训练的学前班成为家长的首选。不仅如此，家长们还会打听哪所学前班的生源被录取的人数多，然后决定子女在哪里就读。有些家长甚至会安排子女在打工子弟小学先上一遍一年级，再去参加公办小学的入学考试，以保证能够顺利被录取。

除了学前班，家长普遍还会安排子女跳级。所谓"跳级"是人为地安排子女去高于其年龄段的年级就读。跳级往往还伴随着转学。比如，三岁幼儿入中班，一学期或几个月后跳级到大班；或者从幼儿园中班直接升入小学附设学前班。Y 村的学前教育机构对儿童跳级不做限制，这里的教师大多也是农民工群体的一部分，在教育观念上和家长相对一致。即便个别教师劝阻家长，

---

① Weisner. T. S. Ecoculutural understanding of children's developmental pathways. *Human Development*，2002，45(4)：275—281.

家长们也会想方设法去说服教师让子女早些入学。这也是家长与教师有限交流中的一个重要议题。

本研究中有 8 名家长安排子女在上完中班后就入学前班，甚至是直接入学前班。其中有 3 名儿童在大约三岁半时就被家长安排进了打工子弟小学附设学前班。家长们对上学前班和跳级现象的解释是"让他（孩子）先撵一年""笨鸟先飞""撵得紧些，教得快些""农村条件不好的小孩就该早点学"……这既反映出家长对子女学业成就的迫切感，也反映出一种普遍的劣势感。在子女没有开始正规教育之前，他们已经将子女置于一种落后的局面。"笨鸟先飞"的现象在低收入阶层中似乎具有跨文化性，美国的相关研究显示，低收入家长更重视子女入学前掌握数数、字母、用笔等技能，也倾向在子女一到法定年龄就送其进入学前班。收入较高的家庭以子女不够成熟为由延迟子女入学的时间比例更高。实际上，中产专业人士并非不重视学业，而是期待学校根据他们子女的需要进行调整，甚至希望自己能促成更有利于儿童成功的学校教育（Lareau，1989）。追求学业成绩的紧迫反映出底层群体普遍的劣势感。

（二）教授子女特定的知识和技能

农民工家长心中理想的教育内容是特定的知识和技能，主要指拼音、汉字、计算、英语和古诗等。这是 Y 村幼儿园和学前班每日教授的内容，也是公办小学入学考试涉及的主要内容。本研究中 12 位家长都会自觉教授这些知识和技能，主要通过家长直接讲授及示范然后由儿童复述及模仿来进行。这种方式正是他们子女所在教育机构最常采用的教学方式，也是家长最认可的方式。在多数家长眼中，学习需要通过反复的书写和背诵，以便获得知识和技能的不断累积。"锻炼""适应""练习"是家长言谈中频繁出现的词汇，家长们把农业文化中的价值观迁移到了儿童学习领域。"中国民众在农业劳作过程中领悟到一条朴实的真理：利无幸至，力不虚掷，说空话无补于事，实心做事必有所收获。"儿童学习的方式也应该这样，多操练、能吃苦，必然可以多获得知识和技能。

在笔者的观察中，大多数家长在自主教授子女知识时会保持积极的情绪，教授活动表现为相对愉悦的亲子互动。当子女不配合时，大多数家长会停止教授，表示"（孩子）不愿学就算了"或是"改个时间教"。当然，也有个别家长会采用惩罚或强迫措施来维持教授活动的进行，甚至有可能变成粗暴的训斥甚至引发严厉的体罚。然而，当子女进入学前教育机构后，尤其是随着年级的增长，所学内容的难度增加，家长的教授行为通常也会相应增多，所引发的亲子冲突也在增多。

(三)辅导和参与子女家庭作业

一般而言，Y村的幼儿园和学前班每天都会留家庭作业，而家庭作业的形式只有一种——书面作业。幼儿需要把一个汉字、拼音字母或数字在田字格本上写一页或两页，又或是把两道数学题重复地写一页。家长们发现，子女经常并不知道在书写什么或者"明天问就不知道（写了什么）"。另一方面，家长却认可这类家庭作业是合理的、是学校教育一样具有权威性。不管工作和家务多么忙碌，12位家长每天或多或少都会花时间参与子女家庭作业，参与方式主要包括监督、辅导和检查。

图2　在家门前的过道上，农民工家长在辅导子女做家庭作业

很多研究显示，家长监管家庭作业可以提升子女在校成绩；然而也有研究发现，家长参与家庭作业并未产生积极效果。结论的不一致很可能是因为家长监管子女家庭作业行为的情绪性质。比如，帕姆兰茨（Pomerantz）等对当母亲在监管子女家庭作业时的情绪进行了研究，发现有些母亲会因为家庭作业变得易怒甚至充满敌意；如果母亲在指导家庭作业时保持积极情绪则可以缓冲子女在学业上的无助感。当家长以积极的情绪投入而不是消极的情绪投入儿童的学业生活，他们通过提升儿童的技能和动机来促进儿童的学业成就。

辛普金斯①（Simpkins，2006）开展的一项针对低收入、多元少数裔样本的研究发现，母亲越是认为自己与学前班子女的关系温和，母亲在学校中的投入活动对儿童学业成就的作用越是积极。

Y 村幼儿的家庭作业数量繁多且枯燥无趣，通过重复书写来学习的方式并不适合学前期儿童。这种情形下，幼儿写家庭作业经常表现出强烈的无助感和挫败感，家长在参与家庭作业过程中与子女发生冲突的情形也相对较多。很多家长会抓住子女的手来写家庭作业，并且经常体验到生气和沮丧的情绪。只有 4 位家长表示很少在参与子女家庭作业时发怒，他们倾向于兼顾子女的年龄特征和家庭作业，甚至自行地减少家庭作业的数量。

（四）提供学习材料和创设学习空间

12 个家庭都为子女提供了儿童图书，主要包括认读挂图、卡片书、古诗诵读和童话故事书。最普及的是认读挂图，以拼音、汉字和数字等为内容，每家的明显位置都张贴了至少两张。家长们会教子女反复认读挂图，一些家长还备有细长小棍充当教鞭。除挂图之外，有 7 个家庭还拥有其他形式的儿童读物，以颜色、形状、汽车、水果等内容的卡片书为主，数量均在 15 本以下。对挂图和卡片书以外的儿童读物，家长们的关注相对较少。他们普遍认为，认读拼音和文字才可以阅读，因此应当先识字。家长们并没有意识到，阅读能力还包括儿童的理解力、观察力、阅读兴趣等。研究发现，从儿童 3 岁时，他们的理解力和读写技能的使用上就开始出现了很大的差异。儿童出声朗读似乎是发展阅读理解力和技能的最重要因素（Neuman 等，2000）。中产阶层家庭儿童在入学前班（kindergarten）前阅读了 1000 个小时，贫困家庭则只有 25 个小时，这种差异被一些研究者视为可能是造成两个群体阅读能力差异的主要原因。但阅读并不等于识字，并没有研究显示识字越多越早，阅读能力越高。

除了与特定知识直接有关的学习材料，12 位家长或多或少都会为子女提供玩具和游戏材料，但没有一位家长认为儿童玩具属于学习材料的范畴。在他们看来，游戏的价值依附于学习而存在；游戏的积极意义体现在放松心情和开发智力，进而产生更好的学习状态。农民工家长对游戏的支持是有条件

---

① Simpkins S D，Weiss H B，McCartney K，et al. Mother－child relationship as a moderator of the relation between family educational involvement and child achievement. *Parenting：Science and Practice*，2006，6(1)：49－57.

图3 一个农民工家庭住所墙上张贴的认知挂图

的，即游戏不能影响家长所理解的"学习"。本研究中的家长很少或几乎不会提供积木类、拼插类或可塑性的玩具，他们为子女提供的玩具大多以逼真度高的表征玩具为主，辅之以运动性玩具。

即便农民工家庭的居住环境狭小，有11个家庭还是积极地为子女创设及优化学习环境，固定一个场所让子女开展与上学相关的活动。以居住面积最少的拴柱家为例：这个家庭准备了一张比成人膝盖略高的小桌子给子女做课桌，并且铺上了一张透明印花桌布。安置了这张课桌后，餐桌就只能摆到屋外，每次吃饭再搬进来。拴柱妈妈这样解释："单独有个写字的桌子，干净一些，对小孩子学习好一些。饭桌上有油，会把本子和书弄脏的。"家长为子女创造一个相对舒适和干净的学习环境，有助于引导子女积极地认识学校教育。

（五）督促和劝诫子女学习

由于农民工家长认为自己学历低而很难在教育方面给予子女实质性帮助，他们将口头的督促作为一种补偿。有11位家长会经常与子女谈论在学校的学习与生活情况，比如，在学校的午睡、与同伴的相处、是否听老师话和心情状况等问题。最频繁出现的话题是"在学校学习了什么"和"中午吃了什么"。这种关于学习的督促和学校生活的交流已经成为一种家庭日常惯例。这类谈话既帮助家长了解子女在校的学习和生活，又可能增加子女对学校教育的积极情感。一些研究显示，家庭经常开展与学校内容相关的日常谈话与更高的阅读和写作成绩相关。

除了询问每日在校的情况外，农民工家长经常督促子女注意学校的规范和要求。正如一位妈妈所说："我文化少，只能是多说几句抓紧时间、好好看书。"这种督促和劝诫可能会随着子女升入高年级而增加。当家长体验到自己在子女学业上的帮助越来越有限，家长的督促经常伴随着自我贬低，他们习惯将自己和同伴的失败经历作为反面案例。他们会说"恨自己""不要像妈妈这样没有文化""不要像你老子那样窝窝囊囊一辈子""老子打铁儿笨蛋"……自贬式劝诫并不一定带来学业成功的结果。首先，谈话和督促本身并不会让儿童获得学校成功所必需的技能和知识。其次，家长的自我贬低和自我轻视可能会减弱家长对子女的积极影响力。当子女认为家长是有力量并且值得尊重的，他们会愿意模仿家长关注学校的行为的态度；如果儿童学会了轻视家长及所处的群体，家长的督促未必能发挥应有的作用，并能会引发儿童的弱势感。"儿童的确拥有自己的权利，其中一项就是生活在强大而健全的家庭里。"

四、农民工家长投入子女学前教育的类型及特征

（一）组群内呈现出家长投入的三种类型

农民工家长群体的家长投入具有一定的同质性，也表现出组群内差异性。本文借鉴了罗伯特·默顿（Robert K. Merton）的越轨类型对家长进行了分类。默顿将文化所灌输的目标与制度所提供的实现手段之间发生断裂（Discontinuity）称为失范，个体有 5 种适应失范的倾向性类型——遵从、创新、仪式主义、退却主义、反叛。除了遵从主义之外，默顿将其他适应类型都视为越轨。根据家长对待学业成功目标和适宜儿童发展手段上的不同表现，本研究将其划分为三种类型——遵从型、改辙型和退却型（如图4）。

1. 遵从型家长

遵从型指家长试图通过适宜儿童身心发展的手段来帮助其获得学业成功，所谓"遵从"是对目标和手段都遵从。本研究中有 4 位家长可以归入这一类型，他们也是

适宜儿童发展的家长投入

	接受	拒绝
接受	遵从型	改辙型
拒绝		退却型

图 4　农民工家长投入
子女教育的三种类型

受教育程度较高的四位。具体而言，遵从型家长具有以下三方面的特征：

首先，遵从型家长对唯学业至上的传统教育有一定自觉反思。遵从型家长没有随意安排子女跳级和转学，而是安排其在与年龄相符的年级学习；他们会自行地给孩子减少家庭作业；他们不希望子女过早背负学业压力，认为应当基于现有发展水平来循序渐进地开展学习。其次，遵从型家长偏重"自然成熟"的发展观，言谈中较多使用"年龄""兴趣""成熟""尊重"和"天性"等词汇。他们通过多种媒介学习了一些科学的保教知识，并且尝试运用到实践中。最后，遵从型家长具有一定的民主意识和精神。他们尝试主动参与学校教育决策，即便因此碰壁；在家庭生活中，他们相对多地使用协商和讨论，较少使用体罚，亲子关系也更紧密。可以说，遵从型家长不愿用专制的方式对待子女，也反感教师以专制的方式对待自己。他们倾向于通过对话来协调差异和统整分歧，让每个人都保持一定的自主性和选择权。

遵从型家长承受着巨大的越轨压力。与其他家长一样，遵从型家长把"学业"视为成人教授给儿童的一系列应试知识和技能。然而按照发展适宜性实践，学业是"儿童通过游戏、关系和非正式的机会来发展一些学科（比如语言、读写、数学和科学）的基础能力和初期形式"。这二者之间的天然断裂和不同让遵从型家长承受着巨大的越轨压力。现实环境（比如入小学升学考试）不断逼迫他们放弃遵从儿童发展特点的主观意愿。遵从型家长会在现实的压力下不断越轨成为改辙型，而在"改辙"的努力失败后可能变为"退却型"。

2. 改辙型家长

改辙型指家长为了达成学业成功的目标而放弃手段的适宜性，即改变手段和另辟它径来达成目标。本研究中有 7 位家长倾向于这一类型，他们把学业作为学前期的首要任务，愿意为此牺牲儿童的天性、兴趣和当前需要。他们积极安排子女跳级，默许和支持教师超前教育和布置超负荷的家庭作业；只要教师的言行被认为有助于提升学业成绩，家长会绝对服从。改辙型家长对子女进行知识和技能的强化训练和督促，也经常因为子女达不到期望而产生亲子冲突。即便在这个过程中，意识到了自己的行为不利于子女的身心发展，改辙型家长也会无奈为之。在达成"学业成功"目标的裹挟下，改辙几乎成了他们的唯一选择。

改辙型家长普遍体验到强烈的劣势感，他们迫切希望子女能够通过获得高学历来摆脱弱势处境。为了达到这个目的，他们愿意采取任何手段。"从心理学角度看，对一个目标过度地投入感情有可能会产生愿意冒风险的想法，任何社会阶层的人都可能会持这种态度。"改辙型家长并非都缺乏儿童发展知识，但他们选择无视儿童发展规律。

3. 退却型家长

退却型指家长逐渐放弃子女学业成功的目标，同时也放弃适宜儿童发展的手段。一般来说，几乎不会有家长在学前期就丧失对子女的学业期待，本文的"退却型"是指一种退却和退隐的趋势和倾向。本研究中只有一位家长有明显的退却倾向。他对子女的"教育未来"持怀疑和消极的态度，声称"有文化也是打工的料"。他所在的家庭是唯一没有固定学习场所和不经常谈论学校话题的家庭。这个家庭的教养方式略显粗犷和放任，看起来并没这么关注教育。他们对子女在学校取得较差成绩而感到失望，并不断降低对子女的教育抱负水平。然而，逃避和放任背后可能压抑着对成功的渴望。"宏伟志向易招致挫折和危险，而小的志向则易带来满足感和安全感。这是对显得可怕、能引发不信任感的情形做出的反应。"

家长的投入类型并非一成不变，而是随着环境的改变从一种类型转变为另一类型。本研究认为，"改辙型"和"退却型"家长的数量将不断增加并成为农民工家长群体的主流。已有很多研究指出农民工家长对处于中小学阶段子女的教育或是急功近利或是放任自流，这正是改辙和退却的表现。社会经济地位较高的家长更清楚如何利用环境、资源和政策；在家长投入时享受更大的自由度、灵活度和选择权，使用多种途径来保证子女获得成功。底层民众在家长投入方面的能动性是有限的，因为他们的子女几乎不会有考试以外的上升渠道。为了学业成绩，很多家长必须放弃"按照自己意愿生活的能力"[阿马蒂亚·森（Amartya Sen）语]，放弃他们所珍视的东西，这正是穷人缺乏"可行能力"的表现。

（二）以立足于家庭的自发型投入为主

农民工家长投入主要是立足于家中的自发型行为。立足于学校以及家庭—学校交流维度的家长投入很少发生。所谓立足于学校的家长投入是指家长在学校中与子女一起参与的活动和行为，比如在班上做志愿者、陪同外出实践、家长之间的相互支持、为学校募捐等。家庭与学校交流维度指家长和教职人员围绕着儿童的教育经验和进步而开展的交流（Fantuzzo 等，2000）。Y 村的教育机构普遍会以"干扰教学"和"不安全"为由拒绝家长进校（园），接送环节都是在校门口进行。一位园长甚至明确要求家长们"有什么问题让孩子自己跟我们老师说"，而家长们提及的进校的最主要原因是交学费。从学校层面，并没有将家长作为儿童发展的资源并主动发起的家长投入活动。在家庭与学校交流方面，有 9 位家长表示自己与教师"没聊过"或"没交流"。虽然通过深入访谈和观察后，我们发现这二者并非真的没有交流，只是没有围绕儿童学习和发展而开展的双向交流。次数有限的交流以教师发起的事务性告知为主；而家长偶尔发起的交流通常没有得到积极回应，以至于家长甚至不愿提及。

农民工家长以自发的投入为主，这并不意味着学校和教师没有影响家长投入。事实上，家长们在家中投入的方式和性质都潜移默化地受着教育机构的影响，比如学校布置的家庭作业、学校给幼儿订购的种类繁多的教科书、学校教师对待家长的态度，等等。

（三）被学业话语裹挟的家长投入

很多研究认为，农民工群体因为经济收入、教育程度、时间和精力等方面的劣势而导致了对子女教育的忽视和放任。但在本研究中，大多数农民工家长不仅重视和支持儿童的学习，甚至唯"学业"投入。他们将"学业"理解为与小学低年级相关的知识和技能，称此为"有用的东西"，他们所认可的家长投入几乎都是围绕着学业展开的。虽然家长并不排斥与"学业"无关的活动，比如艺术、人际交往、身体运动等，但这些非学业活动只有服务于学业时才被家长赋予积极的意义。学业是学前期（特别是入学准备）的重要组成。然而，"学业"应该何时、以何种内涵、何种形式在学前期呈现是需要深入探讨。当农民工家长将"学业"理解为狭隘的知识和技能，这本身就注定了他们的家长投入最终难以取得满意的结果。因为过早对儿童进行狭隘的学业训练的危害早已被证实。农民工群体似乎更容易被狭隘的"学业"话语所裹挟，陷入不自主的状态。

另一方面，我们应该看到"学业"话语背后的意识形态。"普通意义上的意识形态指的是信念体系，它们相当于一种价值承诺，指导人们做出关于实践性教育事件的决策。"①主流意识形态发挥着微妙的作用。"它们通常并不宣扬自己在重大教育事件中所起的作用；并且，它们以暗示和建议性的语言来表明自己。例如，当用一种工业竞争者的语言来强调特殊的教育目标——'夺回我们在世界经济竞争中的优势地位'时，那么我们对学校使命的定义就会渐渐由工业术语来打造……相对来说，当一个孩子被看作是服从成长和衰老的自

---

① ［美］埃利奥特·W. 艾斯纳著，李雁冰主译：《教育想象——学校课程设计与评价》，北京：教育科学出版社，2008 年，第 48 页。

然法则的生命体时，幼儿园就会成为另一种模式：它要考虑目标是否值得去追求以及最适合它的环境。"①

在我国，教育是社会主义现代化的组成部分。从国家角度来看，整个教育都要同国民经济建设的要求相适应。早在1977年，邓小平就指出"我们要实现现代化，关键是科学技术要能上去。发展科学技术，不抓教育不行。靠空讲不能实现现代化，必须有知识，有人才"。尊重知识、尊重人才，建立人力资源强国，应对日益激烈的国际竞争，发挥人才资源开发在经济社会发展中的作用，这些政策无不在强调教育的经济功能。"'文化大革命'以后，党和国家的工作重心转移到经济建设上，又开始强调教育要为经济建设服务，强调教育的经济功能，也强调教育的社会功能。不提教育促进个体的发展，不提以人为本。"②可以说，我国教育实践中重知识、认知和测试的倾向与社会主流话语有着直接关系。而学业的经济价值话语更可能为社会经济地位较低的家庭所接受，因为他们经历着更多的失业、低工资和不安全感。

（四）家长投入质量水平整体偏低

家长投入不单是多少的问题，家长投入质量影响着家长投入效果。投入是否促进了儿童的发展很大程度上取决于家长投入的性质。波梅兰茨（Pomerantz）等总结出了家长投入的四种性质：支持自主型与控制型、聚焦过程型与聚焦个人型、积极情绪型与消极情绪型、对子女能力持积极信念型与对子女能力持消极信念型。理想的家长投入一般具有如下特点：（1）允许儿童自主开展行动、主动解决自己的问题；提升儿童的内在兴趣，让儿童以一种能够提升自我成就感的方式参与环境。（2）强调努力的重要性和乐趣，因为聚焦过程更有助于促进儿童的学业成就。（3）家长对子女充满爱意和关注，亲子关系相对紧密。（4）对子女的能力持积极的信念。

本研究显示，农民工家长对子女教育并非缺少付出，只是他们的很多行为并没能产生积极效果。一般来说，农民工群体的家长投入强调子女的服从、家长的主导和控制，聚焦学业结果而忽视儿童的发展过程。以参与家庭作业为例，有些研究显示出家长监管家庭作业可以提升子女在校成绩；然而也有研究发现，家长参与家庭作业并未产生积极效果。结论不一致很可能是因为

---

① ［美］埃利奥特·W.艾斯纳著，李雁冰主译：《教育想象——学校课程设计与评价》，北京：教育科学出版社，2008年，第49页。

② 顾明远：《实现教育现代化的宏伟蓝图——学习贯彻〈国家中长期教育改革和发展规划纲要〉》，《北京师范大学学报（社会科学版）》，2010年第24期，第5～13页。

家长监管子女家庭作业行为的情绪性质。而本研究中，由于家庭作业数量繁多且枯燥无趣，幼儿经常会在家庭作业过程中表现出无助感和挫败感；家长们在参与家庭作业时变得易怒和充满敌意，甚至体罚子女。只有 4 位家长表示较少发怒，他们自行给子女减少家庭作业量，但会经常陷入"耽误子女学业"的自责中。

五、农民工家长投入的效果分析

（一）有利于子女应对入小学的选拔性考试

农民工家长投入会帮助子女获得一些与学业考试直接相关的知识和技能，这可能有助于儿童应对入小学选拔性考试的竞争。如上文所述，在学位不足的情况下，唯一的公办小学阳光小学（化名）会通过入学考试来筛选新生。考试内容包括认拼音字母、拼读三音节、二十以内的加减法计算，等等。如果没有经过一定的学业训练，儿童通过类似考试的概率会降低很多。考不上公办小学又不愿回老家就读的儿童，面临的唯一选择只能是——就读打工子弟学校。这不仅意味着每学期要交近两千元的学费，还意味着低劣的教育质量。当然，所谓教育质量也是相对而言。近年来，阳光小学几乎很少能招收到本地学生，本地家长大多为子女择校去了他们认为质量更好的学校。但在打工家庭眼中，阳光小学各方面的条件都优越于老家的小学。正如一位家长所说："农村的学校还是差，特别是老师。你说设备啊有没有（都无所谓）。但老师……你看我（阳光小学）闺女的老师都是大学毕业。她在这儿学语文、数学、英语、美术、体育啊，都挺全的。像老家还是语文和数学，其他科目没有老师，特别是英语老师。农村还是缺少这个老师。所以，我们绝对不可能回老家上学，我们就算回邯郸，也是给孩子找个这样的学校。"

围绕"提前教授小学知识"而展开家长投入，的确会帮助子女获得有限的（优质）教育资源。以改辙型家长投入的典型代表卓卓（化名）妈妈为例。她把一岁多的卓卓送进幼儿园，三岁半时就送进了学前班，因为"幼儿园的东西学完了，再学一遍也浪费时间"；她几乎每天都会给女儿布置额外的家庭作业，计算或是练字；她也经常会因为卓卓贪玩或写作业速度慢而训斥和打骂她；上了两年学前班后，卓卓妈妈修改了卓卓户口的出生日期，五岁半的卓卓顺利考入阳光小学。卓卓妈妈很满意女儿在入学考试中的表现，认为自己的付出是值得的。通过抢跑和训练，她的女儿顺利地获得入公办小学的资格。某种程度上说，"以小学低年级知识"为中心的家长投入会给农民工子女带来眼前的红利。然而自 2014 年起，阳光小学全面取消了入小学资格考试，取而代之的是入学资格审核后的摇号。农民工家长投入的短期"积极"成效也变得微乎其微。

（二）无法真正提升儿童学业成就

尽管诸多研究显示，家长投入与儿童学业成就积极相关。但是我们要看到，一方面这些研究考察家长投入的指标并非与农民工家长投入的方式完全吻合；另一方面，家长投入的效果受到家长投入质量的调节。高质量的家长投入才可能帮助提升儿童学业成就。

所谓"高质量"首先应当符合幼儿学习与发展的规律。根据《3—6 岁儿童学习与发展指南》，"幼儿的学习是以直接经验为基础，在游戏和日常生活中进行的。要珍视游戏和生活的独特价值，创设丰富的教育环境，合理安排一日生活，最大限度地支持和满足幼儿通过直接感知、实际操作和亲身体验获取经验的需要。严禁拔苗助长式的超前教育和强化训练"。被学业裹挟的家长投入通常与幼儿发展规律相背，它可能引发儿童错误教育（Miseducational）经验。"错误教育经验是指那样一些经验，它们阻挠或妨碍我们拥有进一步的经验，或阻挠、妨碍我们在某一特定活动场所用智慧巧妙地处理问题。在学校教育中，许多学生对某些学习领域产生厌倦。他们的经验，比如在数学学习上，是如此不快乐、不舒服，以至让他们任何时候进行选择，他们都会逃避该领域的学习。对这些学生来说，数学就是错误教育经验。""错误教育更极端的例证是，由于父母的不安，孩子容易得焦虑症。这种焦虑可能涉及动物、飞机、失败和性。孩子学会了恐惧，在自己焦虑的事情上变得没有耐心。他们的经验抑制而不是扩展了生活中所产生的可能性。在这些事情上，错误教育经验造成了个人深深的不适。"已有研究显示，将儿童置于学业压力下会造成幼童对学校的负面态度、降低之后的学业成绩。可以说，拔苗助长式的超前学习损害着儿童的发展。

此外，高质量的家长投入还应当是鼓励儿童自主的、注重儿童内在的兴趣、充满爱意，并且聚焦在努力的过程。可以说，这是一套强调内在控制标准的价值系统。而农民工家庭往往重视固定知识、技能和规则的灌输，重视教育的传承和驯化功能。他们更多地通过比如转学、督促、体罚……来达成目标。这是一套强调外在控制的价值系统。而关于学业的研究显示，高内在动机和自我管理才是学业成功的重要原因。还是以上文中的卓卓为例，在进入一年级后，卓卓几乎没有了任何的游戏时间，除了完成家庭作业外，父母还额外布置了黄冈小状元教辅资料。这个未满六岁的孩子便经常利用上厕所的时间出去玩一会儿。每次被妈妈发现后，免不了一顿打骂。于是，卓卓每天继续写那些写不完的黄冈小状元，依旧假借着各种名义出去玩一会儿，然后被妈妈找回来惩罚。在这种恶性循环中，她的学习兴趣和动机不断损耗着。长远来看，被学业裹挟的、低质量家长投入是无法帮助子女取得高学业成就的。

（三）不断加剧农民工家庭的劣势感

儿童的教育始于家庭，家长通常将子女视为生物体和社会体的延伸，投入了很多感情去教育子女。个人的体力、智力、情绪和伦理无一能离开家庭而发展。"许多人生命中最珍贵的东西，他们的道德承诺、情感投入、未来规划，甚至不朽的渴望，无不发生在这里。"然而，被学业裹挟的家长投入却逐渐将农民工家庭排除在教育外，因为在学业中心的话语体系下，学校传递的知识和能力才是有价值和权威的。面对语文、数学和英语这样的"学业"，农民工家长最直接知觉到的是自己的不足，并且很多家长已经意识到这样的劣势会随着子女进入高年级而更加明显。他们的依据是小学低年级的知识和技能自己尚且能够教授和辅导，但是到高年级就不行了。事实上，家长对子女教育的投入不仅局限在教授特定的知识，还可以是创设学习环境、培养学习动机、提升自尊水平、增强适宜的教育期待、温暖的亲子关系，生活上的关心和照料、健康上的关注等，这些无不与儿童学业成功有关。贫困的、教育程度低的父母并非不能支持子女取得教育的成功，然而聚焦狭隘学业结果的人们选择忽略了这一事实。

由于农民工家庭深感自己在学业方面的不足，他们更倾向于把子女完全地交给教师。于是，农民工家庭社会化儿童的功能逐渐被学校系统所控制。笔者认为，为了理想的儿童发展，家庭和学校之间应该形成健康的张力，把儿童单独地置于某个系统可能都是有风险的。有时候，家庭会缓冲不适宜的学校教育；有时候，则是学校教育来补偿不适宜的家庭教育。然而，学校却借助学业话语将家庭异化了自己社会化儿童的工具和附属。家长的弱势感在学业投入中不断加强，比如他们自贬式的督促、对教师的顶礼膜拜、面对子女完不成的作业和考得差的成绩单，越来越多的农民工家长认为自己是没有资格来教育子女的，甚至走向了自我淘汰。

家长的弱势感势必会传递给子女。家长作为儿童生命中的重要他人，充当着价值观念输送带的作用。对儿童来说，家长通常是充满权威和最值得依赖的人，家长们的观念和态度往往被子女潜移默化地接受。根据社会认知理论，家长的教育期待通过与之匹配的或外显的或潜移默化的行为传递给儿童。家长本是儿童认为最强有力和最值得依赖的成人，农民工子女却在系统地学习歧视自己的家长和家庭。"儿童的确拥有自己的权利，其中一项就是生活在强大而健全的家庭里。"①狭隘的学业目标没能赋权给农民工家庭，却让他们变得更加不自信和被动。

(四)将儿童异化为单向度的劳动力资源

被学业裹挟的家长投入只关注儿童学习特定的知识和技能，强调行为控制与规范遵从，这都反映出劣等职业处境的特征。有研究认为"学校所采用的社会化模式，反映了学生的社会背景和/或他们未来的社会地位"。笔者认为，家庭对子女的社会化模式既反映出家庭在社会中所处的位置，又反映出子女未来的社会地位。不顾幼儿发展规律的学业训练会将儿童培养成为单向度的人，却不能帮助其充分实现潜能和发展。举一个例子，在服务打工子女的教育机构中、在他们家中，我们几乎看不到艺术创造活动的存在。那些与学业考试无关的能力通常受到忽视，比如儿童的创造能力、反思批判力和自我呈现能力。在社会结构因素的限制下，农民工的家长投入指向的是一个廉价的劳动力，而不是一个完整的公民。

联合国教科文组织在《学会生存：教育世界的今天和明天》的《呈送报告》中明确提出，"人类发展的目的在于使人日臻完善：使他的人格丰富多彩，表达方式复杂多样；使他作为一个人，作为一个家庭和社会成员，作为一个公民和生产者，技术发明者和有创造性的理想家，来承担各种不同的责任"②。应该说，学业取向的家长投入背离了理想的教育目的。单向度的、严格顺从的劳动力也许对国家和家庭能够产生短期的物质利益，却不利于个人才能的充分发挥以及社会的改革和进步。

六、影响农民工家长投入的原因分析

本文采用了社会文化理论(Sociocultural Theory)视角分析农民工家长投入的构建。社会文化理论认为"人类心理发展首先是在社会层面发生的"(Vy-

---

① [美]唐·E·艾伯利主编，林猛等译：《市民社会基础读本——美国市民社会讨论经典文选》，北京：商务印书馆，2012年，第199页。

② 联合国教科文组织国际教育发展委员会编著，华东师范大学比较教育研究所译：《学会生存：教育世界的今天和明天》，北京：教育科学出版社，1996年，第3页。

gotsgy，1962），应优先考虑社会结构和文化工具如何塑造了人们的信条、价值观和行为方式（Wertsh，1991）。作为社会成员的家长，其教育目标和教养策略会最大可能让子女获得群体文化所重视的技能和特质。家长采纳何种规范和准则既依赖于家长的个人特点，也受到社会文化情境（包括宏观的结构因素和体制，比如政治和经济体系）的影响。

（一）城市文化、农耕文化和贫困文化的交织

1.“追求金钱和地位成功”的城市文化

当今城市，取得金钱和地位成功的文化原型广泛植根于人们心中，这种主流文化宣称，每个人通过教育渠道都有望获取金钱和地位上的成功。在农村，虽有贫富差距和地位悬殊，但凭着勤劳肯干就有望缩小差距。进城后，家长们发现即便再勤奋工作也很难缩小自己与城市人之间的差距。他们羡慕城里人的“收入高”和“条件好”，主观上将自己的贫困处境和低社会地位归因于——受教育程度低。在家长们看来，既然自身失败是因为没有读书，那么一定不能让子女重蹈覆辙。他们热切希望子女努力学习实现经济富裕和社会升迁。本研究中一个明显证据是，与城市居民有更多交集的从事职界型职业的家长，他们比从事封闭型职业的家长表现出更强的学业抱负。这些家长通过服务对象和工作场所更多地观察和了解城市人的生活方式和价值观。与城市居民的互动强化和维系了城市主流文化的规范和行为模式。

2.“重实际求稳定”的农耕文化

农民工家庭的教养观念和行为又带着农耕文化的烙印。他们注重固化的、实质性的知识和规范，这正反映出“在稳定的农业社会中，教育所关心的事情是专业技能、传统和价值的传递”。他们认为那些与考试直接相关的知识和技能才是有用的，注重实用性。大多数农民工家长将学习活动理解为通过反复练习来达成量的累积，让子女在学业上“多练习”和“多锻炼”。行为主义倾向的儿童发展观暗合着农业劳动中的“一分耕耘一分收获”价值观。此外，农耕文化还滋养着一种“稳定”的心态。农业社会中，人们满足于维持简单再生产，对传统方式希望稳定守常。农民工家长投入对子女的高控制、注重规范和规训、强烈的等级观念都是追求稳定的表现。某种程度上讲，求稳定与城市文化中的进取竞争是相互矛盾的，很多家长都提及在农村生活时对子女教育的相对顺其自然的心态。对城市文化标准的接受让他们逐渐放弃了农耕文化的某些准则。

3.“自卑和缺乏积极预期”的贫困文化

贫困文化（Culture of Poverty）这一概念由人类学家奥斯卡·刘易斯（Oscar Lewis)提出。刘易斯把贫困文化描述为穷人对其边缘地位的一种适应和反应,贫困人群共有一系列的价值观和特点,比如边缘感、宿命感、无力感、缺乏归属和安全感等。"贫困文化"曾因忽略致贫的社会结构因素饱受争议,近年来又重新回到贫困研究的范围。抛却非此即彼的立场,综合社会结构和文化因素来分析贫困人群可能是更合理的。在本研究中,农民工家长的自我贬损、低价值感和消极预期体现出贫困文化的特质。例如,他们安排子女跳级的主要原因是以为子女在学业上已经处于落后状态或者必然落后,显示出他们对子女能力的消极预期;很多家长因为认为"说了也没用"而放弃了与教师的交流;他们对自己教养行为和所属群体的自贬和轻视。

城市文化、农耕文化和贫困文化交织形成了农民工聚居区的特有文化,并深刻影响着农民工家长投入。需要说明的是,三种文化之间有交叠但也有矛盾和冲突。比如城市文化中的进取和争竞、贫困文化中的消极和低预期、农耕文化中的自然保守和稳定。家长们对不同文化的接受程度不同,有些家长(比如改辙型)更接纳城市主流文化,有些家长(比如退却型)更信奉贫困文化的价值观,这也造成了家长群体内部的投入类型差异。伴随着全球化与工业化的进程,越来越多的农民工家长可能会接受主流文化标准。与城市居民的互动强化和维系了城市成功文化的规范和行为模式。

(二)城乡二元社会结构和城市新二元社会结构的影响

社会结构指在社会体制中,经济、政治、教育和家庭组织中人们的社会地位、社会角色和社会关系网络的排列。新中国成立后,我国实行了以户籍制度为核心的一系列城乡分割的制度。城乡被分割成了不同质的社会子系统,形成了城乡二元结构。近年来,伴随着大批农民进城务工,城市居民与进城农民工二者在政治、经济和社会地位上形成显著差别和割裂,形成了城市新二元结构。社会结构塑造家长投入的两个主要路径:(1)通过社会政策的直接影响;(2)通过塑造聚居区文化的间接影响。

第一,城乡二元结构下"重城市、轻农村"的相关政策造成了农村各方面发展的滞后,进城务工农民的家庭收入低、受教育程度低、社会参与度低等都可以归因于此。本研究中12位家长有7位家长是因为家庭贫困而被迫辍学或放弃升学;有6位家长没能完成九年义务教育,学历最低的两位家长都是小学二年级辍学。因为教育程度低,农民工家长选择职业的自由、改善经济和社会地位的可能性都大大降低了。城市二元社会结构的限制几乎体现在家长投入的方方面面。比如,大部分家长不敢向教师提建议,几乎不认为自己有权参与学校事务。在中国农村地区，基层民主尚在发展建设过程中，农民很少有机会和意识参与公共事务的讨论和决策。他们缺乏公民意识，认为自己没有权利也没有义务参与决策，即便这些决策与他们的利益息息相关。家长们心里清楚：决策权只属于少数领导者。正如家长们所说"老师的肩膀头比家长肩膀头高""人家当官的决定，胳膊扭不过大腿。一个老鳖翻不了盖，你一两个人说有什么用啊?"

城市新二元结构的限制主要体现在两方面：首先，农民工子女难以进入有质量的学前教育机构，而是进入聚居区的非正规托幼机构。这些托幼机构通常降低了农民工家长投入的质量水平，加剧了家长投入的狭隘的学业中心取向。其次，农民工随迁子女难以获得与城市儿童平等的义务教育权。虽然国家提出了流动儿童入学"以流入地为主，以公办学校为主"，但是公办学校的有限学位和"五证审核"政策将大量农民工子女拒之门外。进入不了公办小学，只能入读质量低且收费的打工子弟学校。当感知到子女的教育未来的诸多阻碍，一些家长会降低教育抱负；还有一些家长采取极端方式来应对成功机会的渺茫。

第三，社会结构影响家长投入的间接途径是通过塑造农民工聚居区文化来完成。威尔森（Willson）提出，社会结构和文化因素交织而成的复杂网络生产且加剧了社会不平等，聚居区特有的文化是人们对社会结构限制和有限机会的反应。"文化价值观念来源于特殊的环境和生活机会，反映了个体在阶级结构中的位置。""如果说聚居区底层阶级的少数民族成员抱负很低，以享乐主义的态度对待生活，对于未来也毫无计划，那么，这种人生观最终也是缺乏机会和心灰意冷所致，而心灰意冷又是由痛苦的个人体验和前途惨淡引发出来的。……由此我们可以推断，随着聚居区底层阶级的经济和社会处境的改变，将会导致文化规范和行为模式的改变"。由于社会结构所造成的农民工长期的弱势处境，促使了贫困文化的形成；而家长们对城市文化中的学业成功、进取争竞的接受同样体现出二元社会结构中城市文化的强势地位，乃至全球化背景下的工业竞争者话语的权利。

七、有关农民工家庭学前儿童发展的政策建议

（一）让最弱势的儿童受益于学前教育大发展

在近期召开的中央扶贫开发工作会议上，习近平总书记明确提出："让贫困地区的孩子们接受良好教育，是扶贫开发的重要任务，也是阻断贫困代际

传递的重要途径。"的确,通过改善贫困儿童的教育为底层阶级家庭和个人提供社会流动的资源,这是各国政府反贫困的有力武器。贫困不仅存在农村地区,城市中的贫困同样在危害着儿童的发展。城市中,最贫困的儿童正是低收入农民工家庭的子女。虽然生活在城市中,他们却面临着比在农村更有挑战的环境。高贫困度的社区、缺乏亲友网络的支持、没有机会获得有质量的学前教育。

随着学前教育三年行动计划的实施,农村的学前教育资源在不断扩大和优化,一部分农村儿童已经受益于此。而生活在城市中贫困农民工家庭的儿童,他们的教育与发展却成了政策的空白点。不仅如此,这个儿童群体的数量还在不断增加。由于中国人口流动逐步由个体钟摆式流动向核心家庭整体迁移转变,呈现出夫妻共同流动成为主流,随父母流动的儿童数量逐渐超过了留守儿童①。而不断增加的流动儿童群体又呈现出低龄化的趋势,目前中国 0~5 岁学前阶段的流动儿童数量很可能已经超过 6~14 岁义务教育阶段流动儿童。我们必须正视这个问题。良好教育的开端始于良好的学前教育。在本研究中,我们看到了低质量学前教育已成为限制农民工家庭儿童发展的重要桎梏。不仅如此,低质量学前教育也限制着农民工家庭的家长投入。某种程度上说,儿童所在教育机构对家长投入的内涵和性质具有定向作用。

保证最弱势儿童获得有质量的学前教育,不仅是反贫困的武器,也被证实是具有良好经济效益的投资。美国经济学家、诺贝尔经济学奖获得者詹姆斯·赫克曼(James Heckman)在分析儿童早期发展纵向研究的基础上得出结论——对儿童早期发展进行投入的回报率可高达 1∶17,因此他建议各国政府应加大对学前教育的财政投入。2010 年颁布的《国务院关于当前发展学前教育的若干意见》明确要求各省(区、市)以县为单位编制实施学前教育三年行动计划。我国的学前教育进入了快速发展时期,城市的农民工子女不应当被排除在这种进步和发展之外。

(二)政府主导,整合各类资源改善农民工子女发展

从欧美国家的经验来看,最贫困和弱势儿童群体的学前教育服务基本都是由公共财政来投入的。公共财政首先应当向弱势群体倾斜,这既体现了社会的公平正义,又是学前教育的社会功能所决定的(体现在提高国家人口素

---

① 国家人口和计划生育委员会流动人口服务管理司:《中国流动人口发展报告 2011》,北京:中国人口出版社,2011 年,第 4 页。

质，减少贫困、犯罪等社会问题等方面）。以美国为例，家庭收入低于联邦贫困线的儿童都有资格免费接受提前开端项目（Head Start）的服务。提前开端项目是由联邦政府投入最多的、历史最悠久的学前项目，它为贫困儿童提供了包含幼儿园教育、健康、营养、家长投入等内容的综合服务。该项目在两党的支持下已经运行了 50 年，数以百万的贫困家庭受益。

理想的状态下，政府应当保证最弱势的儿童接受基本的、有质量的学前教育。然而，在我国学前教育资源短缺的背景下，短时间内靠政府来解决打工子女的学前教育问题有较大难度。我们建议，整合优化已有资源来逐步改善打工子女学前教育。在政府主导的前提下，鼓励所有利益相关者都参与打工子弟学前教育的治理。现有资源主要包括农民工家庭、城乡结合部地区的幼儿园、打工子女幼儿园（山寨幼儿园）、各类涉及打工子女服务的非政府机构等。具体做法如下。

1. 加大城乡结合部幼儿园的建设力度

进城务工人员大量聚居在城乡结合部，而城乡结合部自身就存在幼儿园建设在数量上、质量上的先天不足。以本研究的样本丫村为例，这个拥有近千名学前儿童的社区竟没有一所正规幼儿园，不管是公办园还是普惠性民办园。要解决好进城务工人员子女入园问题，重点应放在城乡结合部幼儿园的建设上。"政府应根据人口分布情况（本地和流入）重新规划、布局，加大城乡结合部和农村地区的托幼机构建设。"

2. 尽快制定与出台无证幼儿园分类治理标准

无证幼儿园（通常也是以打工子女作为主要服务对象的幼儿园）在质量上普遍较差，但采取一刀切"全部取缔"的方式似乎并不是旨在解决问题，而是无视真实问题。城市的发展离不开农民工的劳动，而农民工外出工作时，他们的子女需要照看。我们的真实问题是打工家庭子女基本的托幼需求。近期，北京市政府已经明确了分类治理的思路。2015 年，北京市人民政府办公厅印发了《北京市第二期学前教育三年行动计划（2015－2017 年）》。该文件将"城乡结合部无证幼儿园现象"作为当前首都学前教育发展的一个主要问题提出。"城乡结合部地区无证办园现象比较突出，安全管理、办园质量等方面难以保障"。"无证幼儿园分类治理项目"被列为北京市三年内将实施学前教育的十大重点项目之一。文件中这样写道"实施无证幼儿园分类治理项目，及时消除安全隐患。建立市、区县两级无证办园管理协调机制，明确各有关部门责任，形成工作合力。在对无证幼儿园进行摸底调研的基础上，按照'审批一批、规范一批、取缔一批'的原则，对无证幼儿园实施分类分步治理，进行动态监管，及时消除安全隐患。设立一批学前教育社区办园点，对符合标准的社区办园点给予奖励。"

然而"审批一批、规范一批、取缔一批"的原则缺乏实施细则，目前亟须制定相关的评估标准来对幼儿园进行分类。笔者在研究过程中的确看到存在严重安全隐患的幼儿园，但也有试图平衡经济和质量的幼儿园。这类办园者不仅关注利益创收，还努力改善园舍环境和保教质量。比如有一所幼儿园在明知面临随时拆迁的情况下还翻新园舍。如何利用这样的资源，有没有可能将这类幼儿园建设为服务打工子女的普惠幼儿园，为这类园设定什么样的标准，都是亟须调研和思考的。

3. 与非政府组织的广泛合作

目前，非政府组织已成为服务打工子女的一支重要力量。这些组织在处境不利儿童及家庭的工作上有相当的基础；虽然未必直接创办幼儿园，但却在开展多元的方式。比如，在 Y 村就有国际非政府组织救助儿童会（Save the Children）与国内一家非政府组织共同举办的早期儿童发展中心，这个中心给打工家庭的妇女和儿童一间活动室、玩具、图书。一些志愿者也经常会来此陪伴儿童游戏和学习，给家长培训相关的育儿知识。虽然这个项目不能解决打工家庭的托儿需求，但它的确丰富了幼儿的学习经验，也改善了家长的教养行为。而且这个项目本身就成了吸收社会力量与资源的平台，关心打工儿童发展的咨询在此汇聚。非常遗憾的是，这个由欧盟资助的项目在运营五年后，由于资助停止等原因也在 2015 年年底而结束了。教室中已有的资源也进入了闲置状态。本文建议政府应该考虑整合非政府组织的资源，与其合作共同改善打工家庭儿童的教育与发展。

（三）持续改善农民工子女学前教育的质量

学前教育对儿童的积极功效都有一个前提：有质量的学前教育。低质量的学前教育可能满足托管，却无益于儿童的健康发展，甚至会损害儿童发展。有质量的学前教育不仅只定位在"学业"和"认知"上，包含了适宜的学业准备，更指向完整的教育。完整的教育旨在培养完整的儿童、为新社会培养完人。的确，贫困儿童需要高质量的学业教育帮助他们提升和弥补认知领域可能的落后；还需要通过教育来成为一个完善的公民和美好社会的建设者。而后者，在注重智能、实利和稳定的中国教育传统中可能更为缺乏。本研究中农民工群体表现得非常明显，教育更多被视为一种谋生的手段，学习应试和就业市

图5　Y村儿童活动中心，农民工妈妈在陪子女做游戏

场所需的那儿种技能，就像家长们督促孩子学业使用的话语"有钱人是啥样，没钱人是啥样""想有文化还是想没文化，想当官还是想受穷"。农民工家长越是认同于流于形式、金钱成功的干预，他们越是容易与偏颇、功利化的学前教育产生共鸣。

针对农民工子女，教育部门要有效地提供认知和学业上的协助，也要引导他们寻求自身的解放与社会的正义。"教育的基本作用，似乎比任何时候都更在于保证人人享有他们为充分发挥自己才能和尽可能牢牢掌握自己命运而需要的思想、判断、感情和想象方面的自由。"①这样的信条同样适用于那些贫困的儿童，应为他们也提供完善的教育。

（四）将家长投入作为改善农民工儿童发展的路径

所有儿童都受益于高质量的家长投入，处境不利儿童尤其如此。对这些儿童而言，家长可能是损害儿童发展的不利环境的一部分，也可能成为缓冲不利处境危害的因素。支持家长投入也是国外干预项目实践的成功经验。提前开端项目、芝加哥儿童父母中心项目，还有英国的确保开端项目以及印度的"综合儿童发展服务项目"都将家长投入作为重要组成。在本研究中，我们

① 联合国教科文组织中文科：《教育——财富蕴藏其中》，北京：教育科学出版社，1996年。

看到了农民工家长并非缺乏家长投入，而是缺乏适宜儿童发展的家长投入。

自我贬低式的训诫、急功近利的训练或者消沉退却的放任……都是不适宜儿童发展的教育方式。教育者要支持家长以适宜幼儿发展的方式投入子女的教育。虽然采取何种教育策略主要取决于家长的个人意愿和观念，并不存在一个社会规范和标准。然而在幼儿教育界，的确存在适宜和不适宜儿童身心发展活动的区分，我们可以称之为业界的规范。这些规范基于一些颠扑不破和历久弥新的理念，包括：儿童不是小大人，儿童有独立的不同于成人的生活；童年是人类生命周期中十分独特及可贵的阶段；幼儿教育要以幼儿发展与学习的相关理论与经验为基础；学校与家庭、社区紧密合作才能真正了解和支持儿童；在信任和尊重基础上的良好关系中，帮助儿童实现全部潜能。上述理念立足于儿童教育的现代立场，具有相当的普适性和人文关怀。如何将这些理念与农民工家庭的价值观、尊严和独特性结合起来是需要持续研究的。

（五）培育家长共同体，支持其成为变革的动力

何为"共同体"（Community）？迄今为止，学术界有关"共同体"的定义数以百计，并未达成一个共识。"一般来讲，共同体通常被描述为两种类型，一是地域性类型（如村庄、邻里、城市、社区等地域性社会组织）；二是关系性类型（如种族、宗教团体、社团等社会关系与共同情感），其中，共同体的关系性类型显得愈来愈突出。"①在高度个人主义时代，如何保持社会的秩序及成员们的整合，这可能是讨论"共同体"的核心问题。正如社会学家费舍尔（C. S. Fischer）所认为，"共同体"应以亲密的社会关系性质来定义，而不是以地理范围来界定。在本文中，家长共同体被视为一群以儿童和学校（活动）的发展为共同利益，并且拥有一定社会凝聚力的社团。培育农民工家长共同体是促进农民工家长投入的手段，也是培育农民工公共参与意识的重要途径。

农民工家长普遍缺乏社区归属感、积极的邻里关系认同以及对公共事务的参与意识。而很多社会理论家都指出，志愿社团或共同体对于培育民主参与和公益精神的重要意义。比如，托克维尔称志愿社团为"民主实验室"和"公民身份的小学校"，认为只有联合和结社才能帮助软弱个体捍卫自由和德性并培养互助和友爱的精神。理想的家长共同体好似一个小型的公民社会，"这种

---

① 李慧凤、蔡旭昶：《"共同体"概念的演变、应用与公民社会》，《学术月刊》，2010年第6期，第20页。

社会介于分散的个人与遥远的政权之间，能使每个人承担起在社区内应有的责任，为实现真正的团结互助服务"①。

任何家庭都深深渴望子女的教育成功和健康发展，没有什么比子女的发展更能将家长聚焦在一起。国外很多研究都显示，一些低收入少数裔家长依靠家长团体来改善子女的教育。本研究也发现，一些家长正逐渐形成一个共同体。虽然凝聚力和参与水平有限，但作为共同体成员的家长开始表现出对公共利益的关心、思考和行动。

阿普尔认为，虽然教育与社会生活之间存在着深入而复杂的联系，但是学校是社会中一个独特的组成部分，学校的独特之处在于，它可以依照自身的内在逻辑与社会文化动力机制来全面地、深入地介入社会。学校即是一个小社会，学校中的斗争就是社会中的斗争。我们有理由相信，家长共同体有可能成为培养农民工社会参与和公共精神的试验场，成为推动社会进步的动力。

(六) 结合结构与文化层面的干预，根本改善农民工家庭的处境

家长投入公平是当今家长投入研究与实践的主要趋势。所谓家长投入公平指所有家庭能以促进子女教育成功的方式投入子女教育。本研究中，我们看到了农民工家庭在家长投入上正在遭遇的不公正。与其他阶层相比，农民工家长更容易被强势的"学业中心"话语所裹挟，产生低质量、不适宜儿童发展的家长投入。面对学校教育的不足，这个群体也更缺乏话语权和参与度，更容易成为学校教育的附属。庞大的社会结构不断控制农民工家长的行为，并借此完成了对农民工儿童发展的塑造。以往关于农民工家庭子女教育的问题，最后的结论通常聚焦在改变家长观念和教育家长方面。这种做法具有一定合理性，但却有可能遮蔽问题的根源，落入一种责备受害者的缺陷模式。我们应该意识到，农民工在家长投入上遭遇不公是这个群体在中国社会所经历的诸多不平等的一个表现。过于强调文化特点和个人行为，而非结构的不平等，并不利于问题的解决。

本文建议采用一种整体论的社会政策来解决农民工家庭子女教育问题，即将结构层面的干预与文化层面的干预相结合。这里，本文通过美国的哈莱姆儿童特区(Harlem Children's Zone)项目来加以说明，该项目因成功改变贫

---

① 联合国教科文组织总部中文科:《教育——财富蕴藏其中》，北京:教育科学出版社，1996年，第49页。

困黑人区儿童的发展而闻名。按照项目执行长杰佛瑞·加纳达(Geoffrey Can-
ada)的观点,改善贫困儿童的发展必须要改变整个社区,该项目的最大特色
就是采用整体的方法论。结构层面的干预包括为社区成员提供健康、医疗和
教育等服务,包括家庭和健康项目,社区项目,提前开端,课后项目,全天
学前班项目,小学、初中、高中等二十多个项目。文化干预项目更多指向观
念层面,婴儿学院(Baby College)是一个明显的文化项目,这个项目为准父母
和0~3岁儿童家长开设九周的工作坊。婴儿学院课程的特色主题包括大脑发
育、纪律养成、亲子关系,以及鼓励家长为子女阅读等。哈莱姆儿童特区项
目已被证实取得了显著的积极成效,奥巴马政府授权美国教育部在全国范围
内开展"充满希望的社区"(Promised Neighborhood)项目,试图推广和复制该
项目。

　　解决农民工子女教育的政策应当反映出社会结构和文化因素的复杂关系。
同时,更多的关注应该指向引发不平等的结构因素,因为结构因素发挥着更
重要的作用。农民工聚居区文化中的消极和自我淘汰的成分可以看作是人们
对社会结构诸多限制的反应。农民工子女教育的改善植根于农民工家庭生活
处境改善,需要包括受益转让、儿童托管服务和就业政策计划作为核心要素
的策略。更进一步说,如果没有农民工群体各方面发展的根本改善,我们就
无法期待农民工子女的健康发展。《见证民主教育的希望与失败》的前言中有
一段颇具启发意义的话:"如果没有社会其他领域所取得的相关的民主成果,
教育在更大范围里的进步便不可能发生,这体现在儿童保育、足够的学前教
育机构、全额资助幼儿早期教育计划、所有家庭享受医疗保险、足够的住房、
全民就业率、选举以及政治竞选筹款改革、人权和其他迈向非极端不平等社
会的措施各个方面。随着对国家的教育和社会进程的复杂性的认识,诸如'不
让一个孩子落后'的口号,对我们具有极大的鼓舞作用。如果没有这样的口
号,或者仅仅把它局限在教育的领域,那么,这个口号只能是圆滑的政治家
给我们所有人开的玩笑。"①

参考文献

[1] [美]威廉·朱利叶斯·威尔逊:《真正的穷人:内城区、底层阶级和公共

---

① [美]费瑟斯通著,王晓宁等译:《见证民主教育的希望与失败》,上海:华东师范
大学出版社,2005年,第2~3页。

政策》，上海：上海人民出版社，2007 年。

[2] [美]罗伯特·K. 默顿：《社会理论和社会结构》，南京：译林出版社，
2006 年。

[3] [美]迈克尔·W. 阿普尔：《被压迫者的声音》，上海：华东师范大学出版
社，2008 年。

[4] [美]迈克尔·W. 阿普尔：《教育的"正确"之路——市场、标准、上帝和
不平等(第 2 版)》，上海：华东师范大学出版社，2008 年。

[5] [美]塞缪尔·亨廷顿，琼·纳尔逊：《难以抉择——发展中国家的政治参
与》，北京：华夏出版社，1989 年。

[6] 教育部高教司，张岱年，方克立：《中国文化概论》，北京：北京师范大学
出版社，2004 年。

[7] 史柏年：《城市边缘人——进城农民工家庭及其子女问题研究》，北京：社
会科学文献出版社，2005 年。

[8] [美]Sue Bredekamp，Carol Copple：《幼教绿皮书——符合孩子身心发展
的专业幼教》，新竹：和英出版社，2000 年。

[9] [美]唐·E. 艾伯利：《市民社会基础读本——美国市民社会讨论经典文
选》，北京：商务印书馆，2012 年。

[10] 唐淑：《中国学前教育史》，北京：人民教育出版社，2007 年。

[11] 吴康宁：《教育社会学》，北京：人民教育出版社，1998 年。

[12] 项飚：《跨越边界的社区——北京"浙江村"的生活史》，北京：生活·读
书·新知三联书店，2000 年。

[13] [美]Joanne Hendrick：《幼儿全人教育(初版)》，台北：心理出版社，
1996 年。

[14] [美]科恩著，聂崇信、朱秀贤译：《论民主》，北京：商务印书馆，
1988 年。

[15] Christenson L S，Reschly L A：*Handbook of school-family partner-
ships*. New York：Rouledge，2010.

[16] Fantuzzo. J. Tigh E. E. & Clilds. S. Family involvement questionaive：a
multivariate assessment of family participation in early childhood educa-
tion. *Journal of Educational Psychology*，2000，92(2)，367-376.

[17] Hendrson A T，Berla N.：*A new generation of evidence：The family is
critical to student achievement*. Washington DC：National Committee for

Citizens in Education，1994.

[18] Lareau A. *Home advantage：Social class and parental intervention in elementary education*. Rowman & Littlefield Publishers，2000.

首都历史文化村镇综合治理研究

课题负责人：张胜男（首都师范大学资源环境与旅游学院　副教授）

课题组成员：李　宏、姚　辉、赵寰熹、李金芳、刘梦思、李晓芳、张玉梅

村镇是我国基层政权组织，也是国家治理的基础。农村社会日益开放、流动、多元化和复杂化，农村的村级组织以及乡镇政权组织的经济社会背景正在发生深刻变化，农村基层组织和政权也面临重大的调整和转型，迫切需要创新基层治理体系，改革完善治理结构。1982 年宪法规定设立乡镇一级政府，乡镇政权成为中国政权体系的基层单位，为公民参与国家政权运行提供渠道，乡镇治理是整个国家治理体系中最基础的部分，直接影响到我国社会的稳定与经济的发展。

快速城镇化进程中文化遗产的保护与传承日益重要，本课题将具有重大历史价值、能较完整地反映传统风貌和地方特色的首都村镇作为研究对象，进行北京历史文化村镇发展路径研究，立足村镇资源优势，开发历史文化村镇的特殊功能，通过科学的信息手段延长产业链，提高附加值。探索村镇的生态休闲、旅游观光、文化教育价值，从理论和实践上探索首都历史文化村镇综合治理的具体方案，推进历史文化村镇产业融合发展，建设首都地区具有历史、地域、民族特点的特色景观旅游村镇，使富含北京文化底蕴、融入田园环境的首都新农村引领全国相关历史文化村镇的建设与发展。

一、基于传统与环境的历史文化村镇设施建设

（一）历史文化古镇区域特征及社会文化环境

北京地区历史文化底蕴丰厚，孕育出了一批优秀的历史文化古镇。首都历史文化村镇（住建部公布的第一批到第六批历史文化村镇：门头沟区斋堂镇爨底下村、斋堂镇灵水村、龙泉镇琉璃渠村、密云区古北口镇、顺义区龙湾屯镇焦庄户村、房山区南窖乡水峪村）内外环境及历史发展概况，形成了古镇独特的自然景观、遗产景观。课题将古镇内部街巷商铺、民居及古镇周边的自然村作为整体区域，统一规划和建设，依托环境又融入自然，山、水、树

木、道路、房屋相互交融，探索超越一般规划的境界。

古北口镇、灵水村、爨底下村及琉璃渠村四个古村镇较完整地保留了鲜明的文化特色和传统风貌，文物遗存丰富，具有较大的学术价值和实践意见。

1. 长城文化内涵丰厚的古北口镇

古北口镇位于北京市密云区东北部，距密云县城 55 公里，地属燕山山脉，东与新城子镇接壤，西与高岭镇为邻，南与太师屯交界，北以长城为界，与河北省滦平县巴克什营镇相邻。镇域内国道和京承高速是连接北京与河北承德之间的主要通道，是北京市与河北、内蒙古、东北等地交往的重要通道。

古北口镇长城文化的发展有很深的历史渊源，源于其特殊的地理位置及险要的地势。该地区素有"燕京门户""京都重镇"之称。古北口历史上曾被称为"虎北口"，自古以来就是京北燕山山脉中的交通要冲，南下直达京畿，北上可通塞外蒙古高原。"古北口自古以来就是京北燕山山脉中的交通要冲，在数千年的历史发展过程中，一直是华北平原、东北平原和内蒙古高原三大地区之间相互往来的交通要塞之一。这里地处燕山深处，潮河自关外奔流而来，由于激流深切在蟠龙、卧虎两山之间形成一个狭窄的隘口，是燕山山脉各隘口中地势较为险要的一个，自古即为华北平原通往东北平原、内蒙古高原的交通要冲之一。"[1]在数千年的历史发展过程中，一直是华北平原、东北平原和内蒙古高原三大地区之间相互往来的交通要塞之一。而古北口镇的历史也紧紧围绕其重要的地理位置展开（见表1）。

表 1　古北口镇历史沿革及其作用

时间	作用
新石器时代中晚期	燕山南北文化交流的天然通道
西周—春秋战国	古北口筑墩设防
西汉—唐	西汉开始筑城布兵，之后成为兵家必争之地
唐—明朝前期	军事要塞
明代	捍卫明都北京安全
清代—民国时期	北京至承德的交通要道
抗日战争和解放战争	敌我双方争夺的战略要地

① 张宝秀：《"京北锁钥"——古北口的历史演变》，《北京联合大学学报（自然科学版）》，1998 年第 3 期。

边塞贸易和人员的交往与流通，使古北口成为一个多民族集居、多文化汇集和风格独特的古镇。特殊的关口和地理位置，没有被破坏的长城堡垒体系，悠久的历史文化资源，众多的寺庙、碑、塔亭、军事防御体系与长城文化融为一体。古御道、古民居体现了明清文化，因此古北口镇是一个集长城体系、边关古镇、历史古迹、军事文化、原始古朴于一体的，具有独特性资源的历史古镇。

现今，古北口长城作为中国唯一的一段最完整保留了明代原貌的长城，被联合国教科文组织评定为"原始长城"（1987 年），列为世界文化遗产。古北口现存最早的长城是南北朝北齐修筑的长城，明代重建长城时，根据长城当时的走向和防御要点，保留了部分北齐长城，并对部分北齐长城和关口进行了包装重修，还建立了数个瓮城、关城、营城，形成了现在"双长城""城上城""城套城""城中城"的奇特景观。古北口长城的建筑成就和独特的造型艺术，在明代一万二千七百多华里的全部城段中是少见的和奇妙的。这段长城可以称得上是中国长城建筑史上的一束艺术之花。

古北口镇旅游资源十分丰富，除了独具特色的长城文化资源外，还包括红色旅游资源（古北口长城抗战阵亡将士公墓、长城抗战纪念碑、七勇士烈士纪念碑和潮河关惨案纪念碑）、民俗文化旅游资源、自然生态旅游资源（西沟林场和黄花山）等。基于丰富的旅游资源，旅游业发展独具特色。

2. 具有"举人"文化特征的斋堂镇灵水村

灵水村位于北京市门头沟区斋堂镇的东部，村落中总建筑面积约为 6.4 万平方米①。灵水村早在约 2000 年前就已经聚集成为村落了。在灵水村桑峪村马兰黄土台地上，曾发现了距今约 11 万年前的古人类化石；在东胡林村黄土台地上，也出土了距今约 1 万年前新石器时代晚期的墓葬②，由此可以看出，灵水村在古代早期已有人类活动。

灵水村虽然只有 200 余户人家，但自古有崇尚文化的遗风。这种风气也为"举人"文化的形成孕育了良好的条件。灵水村自大明永乐八年（1410 年）村中即有社学，私塾更是众多。清光绪三十二年（1906 年），在家中守孝的甲午科（光绪二十一年）举人刘增广倡导在木城涧玉皇庙建立新式学堂，此为北京

---

① 何林富等：《张谷英村》，南京：江苏教育出版社，2005 年。
② 刘德才：《灵水村 传统村落之瑰宝》，《北京观察》，2015 年第 4 期。

地区最早的新式学堂。灵水村中的新式学堂也在八年后兴建①。灵水村共出过 22 名举人、两名进士和 10 余名全国最高学府国子监的监生，得名"灵水举人村"。伴随着这些高中的举人，该古村落也逐渐繁荣，曾在村中出现有"八大堂"，即德茂堂、三元堂、济生堂、吉庆堂、全义兴、荣德泰、三义隆、大清号，为该村的经济发展做出了巨大的贡献②。2005 年年底灵水村被评为"全国历史文化名村"，2006 年灵水村正式作为旅游的传统村落向游客开放，之后旅游业逐步发展起来。

3. 明清古建筑文化爨底下村

爨底下村位于北京西部门头沟区斋堂镇西北部的深山峡谷中，属门头沟区斋堂镇辖村，距北京市区 90 公里，距门头沟区 65 公里，位于 109 国道北沟村口 6 公里处，交通便捷。爨底下村是因位于京西明代"爨里安口""险隘谷下方"，故而得名。在明清时代，该村所在地为京西贯穿斋堂地区西部，东西大动脉最重要的古驿道，它是京城连接边关的军事通道，又是通往河北、内蒙古一带的交通要道。该村以拥有我国罕见的古建筑群而著名，包括 74 套四合院民居，距今已有 500 多年历史。由于保留了大量完整的明清时期的四合院，2003 年被国家建设部、国家文物局评为中国历史文化名村，被誉为"北京的布达拉宫"。

相传该村祖先于明朝永乐年间(1403—1424 年)由山西迁移至此，建立了这座韩氏家族聚居之地。在几百年的发展历程中，爨底下村曾为京西古驿道上一处繁荣的商品交易客栈，它促进了山村对外交流与发展，并为村落经济的发展打下基础。村落环境与 70 余座灵巧精良的四合院建筑，正是古山村经济发达的象征。该村几乎所有院落都是雕梁画栋，精工细作，集砖雕、石雕、木雕为一体，形态各异，很少有雷同。至今在爨底下村的墙上还保留着清朝时的治家格言、照壁题字、毕业文告、立功迁升的捷报，以及抗美援朝、"文化大革命"各个历史时期的标语。可以说，爨底下村就是文化艺术的长廊。因此，它以其独特的明清建筑文化吸引了众多游客参观游览。

4. 琉璃文化龙泉镇琉璃渠村

琉璃渠村位于北京门头沟城区北部，是龙泉镇 18 个行政村之一。东距北

---

① 《丽景长安 爸爸去哪儿都市之中引爆自然生态范儿》，西陆网，http://shizheng.xilu.com/20131114/1000010000151882.html。

② 陈治邦：《历史文化名村中民居建筑的空间形态比较研究及当代借鉴》，北方工业大学硕士学位论文，2014 年。

京市中心城区直线距离 25 公里，东南距门头沟区政府 4 公里。交通条件便利，是典型的城郊地区。琉璃渠村的历史紧紧围绕琉璃品的生产展开，在封建社会，琉璃品属于皇家御用品，琉璃渠窑厂一直为官办，官方在这里设立了琉璃局，派有六品监造官。从元代起，就在此设琉璃局，清乾隆年间北京琉璃厂迁至此地，后又修水渠至此，村子因此得名。

琉璃渠村现在仍保留着明清时期的空间格局、街巷肌理，拥有市级文物 1 处：三官阁过街楼；区级文物 3 处：关帝庙、万缘同善茶棚、琉璃厂商宅院，以及多处历史价值较高的民居宅院和建筑；具有大量的典型民居院落，是传统风貌的重要组成部分。其内部不同尺度的街巷构成了街巷空间肌理，增加了传统风貌特征，有浓厚的地域特色和文化传承。2007 年 6 月，琉璃渠村被建设部、国家文物局命名为第三批中国历史文化名村。

总之，古北口镇、灵水村、爨底下村以及琉璃渠村在自身特色旅游资源的基础上开展旅游业。在旅游发展的过程中，珍贵的旅游资源应该持一种"保护式开发"的路线，避免过度商业化，在保证各方利益均衡的基础上，实现发展的"均衡"。但是在现实旅游发展中，各个古镇旅游发展还是存在一些问题。

（二）古镇特色资源与旅游发展现状及问题分析

四个历史文化村镇正式作为旅游传统村落向游客开放以后，旅游业逐步发展并形成特色。在旅游发展的过程中，不可避免地会对原真性的环境做一些改变，但必须遵循一定的"度"，否则过犹不及。

古北口镇旅游以长城文化旅游为主导，同时发展红色旅游（古北口长城抗战阵亡将士公墓、长城抗战纪念碑、七勇士烈士纪念碑和潮河关惨案纪念碑），民俗文化旅游，自然生态旅游（西沟林场和黄花山）项目。政府投入大量资金修缮文物。如 2006 年 9 月，投资 50～60 万元着力打造明清一条街，实施老镇历史文化保护区修复工程，计划对镇内 104 户的 508 间明清以前的房屋进行修缮与改造，总建筑面积 1.1 万平方米。同时，修缮 3 座牌楼和 1 座石桥，抢修药王庙、戏楼等 9 处文物，抢修城墙 4500 米、城门 5 座，绿化 6000 平方米，并完善消防等配套设施等，这些投资与修缮活动很好地保护了历史文化遗存。

古北口镇作为"旅游重镇"大力发展旅游产业，在旅游市场拓展方面已有很大的进展，特别在民俗文化旅游方面尤其突出，以古北口村民俗旅游为例，居民人均收入逐步提升。民俗旅游的发展带动林果、农副产品和手工艺的协调发展，带动全村经济的活力，提升了居民的幸福感与生活水平。但古北口镇对长城文化发掘不够深入，被八达岭权威的长城游、后起之秀"古北水镇夜长城"挤占很大市场，而且尽管古北口镇民俗旅游发展使当地居民获得了一定的利益，但是整体竞争力不强，特色不明显，缺乏长远发展竞争力。正在兴起的创意旅游，注重文化内涵、注重文化与环境的和谐建设，注重旅游者与古镇居民的互动及创造力的挖掘，因而，发展创意旅游将成为解决这一问题的有效途径。

相对于古北口镇而言，灵水村旅游发展较为缓慢，旅游前期发展出现了一些问题，主要表现在由于资金短缺而带来的古建筑保护不力、村民文化与建筑保护意识不强等问题。虽然灵水举人村村民对于恢复古村原貌、维葺老宅院的热情高涨，但因缺乏必要的资金支撑和技术指导，也只能任由那些老建筑自生自灭。由于村民没有固定的经济来源，年轻人多进城谋生，现常住人口已不足 200 人，且多为老弱妇孺，根本无法负担起重修或重建传统宅院的投资。村里老一代工匠的手艺和传统建筑方法多已失传，仅靠村民自己是无法恢复古村原貌的。灵水举人村村民普遍对村落保护的重要性认知不够，致使很多古民居建筑被改造，甚至被拆除，并且在原址上建造了不少与整体格局对比突兀的新式建筑，大大破坏了原有村落宁静和谐的环境。村中很多老宅院及古寺庙遗址由于缺少必要的保护措施，一部分已经院墙残破、屋顶坍塌，加之"文化大革命"时期灵水举人村文化遗产遭受过重大冲击，以致很多精美的砖雕艺术和古民居被铲除、损毁，这些都对古老悠久的历史文化遗产造成了无法弥补的损失。[①] 旅游资源是旅游发展的依托，保护灵水村丰富的建筑遗存应该引起社会高度的重视。

爨底下村在旅游发展之后，村民以家庭为单位提供的农家乐住宿与餐饮招待服务（民俗接待）是重要的旅游休闲产品，在自家院落场地从事的餐饮、住宿招待成为村民的重要收入来源，旅游开发带来的收益使得村中大部分中年劳动力均实现了社区内就业，没有发生绝大部分村庄成年人外出打工的现象。爨底下村的旅游开发中，农业体验型旅游商品很少，仅有部分农业加工品或手工艺品种类的旅游商品出售。经济收入的提高一方面提高了村民对于乡村性传承的认可，一方面为村民修缮与维护民居，传承乡村性建筑、文化与环境等提供资金支持。社区参与型的旅游开发由此成为一种重要的、具有

---

① 牛丹丹、段渊古：《古村落文化遗产保护与旅游开发研究——以京西灵水举人村为例》，《湖北农业科学》，2012 年第 10 期。

可持续动力支持的古村落乡村性传承模式。爨底下村在乡村环境、乡村建筑、乡村文化与乡村社会中得分较高与旅游经济效益带来的旅游乡村性传承动力是分不开的。①

挖掘独具特色的文化内涵——琉璃渠村的旅游发展总体目标就是希望能够将生态资源和文化资源有机地结合，提升其文化内涵，一方面加快农业观光园建设，另一方面深入挖掘本村历史文化资源，加速古村落的恢复，打造既有生态特色又极具本村民俗特色的民俗生态旅游业。但是其旅游发展并没有充分利用好"琉璃文化"。琉璃渠村发展较好的还是生态旅游，辖区已建农业观光园两处（丑儿岭农业观光园、百果园），以绿色农业为基础，构建集农业种植、农业观光、休闲度假、销售为一体的新型农业生产经营业态活动。

合理构建不同功能区之间和生态系统内部的物质再生循环和能量多级利用模式，大力发展林业经济，在木本植物下套种小杂粮，改善生物多样性，合理利用了空间，提高了农业的综合效益。该村还发展了民俗接待业，居民收入水平大幅度提升，但是整体接待仍然缺乏特色。

四个村镇通过发展旅游活动，居民收入增加，幸福感提升，但是普遍存在一些问题，主要表现在以下几个方面。

1. 古建筑保护投资与保护宣传力度不够，旅游产品雷同

古镇的历史遗迹与历史文化是最珍贵的资源，发展旅游既要保护物质资源，又要传承文化资源。旅游发展不应该只重视经济利益，更要承担文化传承责任。灵水村出现的资金短缺而带来的古建筑保护不力、村民文化与建筑保护意识不强等问题并不是独有现象，在其他村镇也很常见。缺乏深度发掘文化资源，造成了古北口镇的长城文化、灵水村的举人文化、爨底下村的明清古建筑文化、琉璃渠村的琉璃制作文化等都没有很好地展现出来，人们只是一味争相模仿，兴办民俗接待产业，造成了"舍本逐末"的现象。

2. 民俗旅游特色不突出，旅游产品体验性较差

四个村镇的民俗接待都以"吃农家饭、住农家屋"为主，档次较低，并没有体现当地特有的民俗文化，缺乏品牌与经营特色。很多游客反映，该地区没有开发与民俗相结合的景色和娱乐项目，除了吃住外无所事事。在体验经济时代，单纯的"走马观花式"旅游已经不能够吸引旅游者，而是需要参与性、

---

① 刘沛林、于海波：《旅游开发中的古村落乡村性传承评价——以北京市门头沟区爨底下村为例》，《地理科学》，2012 年第 11 期。

体验性、知识文化性更强的旅游活动。村镇发展如何增强体验性，如何吸引旅游者参与，如何在竞争激烈的旅游市场中保持自身特色，赢得一席之地是各个村都应该思考的问题。

3. 当地居民整体素质不高，整体服务水平有待提升

由于整体知识水平较低，农民思想比较狭隘，能接触的信息与信息手段都非常少，这就造成了接待与服务水平不高，品牌意识、宣传营销的手段缺乏。如果没有专门的组织机构进行正确的引导和系统的培训，提高整体素质，那么民俗旅游的发展将有较大的局限性。

4. 整体旅游合作意识差

在竞争激烈的旅游市场中，仅凭自身之力想要在市场中脱颖而出，并非易事。旅游发展并不是"单打独斗"，更需要的是区域合作与协同发展。北京郊区古村落众多，有特色的古镇与古村落不在少数，但是缺乏的就是大局眼光，长远意识。只在区域内部做竞争，忽略大市场，无法实现整体竞争能力的提升。

二、历史文化古镇"平衡"发展状态探索

（一）关于"创造性破坏"的探索

历史文化古镇在发展过程中，不同程度地存在创造性破坏现象，这与国际上兴起的"创造性破坏理论"相吻合。如何避免创造性破坏，并科学保持历史文化古镇的"平衡"发展状态，成为古镇发展过程中必须面对和有待于解决的重要问题。"创造性破坏"源于著名奥地利经济学家熊彼特（Schumpeter）用于经济学的理论，即创新不断地从内部破坏旧的经济结构而代之以一种新的经济结构。[①] 创造性破坏描述了一个过程的两个方面，创造性是前进的方向与动力，而破坏则表明了这种方式带来的负面效应。创新是一种动力，而破坏则是一种压力。因两者共同存在，既要关注"创新"带来的积极效用，也要关注"创新"同时所带来的"破坏"现象。熊彼特进一步阐述了创新的性质，并提出了"创造性破坏"的概念——创造性破坏现象产生的最初原因就是消费者的需求。消费者总是希望能够在最低的成本下享受最大效用的产品。因此，那些创新程度较高、质量较好的产品对其有很大吸引力。企业家为了满足消

---

① 刘志铭、郭惠武：《创新、创造性破坏与内生经济变迁——熊彼特主义经济理论的发展》，《财经研究》，2008 年第 2 期。

费者的需求，必须不断进行创新，提升产品竞争力，在获取经济利润的同时，提升市场占有率与市场竞争力。熊彼特"创造性破坏"思想对 20 世纪 80 年代以来的经济与社会研究领域产生了重大影响。① 1998 年加拿大地理学者米歇尔（Michelle）把熊彼特 1942 年提出创造性破坏思想应用于旅游目的地研究领域。米歇尔认为，在北美地区，越来越多的居民渴望从繁杂的城市工作环境中解脱出来，寻求一种乡村生活的体验，满足其消逝已久的怀旧心理（怀旧思想可以描述为：在回忆中消除痛苦，怀旧情感一直是北美世代沿袭的心理特征）。20 世纪 70 年代以后，消费者的"浪漫主义情怀"越来越浓重，传统遗产乡村生产景观得到了关注，为后现代旅游者提供有形的、对过去生活产生追忆的纪念品消费中心，同时满足其"怀旧、乡愁"等怀旧心理的旅游乡镇。

企业家主要在以下方面进行投资改建：第一，企业家对遗产景观的清理、修复与重建。为迎合旅游者而展现理想的乡村景观，遗产景观有了"统一"或"一致"的整体和谐的视觉。同时也是迎合旅游者消费心理，对传统工艺品或其他怀旧旅游产品进行再复制或再生产。遗产景观有三个共同特点：与消费能力高的旅游客源地较近；商品化开始之前拥有良好的自然和人文的遗产环境；企业家创业精神为资本的凝聚提供了保证。

"创造性破坏"也在中国历史古镇不同程度上进行，比如广西壮族自治区大圩与阳朔两个古镇就经历了不同的"创造性破坏"过程②。大圩古镇仍然是一个遗产景观，主要源于：其一，政府的"不作为"——不愿意将旅游业作为促进经济增长的主要手段；其二，当地居民对于利益的获得并没有强烈的愿望；其三，投资者追求生活方式而不是只追求经济利益。而与大圩完全相反的阳朔古镇则成为典型的休闲景观，在很大程度上要归因于政府高度重视发展旅游，以及当地居民迫切提升自己生活水平的需求。同样，江南古镇朱家角也面临"创造性破坏"。可见，不同动机注定了中国古镇不同方向的变化，因而古镇设计应避免过度商业化，彰显能体现古镇生活与传统的古镇的文化遗产、建筑及古镇的生活气息。

旅游创造性破坏的循环是不可避免的吗？它到底能不能停留在一种相对平衡的状态？能否达到一种既能够为社区居民带来利益，又能够保存乡村原

---

① 肖佑兴：《旅游创造性破坏模型述评》，《人文地理》，2010 年第 6 期。

② Qin Qun. Clare J A. Mitchell. Geoff Wall. Creative destruction in China's historic towns: Daxu and Yangshuo, Guangxi. *Journal of Destination Marketing & Management*. 2012(1): 56—66.

始遗产景观的平衡状态？旅游活动的不断开展，遗产景观在利益的驱动、促进经济增长需求等因素的共同作用下迅速演变成大众消费的休闲景观。这个转变的过程就被称为"创造性破坏"，导致了农村空间的多功能性变化。所谓"创造性破坏"是指"随着旅游活动的不断开展，地方遗产景观在利益、发展及多种因素的作用下，逐渐演变成大众消费的休闲景观的过程"。

通过对商业投资、旅游者人数、居民态度等三个因素进行分析，米歇尔提出旅游创造性破坏阶段模型（它是由初级商品化、高级商品化、初级破坏、高级破坏以及后破坏五个阶段组成，用来描述旅游地创造性破坏整体进程的模型），在不同的阶段，企业投资、旅游者数量以及居民的态度都有所差异。

（二）政府"作为"与"不作为"

政府作用程度、主导程度的不同会决定古村镇旅游发展及商业化的进程。在地方旅游发展过程中，如果政府不将其作为获得经济利益的主要方式，并进行适度监管，那么地方旅游商业化发展速度会减慢，但是如果政府积极发展旅游，进行大型招商引资，并且设置低的准入门槛，那么古村镇旅游发展就会进入快车道，商业化逐渐发展，与此同时带来一些负面效应。因此，政府应该把握旅游发展的"度"。利用自身的预见性干预手段及时对一些问题进行治理，使地方旅游实现可持续发展，达到旅游发展的均衡状态。均衡状态对于快速发展的旅游商业化来说是一种"调和剂与稳定剂"，在这个阶段，居民、旅游者、投资商达到了博弈平衡。

政府还应该注意的是不能将地方旅游发展当成面子工程来做，只求政绩，不讲发展。因此还应该遵循新的政绩评估体系与新标准。（1）政府绩效评估指标体系不应过分注重效益出发的投入产出的衡量，应关注民生、促进公民参与、改善政府与公民关系等相关领域的指标。（2）关注政府对促进社会公平与社会和谐的责任，把社会公平和社会和谐作为政府绩效评估的重要指标。问题不在于是否应该把社会公平和社会和谐纳入地方政府绩效评估的范畴，而在于如何评估社会公平与社会和谐。（3）不能过于关注存量指标而忽视增量指标。为此，需要从三方面加强管理：第一，建立评价社会发展的主观指标。将民众幸福感放在重要的位置。第二，确立科学切实的发展目标。在历史古镇发展过程中，政府的不作为比过度作为更有可行性。第三，促进经济快速与良性发展。经过改革开放以来30多年的发展，缩小贫富差距，通过发展旅游在最大范围内消除贫困。提升各级政府提供公共服务的能力，满足民众的基本公共需求，提供良好的社会保障。

在中国国情背景之下，政府的作用很重要。国外在文化传统保护过程中，是企业家主导模式；政府处于"参与者"地位，支持原住民的主权并使原住民享用独特的文化传统。中国旅游发展与国外有很大不同，政府在对旅游的推动指引、社会资本投入及文化资本维护等方面都发挥重要作用。在地方旅游发展过程中，政府和地方所采用的保护政策都占据主导地位，则会减缓创造性破坏的进程。创造性破坏进程中，地区的主导景观会有从乡村景观到遗产景观到休闲景观的转变过程。这种转变可能是因为利润或经济增长的动机占据了"驱动活动"的主要地位。国际上的案例也充分说明这一点，如不列颠哥伦比亚省的盐泉岛，因保护主义力量占据了主要地位，要减缓或防止这种景观转变过程。但由于哥伦比亚省政府增加旅游收入的指令，使促进经济增长在短时间内成为地区主导话语权。正是政府行政指令原因，保护主义者只能是有心无力，当地的景观可能会朝着最终的非生产式的休闲景观发展。可见，与保护主义力量相比，政府的推动作用还是巨大的。

北京历史文化古镇古北口基本满足创造性破坏模型的三个主要变量(驱动活动、旅游者或消费者、当地居民)，古北口已经演变成为一个非生产式的休闲景观，由于政府的指引与调控作用，遗产商业景观与休闲景观可能会并存。

创造性破坏理论的研究大部分是对米歇尔的模型进行应用，来判定地区创造性破坏的发展进程，缺乏理论创新；各位学者的案例选取地也都是乡村或历史古镇，并没有涉及其他景观，该模型能否在其他地区进行应用，还需要进一步验证；米歇尔创造性破坏模型是基于国外的历史文化与经济发展背景，在亚洲或者是中国，该模型的阶段划分是否合理，一些判断标准是否需要调整，都需要进行进一步检验。旅游创造性破坏阶段模型是米歇尔创造性破坏理论的核心成果，对其进行深入的分析，了解其系统构建方式，能够有效地完善旅游创造性破坏理论。因此，探索北京处于不同阶段的古镇，如何朝着科学健康的方向发展，减少创造性破坏进程中的负面效应具有重要的意义。

三、村镇综合治理与协同发展

(一)村镇综合治理模式探索

在中国村镇治理进程中，乡镇政权与村级自治改革之间曾一度出现"治理真空"地带，公共服务能为乡与村共治提供机会。乡镇政府的行政管理机制与村级自治机制相互衔接，共同致力于乡村社会治理是村镇治理的一项重要内容。

1. 自治与多元治理的探讨

1987年，《中华人民共和国村民委员会组织法（试行）》的实施，确定了村民自治制度，标志农村治理模式的创造性转换。长期以来，乡镇党委政府、村级基层组织与村民之间形成了一种单向关系，而服务型政府建设是村镇治理的关键。从村民参与村庄社会事务而言，获得实惠、实现自己权利与承担作为村民的道义责任无疑是三大最基本的追求。[①] 村镇治理模式正从权威治理结构走向共同治理结构，村镇治理呼唤切实可行的治理平台，为村镇治理主体提供制度空间。在以往的村镇治理模式中，有基于经济合作平台的管理导向村镇治理；有基于组织协调平台的服务导向村镇治理；有基于协商共治平台的居民参与村镇治理；有基于综合管理平台的整体性村镇治理。各种不同模式，取决于村镇的不同情况。村镇共治平台建设主要涉及三方：乡镇政府、村级自治组织及村民三方。在今后的发展趋势中，信息技术"网格化管理"等方式是主要方向。国家的基层政权定位于乡镇，在乡以下实行村民自治，形成"乡政村治"的格局，主要是基于村庄政治、村民自治及多元治理主体的视角。

2. 古镇综合治理经验分析

古镇的综合治理与协同发展具有特殊的地位，不仅决定了古镇整体遗产环境的保护，而且决定了古镇未来发展的可持续程度。吴文智（2002）在对安徽的安徽古村落（宏村、西递）的保护与开发进行研究时，发现旅游地的演进存在两种趋势：一是非理想区向理想区方向发展的良性持续演进模式；二是保护、开发状况不断下降的非良性演进。而在开发和规划旅游地的同时，就应该分析该地区在特定时间内的发展演进状况，有针对性地采取措施纠正非良性发展趋势，促进其良性发展，使其保护、开发状况指数协调提高，做到保护得体、开发得当，最终走上可持续发展道路。[②] 王咏、陆林等（2006）以皖南古村落黟县西递、宏村为例，在实地调查、访问和资料分析的基础上，对古村落型旅游地管理体制进行分析，发现存在管理条块分割、责权不明；经营主体变更频繁、模式多样；居民参与程度较低、利益被忽视等问题。根

---

① 郑晓华、李瑞昌：《村镇共治平台的塑造：四种治理模式的考察》，《南京社会科学》，2013年第7期。

② 吴文智：《旅游地的保护和开发研究——安徽古村落（宏村、西递）实证分析》，《旅游学刊》，2002年第6期，第49~53页。

据调查结果，提出了针对性的建议：明确管理机构权责；建立现代企业制度；遵循"以人为本"原则，注重居民利益；成立协调机构，提高各方参与水平。[1]保继刚、林敏慧（2014）在实地调查西递主要街道沿街门面的基础上，通过历时性研究，对比 2003 年、2008 年及 2009 年的数据，发现西递的旅游商业化已经得到有效的控制。文章最后揭示出地方政府预见性的干预是历史村镇旅游商业化得到有效控制的决定性力量。在历史村镇旅游发展的利益相关者中，政府最有能力也最有动力对旅游商业化进行有效的控制，并保证古镇旅游秩序的正常进行。[2]

杨晓鸿（2015）对丽江古城的商业化现状进行了调查，认为丽江古镇由于旅游开发过程中商业化的冲击，原住民的大量外迁，古镇空间结构的变化，致使其日渐丧失了原本的文化生态特色。为此，在以后治理过程中需要注意以下几点：树立可持续发展理念；政府要成为古镇旅游开发可持续的管理主体；开发可持续创新的旅游产品；古镇自身还应有效改善其生态环境和人文环境，改善古镇内硬件和软件等基础设施，合理规划城市；政策法规也是遗产可持续发展的重要保障之一，只有建立高效运作的综合决策和协调管理机制，制定严格的可持续发展政策、法律法规体系，加强立法管理，才能促进古镇遗产的健康可持续发展。[3]

张益嘉、宋俊华（2014）认为，乌镇作为江南"六大古镇"之一，蕴含了大量非物质文化遗产。当地通过旅游开发的模式，为保护、传承这些非物质文化遗产做出了许多有价值的努力，但在经济效益主导下，也产生了"空心化开发"、缺乏特色文化、文化氛围遭损、商业化严重等弊端。为此，应当通过合理引导原住居民、开发品牌文化、限制客流、合理降价等手段加以改善。[4]

西塘在旅游发展中存在很多问题。例如，游客数量过多，环境承载力负荷过重；商业化过度，造成古镇原真性的破坏；旅游产品深度不够，造成特

---

[1] 王咏、陆林、章德辉、陶平、王莉：《古村落型旅游地管理体制研究——以黟县西递、宏村为例》，《安徽师范大学学报（自然科学版）》，2006 年第 3 期，第 294～306 页。

[2] 保继刚、林敏慧：《历史村镇的旅游商业化控制研究》，《地理学报》，2014 年第 2 期，第 268～277 页。

[3] 杨晓鸿：《古镇旅游的商业化现状与可持续发展研究——以云南丽江古镇为例》，《中国集体经济》，2015 年第 31 期，第 118～120 页。

[4] 张益嘉、宋俊华：《从旅游开发角度浅谈乌镇非物质文化遗产的保护》，《文化遗产》，2014 年第 6 期，第 151～156 页。